경제, 무역, 화폐의 역사적 이해

나희량

박영사

대한민국의 산업화와 경제발전을 위해 헌신한 모든 이에게,
그리고 대한민국의 미래를 이끌어갈 청년들에게 이 책을 바칩니다.

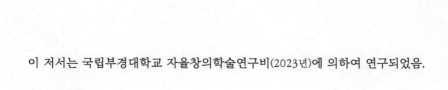

이 저서는 국립부경대학교 자율창의학술연구비(2023년)에 의하여 연구되었음.

머리말

이 책은 기본적으로 경제와 무역을 전공하는 대학생을 위한 기초 교재로 집필되었다. 하지만 단순히 대학 수업을 위해서만 아니라 경제와 통상에 관심이 있고 공부하고자 하는 모든 이들을 위한 내용으로 구성되었다. 이 책은 제목대로 경제, 무역, 화폐에 대한 역사적 고찰을 시도하고 그 현대적 의미를 제시하고자 한다. 혹자는 경제는 무역과 화폐를 포괄하는 총체적 개념이므로 군이 무역과 화폐를 따로 제목에 넣을 필요가 있는가? 라고 물을 수 있다.

경제를 전체라고 한다면 무역과 화폐는 그것을 이루는 부분 또는 구성요소라고 할 수 있다. 하지만 무역, 화폐는 개별 주제만으로도 충분한 중요성과 의미를 갖는 주제이다. 오히려 무역과 화폐에 대해 논의하다 보면 자연스럽게 경제 전체를 조감할 수 있는 이점도 있다. 경제와 무역과 화폐는 독립적으로 존재하거나 작동하는 것이라기보다는 상호 인과 관계로 밀접하게 연결되어 있다. 이 세 가지 주제가 어떻게 연결되어 있고 상호 작용하는지 그 역사적 맥락을 살펴보는 것은 과거뿐만 아니라 현재의 경제 전반을 이해하는 데 도움이 될 것이다. 독자는 이 책을 통해 세계 경제, 무역, 화폐의 흐름과 작동 메커니즘, 그리고 그 역사적 맥락에 대해 이해할 수 있을 것이다.

이 책은 그 순서대로 제1부 경제의 역사적 이해, 제2부 무역의 역사적 이해, 제3부 화폐의 역사적 이해, 그리고 이에 더해 제4부 우리나라 경제의 역사적 이해라는 주제를 다룬다. 그리고 경제사의 방대한 기간과 관련 자료를 일괄해서 다루기보다는 자본주의 경제시스템이 시작된 16세기 이후 현재까지의 내용을 중심으로 다루고자 한다. 다만 마지막 제4부 우리나라 경제의 역사적 이해는 경제개발이 본격적으로 시작된 1960년대 이후에 집중한다.

세계사적 차원에서 살펴보면 현재의 자본주의는 16세기 대항해 시대가 열리면서 시작되었다고 할 수 있다. 이후 유럽 제국은 아시아와 신대륙으로 진출하였고 식민지 개척과 교역을 통해 부를 축적할 수 있었다. 중세 봉건주의 경제시스템은 서서히 몰락하고 자본주의 경제시스템이 이를 대체하기 시작하였다. 자본주의 경제시스템은 이후 크고 작은 변화를 거듭하며 현재에 이르고 있다. 이러한 이유로 이 책은 16세기 이후부터 현재까지의 기간을 그 논의의 대상으로 하고자 한다. 이 기간 진행된 경제, 무역, 화폐의 흐름과 변화, 그리고 상호 작용의 메커니즘에 대해 살펴보고자 한다.

자본주의, 봉건주의는 그 사회를 지배하는 이데올로기를 의미한다. 굳이 자본주의, 봉건주의 뒤에 경제시스템을 붙이는 것은 경제시스템이 지배 이데올로기가 현실에 반영되게 하는 법률과 제도와 같은 물리적 힘의 총체를 의미하기 때문이다. 예를 들면 자본주의 경제시스템은 이윤 극대화라는 자본주의의 본질을 구현하는 물리적 방식(시스템)을 의미한다. 자본주의는 그 시대적 상황과 요구에 맞추어 지배 이데올로기의 내용과 특징도 바뀌었고 이를 현실에 구현하는 경제시스템도 변화하였다. 따라서 자본주의의 변화를 이해하기 위해서는 지배 이데올로기의 변화와 이에 따른 경제시스템의 변화를 함께 살펴보아야 한다. 이러한 이유에서 경제시스템이라는 용어를 사용하는 것이다.

여기 머리말에서는 본론에서 논의할 경제, 무역, 화폐의 개별적인 역사적 이해에 앞서 개괄적으로나마 경제사 전반에 흐르는 경제,

무역, 화폐의 보편적 원리에 대해 살펴보도록 한다. 경제, 무역, 화폐의 복잡하고 다층적인 상호작용은 문명이 시작된 이래 인간 사회 발전에 중요한 역할을 해왔다. 이러한 상호작용이 가능하게 한 요소들은 시공간을 넘나들며 격리되어 있던 인간 공동체를 한편으로는 자발적으로, 다른 한편으로는 강제적으로 연결하였다.

지구상에 흩어져 있던 인간 공동체는 다양한 방식과 단계를 거치며 흩어지고 통합되고 쇠퇴하고 또 발전하였다. 이는 지금도 여전히 현재진행형이다. 경제, 무역, 화폐의 역사적 흐름과 그 상호작용을 이해하면 자본주의 경제시스템의 형성과 변화, 그리고 미래의 모습에 대한 통찰력을 얻을 수 있다. 경제, 무역, 화폐의 역사적 발전 과정을 종합적으로 살펴보면 이 요소들이 얼마나 깊이 얽혀 있는지, 또한 이러한 과정을 통해 인류가 어떻게 신자유주의 경제시스템이라고 일컬어지는 현재의 모습에 이르게 되었는지 알 수 있다.

경제, 무역, 화폐의 상호적 관계의 기초는 농업 혁명으로 거슬러 올라갈 수 있다. 이 상호적 관계는 유목 생활을 하던 수렵채집 사회에서 정착된 농업 공동체로의 변화에서 나타났다. 기원전 1만 년경 시작된 이 상호적 관계는 인간이 잉여생산물을 갖게 되면서 시작되었다고 할 수 있다. 잉여생산물의 존재는 타 공동체와의 무역(교환)을 가능하게 했다. 잉여생산물을 상호 교환하여 부족한 물품을 충족할 수 있게 되었고 추가적인 경제적 효용 창출이 가능하게 되었다. 잉여생산물의 교환은 대부분 물품을 직접 교환하는 물물교환 방식으로 이루어졌다. 그러나 물물교환을 위해서는 쌍방이 동시에 상대방이 원하는 것을 갖고 있어야 한다는 욕망의 일치가 이루어져야 했다.

욕망의 불일치가 발생하면 물물교환은 불가능하다. 문제는 욕망의 일치보다 욕망의 불일치가 일어나는 경우가 많다는 것이다. 이러한 물물교환의 문제점을 극복하기 위해 고대 사회는 다양한 형태의 교환수단(화폐)을 모색하기 시작하였다. 우선 곡물, 가축, 옷감과 같은 실물 그리고 금, 은과 같은 귀금속이 교환수단으로 사용되었다. 실물이든 귀금속이든 그 자체로 내재가치를 가진다는 점에서 공통점을 갖는다. 이러한 내재가치를 갖는 초기 교환수단(화폐)은 국가의 강제적 가치 부여가 어려웠던 상황에서 자연스러운 선택이었다고 할 수 있다.

시간이 지나면서 물품보다는 금속화폐(주화)가 표준화되면서 일반적인 화폐 형태로 등장하게 되었다. 기원 전후로 그리스, 로마, 중국 등 고대 문명은 자체 주화를 주조하기 시작하였고 이러한 금속화폐의 등장은 더 넓고 효율적인 무역 네트워크 확산을 촉진하였다. 그리고 이러한 네트워크 확산은 격리되어 있던 공동체 간에 복잡하고 광범위한 경제적 상호작용을 가능하게 하면서 경제시스템 발전을 위한 중요한 동인이 되었다.[1]

금속화폐를 중심으로 한 안정적이고 표준화된 화폐시스템의 확립은 광범위한 지역을 넘나드는 무역의 확장을 가능하게 했다. 예를 들면 실크로드는 동서양을 연결하여 다양한 문명 간의 상품, 문화, 기술 교환을 가능하게 하였다. 기원전 2세기경에 등장한 이 동서양 간 무역은 중국과 지중해를 연결하였다. 이 무역은 비단, 향신료, 차, 귀금속 등의 상품 이동을 촉진했을 뿐만 아니라 기술과 문화의 교환도 가능하게 했다. 실크로드는 일방적이거나 단일 상품을 위한 경로가 아니라 다양한 상품과 기술의 이동을 촉진하는 상호 연결된 무역 네트워크였다. 무역을 통해 로마, 콘스탄티노플, 시안(장안)과 같은 무역 중심지는 번영하였다.

---

1   여기서 말하는 공동체는 씨족, 부족과 같은 원시적 형태의 집단만을 의미하는 것이 아니라 왕국, 제국 등 거대 집단까지 포함한다.

이후 중세로 넘어오면서 성립된 봉건제도는 자원의 이동이 극히 제한된 자급자족의 폐쇄적인 체제였음에도 불구하고 유럽, 중동, 아시아 간 무역은 지속되었다. 예를 들면 북유럽 상업연맹이었던 한자동맹의 등장과 이슬람 칼리프 지배하의 광범위한 무역 네트워크는 지역 간 무역을 더욱 활성화하였다. 한자동맹(Hanseatic League)은 13세기부터 15세기까지 북유럽 해안을 따라 상업과 무역을 지배하였다. 한자동맹은 해당 지역 교역로의 안전을 확보하고 회원 간 경제협력을 촉진하였다. 이슬람 칼리프는 스페인에서 인도에 이르는 넓은 무역 네트워크와 잘 정비된 도시 인프라를 통해 중동, 아프리카, 아시아 전역에서 무역을 촉진하였다.

이후 더 크고 복잡한 무역 거래에 필요한 자금조달과 결제를 위한 금융시스템이 구축되었다. 은행이 생겨나고 원거리 무역을 위한 환어음 결제 등 신용시스템이 등장했다. 환어음이 널리 사용되면서 상인은 결제를 위해 대량의 주화를 휴대할 필요가 없게 되었다. 이러한 무역과 지급결제를 위한 금융시스템 또는 신용시스템의 확립으로 상인은 과거에 비해 더 먼 거리와 오랜 기간에 걸쳐 사업을 할 수 있게 되었다.

이는 상인자본의 축적이 가능케 하였다. 상업을 통한 이윤의 획득은 상업자본주의의 모태가 되었다. 예를 들면 이탈리아의 메디치 가문과 같은 은행 가문은 상업 활동을 통해 이윤을 축적하였고 또 이를 바탕으로 대출과 신용을 제공할 수 있었다. 이는 다시 상업과 무역을 활성화하였다. 거대 상인자본은 곧 금융자본 세력으로 자리 잡게 되었다. 상업자본의 축적이 진행되면서 이후 자본주의는 매매차익을 이윤으로 하는 상업자본주의를 넘어 생산을 바탕으로 하는 산업자본주의로 한 단계 발전하게 되었다. 이러한 과정에서 구축된 화폐시스템, 신용시스템, 금융시스템은 현재까지도 이어지고 있다.

16세기 대항해 시대는 세계 경제, 무역, 화폐의 역사에서 중요한 전환점이 되었다. 15세기 말에서 16세기 초 기존 지중해 무역에서 소외되어 있던 변방의 포르투갈과 스페인은 기존 교역로가 아닌 새로운 무역 루트를 찾기 위해 탐험에 나서게 된다. 그리고 이를 통해 아시아와 신대륙을 연결하는 새로운 교역로, 그리고 식민지가 개척되었다. 대항해 시대를 거치면서 영국, 네덜란드, 프랑스 등 유럽 제국이 식민지 개척에 뛰어들었고 유럽, 아프리카, 아메리카, 아시아는 통합된 무역 네트워크로 연결되었다. 세계화의 시작이라고 해도 과언은 아니다.

이는 화폐시스템을 비롯한 경제 전반에 적지 않은 영향을 미쳤다. 예를 들면 스페인은 남아메리카에서 은광을 개발하였고 여기서 채굴한 대량의 은이 유럽으로 유입되면서 유럽 화폐시스템과 경제는 요동치게 되었다. 이는 이후 세계 경제에도 적지 않은 영향을 미치게 된다. 스페인은 남아메리카 식민지의 은광 개발을 통해 막대한 양의 은을 확보할 수 있게 되어 부를 축적할 수 있었고 무적함대를 상징으로 하는 패권국가로 올라서게 되었다. 하지만 생산력이 뒷받침되지 않는 은의 증가는 통화량의 증가를 의미한다.

통화량의 증가는 이전에는 경험하지 못했던 인플레이션 현상과 이에 따른 여러 가지 정치, 경제적 혼란과 불안을 초래했다. 당시 남아메리카에서 유럽으로 흘러 들어간 막대한 금, 은으로 인해 최초의 만성적인 인플레이션을 의미하는 가격 혁명(price revolution)이 발생했고 이를 통해 대량의 잉여자본 형성이 가능하였다. 이는 상업자본에서 산업자본으로의 전환과 금융업의 발전을 촉진하였다. 또한 아메리카의 은은 중국, 동남아시아 등 아시아로부터 수입되는 물품 비용으로도 충당되었다. 이는 신흥 자본 세력의 대두, 봉건세력의 몰락으로 이어졌다. 이와 함께 유럽은 계몽시대, 산업혁명을 거쳐 자본주

경제, 무역, 화폐의 역사적 이해

의, 제국주의로 나아가게 되었다.

또한 당시 은본위제를 시행하던 중국은 은에 대한 수요가 높았다. 16세기부터 19세기 중반까지 약 250년간 스페인이 주도한 갈레온(Galeón) 무역은 화폐와 무역이 어떻게 상호 영향을 미치며 작동하는지 그 역학 구조를 잘 보여준다. 스페인의 상선이자 전투선인 갈레온은 남아메리카의 은을 남태평양을 가로질러 필리핀 마닐라로 운반했다. 그리고 필리핀에서는 은을 주고 중국산 상품을 사들였다. 그리고 중국산 상품을 다시 유럽으로 싣고 가 비싸게 팔아 차액을 얻었다. 이를 삼각무역이라고도 하는 이유이다.

갈레온 무역은 아메리카와 아시아, 그리고 유럽을 연결하는 장거리 무역으로 당시 세계의 본위화폐 역할을 하던 은이 없었다면 아마 불가능한 무역의 형태였을 것이다. 우연하게도 유럽과 중국 등 당시 은을 주요 화폐로 사용하고 있었다. 은이라는 화폐를 매개로 중국, 동남아시아의 비단, 향신료, 도자기 등이 유럽으로 팔려나갔고 세계 경제는 하나로 연결될 수 있었다.

이렇게 상업혁명과 새로운 교역로와 식민지 개척 등을 통해 유럽은 부(자본)를 축적할 수 있었다. 봉건주의 경제시스템, 상업자본주의 경제시스템을 넘어 새로운 자본주의 경제시스템으로의 전환을 위한 자본 축적이 계속되었다. 이는 영국에서 시작된 산업혁명으로 연결되었다. 영국의 산업혁명은 18세기와 19세기를 거치면서 전 유럽으로 전파되었고 이후 아시아, 신대륙 등으로 전파되었다. 산업혁명은 농노 노동(장원제)을 기초로 한 봉건제적 경제시스템 내지는 매매 차액을 얻는 상업자본주의 경제시스템에서 벗어나 대량생산과 대량소비가 가능한 생산자본주의 또는 산업자본주의 경제시스템으로의 변화를 가능하게 했다.

산업혁명으로 중세적 잔재, 구체제(앙시앵 레짐, Ancien Régime)로 남아있던 봉건제적 경제시스템과 상업을 통한 매매차익이 부의 원천으로 여겨졌던 상업자본주의 경제시스템은 그 중심 지위를 잃게 되었다.[2] 대신 임금 노동과 공장과 기계를 사용해서 상품을 만들어내는 제조업(공업)으로 그 초점이 전환되었다. 산업혁명이 본격적으로 진행되던 18세기 중엽 이후 증기기관의 발명에 따른 새로운 동력의 개발과 그에 따른 기술 발전, 생산성 향상 그리고 봉건제에서 해방된 자유인(임금 노동자)이 모이는 도시화가 진행되었다.

새로운 동력원인 증기기관과 증기력을 이용한 기계의 발명과 도입으로 생산과 운송(유통) 부문에서 혁신이 일어났다. 대규모 공장이 등장하여 대량생산과 도시의 성장을 이끌었다. 증기선과 증기기관차는 대량 생산된 상품을 전 세계로 운반해 주었다. 또한 이 시기 임금 노동의 확산과 생산방식의 변화에 따라 노동시장에서 급격한 변화가 일어났다. 농노로 속박되어 있던 대규모 인력이 농촌 지역에서 도시로 이주하게 되었다.[3] 이제 이들은 생존을 위해서 노동력을 팔고

---

2 앙시앵 레짐은 프랑스혁명 전의 절대왕정 체제(군주정)를 가리키는 용어로 옛 체제 또는 구체제(舊體制)라고도 한다. 프랑스혁명 이후에 나타난 용어로 혁명 전의 사회와 정치적 질서를 비판적으로 평가하기 위해 사용되었다. 16세기부터 18세기까지 프랑스 역사의 주요 특징으로 왕권의 강화, 국가의 중앙집권화, 귀족과 성직자의 특권, 삼부회(국민의회)의 무력화, 재정적 위기 등을 포함하고 있다. 앙시앵 레짐은 중세의 사회 형태와 별반 다르지 않으며 군주의 막강한 권력이 가장 큰 특징이다. 제1신분(성직자)과 제2신분(귀족)이 세금 면제와 관직 독점 등의 특권을 누리며 전 인구의 98%인 제3신분(시민 계급, 농민, 노동자)은 세금과 부역 등의 부담을 견뎌야 했다. 이러한 사회적 불평등과 경제적 어려움은 프랑스혁명의 주요 원인이 되었다. 앙시앵 레짐은 단순히 프랑스의 구체제를 의미하는 것을 넘어 자유, 평등, 인권이라는 인류의 보편가치에 반하는 봉건적 구체제를 상징하는 용어로 쓰인다.

3 봉건제적 생산방식의 붕괴는 영국에서 시작된 인클로저(enclosure) 운동이 적지 않은 영향을 미쳤다고 알려져 있다. 토머스 모어(Thomas More, 1478~1535)는 그의 저서 『유토피아』(Utopia, 1516)에서 인클로저 운동을 두고 "양이 인간을 잡아먹는다."라고 비유하였다. 당시 모어는 농경지가 없어지고 양을 키우는 목장이 들어서면서 농민들이 내쫓기는 이른바 인클로저 운동을 풍자한 것이다. 인클로저는 '둘러싸기', '울타리 두르기'를 의미한다.

임금을 받게 되었다. 공장 중심의 임금 노동이 보편화되었다.

산업혁명은 대량생산을 가능케 하였고 이를 위한 자본의 집중과 집적이 필요했다. 대규모 자본을 조달하고 지원할 수 있기 위해 이전보다 더 정교한 금융 기법과 제도의 발전을 요구했다. 상업은행은 대규모 예금을 동원하여 공장, 철도 및 인프라 건설에 필요한 자금을 제공(대출)하였다. 이는 산업자본과 금융자본의 결탁으로 이어졌고 더 나아가 현재와 같이 이론적으로 무한한 대출이 가능한 상업은행 화폐창조의 길을 열어주었다.

주식시장과 같은 간접금융도 만들어졌다. 주식시장은 필요한 자금을 조달하면서도 투자자가 투자한 만큼만 책임지는 유한책임제였기 때문에 대출에 비해 리스크 분산이 가능하였다. 기업은 주식을 발행하고 투자자를 모집하여 필요한 자본을 마련할 수 있게 되었다. 이는 기업이 사업 실패의 위험을 무릅쓰고 기업가의 창의성을 최대한 발휘하는 기회와 여건을 제공하는 계기가 되었다.

산업혁명이 시작된 영국은 자본주의의 메카가 되었고 영악한 식민지 경영과 자유무역을 통해 해가 지지 않는 나라인 대영제국을 이

16세기 영국에는 봉건 영주들이 소유지에서 농사를 짓는 대신 농민들을 토지에서 강제로 몰아내고 너나 할 것 없이 목축업에 뛰어들었다. 농사를 짓는 것보다, 양을 길러서 양털을 당시 최대 산업인 모직물 공업의 원료로 파는 것이 이익이었기 때문이다. 그러나 대대로 농사를 짓고 정착해 살던 농민들은 하루아침에 쫓겨나는 신세가 되었다. 이들은 이곳저곳을 떠돌다가 농민 반란을 일으키기도 하였다. 인클로저 운동은 영국에서 자본주의의 초기 단계가 시작되었음을 알리는 신호탄이었다. 인클로저 운동으로 번창한 영국의 모직물 산업은 양모를 가공해 유럽 각지에 수출하여 막대한 수입을 올리면서 영국 자본주의를 성숙시키고 해가 지지 않는 대영제국의 발판을 마련했다. 토지에서 쫓겨난 농민들은 도시로 흘러들었다. 가진 것 없던 이들은 자신의 날품을 팔아 연명하는 임시 노동자가 될 수밖에 없었다. 이들의 값싼 노동력은 영국 산업혁명의 풍부한 동력이 되었다. 인클로저를 통해 자본을 축적한 농장주들은 젠트리(gentry, 신사)라는 새로운 계급을 형성하며 영국 사회의 신흥 세력으로 대두했다. 이들은 훗날 의회를 장악하며 청교도혁명과 근대적 의회 제도의 성립을 주도했다.

록하였다. 영국은 급격하게 팽창하는 생산력과 자금 수요에 대응하기 위해 수요를 따라가지 못하던 은을 대신하여 금을 본위화폐로 하는 금본위제를 도입하였다. 대영제국의 주도하에 금이 은을 대신하여 국제적인 본위화폐가 되었다. 영국의 금본위제는 1816년 도입되어 전 세계적으로 확산하였다.

영국의 패권을 힘입은 금본위제는 19세기에 절정을 구가했지만 20세기에 들어서면서 두 차례의 세계대전과 대공황의 경제위기를 거치면서 붕괴하였다. 국내적 차원의 금본위제는 20세기 중엽이 되며 거의 폐지되었다. 다만 국가 간 무역을 위한 교환수단으로 금의 지위는 인정되었고 국제적 차원의 금본위제는 명맥을 유지할 수 있었다.[4] 하지만 이마저도 1971년 8월 15일 미국의 금 태환 정지로 붕괴하였다. 사실상 금본위제는 이때까지 약 150년 이상 세계의 화폐·통화시스템으로 작동하였다.

금본위제는 금이라는 금속화폐를 중심으로 화폐가치에 안정성을 제공하였다. 이러한 신뢰를 바탕으로 전 세계의 무역을 촉진할 수 있었다. 과거도 현재도 모든 거래의 중심에는 신뢰가 있다. 금본위제는 한 나라의 화폐가치를 일정량의 금과 연계하여 화폐 간의 고정 가치를 보장했다. 금본위제는 기업에 안정성과 예측가능성을 제공하여 국제무역 발전에 크게 기여하였다. 상업자본주의와 영국의 패권이 뒷받침하는 자유무역은 금본위제하에서 빠르게 성장할 수 있었다.

하지만 금본위제는 심각한 약점을 갖고 있었다. 금본위제가 유지되기 위해서는 본위화폐인 금의 탄력적인 공급이 전제되어야 한다. 금의 공급이 수요를 따라가지 못하면 경제가 성장하는 데 걸림돌이

---

4   그 형식은 1944년 44개 연합국들이 브레턴우즈 협정에서 합의한 35달러와 금 1온스를 연동하는 형태였다.

되는 것이다. 실제로 산업혁명 이후 급격하게 팽창하는 생산력을 따라갈 만큼의 금의 공급(채굴)이 어려웠다. 이러한 금본위제가 갖는 화폐시스템의 경직성으로 인해 자본주의는 성장의 제약을 받게 되었다. 대공황도 화폐의 적절한 공급이 제때 이루어지지 않았기 때문이라는 주장도 이러한 예의 하나이다.

금본위제는 초기 자본주의 발전에 기여했지만 시간이 지나면서 오히려 자본주의를 제약하는 요인이 되었다. 금본위제는 국내적으로는 대공황 발발 후에 대부분 국가에서 폐지되었다. 국제적으로는 무역 거래를 위해 명맥을 유지하였지만 이마저도 1971년 8월 15일 미국 닉슨 대통령의 금 태환 정지선언으로 붕괴하였다. 이제 자본주의는 금으로부터 완전히 해방되었다. 1970년대 이후 금 대신 미국의 달러화를 실제적인 본위화폐로 하는 불태환 법정화폐의 시대로 진입하게 되었다. 1980년대 이후 발흥한 신자유주의 경제시스템은 이를 활용하고 또 강화하였다.

1980년대 이후 냉전이 종식되고 미국이 단일 패권으로 부상하면서 한 세기 지나는 동안 IT 디지털 혁명(소위 4차 산업혁명)이 진행되었고 이를 바탕으로 한 교통, 통신, 기술의 발전으로 세계 경제, 무역, 화폐는 새로운 단계에 이르게 되었다. 세계 경제는 신자유주의, 무역은 세계무역기구(World Trade Organization, WTO), 화폐는 미국 연방준비제도(Federal Reserve System, 연준)와 달러로 상징되었다. 우선 무역의 경우 WTO 설립과 WTO 협정을 통해 세계 경제의 통합을 가속화하였다. 1995년에 설립된 WTO는 다자간 무역 협상 및 무역분쟁 해결을 위한 공식적이고 국제법적인 틀을 제공하였다. 또한 WTO의 다자간 무역에 자극받아 북미자유무역협정(NAFTA), 유럽연합(EU)과 같은 지역 차원의 통합이 전 세계적으로 확산하였다.

화폐의 경우 1971년 8월 15일 미국 닉슨 대통령의 금 태환 정지선언에 따른 달러본위제의 붕괴 이후 화폐·통화시스템은 금본위제에서 국가의 경제적 성과와 안정성에 기반을 둔 불태환 법정화폐 시스템으로 진화하였다. 현재는 미국이 패권국으로서 달러가 기축통화의 역할을 하는 달러본위제라고도 할 수 있다. 불태환 법정화폐는 내재가치가 없지만 정부의 공권력 또는 법적 강제력으로 지급수단으로 인정된다.

불태환 법정화폐를 기초로 한 화폐·통화시스템은 자본의 이윤창출을 위해 상업은행의 폭발적인 대출을 가능하게 하였고 이를 관리하기 위한 중앙은행의 통화정책에 더 큰 유연성을 허용하였다. 이는 현 화폐·통화시스템의 불안정성이 증폭되는 것을 허용하면서도 동시에 이를 관리하고 통제할 수 있도록 중앙은행에 권한과 역할을 부여하였다. 중앙은행은 최종대부자(lender of last resort)로서 금융위기에 적극적으로 대응할 수 있는 방향으로 진화하게 되었다.

하지만 이에 대한 반작용으로 금융의 탈중앙화를 외치며 디지털화폐와 블록체인 기술이 등장하였다. 예를 들면 비트코인과 같은 디지털화폐는 전통적인 불태환 법정화폐에 대해 반기를 들고 탈 중앙화한 화폐의 대안을 제공하는 것이다. 여기에 더해 블록체인 기술은 디지털화폐의 거래 투명성과 보안을 보장한다. 블록체인은 거래를 여러 컴퓨터에 기록하는 분산원장 기술로 거래 기록을 변경하거나 위조하기가 불가능하기 때문이다.

많은 비판과 우려가 있지만 디지털화폐와 블록체인 기술의 부상은 화폐를 넘어 무역, 그리고 일상적인 상거래에 이르기까지 금융 환경을 크게 변화시킬 수 있다. 특히 디지털화폐는 국경 간 결제에서 더 빠르고 저렴하며 안전한 거래를 제공할 수 있는 잠재력을 가지고 있다. 또한 전통적인 은행 서비스 접근이 제한된 지역이나 개인에게 금융의 기회를 제공할 수 있다.

이처럼 경제, 무역, 화폐의 역사적 상호작용은 발전의 역동적이고 상호 연결되는 과정을 보여준다. 초기 물물교환 시스템에서 오늘날의 복잡하고 다층적인 세계 경제에 이르기까지 각 단계는 과거의 혁신과 교훈을 기반으로 구축되었다. 이러한 역사의 진화 과정을 이해하는 것은 현대 경제 환경을 이해하고 그 도전과 기회를 탐색하고 대응하는 데 중요하다. 상호 연결된 요소들의 지속적인 변화는 과거에도 그랬듯이 다가올 미래에 새롭게 변화된 세계 경제, 무역, 화폐의 모습을 형성할 것이다.

경제, 무역, 화폐의 역사적 이해를 통해 인류가 세계를 형성한 힘과 우리가 딛고 서 있는 현재가 미래로 가는 과정 중 어떠한 경로와 지점에 있는지에 대한 통찰력을 얻을 수 있을 것이다. 이러한 상호 연결된 요소들은 현재뿐만 아니라 미래세대에게 도전과 기회를 제공하면서 세계 경제의 변화와 발전의 궤적에 끊임없이 영향을 미칠 것이다. 경제, 무역, 화폐의 역사를 이해하는 것은 현재 경제 환경의 복잡성을 이해하고 미래를 우리가 원하는 모습으로 만들어가는 데 필수적이다. 경제, 무역, 화폐의 역사적 상호작용은 독립된 것이 아니라 인류의 요구에 맞추어 진화하기 때문이다.

이 책은 독자들의 이해를 돕기 위해 필요한 부분에서 Open AI의 ChatGPT에서 제공하는 경제지표와 그 시계열 그래프를 활용하였다. 인공지능을 활용하여 다양한 경제지표의 전체적인 변화 그래프를 통해 직관적으로 이해할 수 있을 것으로 기대한다. 그리고 독자들이 스스로 그래프를 활용해서 관련 경제지표의 추이를 계속 업데이트할 수 있을 것이다.

아무쪼록 독자들이 이 책에서 이야기하고 있는 경제, 무역, 화폐에 대한 역사적 이해를 통해 현실에서 일어나고 있는 다양하고 변화무쌍한 경제 현상에서 길을 잃지 않고 그 기저에서 흐르고 있는 본질을 직관할 수 있는 혜안을 가지길 기대한다. 그리고 이 책이 밖으로는 각자도생과 합종연횡의 불확실성으로 가득 찬 국제질서와, 그리고 안으로는 신자유주의 경제시스템 속에서 끊임없는 경쟁과 불안으로 어려움을 겪고 있는 우리나라 국민 다수의 삶이 역동적이면서도 안전하고 여유로운 삶의 모습으로 나아갈 수 있는 데 조그마한 도움이 되기를 기대한다.

2025년 2월

국립부경대학교 국제통상학부
저자 나 희 량

📖 | 차례

PART 02 | 무역의 역사적 이해

PART 03 | 화폐의 역사적 이해

PART

01

경제의 역사적 이해

Chapter **01**

자본주의의 본질과 변화

▮1 자본과 이윤 극대화

21세기 현재 인류는 자본주의(資本主義, capitalism) 시대를 살아가고 있다. 일반적으로 자본주의는 자본가 계급이 이윤을 추구하기 위해 노동력을 상품화하고 이를 통해 노동자를 착취하는 경제 체제로 정의된다.[1] 하지만 자본주의는 고정불변의 완성체가 아니라 그 시대의 요구와 필요에 따라 크게 보면 자유방임 자본주의, 수정자본주의, 신자유주의 자본주의 등과 같이 다양한 모습으로 변화해 왔다.

---

[1] 자본주의라는 용어는 주로 자본 소유와 자본 축적을 중심으로 한 경제시스템을 비판적으로 설명하기 위해 사용되기 시작하였다고 알려져 있다. 예를 들면 생시몽(Henri de Saint-Simon, 1760~1825)을 비롯한 초기 사회주의자들은 19세기 초 자본가 계급과 산업 노동자 계급 사이의 갈등을 설명하면서 자본주의를 언급하였다. 이들은 자본주의가 자본가들이 노동자들을 착취하는 체제라고 비판하며 자본주의라는 용어를 주로 부정적인 의미로 사용하였다. 이후 자본주의라는 용어는 카를 마르크스(Karl Marx, 1818~1883)에 의해 널리 알려졌다. 마르크스는 그의 저서 『자본론』(Das Kapital, 1867)에서 자본주의를 분석하고 비판하면서 이 용어를 자주 사용하였다. 그는 자본주의를 자본가 계급이 이윤을 추구하기 위해 노동력을 상품화하고 이를 통해 노동자를 착취하는 경제 체제로 정의하였다. 자본론을 비롯한 마르크스의 저작은 자본주의라는 용어가 학계와 정치 담론에서 널리 사용되게 한 중요한 계기가 되었다. 19세기 후반과 20세기 초반에 이르러 자본주의라는 용어는 다양한 사회과학자, 경제학자, 정치인들에 의해 널리 사용되었다. 이 용어는 자본 소유와 자유 시장 경제의 특징을 설명하는 데 사용되었으며 이후 다양한 맥락에서 긍정적, 부정적 의미로 쓰이게 되었다.

그렇더라도 그 경제시스템의 형태와 특징이 무엇이든 이윤 극대화라는 본질은 변하지 않는다는 점에서 여전히 자본주의라고 할 수 있다. 시간의 흐름을 역추적해 자본주의 변화의 동인과 자본주의 작동 메커니즘을 살펴볼 수 있다면 자본주의를 이해하는 것뿐만 아니라 국민 다수의 행복과 복리에 도움이 되는 자본주의를 만들어가는 데 도움이 될 것이다.

특히 자본주의 본질에 대한 이해 없이는 과거, 현재 그리고 미래의 자본주의 경제시스템에서 일어나고 있는, 또 일어날 수 있는 복잡다기한 경제 현상과 사건을 해석하고 대응하는 것은 더욱 난망할 것이다. 이는 근대 자유시장(자유방임) 경제시스템, 20세기 중반의 수정 자본주의 경제시스템, 그리고 현재까지 이어지고 있는 신자유주의 경제시스템과 같이 시대에 따라 나타나는 자본주의 경제시스템에 대한 논의와 더불어 통시적, 보편적 차원의 자본주의 작동 메커니즘을 살펴볼 필요가 있음을 의미한다.

자본주의는 말뜻 그대로 자본이 모든 사회경제적 활동의 기초가 되는 경제시스템이다. 자본은 쉽게 말하면 이윤을 목표로 집적된 돈뭉치 또는 돈다발이라고 할 수 있다. 원래 돈뭉치는 돈뭉치일 뿐이다. 그런데 문제는 자본주의 경제시스템에서는 이 돈뭉치가 그냥 돈뭉치로 남아있는 것이 아니라 권리와 의무가 부여된 법인격을 부여받아 마치 의지가 있는 인간처럼 살아서 작동한다는 것이다.[2] 더 큰 문제는 이 돈뭉치는 오직 이윤 극대화를 유일의 목표로 삼아 작동하기 때문에 눈물도 인정도 감정도 없는 냉혈한의 얼굴을 가지고 있다는 것이다. 이윤 앞에서 인간과 자연 그리고 공동체는 무력해지고 다

---

2   이는 생각과 아이디어가 그 자체로 있을 때는 생각과 아이디어로 남아 있지만 그 생각과 아이디어가 집적되어 논리 체계인 사상과 이데올로기가 되면 정치와 현실을 변화시키는 실제적이고 물리적인 힘으로 작동하는 것과 같다.

양한 사회적 가치는 사라지고 만다.

자본주의하에서는 이러한 냉혈한의 모습을 가진 자본이 지배 이데올로기의 주역으로서 활동한다. 자본주의는 자본이 사회경제적 활동을 추동하고 자본의 이익(이윤, profit)이 본질적이고 핵심적인 목표이자 가치가 되는 경제시스템이다. 자본주의 국가의 법률, 제도, 질서는 '자본에 의한(by the capital), 자본을 위한(for the capital), 자본의(of the capital)'라는 대전제하에서 구성되고 작동한다. 현재 지구상의 대다수 국가의 경제시스템은 자본주의를 기초로 한다는 점에서 자본이야말로 지구상에 존재하는 가장 막강한 권력이자 절대 반지라 해도 과언이 아니다.

자본주의에서 돈뭉치인 자본은 단순한 돈뭉치로 남아있지 않고 기업(enterprise)이라는 법인격체로 태어난다.[3] 기업은 자본의 법인격적 화신(化身)으로서 이윤이라는 태양을 향해 거침없이 그리고 끊임없이 자라난다. 이제 자본은 법적인 권리와 의무가 주어진 주체인 기업으로 변신하여 자본주의를 주도하고 확장하는 가장 핵심적인 주체가 된다. 자본의 논리는 곧 기업의 논리가 된다. 더 나아가 기업의 논리는 그 사회의 지배 이데올로기가 된다.[4]

예를 들면 최근에는 모르는 사람에게 사장님이라고 부르는 것이 자연스럽게 되었다.[5] 하지만 예전에는 선생님이라는 호칭이 많이 쓰

---

3 법인은 사람이나 단체가 일정한 목적을 위해 결합하여 법적 인격을 부여받은 조직체를 말한다. 법인은 자연인(개인)과 같이 법적 권리와 의무를 갖는다.

4 지배 이데올로기가 조금 어렵다면 통념(通念)이라는 말로 대신할 수 있다. 통념은 누가 말을 하지 않아도 사회구성원 대다수가 자연스럽게 그렇게 생각하고 행동하게 하는 사회 내의 일반적이고 보편적인 가치관 또는 사고방식이다. 이러한 의미에서 통념은 곧 지배 이데올로기와 상통한다.

5 최근 기업계에서는 사장님이라는 용어는 사용하지 않고 대신 각 분야의 최고 직책으로 CEO(Chief Executive Officer, 최고경영자), COO(Chief Operating Officer, 최고운

였다. 자본주의에서는 그 누구든 기업할 자유(자본가가 될 자유)가 주어진다. 자본주의하에서 누구든 기업 활동을 통해 돈을 벌고 동시에 경제와 사회에 공헌할 수 있다. 그만큼 기업은 경제의 원동력이 되고 또 우리 삶에 공기와 같은 존재가 된 것이다. 따라서 봉건적 색채가 강한 선생님보다 사장님이라는 호칭이 더 많이 쓰이는 것이 어쩌면 당연하다고 할 수 있다.

자본주의에서 기업은 돈을 버는, 다시 말해 가치(쓸모 있는 그 무엇)를 창출하는 가장 중요한 주체가 된다. 그러다 보니 인권, 환경에는 신경 쓰지 않고 돈만 챙긴다고 욕을 먹고 비난의 대상이 되어도 기업은 기본적으로 보호되고 육성해야 하는 대상이다. 왜냐하면 기업(자본)의 창의적이고 혁신적인 생산 활동이 없다면 자본주의 자체가 존재할 수 없기 때문이다. 자본주의가 없었다면 현재와 같은 물질적 풍요가 과연 가능했을지 의문이 드는 것도 사실이다. 자본주의는 이윤 극대화를 목표로 효율과 경쟁을 통해 인간이 가진 창의성과 혁신 능력을 최대치로 끌어올리는 경제시스템이다. 하지만 동시에 그 이면에는 돈이 안 되는 것에는 단 일의 가치도 두지 않는 피와 눈물도 없는 냉혈한의 얼굴이 있다.

효율이 떨어지고 경쟁에서 패배한 자본(기업)은 시장에서 가차 없이 정리되고 퇴출당한다. 하지만 퇴출된 자본은 사라지는 것이 아니라 원래 모습인 돈뭉치로 다시 돌아간다. 그리고 그중 일부 또는 전부가 경쟁에서 살아남은 기업(자본)으로 흡수된다. 이렇게 자본주의하에서는 시장의 경쟁을 통해 돈뭉치들의 적자생존, 합종연횡이 일어나고 결국 경쟁력 있는 자본만이 살아남아 경쟁에서 탈락한 다른

영책임자), CFO(Chief Financial Officer, 최고재무관리자), CIO(Chief Information Officer, 최고정보관리자) 등의 명칭을 사용하는 것이 일반적인 추세이다.

돈뭉치들을 흡수하게 된다.

이러한 과정이 진행되면서 살아남은 자본은 이전에 비해 더욱 큰 덩치(규모)를 갖게 된다. 자본주의가 고도화될수록 독과점 문제가 필연적인 이유이다. 일반적으로 경제학에서 제시하는 이상적인 시장 형태인 완전경쟁 시장의 기본 전제는 기업(자본)이 다수 존재하고 기업 간 자유경쟁을 통해 효율성이 향상된다는 것이다. 하지만 이러한 전제는 자본의 독과점 문제를 놓고 볼 때 현실과 많이 동떨어진 이야기이다.

자유시장과 경쟁의 논리는 찰스 다윈(Charles Darwin, 1809~1882)이 그의 저서 『자연 선택에 의한 종의 기원에 관하여(종의 기원)』(On the Origin of Species by Means of Natural Selection, 1859)에서 주장한 적자생존을 통한 진화론의 논리와 크게 다르지 않다.[6] 다윈의 진화론은 애덤 스미스의 『국부의 형성과 그 본질에 관한 연구(국부론)』(An Inquiry into the Nature and Causes of the Wealth of Nations, 1776)에서 영감을 받았을 것이라고 알려져 있다.[7] 진화론에서 이야

6　다윈의 진화론은 자연 선택(natural selection)의 개념을 중심으로 생물들이 환경에 따라 진화해 간다는 주장을 중심으로 한다. 자연 선택이란 환경에 가장 잘 적응한 생물종이 생존하고 번식할 가능성이 크기 때문에 세대를 거듭하면서 특정한 특성이 강화된다는 이론이다. 예를 들면, 갈라파고스 제도의 핀치새처럼 환경에 따라 부리의 모양이 달라지는 사례가 그 대표적인 예이다. 다윈은 이 같은 개념을 지원하는 수많은 자료를 수집하였고 『종의 기원』을 통해 이 이론을 대중에게 널리 알렸다. 오늘날 다윈의 진화론은 생물학, 유전학, 생태학 등 다양한 분야에서 중요한 이론적 기반으로 자리 잡고 있다.

7　다윈의 진화론과 애덤 스미스의 국부론은 다음과 같은 유사성이 있다. 우선 다윈의 자연 선택 이론과 애덤 스미스의 보이지 않는 손 개념 사이에는 유사성이 있다. 스미스는 국부론에서 시장경제가 개인의 이기심에 의해 자율적으로 조정된다고 주장했다. 개인들이 자신의 이익을 추구하는 과정에서 전체 사회의 경제적 효율성과 번영이 자연스럽게 이루어진다는 것이다. 마찬가지로 다윈의 자연 선택 이론에서는 개체들이 생존과 번식을 위해 경쟁하는 과정에서 적응력이 뛰어난 개체들이 자연스럽게 선택되고 종의 진화가 이루어진다고 설명한다. 두 이론 모두 개별적인 행동이 집합적 결과를 낳는다는 점에서 개념적인 유사성이 있

기하는 적자생존의 외부 조건은 자연 또는 환경이고 국부론에서 이야기하는 적자생존의 외부 조건은 자유경쟁 시장이라는 점에서 차이가 있을 뿐이다.

생물이 거친 자연환경 속에서 생존하고 자손을 남기기 위해 진화하듯이 기업(자본)은 자유경쟁 시장에서 살아남기 위해 치열한 사투를 벌인다. 이를 위해 기업은 기술 개발과 비용감축에 매진할 수밖에 없다. 이제는 흔하게 들을 수 있는 규모의 경제(economies of scale)[8], 인수·합병(M&A), 연구·개발(R&D), 경영 효율화, 노동시장 유연화 등과 같은 이야기는 이러한 기업의 비용 절감과 효율성 증대를 위한 노력에서 비롯된다고 할 수 있다.

2 자본주의적 착취

문제는 자본이 획득한 이윤의 배분이 기본적으로 자본에 절대적으로 유리하게끔 정해진다는 것이다. 자본 외에 생산 활동에 직·간접적으로 참여하거나 기여하는 노동자, 소비자, 자연, 환경 등의 다양한 이해당사자는 이윤의 획득과 배분 과정에서 소외된다.

기업의 생산이 사회화될수록 생산 활동의 전 과정에 걸쳐 다양한

다. 그리고 다윈이 직접적으로 애덤 스미스의 국부론을 읽었는지에 대한 기록은 명확하지 않지만 다윈이 다양한 경제학 및 철학 서적을 접했다는 것은 알려져 있다. 19세기 중엽 다윈이 활동하던 시대적 배경과 지적 환경을 고려할 때 애덤 스미스의 자유시장경제 사상이 다윈의 사고에 직·간접적으로 영향을 미쳤을 가능성은 충분히 존재한다.

8 규모의 경제란 기업이 생산 규모를 확대함에 따라 단위당 생산 비용이 감소하는 현상을 말한다. 이는 대량생산을 통해 자원을 효율적으로 활용하고 고정비용을 더 많은 제품에 분산시켜 비용 절감 효과를 얻는 것을 의미한다. 일반적으로 대규모 시설이나 생산설비가 필요한 산업이나 기업에 적용된다고 할 수 있다.

이해당사자와 사회구성원이 참여하게 된다.[9] 자연과 환경도 그 하나이다. 자연보호단체나 환경단체는 자연과 환경을 대변하는 역할을 한다고 볼 수 있다. 하지만 이들 이해당사자와 사회구성원, 자연과 환경, 특히 노동자는 기업의 생산 활동뿐만 아니라 그 생산 활동의 성과인 이윤의 배분에서 배제(소외)되는 경우가 대부분이다.

예를 들면 노동자는 노동계약서(근로계약서) 상의 임금만 받으면 그것으로 끝이다. 환경오염이나 천연자원의 남용, 소비자의 건강과 안전에 문제가 되어도 불법만 아니면 된다. 그 이상에 대해서는 기업이 신경 쓸 필요가 없다. 생산 활동으로부터 획득한 모든 이윤은 온전히 자본의 소유이고 자본에 귀속된다. 이 책에서는 이를 자본주의적 착취(capitalist exploitation)라고 개념화한다.[10]

---

9 생산의 사회화(socialization of production)는 생산이 개인 또는 소규모의 독립적 노동이 아닌 사회의 집단적 노력에 점점 더 협력적이고 상호 연결되며 의존적이 되어 가는 과정을 의미한다. 이러한 현상은 생산 과정에 대규모 협력, 노동 분업, 다양한 산업, 근로자 및 기술의 통합이 포함되는 산업화, 자본주의 및 기술 발전의 발전과 밀접하게 연관되어 있다. 애덤 스미스가 『국부론』에서 이야기한 분업도 생산의 사회화의 한 부분이라고 할 수 있다.

10 마르크스가 제시한 착취(exploitation) 개념은 자본주의 경제 체제의 핵심 요소 중 하나로 노동자들이 자신이 생산한 가치보다 적은 대가를 받는 과정을 의미한다. 이 개념은 다음과 같은 방식으로 설명할 수 있다. 우선 잉여가치 이론(surplus value theory)으로 마르크스는 자본가가 노동자에게 지불하는 임금이 노동자가 실제로 창출한 가치보다 적다고 주장했다. 자본가는 노동자의 노동력을 구매하지만 노동자는 자신의 노동을 통해 더 많은 가치를 창출한다. 이 차액, 즉 노동자가 창출한 가치와 그에게 지급된 임금의 차액을 잉여가치라고 한다. 자본가는 이 잉여가치를 착취하여 자신의 이익을 얻는다는 것이다. 또한 마르크스에 따르면 노동의 가치는 노동자가 실제로 기여한 사회적 필요와 노동 시간에 기반한다. 그러나 자본주의에서 임금은 노동의 가치에 비례하지 않으며 자본가는 노동자를 착취하여 그들의 노동력을 더 많이 활용하고 자신의 이익을 극대화한다. 임금은 자본가가 지불할 수 있는 최소한의 비용에 불과하며 노동자가 실제로 창출하는 가치에 비해 낮다. 노동 과정과 자본의 관계를 통해서 볼 때 자본가는 생산 수단을 소유하고 있지만 노동자는 이러한 생산 수단에 접근하기 위해 자본가에게 노동력을 팔아야만 한다. 자본가는 노동자에게 일정한 임금을 지급하지만 노동자가 생산 과정에서 창출한 가치는 그 임금보다 크다. 이로 인해 자본가는 노동자가 창출한 추가 가치를 착취하여 자신의 이익으로 전환한다. 마르크스는 이

자본주의에서 착취는 임금 수탈, 비인간적이고 위험한 노동 조건과 환경, 노동운동에 대한 탄압 등 물리적, 폭력적 형태로 나타날 수 있다. 착취라는 어감 때문인지 착취라고 하면 이러한 강압과 폭력이 떠오르는지도 모르겠다. 하지만 착취는 물리적인 폭력만 해당하지 않는다. 불법적인 임금체불이나 최저임금 이하의 임금도 일종의 착취이다. 적절한 보상 없이 노동 시간을 연장하는 것도 착취의 한 형태라고 할 수 있다. 최근 사회적 이슈로 떠오르고 있는 용역·파견노동자의 임금을 수수료 명목 등으로 중간에서 가로채는 중간착취도 교묘한 착취의 일종이다.

하지만 이러한 다양한 형태의 착취는 자본주의 전반에서 진행되는 자본주의적 착취의 변종 또는 일부분이다. 눈에 보이는 빙하는 일부분이고 실제 빙하 대부분은 수면 아래에 존재하듯 자본주의 착취의 원천은 생산 활동에 참여한 다양한 이해당사자를 소외(배제)한 채 자본이 그 경제적 이익(이윤) 대부분을 독점하는 분배구조 그 자체에서 발생한다고 할 수 있다.

카를 마르크스(Karl Marx, 1818~1883)가 제시한 착취 개념은 노동자가 받아야 하는 정당한 대가를 받지 못하고 이를 자본가가 착복한다는 의미가 강하다. 이 책에서는 이러한 마르크스의 착취 개념을 비판적으로 수용하면서 좀 더 포괄적인 의미를 갖는 자본주의적 착취로 변용하고자 한다. 구체적으로 이 책에서는 착취의 개념을 마르크

러한 착취가 단순히 개인적인 행동이 아니라 자본주의의 구조적 특성이라고 주장했다. 자본주의 체제 자체가 노동자들에게 착취를 강요하는 구조로 되어 있고 이 구조는 자본가와 노동자 간의 권력 불균형을 지속시킨다는 것이다. 결론적으로 마르크스의 착취 개념은 자본주의 경제 체제에서 노동자들이 자신의 노동으로 창출한 가치에 비해 낮은 임금을 받고 그 결과 자본가가 이익을 추구하는 방식에 대한 비판이다. 이는 자본주의의 불평등한 경제적 관계를 설명하고 노동자가 공정한 대가를 받을 수 있는 사회적 변화를 요구하는 근거로 사용된다.

스가 제시한 노동자에게 일방적으로 불리하고 불합리하고 불공정한 착취의 의미를 넘어 자본주의 경제시스템의 고유하고 본질적인 특성으로서의 이윤 창출과 이윤 독점의 구조를 중심으로 하는 자본주의적 착취라는 개념으로 확대, 사용하고자 한다. 다시 말해 마르크스는 자본 對 노동의 관점에서 착취를 인식했다면 이 책에서는 자본 對 사회라는 좀 더 포괄적 관점에서 착취의 개념을 사용하고자 한다.

현대 자본주의 체제에서는 생산 활동을 위해 기업(자본)이 핵심적인 역할을 하고 있고 그에 대한 보상이 상한선 없는 이윤의 형태로 돌아간다. 그리고 노동자에 지급하는 임금은 사용자와 노동자 간 합법적인 쌍방 간의 계약을 통해 정해진다. 또한 상품 가격이 단순히 노동 가치에 의해서만 결정되지 않고 소비자의 기호와 선호도, 상품의 브랜드와 혁신성 등 다양한 요인에 의해 결정된다. 이러한 점들을 고려할 때 착취는 자본가가 노동자에게 돌아갈 몫을 부당하게 빼앗는 것에만 국한되지 않는다고 할 수 있다.

자본주의적 착취는 이를 포함하여 자본이 생산 활동을 통해 발생한 경제적 이익을 온전히 독점함을 의미한다고 보아야 한다. 이러한 자본주의적 착취는 자본주의에서 법률이나 제도 등을 통해 정당화되고 보호될뿐더러 당연하게 받아들여지게 된다. 착취의 개념을 기존의 노동자를 대상으로 하는 것을 넘어 전체 사회를 대상으로 하는 자본주의적 착취의 개념으로 확대 해석할 필요가 있는 것이다.

마르크스는 가치는 노동에서만 발생한다는 노동가치설에 제약되어 있었던 시대적 한계는 있었지만 이러한 자본주의적 착취의 구조와 본질을 간파하였다. 마르크스는 자본주의적 착취는 자본주의만의 특성이라고 할 수 있는 자본가와 노동자라는 계급 구조에서 발생한다고 보았다. 그는 이러한 착취를 해소하기 위해서는 자본가-노동자의 계급 구조를 배태한 자본주의 자체를 철폐해야 한다고 보았다. 마르크스는 자신의 후원자이자 절친이었던 프리드리히 엥겔스(Friedrich Engels, 1820~1895)와 공동 집필한 『공산당선언』(The Communist Manifesto, 1848)의 마지막을 "프롤레타리아가 혁명에서 잃을 것이라고는 사슬뿐이요, 얻을 것은 전 세계다. 만국의 프롤레타리아여, 단결하라!"로 끝내고 있다. 이는 그의 이러한 사상적 고뇌의 결과를 외친 것이라고 할 수 있다.

자본주의적 착취를 끝내기 위해 만국의 노동자들이 단결해 자본주의를 철폐해야 함을 이야기한 것이다. 자본이 던져주는 임금만으로 언제까지 굴종적인 모습으로 근근이 먹고사는 것으로 만족할 것인가? 자본주의적 착취를 두고만 볼 것인가? 그렇지 않다면 노동자들이 단결하여 자본주의 착취구조를 철폐하고 자본(생산수단)을 사회화함으로써 그 경제적 이익이 노동자에게 공정하고 균등하게 돌아가게 해야 하는 것은 아닌가? 당시 마르크스가 노동자 그리고 국가와 사회에게 던지는 질문이었다.

자본주의는 그 형태가 무엇이 됐든 위에서 이야기한 착취를 그 본질로 한다는 측면에서는 동일하다. 자본주의는 마르크스가 던진 문제 제기와 도전을 늘 마주할 수밖에 없는 운명이다. 마르크스가 살아서 활동하던 그때부터 지금까지 왜 마르크스의 사상과 문제 제기를 금기시하고 탄압해 왔는지 이해가 되는 대목이다. 하지만 마르크스의 입장에서 타도와 철폐의 대상이었던 자본주의가 지금까지 존속할 수 있었던 이유는 자본주의가 시대적인 도전과 한계를 극복하면서 변화, 발전해 왔기 때문이다.

이는 마치 다윈의 진화론에서 나오는 적자생존의 법칙과 유사하다. 환경에 맞추어 변화하지 않으면 살아남을 수 없듯이 자본주의는 끊임없는 변화를 통해 살아남았고 오히려 더욱 발전하였다. 18세기 중엽 영국에서 자본주의가 태동한 이래로 이러한 도전에 대한 응전으로 지난 약 300년간 자본주의 경제시스템에는 적지 않은 변화가 일어났다.

3 자본주의 경제시스템의 변화

자본주의의 변화는 경제시스템의 변화를 통해 일어난다. 경제시스템은 생산, 투자, 소비, 분배 등의 경제적 활동을 구성하고 조직하는 일련의 과정 또는 제도라고 할 수 있다. 경제시스템은 그 사회의 구성원들이 어떠한 경제철학과 경제정책을 옹호하고 수용하는지에 따라 결정된다. 물론 그 수용 방식은 자발적이지 않을 수 있다. 이는 대내외적 조건과 환경에 따라 타율적일 수도 있다.

예를 들면 해당 시대의 경제시스템이 국민 다수가 먹고사는 데 큰 문제를 일으키지 않고 경제성장과 발전에 장애가 되지 않는다고 하자. 그렇다면 당연히 대다수 사회구성원은 그 경제시스템과 경제시스템의 토대가 되는 경제철학과 경제정책을 수용할 것이다. 사회구성원 대다수가 해당 경제시스템을 수용하고 있다면 그 경제시스템을 뒷받침하는 경제철학은 그 사회의 지배 이데올로기로서 자리 잡게 된다. 다시 말해 그 경제철학이 사회적 통념이 된다. 통념은 자연스럽게 받아들여지는 인식 체계이기 때문에 이에 대한 문제를 제기하는 것은 쉽지 않다. 이에 대해 문제를 제기하면 이상한 사람이나 아웃사이더로 취급받기 십상이다.

한 가지 예를 들면 최근 유행하는 말 중 '내돈내산'이라는 말이 있다. 이는 '내 돈 주고 내가 산 물건'의 줄임말이다. 이 말이 지금은 당연한 것처럼 여겨진다. '내돈내산'은 통념이 된 것이다. 내가 내 돈 주고 산 물건이니 그것이 무엇이고 그것을 어떻게 사용하든 내 마음대로 하면 되지 뭐 어떠냐는 것이다. 이에 대해 문제 제기하지 말라는 것이다. 하지만 불과 한 세대 전만 하더라도 내 돈 주고 산 물건이라도 대놓고 이렇게 이야기하지는 못했다. '내돈내산'이라는 말은 개인의 자유와 금전이 모든 것에 우선하는 현재의 신자유주의 경제철학의 영향을 받은 신조어라고 할 수 있다.

하지만 만약 해당 경제시스템에서 먹고사는 문제가 어려워지고 그 해결책이 제대로 제시되지 않으면 그 경제시스템과 이를 뒷받침하던 경제철학과 경제정책은 사회구성원 대다수에게 수용되지 못한다. 폐기될 위기에 처하게 되는 것이다. 이러한 상황이 더 악화하여 소위 임계점 또는 변곡점(tipping point)에 이르게 되면 자본주의 경제시스템의 변화가 일어난다. 다시 말해 기존의 주류 경제시스템을 대체하는 새로운 경제시스템이 출현하게 된다. 불행하게도 자본주의 경제시스템의 변화는 평화롭고 순조롭게, 또한 균일하고 연속적으로 일어나지 않는다. 오히려 그 반대인 경우가 대부분이다. 왜냐하면 자본주의 경제시스템의 변화는 대부분 경제위기와 그에 따르는 고통스러운 구조조정과 함께 동반되기 때문이다.

자본주의의 변화는 각 시대의 경제시스템이 배태하고 있는 문제와 모순이 해결되지 않은 채 누적되어 결국 이로 인한 경제위기가 발생하고 그 대응 과정에서 일어난다고 할 수 있다. 다시 말해 해당 경제시스템에서 대다수 사회구성원이 먹고살기 어려운 상황에 봉착하게 되면 해결책을 모색하기 위한 노력이 진행되고 이러한 과정을 거쳐 새로운 경제시스템으로 전환되는 것이다. 경제위기는 자본주의의 내적 모순으로 인해 경제시스템에 균열이 발생하고 이 균열이 커지면서 예상하지 못한 변화가 급격하게 발생할 때 나타나는 현상이다. 경제위기는 구조조정이 시작됨을 알리는 경고음이라고도 할 수 있다. 같은 자본주의더라도 경제위기 이전의 자본주의 경제시스템과 경제위기 이후의 자본주의 경제시스템은 상당히 다른 모습과 특성을 갖게 된다.

다시 말해 그동안 별 탈 없이 잘 작동하던 경제시스템에 문제가 발생하고 그 경제시스템이 그 문제를 해결할 수 없고 더 이상 유지될 수 없는 한계가 오게 될 때 경제위기와 구조조정 그리고 새로운 경제시스템으로의 전환이 이루어진다. 이는 경제시스템 내의 문제가 제대로 해결되지 않은 채 계속 누적되어 오다가 임계점에 이르러 한꺼번에 터지면서 이를 이전의 방식으로는 해결하기 어려워지는 상황에서 발생하는 경우가 대부분이다. 이를 현실에 대입해 보면 개인(가계)이나 기업 등 경제주체가 더 이상 일상적인 경제활동을 영위해 가는 것이 어렵게 된다는 의미이다. 기존의 방식대로 어떻게든 해결해 보려고 해도 뜻대로 안 되는 상황, 다시 말해 구조적으로 먹고 사는 것이 힘들어졌을 때 그 경제시스템은 한계에 이른 것이라고 할 수 있다.

4 자유방임에서 수정자본주의로

이와 관련된 역사적 사례는 어렵지 않게 찾아볼 수 있다. 예를 들면 애덤 스미스의 『국부론』이 출간(1776년)된 즈음인 18세기 중엽부터 19세기 전체에 걸쳐 자유방임(자유경쟁) 경제시스템은 의심의 여지없이 당연하게 여겨졌다. 앞에서 이야기한 것과 같이 자유방임은 지배 이데올로기, 통념으로 작동하고 있었다. 그 누구도 의심하거나 토를 달 수 없는 것이다. 하지만 20세기에 들어서면서 제1차 세계대전과 대공황(Great Depression)의 혼란 속에 1930년대 중반까지 전 세계는 전대미문의 경제위기를 맞게 되었고 혼란 속으로 빠져들었다.

자유방임 경제학(laissez-faire economics)은 국가(정부)의 경제 개입은 부작용만 일으킨다고 주장했다.[11] 경제에 문제가 생겨도 시간이 지나면 시장(경제)은 자연스럽게 회복된다고 믿었다. 시장의 자기조정 기능을 진리처럼 여겼다. 하지만 실제 결과는 기대와는 달랐다. 시간이 갈수록 경제는 더욱 침체하였고 끝없는 공황의 나락으로 떨어졌다. 결국 자유방임(자본주의) 경제시스템, 그리고 이를 뒷받침하는 경제철학과 경제정책은 대공황이라는 경제위기를 극복하지 못한 채 붕괴되고 무력화되었다. 이는 이제 새로운 자본주의 경제시스템과 경제철학과 경제정책이 필요한 시점이 되었음을 의미한다.[12]

---

11 자유방임 경제학(laissez-faire economics)은 일반적으로 고전학파 경제학(classical economics)을 의미한다. 여기서는 내용의 일관성과 이해를 돕기 위해 자유방임 경제학이라고 명명한다. 고전학파 경제학의 기본 개념과 원리는 애덤 스미스의 『국부론』에서 잉태되었다. 스미스는 16세기부터 영국에 널리 퍼져 있던 중상주의 이론 및 정책을 강력하게 반대하면서 정부의 방해나 지원이 없는 상태에서 자유경쟁과 자유무역이 이루어질 때 한 나라의 경제발전이 가장 잘 이루어질 수 있다고 주장했다. 이렇게 18세기 후반 애덤 스미스로부터 출발한 고전학파 경제학은 데이비드 리카도(David Ricardo, 1772~1823)와 존 스튜어트 밀(John Stuart Mill, 1806~1873)에 의해 완성되었다. 19세기를 지배한 고전학파 경제학은 주로 동적인 경제성장에 관심을 보이면서 경제적 자유를 강조하고 자유방임과 자유경쟁 사상을 주장하였다.

12 고전학파 경제학의 대안으로 신고전학파가 등장하였다. 신고전학파는 고전학파 경제학을 계승하고 합리적 인간을 논리의 바탕으로 삼고 시장을 자율에 맡기면 가격의 기능에 의해 생산과 소비가 적절히 조화되고 경제도 안정적으로 성장한다고 주장하였다. 따라서 시장에 인위적으로 개입하지 않는 작은 정부를 옹호한다. 원래는 고전학파의 전통을 중시한 알프레드 마샬(Alfred Marshall, 1842~1924)의 경제학을 일컫는 말이었지만 이후 한계효용 이론과 시장균형 분석을 받아들인 경제학을 의미한다. 현재 신고전파 경제학은 미시경제학의 주류 이론이 되고 있다.

그림 1-1 미국의 실업률 추이(1920~1960)

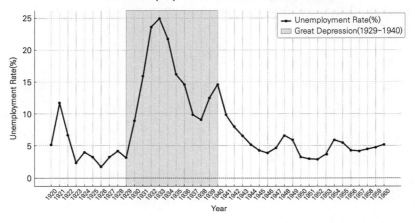

U.S. Unemployment Rate Trend(1920-1960)

미국의 실업률은 대공황 이전 대체로 5% 미만에서 유지되다가 대공황 이후 그 5배인 25%까지 급등하였다. 이후에도 10% 이상의 높은 실업률이 지속되었다. 실업률은 제2차 세계대전 이후인 1940년대 이후가 되어서야 점차 하락하였고 대공황 이전 수준으로 회복할 수 있었다. 자본주의 자유방임 경제시스템은 대공황 이후 시대적 소명을 다하고 수정자본주의 경제시스템으로 전환되었다.

새 술은 새 부대에 담아야 한다는 격언과 같이 새로운 자본주의 경제시스템은 새로운 경제철학과 경제정책을 요구하게 된다. 대공황 이후 무력화된 자유방임 경제학을 대신하여 케인스 경제학(Keynesian economics)이 등장하였다. 영국의 천재 경제학자인 케인스(John Maynard Keynes, 1883~1946)는 그의 저서 『화폐론』(Treatise on Money, 1930)에서 "장기에는 우리 모두 죽는다"(In the long run, we are all dead)라는 말로 시장의 자기조정 기능을 부정하였다.[13]

---

13 "장기 분석은 현재 벌어지는 상황을 이해하는데 도움이 되지 않는다. 장기에는 우리는 모두 죽는다(In the long run, we are all dead). 경제학자의 역할이 고작 태풍이 닥치는 계절에 '태풍이 지나가고 한참 있으면 바다가 잠잠해질 것이다'라고 말하는 정도에 그친다면

케인스 경제학은 자유방임 경제학에서 주장하는 시장의 자기조정 기능을 부정한다. 국가(정부)가 시장실패(market failure)를 수정, 교정하기 위해 경제에 직접적으로 개입하는 것을 정당화한다. 자유방임 경제시스템의 실패로 케인스의 경제철학과 경제정책을 토대로 수정자본주의(modified capitalism) 경제시스템이 전면에 등장하게 되었다. 새로운 경제철학과 경제정책, 그리고 이에 기초한 새로운 경제시스템과 지배 이데올로기의 등장은 혁명과도 같은 것이다. 그래서 이를 케인스 혁명(Keynesian Revolution)이라고 한다. 케인스 경제학의 이론과 주장을 케인스주의(Keynesian Economics, Keynesianism)라고 부르는 이유이기도 하다.

수정자본주의 경제시스템은 애덤 스미스가 주장한 시장의 자기조정 기능인 보이지 않는 손(invisible hand)이 더 이상 작동할 수 없음을 전제로 한다. 150년 가까이 자본주의의 절대 반지로 군림하던 보이지 않는 손이 대공황 이후 모습을 감추었다. 보이지 않는 신(神)의 실재를 확신하는 것이 종교의 시작이기도 하지만 오히려 그 확신이 배타적 도그마가 되면 종교는 타락하고 몰락한다. 마찬가지로 보이지 않는 손을 실재하는 것으로 의심 없이 믿었던 자유방임주의도 도그마로 변질되고 그 한계에 이른 것이라고 할 수 있다.

1517년 마르틴 루터(Martin Luther, 1483~1546)의 95개조 반박문으로부터 시작된 종교개혁으로 철옹성 같던 중세 기독교 세계가 붕괴하기 시작했듯이 케인스주의의 등장으로 자유방임 경제시스템도 무너지기 시작하였다. 수정자본주의 경제시스템은 말 그대로 시장기능을 절대시하는 기존 자유방임 경제시스템을 개혁하는 것이다. 수정자본주의는 시장의 절대성과 자기조정 기능에 대해 부정적이다.

그 역할은 너무 쉽고 쓸모없는 것이다."

수정자본주의 경제시스템은 자유방임에 따른 시장실패를 인정한다. 이를 교정하기 위해서는 국가(정부)가 권한과 책임을 지고 경제를 관리하는 일종의 관리형 경제시스템이 필요하다는 것이다.

불행 중 다행이라고 할까, 케인스주의는 대공황 이후 미국, 유럽 등 주요국을 중심으로 다시 한번 자본주의를 번영의 길로 이끌었다. 케인스주의는 1970년대 발생한 오일쇼크와 이로 인한 스태그플레이션으로 그 아성이 무너지기 전까지 수정자본주의 경제시스템을 뒷받침하는 경제철학(경제이론)으로 자리 잡았다. 바야흐로 수정자본주의 시대가 열린 것이다. 하지만 케인스주의와 수정자본주의 경제시스템은 1970년대 발생한 오일쇼크, 그리고 뒤이어 발생한 스태그플레이션을 제대로 해결하지 못하였다. 대공황을 해결하지 못한 자유방임 경제시스템의 처지와 같게 된 것이다. 케인스주의의 아성에 균열이 생기기 시작하였다.

5 수정자본주의에서 신자유주의로

스태그플레이션(stagflation)은 경기 침체를 의미하는 스태그네이션(stagnation)과 지속적인 물가상승을 의미하는 인플레이션(inflation)의 합성어로 경기 침체와 물가상승이 동시에 발생하는 경제 상황을 의미한다. 경기 침체는 실업으로 이어지고 인플레이션은 실질 소득을 감소시켜 구매력을 떨어뜨린다. 이에 따라 고통지수(misery index)가 높아지게 되는데 이는 국민 다수에게는 최악의 경제 상황이라고 할 수 있다.[14]

---

14 일반적으로 실업률과 인플레이션을 합하여 고통지수라고 한다. 고통지수는 실업률과 경제성장률(인플레이션) 간 음(-)의 상관관계를 밝힌 오쿤의 법칙(Okun's law)으로 잘 알려진

케인스주의의 처방대로 정부가 나서서 인플레이션을 해결하기 위해 긴축적 재정정책을 시행한다고 하자. 긴축적 재정정책은 정부가 예산투입을 줄인다는 것을 의미한다. 이는 정부 사업에 따른 고용을 위축시킨다. 이는 실업으로 이어질 가능성이 크다. 반대로 정부가 실업을 해결하기 위해 확장적 재정정책을 시행한다고 하자. 추가적인 정부 예산의 투입은 정부 수요의 증가를 가져오지만 이는 총수요의 증가로 이어져 상품과 서비스의 가격은 인상될 가능성이 크다.

이처럼 정부가 재정투입을 줄이면 고용이 악화하고 반대로 재정투입을 늘리면 인플레이션이 더 높아지는 딜레마에 봉착하게 된 것이다. 스태그플레이션 앞에서 케인스가 제시한 경제철학과 경제정책은 힘을 잃었다. 수정자본주의 경제시스템의 한계가 온 것이다. 오일쇼크로 인한 석유 가격의 급등으로 인한 생산원가의 인상은 기본적으로 총수요가 아닌 총공급에 문제가 생긴 것이기 때문에 유효수요 조정을 통한 경기조절은 더 이상 유효하지 않게 되었다.

미국의 경제학자 오쿤(Arthur M. Okun, 1928~1980)이 처음 고안한 것으로 알려져 있다. 그는 스태그플레이션이 문제가 되던 1975년 실업률과 물가상승률이 국민의 삶에 큰 영향을 준다는 점에 착안하여 이 지표를 제시하였다. 고통지수가 높을수록 실업자는 늘고 물가는 높아져 국민이 체감하는 삶의 고통이 늘어난다는 것이다.

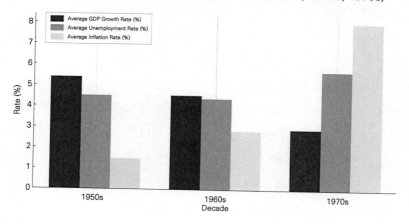

그림 1-2 미국의 GDP, 실업률, 인플레이션 추이(1950~1970년대)

Average U.S. Economic Indicators by Decade (1950s, 1960s, 1970s)

이 그래프는 1950~1970년대 미국 수정자본주의 경제시스템의 변화에 대한 명확한 개요를 제공한다. 1950년대는 고성장, 적당한 실업률, 낮은 인플레이션을 특징으로 하며 전후 번영과 경제적 안정을 보여주었다. 1960년대는 지속적인 안정과 팽창을 반영하여 소폭의 인플레이션 증가와 함께 견고한 성장과 낮은 실업률을 유지하였다. 하지만 1970년대는 성장 둔화, 높은 실업률, 급격한 인플레이션 상승을 보인다. 이는 경기 침체와 높은 인플레이션이 발생하는 스태그플레이션의 어려움을 보여준다. 1950년대와 1960년대 수정자본주의의 성과를 뒤로 하고 1970년대는 성장과 안정성 측면 모두 어려움을 겪게 되고 경제적 혼란에 직면하였다. 이에 따라 1980년대 이후 수정자본주의 경제시스템은 신자유주의 경제시스템으로 전환되었다.

이제 수요가 아닌 공급 확대를 통해 스태그플레이션의 딜레마를 해결할 수 있는 새로운 경제시스템, 경제철학과 경제정책이 필요하게 되었다. 이때 등장한 것이 신자유주의(neoliberalism)와 통화주의(monetarism)이다. 생산(공급)의 주체인 기업이 경제의 핵심으로 떠올랐다. 시장과 자본이 중심이 되고 국가(정부)는 가장자리로 밀려났다. 1980년대 이후 케인스주의는 지배 이데올로기의 자리를 신자유주의와 통화주의에 내어주게 되었다. 이렇게 수정자본주의 경제시스템은 신자유주의 경제시스템으로 전환되었다.

　신자유주의(통화주의)는 케인스주의(재정주의)와 정반대 입장을 가진 경제철학이다. 신자유주의는 19세기 자유방임 경제학과 같이 정부의 개입(재정정책)을 최소화하고 자유시장의 경쟁과 효율을 통해 경제적 성과(이윤)를 극대화할 수 있다고 주장하였다. 신자유주의는 자유방임 경제학 또는 고전학파 경제학의 이론과 철학이 1980년대 당시의 상황에 맞게 새롭게 업그레이드한 것이라고 할 수 있다. 자유방임 경제학 Version 2라고 할 수 있다.[15]

　신자유주의 경제학이 자유방임 경제학을 계승하였지만 한 세기 이상의 격차가 있으니 당연히 다른 점이 있다. 예를 들면 19세기 자유방임 경제학은 중앙은행의 통화정책의 중요성에 대해 무지했다. 당시에는 중앙은행 제도가 보편화되지 않았고 이론적 토대도 부재했기 때문에 통화정책에 의미를 부여하는 것에는 시대적 한계가 존재했다. 반면 신자유주의 경제학은 경제의 침체와 활황 등 경기 사이클에 맞추어 중앙은행이 통화량을 조절하는 것이 중요하다는 통화주의를 수용하였다.[16]

15　근대 자유주의(liberalism)에 입각한 경제철학은 18세기 고전학파, 19세기 말 신고전학파를 거쳐 20세기 후반 신자유주의와 통화주의로 발전하였다고 할 수 있다.

16　통화주의는 오랜 기간 지배적이었던 케인스학파와는 다른 거시경제의 이론 및 정책을 주창했다. 통화주의 이론의 토대가 되는 것은 '$M \times V = P \times Q$'로 표시되는 교환방정식이다. 여기서 M은 화폐공급이고 V는 화폐의 회전속도, 즉 1년 동안에 평균적인 화폐량이 재화나 용역에 지출되는 횟수를 가리킨다. P는 재화와 용역의 평균 물가 수준, Q는 생산된 재화와 용역의 양을 가리킨다. 통화주의는 방정식의 왼쪽에서 오른쪽으로 인과 관계가 작용한다고 믿는다. V는 고정적이며 예측가능하고 Q는 단기간에 증가하기 어렵다. 따라서 V와 Q가 일정할 때 화폐량 M의 증가는 물가 P의 상승을 가져온다. 따라서 정부의 재정정책을 통한 자의적인 통화량의 증가는 인플레이션을 초래한다고 주장하였다. 통화량은 생산량의 증가에 맞추어서 규칙에 따라 조절하면 되는 것이다.

통화주의는 적절한 화폐공급이 경제활동의 중요한 결정요인이라고 주장한다. 노벨 경제학상 수상자인 밀턴 프리드먼(Milton Friedman, 1912~2006)을 태두로 주로 시카고대학 출신 경제학자들을 중심으로 형성된 통화주의는 정부의 시장개입을 부정하고 대신 중앙은행이 사전적으로 정해진 준칙(rule)에 따라 통화정책을 시행하면 경제는 자연스럽게 균형으로 회복할 것이라고 주장했다.[17] 통화주의는 정부의 영향에서 벗어나 통화정책을 시행하기 위해서는 중앙은행의 독립성이 보장되어야 한다고 주장한다. 여기서 통화는 실물경제가 정상적으로 작동하도록 하는 역할을 할 뿐 그 이상의 역할은 주어지지 않는다. 통화주의는 통화(화폐)는 실물경제의 베일(veil)이고 경제의 결과물이자 종속 변수로 간주한다.

따라서 통화주의는 정부의 개입이나 역할을 허용하는 통화재량주의의 반대인 통화준칙주의라고 해야 더 정확한 용어가 될 것이다. 1980년대 이후 통화주의가 득세하게 되면서 통화정책의 정부 개입을 막기 위한 중앙은행 독립성이 더욱 크게 주창되기 시작하였다.[18] 이후 현재에 이르기까지 반세기 가까이 중앙은행 통화정책이 정부 재정정책의 중요성을 압도하게 되었다. 이는 미국 연준 의장이 세계경제의 대통령이라고 불리고 기준금리를 결정하는 연방공개시장위

---

17 통화주의를 주장하는 일군의 학자들을 일컬어 시카고학파라고 한다.

18 1963년 박정희 정권 출범 이후 정부는 수출을 통한 고도성장을 목표로 일사불란한 경제정책 집행을 위해 중앙은행과 통화정책에 대한 통제를 강화하였다. 이에 한국은행의 독립성은 크게 약화하였고 실제 1997년까지 한국은행의 최고 의사결정 기구인 금융통화위원회의 의장은 재무부 장관이었다. 이 때문에 한국은행은 당시 '재무부의 남대문 출장소'라는 별명이 붙여졌다. 하지만 1997년 IMF 외환위기를 계기로 한국은행법이 개정되었고 법적으로 명확한 독립기관의 성격을 갖게 되었다. 이후 통화정책 결정과 운용 과정에서 독립성이 크게 확보되었다. 우리나라 경우도 중앙은행 독립성이 신자유주의 경제시스템이 시작되는 IMF 경제위기를 계기로 주어졌다는 것은 이러한 통화주의의 주장을 고려해 보면 우연의 일치가 아님을 알 수 있다.

원회(FOMC, Federal Open Market Committee) 회의가 세계 경제의 가장 중요한 관심사가 된 것을 보면 쉽게 이해할 수 있다.

미국은 1980년대 이후 중앙은행이 통화량을 정책 수단으로 타깃팅(targeting) 하는 것이 어려워지면서 이를 대신하여 금리(기준금리 또는 연방기금금리)를 정책 수단으로 관리하기 시작하였다.[19] 1980년대 연준 의장(1979~1987)이었던 폴 볼커(Paul A. Volcker, 1927~2019)는 고질적인 인플레이션을 잡기 위해 취임 직후인 1980년 12월 기준금리를 20% 수준까지 급격히 인상하기도 했다. 당시 20%의 기준금리는 거의 살인적인 수준으로 평가되었다. 살해 위협을 받기까지 한 볼커 의장은 호신용으로 늘 권총을 소지하였다고 한다.

그림 1-3 미국의 인플레이션율과 기준금리 추이(1975~1984)

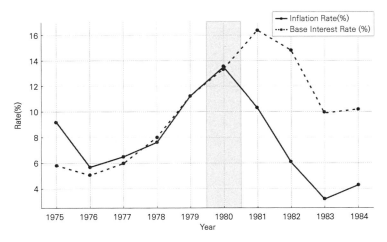

Inflation Rate and Base Interest Rate Trends in the U.S. (1975-1984)

---

19 미국의 기준금리는 연방기금금리(federal funds rate)인데 이는 미국에서 지급준비금이 부족한 금융기관이 지급준비금이 여유가 있는 다른 금융기관으로부터 지급준비금을 일시적으로 대출받을 때 적용되는 무담보 1일물 금리를 의미한다.

이 그래프는 1970년대 후반과 1980년대 초 경제위기와 연준의 공격적인 금리정책을 통한 인플레이션 억제 과정을 잘 나타내고 있다. 연준의 긴축적 통화정책은 인플레이션을 효과적으로 억제하는 데 성공했지만 그 과정에서 경제성장의 둔화와 높은 금리가 가져오는 경기 침체라는 비용을 치러야 했다. 이후 물가가 안정되면서 신자유주의 경제시스템으로 전환되는 토대가 마련되었다.

급격한 기준금리 인상으로 심각한 경기 침체의 부작용이 있었지만 불행 중 다행스럽게 10% 이상을 기록하던 인플레이션은 1983년 이후 3% 내외 수준으로 떨어졌다. 경기도 점차 회복되었다. 볼커의 도박 같은 금리정책(통화정책)은 유효하였다고 판명되었다. 이때부터 인플레이션은 화폐적 현상이라는 통화주의의 명제가 진리인 것처럼 인식되기 시작하였다. 또한 미국 연준의 연방공개시장위원회가 결정하는 기준금리가 세계 경제의 초미의 관심사가 되기 시작한 것도 이때부터이다.

이렇게 신자유주의와 통화주의는 케인스주의를 대신하여 1980년대 이후 2020년대에 이르기까지 반세기 가까운 기간 동안 자본주의의 지배 이데올로기로 작동하고 있다. 하지만 모든 이데올로기가 그렇듯이 신자유주의도 영원할 수는 없다. 신자유주의도 경제시스템이 변화되고 그 내재적 모순이 심화하여 결국 체제적 위기로 내몰리게 되면 그 유효성을 의심받게 될 수밖에 없다. 신자유주의 경제시스템이 내세우는 경제철학과 경제정책이 위기의 극복을 위해 효과적이지 않다면 과거에도 그랬듯이 새로운 경제시스템과 이를 뒷받침하는 경제철학, 경제정책이 요구되게 된다.

실제로 2008년 미국에서 발생하여 수년간 전 세계적인 경제위기로 확산한 글로벌 금융위기는 신자유주의 경제시스템에 심대한 타격을 입혔다. 그야말로 글로벌 금융위기는 전 세계적인 충격이었다. 더욱이 그 위기가 패권국이자 신자유주의 경제시스템의 메카인 미국에서 발생하였다는 점과 그 여파가 유럽과 아시아 등 전 세계로 확산하였다는 점은 매우 이례적인 것으로 대공황에 버금가는 공포 그 자체였다. 프리드리히 니체(Friedrich Nietzsche, 1844~1900)의 '신은 죽었다'라는 외침이 다시 들리는 듯하였다.[20]

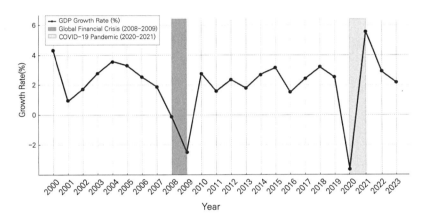

그림 1-4 미국의 경제성장율 추이(2000~2023)

U.S. Economic Growth Rate (2000-2023)

이 그래프는 2008년 글로벌 금융위기와 2020년 코로나 팬데믹 위기로 인한 급격한 경기 침체를 나타낸다. 이러한 두 번의 경제위기는 신자유주의의 모순과 문제점을 부각하였다. 두 번의 경제위기는 신자유주의를 넘어 새로운 경제시스템으로의 전환이 시작되는 기점이 될 가능성이 크다.

---

20 니체는 그의 저서 『차라투스트라는 이렇게 말했다』(Also sprach Zarathustra, 1883)에서 "신은 죽었다"라는 말로 서구 사회에서 전통적인 기독교 신앙이 점점 더 약화하고 있음을 지적하였다. 과학의 발전, 계몽주의, 세속화 등으로 인해 신에 대한 믿음이 흔들리면서 기독교가 더 이상 절대적 도덕과 가치의 기준이 되지 못하게 된 상황을 신의 죽음으로 표현한 것이다. 이는 종교적 신앙의 상실을 넘어 서구 문명과 가치 체계의 붕괴를 상징하는 철학적 선언이기도 하다. 니체는 이 말을 통해 전통적인 도덕과 가치가 더 이상 유효하지 않은 상황에서 새로운 의미와 가치를 창조할 필요성을 강조하였다. 글로벌 금융위기는 니체의 이 말을 소환하였다.

하지만 신자유주의 경제시스템이 이 위기에 대응한 방안(어쩌면 당시로서는 현실적으로 유일했을 수도 있는)은 위기의 원인이 된 과잉 유동성을 더 큰 유동성으로 덮어버리는 것이었다. 그것은 제로금리와 양적완화였다. 이러한 비전통적(unconventional) 통화정책은 처음에는 성공적인 듯했지만 시간이 지나면서 자산 양극화와 불평등, 그리고 이로 인한 사회적 불만과 불안의 증가 등 오히려 문제만을 누적시켰다는 비판을 받게 되었다.

6 신자유주의 그 이후

글로벌 금융위기 이후 신자유주의는 한 시대를 풍미했던 영광과 영향력을 상실하게 되었다. 이러한 상황에서 신자유주의 경제시스템은 2010년대 중반까지 유지된 양적완화, 제로금리 등 비전통적인 통화정책을 통해 근근이 그 명맥을 유지할 수 있었다. 하지만 그 와중에 2022년 초 발생한 코로나 팬데믹은 결정타를 날렸다. 코로나 팬데믹으로 인한 위기는 시장과 경쟁 그리고 중앙은행의 통화정책만으로는 신자유주의 경제시스템이 가지고 있는 모순과 문제를 더 이상 해결할 수 없음을 입증하였다.

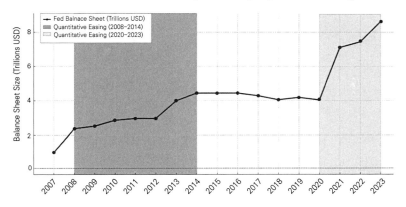

그림 1-5 미국 연준의 자산규모 추이(2007~2023)

이 그래프는 2007년부터 2023년까지 미국 연방준비제도(Fed)의 자산규모를 보여준다. 특히 음영 부분은 2008년 글로벌 금융위기 대응을 위한 양적완화와 2020년 코로나 팬데믹 대응을 위한 양적완화를 보여준다. 2023년 연준의 자산은 약 9조 달러로 2008년 이전보다 약 9배 이상 증가하였다. 이는 두 번의 경제위기 대응을 위해 천문학적인 유동성이 공급되었음을 의미한다.

이제 국가(정부)가 다시 전면에 등장하여 위기 해결을 위해 지휘봉을 잡을 수밖에 없게 되었다. 왕의 귀환이라고나 할까? 국가는 이제 경제의 회복과 재건을 위해 재정정책을 적극적으로 활용할 상황이 되었다. 더 나아가 재정정책과 통화정책의 통합까지도 고려할 수 있게 되었다.[21] 케인스주의의 부활이라고 할 수 있다. 이를 신케인스주의(Neo-Keynesianism)라고 명명할 수 있을 것이다. 신자유주의가 19세기 자유방임 경제학의 새 버전이듯이 21세기 신케인스주의도 20세기 케인스주의를 시대에 맞추어 새롭게 업그레이드한 것이라고

---

21 현대화폐이론(MMT)에서 주장하는 부채의 화폐화가 이러한 예라고 할 수 있다. 관련 논의는 제3장 화폐에 대한 역사적 이해 부분에서 소개한다.

할 수 있다.

　세상은 돌고 도는 것일까? 역사는 반복된다고 하는데(물론 똑같은 형태는 아니겠지만) 정말 맞을 수도 있을 것 같다. 이전 케인스주의는 총수요 관리, 사회복지의 강화라는 단선적인 목표가 중요했다면 신케인스주의는 이를 넘어 지속 가능한 성장과 국가경쟁력 향상을 위한 재정투입을 모색하게 되었다. 예를 들면 과거 산업정책(industrial policy)이라는 용어조차 없던 미국이 최근 새로운 미래 산업의 경쟁력 확보를 위해 특정 산업 분야에 대규모 투자를 시행하고 있다.

　이차전지, 태양광 등 친환경에너지 산업을 지원하기 위한 IRA법(Inflation Reduction Act, 2022년 8월 발효), 반도체 산업을 지원하기 위한 CHIPS법(CHIPS and Science Act, 2022년 8월 발효), 그리고 이를 뒷받침하기 위해 미국의 다리, 철도, 공항, 항만, 전기, 인터넷 인프라 등 다양한 분야의 사회간접자본(SOC)을 개선하고 확장하기 위한 BIL법(Bipartisan Infrastructure Law, 초당적 인프라법, 2021년 11월 발효) 등이 그 대표적인 예이다. 미국은 산업정책을 재정정책의 중요한 하나의 축으로 활용하게 된 것이다.

　물론 2024년 현재 신케인스주의가 신자유주의를 완전히 대체하였다고는 말할 수 없을 것이다. 여전히 신자유주의는 사회 전반에 강력한 영향력과 통제력을 갖고 있다. 전환기에 들어서기는 했지만 새로운(예를 들면 신케인스주의) 경제시스템과 이를 뒷받침하는 경제철학, 경제정책이 신자유주의를 완전하게 대체하지는 않은 것으로 보인다. 우리나라의 경우는 더욱 그렇다. 신자유주의 이데올로기는 우리나라의 사회경제 전반에 30여 년 이상 뿌리를 내려왔다. 하루 이틀 사이에 바뀔 수 없을 것이다. 미국 주도의 신자유주의 지배 이데올로기가 획기적으로 바뀌지 않는 한 우리나라에서 신자유주의에 기초한 경제시스템과 경제철학, 그리고 경제정책은 가까운 미래에도 여전히 강고한 모습으로 작동할 가능성이 크다.

하지만 세계를 주도하는 미국, EU 등 주요 선진국을 중심으로 신자유주의를 넘어서는 새로운 자본주의 경제시스템, 그리고 이에 필요한 새로운 경제철학과 경제정책에 대한 논의와 정책적 실험은 현재 진행 중인 것으로 보인다. 만약 이러한 움직임이 대세가 된다면 신자유주의를 대체할 새로운 경제철학과 경제정책이 등장하게 될 것이다. 작용(action)이 있으면 그에 대한 반작용(reaction)이 따라오듯 이는 아마도 앞에서 이야기한 새로운 내용으로 무장한 신케인스주의가 되지 않을까 조심스럽게 예측할 수 있다.

정리하면 자본주의 경제시스템은 고전적 의미의 자유방임 경제시스템에서 케인스주의 또는 수정자본주의(재정주의) 경제시스템으로, 다시 신자유주의(통화주의) 경제시스템으로, 그리고 이제 이전의 시행착오를 반영한 정반합(正反合, thesis-antithesis-synthesis)의 결과라고 할 수 있는 신케인스주의(재정과 통화의 통합)로 전환될 것이라 예상해 볼 수 있다.[22] 물론 이를 뒷받침하는 새로운 지배 이데올로기의 등장과 확산은 급격하게 일어날 수도 있고 아니면 점진적으로 진행

---

22 정반합(正反合)은 독일 철학자 게오르그 헤겔(Georg Wilhelm Friedrich Hegel, 1770~1831)이 체계화한 변증법에서 사용되는 개념으로 사물이나 사고가 대립과 종합을 통해 새로운 단계로 발전해 나가는 과정을 의미한다. 이 과정은 먼저 어떤 개념이나 상태, 생각의 출발점을 나타내는 정(正, thesis)에서 시작된다. 정은 기본적인 입장이나 주장을 의미하는데 이에 대립하는 개념이나 상태가 바로 반(反, antithesis)이다. 반은 정에 반발하거나 상반된 입장을 보이는 단계로 정과 충돌하며 긴장을 야기한다. 이 대립을 극복하고 새로운 통합된 상태를 형성하는 단계가 합(合, synthesis)이다. 합은 정과 반의 대립을 종합하여 더 높은 차원의 새로운 개념이나 상태로 나아가는 결과물이다. 예를 들면 한 사회에서 개인의 자유를 중시하는 자유주의가 지배적인 경우 이에 반대되는 사회적 평등을 중시하는 사회주의가 등장해 대립할 수 있다. 결국 자유와 평등을 조화롭게 통합하려는 사회민주주의라는 새로운 정치 이념이 형성될 수 있는데 이는 정반합의 변증법적 발전을 보여준다. 헤겔의 변증법에서 정반합은 정적인 단계가 아니라 끊임없이 변화하는 순환적인 과정으로 역사가 발전하고 사상이 진보하는 방식을 설명한다.

할 수도 있다. 이것은 신자유주의 경제시스템이 현재 마주하고 있는 여러 문제와 모순을 얼마만큼 잘 대응하고 해결하느냐에 따라 결정될 것이다.

이처럼 역사적 경험을 통해 볼 때 그 시대에는 영원할 것 같던 주류 경제시스템, 그리고 이를 뒷받침하는 경제철학과 경제정책이 반세기 이상 유지되지 못하고 모순과 한계를 드러내는 것을 알 수 있다. 하지만 이러한 과정을 통해 자본주의는 체제적 위기를 극복하기 위해 그 내재적 모순과 한계를 해결할 수 있는 새로운 자본주의 경제시스템으로 변화해 왔다. 생물이 적자생존의 과정에서 진화하고 또 진화해야만 생존하듯이 자본주의도 살아남기 위해 변화한다고 할 수 있다. 그 어떠한 경제시스템도 변화의 동력이 사라지거나 진화를 거부한다면 영원할 것 같은 자본주의라 하더라도 언젠가는 그 내재적 모순으로 인해 붕괴할 수 있다는 것이 역사의 교훈이다.

Chapter **02**

자본주의의 변화 과정

1 자본주의 경제시스템의 변화 특성

위 제1장에서 자본주의는 그 내재적 착취구조로 인해 체제적 위기가 발생하고 이에 대한 대응을 위한 변화가 불가피함을 살펴보았다. 그런데 불행하게도 자본주의 경제시스템의 변화는 예측가능하거나 매끄럽게 진행되지 않고, 갑작스럽고 거칠게 일어난다. 그에 따르는 고통과 비용은 적지 않다. 이는 과학철학자 토머스 쿤(Thomas Kuhn, 1922~1996)이 제시한 패러다임 시프트(paradigm shift)와 비슷하다.[23] 역사적인 경험으로 볼 때 예상할 수 없는 체제적 위기에 대

---

23 토머스 쿤이 그의 저서 『과학 혁명의 구조』(The Structure of Scientific Revolutions, 1962)에서 제시한 과학 혁명이 일어나는 메커니즘을 의미한다. 그는 과학의 발전이 단순히 지식의 축적이 아닌 혁명적 변화를 통해 이루어진다고 설명한다. 쿤은 이 과정에서 패러다임(paradigm)이라는 개념을 도입했는데 이는 특정 과학 분야에서 널리 받아들여지는 이론적 틀, 모델, 방법론, 규칙 등을 포함한다. 정상과학(normal science) 단계에서 과학자들은 이 패러다임 내에서 연구를 수행하고 기존 이론을 강화하는 방식으로 문제를 해결하려 한다. 하지만 정상과학 과정에서 패러다임으로 설명되지 않는 이상 현상(anomalies)이 나타나고 이는 패러다임의 한계를 드러내기 시작한다. 이 현상이 누적되면서 기존 패러다임으로는 더 이상 문제를 해결할 수 없게 되는데 이때 과학 혁명(scientific revolution)이 일어나게 된다. 이 과정에서 기존 패러다임이 새로운 패러다임으로 전환(paradigm shift)되고 과학자들은 다시 이 새로운 틀 안에서 연구를 시작하게 된다. 예를 들면 16세기 코페르니쿠스(Nicolaus Copernicus, 1473~1543)의 지동설은 기존 천동설 패러다임을

응하는 자본주의 경제시스템의 변화 과정은 순탄하게 진행되지 않음을 알 수 있다. 경제시스템의 변화는 대다수 사회구성원에게 큰 고통과 희생을 강요한다. 또한 그 과정은 선택의 여지가 없기 때문에 물리력만 없을 뿐 폭력적이다. 더 큰 문제는 그 고통과 희생은 대부분 중산층 이하 서민, 특히 사회경제적 취약계층에 집중된다는 점이다. 왜냐하면 이들에게는 위기 상황에 대처하거나 버틸 수 있는 소득이나 자산이 부족하거나 아예 부재하기 때문이다.

경제위기로 인한 경제시스템의 급격한 변화는 필연적으로 그 과정에서 구조조정(restructuring)을 동반한다. 구조조정은 말 그대로 경제를 이루고 있는 기존의 관행과 틀을 해체하고 재구성하는 작업이다. 그 해체와 재구성의 과정은 다양한 형태로 나타나지만 급격하고 고통스럽게 일어나는 경우가 대부분이다. 경제위기와 구조조정은 원인과 결과의 관계로 보이지만 엄밀하게 따지면 경제위기는 구조조정을 위한 일종의 진입단계라고 할 수 있다. 다시 말해 경제위기와 구조조정은 이분법적으로 나눌 수 있는 성격의 것이 아니라 경제시스템의 전환을 위한 일련의 과정으로 볼 필요가 있다. 구조조정은 경제위기의 결과라고도 할 수 있지만 경제위기가 발생하고 진행되고 해소되는 연속선상에 있다고 생각할 수 있는 것이다.

경제위기는 금리 인상, 유동성 감소, 기업 부도, 실업 증가, 경기침체 등의 다양한 형태로 나타난다. 경제위기는 경제 내 비효율성을 제거하고 자원이 효율적으로 다시 할당, 배분될 수 있도록 강제한다. 따라서 앞에서 이야기했듯이 그 부정적 영향은 사회경제적 약자에게 비대칭적, 불균형적으로 더 크게 전가된다. 예를 들면 1929년 대

대체하며 과학적 사고방식에 큰 변화를 일으켰고 이는 과학 혁명의 대표적인 사례로 꼽힌다. 쿤의 이론은 과학이 누적적, 연속적으로 발전하기보다는 혁명적인 전환을 통해 질적으로 변화한다고 설명하면서 학문과 지식의 발전에 대한 새로운 시각을 제시하였다.

공황, 2008년 글로벌 금융위기, 2020년 코로나 팬데믹 위기 등 전 지구적 차원의 경제위기는 국내적으로는 서민과 취약계층이, 국제적으로는 대외의존도가 높은 저개발국에 더욱 큰 고통을 가져다주었다. 이는 우리나라도 예외는 아니었다. 멀리 가지 않아도 우리나라가 겪었던 1997년 IMF 외환위기나 2020년 코로나 팬데믹 상황을 생각해보면 이를 쉽게 알 수 있다.[24]

2 IMF 외환위기의 회고

IMF 외환위기의 경우 IMF(International Monetary Fund, 국제통화기금)가 구제금융 허용 조건으로 우리나라에 강제한 구조조정의 핵심은 모든 경제주체가 허리띠를 졸라매라는 것이었다. 정부, 기업, 가계가 모두 부채를 줄이고 비용을 줄이라는 것이었다. 한마디로 아무것도 먹지 않은 채 살을 빼는 급격하고 위험한 다이어트를 요구한 것이다. 하지만 이러한 국가의 전면적인 긴축과 비용 감축은 일상적이고 정상적인 경제활동까지 급격하게 위축시켰다. 이는 유례가 없는 대량 부도와 대량 실업을 가져왔고 경제 내 유동성(통화)은 정상적인 흐름을 멈추게 되었다. 자본주의 경제시스템에서 화폐의 흐름이 멈추게 되면 영세 중소기업, 자영업 등의 기초생산단위가 붕괴하는

---

24 우리나라에서는 IMF 외환위기로 지칭하는 경우가 많지만 세계적으로는 1997년 아시아 금융위기(Asia Financial Crisis in 1997)로 불린다. 왜냐하면 이 시기에 우리나라만 위기를 겪은 게 아니라 동아시아 지역의 다수 국가가 위기를 겪었기 때문이다. 예를 들면 이미 1997년 초부터 인도네시아와 태국은 외환위기에 빠져있었다. 이러한 위기 국면은 전염효과의 영향으로 이후 홍콩, 말레이시아, 필리핀, 대만 등으로 이어졌고 1997년 말에는 우리나라에까지 파급되었다. 이러한 위기는 당시 세계 2위 경제 대국이었던 일본에도 적지 않은 영향을 주었다. 이러한 이유로 아시아 금융위기로 쓰이지만 이 책에서는 우리나라에서 일반적으로 쓰이는 IMF 외환위기라는 용어를 사용한다.

것은 시간문제이다. 이에 따른 고통과 후유증은 이후 오랫동안 지속되었고 국가적, 국민적 차원의 트라우마(trauma)로 남게 되었다.

이와 함께 화폐의 흐름을 재조정하는 과정에서 상업은행을 비롯한 다수의 부실금융기관이 문을 닫거나 통폐합되었다. 제일은행, 서울은행, 한일은행 등 주요 상업은행과 한보, 대우, 기아 등 굴지의 대기업뿐만 아니라 많은 중소기업이 도산했고 살아남은 기업도 구조조정을 위해 직원을 정리 해고하고 자산을 헐값으로 매각할 수밖에 없었다. 생산, 유통, 마케팅 등 경영활동에 필요한 경비를 줄이기 위한 경영 효율화도 추진하였다. 경영컨설팅이 새로운 업종으로 떠오르게 되었다. 특히 당시는 평생직장의 개념이 강했기 때문에 수많은 노동자의 갑작스러운 해고와 실업은 사회적으로 굉장한 충격으로 다가올 수밖에 없었다. 이러한 충격과 함께 구조조정에 따른 대량 실업은 소득 감소와 지출 감소로 이어져 경제는 더 깊은 침체에 빠지게 되었다.

그림 1-6 IMF 외환위기 전후 우리나라의 경제성장률, 실업률, 부도율 추이 (1990~2005)

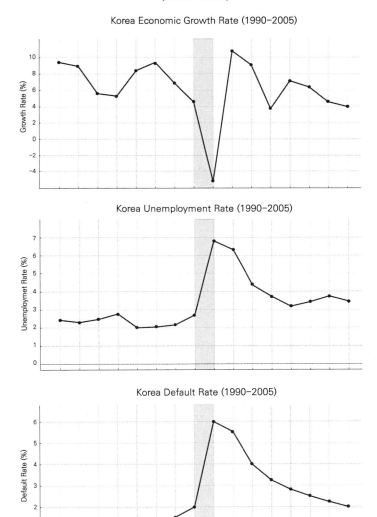

이 3개의 그래프는 1997년 외환위기 전후 우리나라의 경제성장률, 실업률, 부도율을 나타낸다. 이 3개의 그래프는 1997년 외환위기가 우리나라 경제에 미친 부정적 영향이 얼마나 심대했는지 명확히 보여주고 있다.

한편 채권·채무 관계에 있어서는 채무자에게 극히 불리하였다. 채무자는 금리 인상으로 인해 원리금 부담이 늘어났다. 원리금 부담을 줄이기 위해서는 부채를 최대한 빨리 상환해야 했다. 이는 다시 내수를 위축시키는 효과를 가져왔다. 이와 함께 국가(정부)도 IMF 등으로부터 구제금융을 받는 조건으로 재정 효율화를 요구받았다. 정부는 정부부채를 줄이는 노력과 동시에 재정지출을 줄여야 했다. 경기 침체가 발생했음에도 불구하고 정부는 이에 대처할 수 없었다. 경제 전반에 걸쳐 유동성이 고갈됨에 따라 금리는 더욱 급격하게 인상되었다. 금리 인상은 경기 침체를 심화시켰고 마치 사재기 현상처럼 시중 유동성을 더욱 줄어들게 하였다.

IMF 외환위기로 인한 상흔과 부작용은 이전의 그 어떤 경제위기보다 컸다. 이로 인한 고통과 희생의 강도는 서민을 비롯한 국민 다수와 사회경제적 약자에게 더 크게 다가왔다. 이렇게 경제위기와 구조조정을 거치면서 우리나라에도 신자유주의 경제시스템이 주도하는 작은 정부, 시장 만능, 노동시장 유연화, 각자도생의 시대가 활짝 열리게 되었다. 이렇게 IMF 외환위기로 인한 경제위기와 구조조정 그리고 경제시스템의 변화는 연속적이고 점진적인 것이 아니라 갑작스럽고 고통스럽게 진행되었음을 알 수 있다.

３ 구조조정의 고통

이처럼 경제위기와 같은 자본주의 경제시스템의 체제적 문제가 발생했을 때 비연속적, 급진적으로 진행되는 경우가 대다수이다. 정부 당국이나 경제 전문가도 이를 사전에 정확히 예상하기 어렵다. 경제위기가 발생하고 나서야 그 원인을 분석하고 대응책을 마련하지만 그때는 이미 선제적으로 대처하기 늦어버린 상황이 되는 것이다. 경제위기에 따른 구조조정도 위기의 수준과 강도만큼 급진적이고 강하게 이루어질 수 있다.

그리고 이후 구조조정을 통해 새로운 경제시스템이 정착되는 것은 장기에 걸쳐 진행된다. 이는 십수 년이 걸릴 수도, 한 세대 이상이 걸릴 수도 있다. 새로운 지배 시스템과 지배 이데올로기가 그 사회에 천착하기 위해서는 적지 않은 시간이 걸리기 때문이다. 예를 들면 우리나라에서 신자유주의 경제시스템은 1990년대 본격화되었지만 이는 완료형이 아니라 지금도 진행되고 있는 현재진행형이라고도 할 수 있다.

경제시스템의 전환은 마치 흘러가는 강물을 잡을 수 없듯이 마땅히 어떻게 할 방법이 없는, 다시 말해 개인이나 기업, 심지어는 정부도 거부할 수 없는 대세라고 할 수 있는 것이다. 싫든 좋든 이 새로운 경제시스템과 이를 뒷받침하는 경제철학과 경제정책을 수용해야 하는 시대적 상황을 맞게 되는 것이다. 예를 들면 신자유주의 경제철학과 그에 조응하는 경제정책에 따른 시장 개방, 민영화, 노동시장 유연화, 호봉제 철폐 및 성과급제 도입 등이 그러한 사례가 될 것이다. 이러한 변화는 우리나라 국민 다수가 원해서가 아니라 세계사적 조류의 흐름이라는 대외적 성격이 강하다고 할 수 있다. 물론 이에 대한 대내적 저항이 없지는 않겠지만 대세는 이미 결정됐고 이를 바꾸기도 어렵다.

현재 큰 문제가 되는 세계 최저 출산율도 이러한 신자유주의 경제시스템의 결과라고 할 수 있다. 현재 우리나라가 마주하고 있는 부와 소득의 양극화, 저출산 고령화, 부동산가격 폭등, 부동산담보대출 (가계부채) 급증, 고비용 구조의 심화 등은 지난 한 세기 이상 우리 사회에 뿌리내린 신자유주의 경제시스템이 낳은 결과물들의 일단이다. 신자유주의 경제시스템의 모순과 한계를 반증하는 현상이라고 하지 않을 수 없다. 우리나라가 이렇게 되고 싶어서 된 것이 아니라는 것이다.

신자유주의 경제시스템이 우리나라를 이러한 방향으로 이끌어 온 것이다. 이런 문제들은 어느 날 갑자기 생긴 것이 아니다. 예상하지 못한 것도 아니고 오래전부터 충분히 인지할 수 있었던 그런 문제들이기도 하다. 이러한 문제들은 신자유주의 경제시스템의 구조적인 모순에서 비롯되었기 때문에 그 해결도 쉽지 않다. 다만 변방의 북소리처럼 경고음이 울리고 있었지만 애써 무시했던 것을 부정할 수 없다. 이를 간과하거나 무시해 왔기 때문에 더욱 악화해 온 측면도 분명히 있는 것이다. 신자유주의 경제철학과 경제정책의 성과도 분명히 있었지만 그만큼 그 문제와 모순도 심화되어 왔음을 무시할 수 없는 것이다.

하지만 과거에도 그랬듯이 이런 문제와 모순이 해당 경제시스템, 즉 신자유주의 경제시스템 내에서 자체적으로 해결되지 못하면 체제적 위기로 전이되고 임계점을 넘어서면 또 다른 형태의 경제위기와 구조조정의 과정이 기다리고 있을지도 모른다. 이전의 여러 경제위기와 같이 급격한 체제적 위기가 발생하게 되면 이의 해결을 위해 한층 더 폭력적이고 급진적인 형태의 구조조정을 강요받을 수밖에 없다. 신자유주의 경제시스템을 넘어서는 새로운 경제시스템과 경제철학과 경제정책의 등장은 어쩌면 이렇게 올 수 있음을 배제할 수 없다.

Chapter 03

자본주의의 물적 토대와 필요조건

1 자본의 확대재생산 메커니즘

위 제1장과 제2장에서는 자본주의의 본질과 그 변화 과정에 대해 살펴보았다. 이어서 이 장에서는 자본주의의 유지와 지속을 위한 물적 토대와 그 필요조건에 대해 살펴본다. 자본주의는 이윤 획득을 통한 자본의 무한한 확대재생산(자기 증식)을 그 존재의 목적으로 한다. 이것이 자본주의의 본질이다. 자본주의는 자유방임, 수정자본주의, 신자유주의, 신케인스주의 등 그 어떤 경제시스템의 형태를 취하든 자본의 확대재생산을 위한 욕망은 달라지지 않는다.

자본의 확대재생산은 자본주의적 착취 메커니즘을 통한 이윤의 획득으로 가능하다. 기업은 이윤을 목적으로 끊임없는 투자와 생산 활동을 이어간다. 그리고 자본주의는 고정된 무생물이 아니라 살아 있는 생물과 같아서 그 시대적 요구에 따라 변화되어 왔다. 하지만 그 변화의 양상과 특성과는 무관하게 이윤이 지고의 가치가 되는 자본주의의 본질적 특성은 변하지 않았다.

근대화, 산업화 시대를 지나 모든 가치가 상대화되는 포스트모더니즘의 시대로 진입하면서 이러한 특성은 더욱 강화되었다. 포스트모더니즘은 모든 가치를 상대화하는 것을 특징으로 한다. 하지만 이는 역설적으로 모든 것이 화폐로 측정될 수 있다는, 아니 측정될 수밖에 없다는 것을 의미하기도 한다. 그리고 이는 이윤의 표출 방식인 화폐가 모든 가치에 우선하는 최고의 가치로 등극하였음을 의미하는 것이기도 하다. 자본주의에서 화폐는 절대 반지가 된다. 자본주의 경제시스템에서 화폐가 지고의 가치가 된다는 의미는 결국 자본에도 동일하게 적용된다. 왜냐하면 자본은 쉽게 말해 집적, 집중된 화폐의 다발(돈뭉치)이기 때문이다. 아니 오히려 법인격으로 승화된 자본, 즉 기업은 스스로 절대 왕좌의 자리에 오른다고 할 수 있을 것 같다.

자본은 자본주의의 내적 동인인 자본주의적 착취 메커니즘을 통해 이윤을 획득, 축적한다. 그리고 자본은 이 이윤을 활용하여 지속적인 확대재생산을 위한 투자와 생산 활동을 지속하게 된다. 다시 말해 이윤이 확보될 수 있어야 기업(자본)의 생산 활동이 가능함을 의미한다. 자본의 확대재생산은 생산 활동과 이를 통한 이윤의 획득이 동인이 됨을 부정할 수 없다. 인과 관계로 따지고 보면 이윤이 원인이 되고 자본의 확대재생산은 이윤 획득에 따른 결과물이 된다고 할 수 있다.[25] 그 인과 관계의 순서는 '기대 이윤 α → 생산 활동 → 실현 이윤 α' → 확대재생산 → 기대 이윤 α'' → 생산 활동 → 실현 이윤 α''' → 확대재생산 → … '이 된다고 할 수 있다.

여기에서 이윤 획득을 위한 기업의 혁신이 생산력 증대와 생산성 향상을 가져왔고 인류에게 물질적 풍요를 가져다주었다는 것은 부정하기 어렵다. 하지만 현재와 같이 화폐(이윤)가 지고의 가치가 되는 자본주의, 특히 신자유주의 경제시스템에서는 주주의 이익을 보장하

---

25 하지만 경제위기 등으로 이러한 자본의 이윤 활용 확대재생산이 어렵게 되는 경우 자본주의는 작동을 멈추고 공황으로 빠져들기 때문에 정부는 이를 선제적으로 방지하기 위해 직접적 보조금 지급, 중앙은행을 통한 유동성 공급, 채권·채무 관계의 강제적 조정 등 자본의 확대재생산을 위한 다양한 정책을 시행하게 된다.

는 것이 최대의 관심사가 될 수밖에 없다.[26] 왜냐하면 주주야말로 인격화된 자본이라고 할 수 있기 때문이다. 따라서 자본의 확대재생산은 주식 가치의 상승으로 이어져야 한다. 주식 가치와 이윤이 정(+)의 비례 관계를 갖는 것은 이 때문이다. 미국, 유럽 등 주요 선진 자본주의 국가는 국부의 축적이 주로 주식 가치의 상승으로 이루어진다는 것도 이와 무관치 않다. 주식 가치의 상승과 이윤 획득(자본의 확대재생산)은 동전의 앞뒷면과 같다고 할 수 있다.

하지만 우리나라 경우는 기업의 가치, 즉 주식 가치의 상승으로 인한 부의 축적보다는 부동산 소유와 부동산 가치의 상승이 부의 상징인 것처럼 여겨지고 있다. 이는 부의 축적이 기업의 생산 활동보다는 부동산 투자를 통한 지대(rent) 획득을 통해 이루어져 온 부분이 크기 때문이다. 지대를 통한 부의 축적은 제로섬(zero-sum) 게임의 성격을 갖기 때문에 지속적인 자본의 축적, 다시 말해 자본주의의 지속적인 성장은 제약되고 지체된다. 따라서 우리나라 경제가 선진화된 자본주의 경제시스템으로 발전하기 위해서는 지대를 통한 부의 축적을 지양, 억제하고 기업의 가치, 다시 말해 주식 가치의 상승을 통한 부의 축적을 유인하는 방향으로 가야 한다.

2 자본의 확대재생산을 위한 필요조건

다음으로 자본의 확대재생산과 부의 축적이 가능하기 위해서는 몇 가지 필요조건이 전제되어야 한다. 나무가 생장하기 위해서는 그에 맞는 토양과 양분이 필요하듯이 자본주의도 그 성장(확대재생산)을 위해 필요한 사회경제적 필요조건들이 존재한다. 우선 그중 하나

---

26 이를 주주자본주의라고 한다.

는 사유재산권(private property rights)의 보장이다.[27] 주목할 점은 사유재산권은 다른 경제시스템과 달리 자본주의만이 보장하는 특별한 권리라는 것이다.

자본주의 국가는 예외 없이 사유재산권을 체제의 근간이 되는 제도로 인정하고 국가의 법과 공권력으로 보호한다. 자본주의가 작동하기 위한 자본의 투입과 생산 활동 그리고 이윤의 획득을 위해서는 기본적으로 사유재산권이 보장되어야만 하기 때문이다. 사유재산권은 개인과 기업 등 경제주체가 자신의 의지대로 자유롭게 자본(자산)을 소유, 사용, 처분할 수 있는 권리를 의미한다. 사유재산권은 타인이 간섭할 수 없고 온전히 그 소유주에게만 권리가 인정되는 배타적 권리이다.[28]

좀 더 구체적으로 사유재산권이 중요한 이유와 그 의미를 살펴보면 다음과 같다. 우선 경제적 동기부여와 관련하여 사유재산권은 개인이 경제활동을 통해 자신이 소유한 자산을 증식하기 위한 동기이면서 법적 기초가 된다. 사유재산권을 전제로 개인과 기업은 자신의 노동이나 투자를 통해 획득한 자산을 온전히 소유할 수 있음을 확신

---

27 지금 당연하게 여겨지는 사유재산권은 근대 시민혁명의 산물이다. 사유재산권은 1789년 프랑스 인권선언에서 침범할 수 없는 신성한 권리로 인정한 이래 근대 입헌국가의 기본원리가 되어 왔다. 이를 기초로 근대 자본주의가 발전했다. 현재의 사유재산제도는 입헌 민주주의의 가장 기본적인 제도로 꼽힌다. 물론 사유재산권의 전제조건은 사유재산권의 행사가 공공복리를 침해하지 않는다는 것이다. 사유재산권의 보장은 개인에게 근로 의욕을 고취할 수 있고 이를 통해 시장의 생산성이 향상되어 결과적으로 경제발전의 원동력이 된다고 할 수 있다.

28 2024년 노벨 경제학상을 수상한 대런 애스모글루(Daron Acemoglu), 사이먼 존슨(Simon Johnson), 제임스 로빈슨(James A. Robinson)의 연구는 개별국가의 거버넌스, 법치, 정치적 안정성 등 제도(institution)가 경제적 성과와 결과에 어떻게 영향을 미치는지를 규명하고 있다. 그 대표적인 저서가 대런 애스모글루와 제임스 로빈슨의 공저 『Why Nations Fail』(국가는 왜 실패하는가, 2012)이다.

할 수 있다. 이는 경제활동을 위한 동기를 제공하고 개인과 기업의 창의성과 혁신을 극대화하여 경제성장과 발전을 가능케 하는 중요한 원동력이 된다.

또한 사유재산권은 권리일 뿐만 아니라 책임을 분명히 하는 것이기도 하다. 책임 소재가 분명하므로 사유재산권은 개인뿐만 아니라 사회적으로도 자원이 효율적으로 활용, 배분될 수 있도록 작동한다. 자산을 소유한 개인이나 기업은 자기 책임하에 이를 가장 효율적으로 활용하려고 노력하게 되는 것이다. 이는 경제학에서 목표로 하는 자원의 효율적인 사용과 분배를 촉진한다.[29]

사유재산권이 보장되면 개인과 기업은 장기적인 투자에 대해 더 큰 확신을 가질 수 있다. 이는 기술, 인프라, 교육 등 다양한 분야의 혁신을 촉진한다. 안정적이고 예측가능한 소유권이 보장되어야만 위험을 감수하고 투자를 할 수 있기 때문이다. 사유재산권은 국가의 공권력과 법으로 보호되며 이는 사회의 안정성을 유지하는 데에도 중요하다. 일반적으로 자산 목록은 국가 기관에 등기(registration)되어 공식적으로 국가의 보호를 받게 된다.[30]

---

29 사유재산권이 명확하지 않은 것이 빈곤의 원인이라는 주장은 이러한 논리를 뒷받침한다. 이를 주장한 대표적인 학자는 페루의 경제학자 에르난도 데 소토(Hernando de Soto, 1941~)로 그의 저서 『The Mystery of Capital』(자본의 미스터리, 2000)에서 개발도상국의 빈곤 문제의 주요 원인 중 하나로 명확한 사유재산권의 부재를 지적했다. 데 소토는 사람들이 자산을 소유하고 있더라도 공식적인 법적 소유권이 없으면 그 자산을 경제활동에 활용하기 어렵다고 주장했다. 예를 들면 사유재산권이 불분명하면 그 재산을 담보로 대출받거나 자산을 공식적인 경제시스템에 포함하기 힘들어지므로 경제적 성장을 저해하게 된다. 그는 특히 개발도상국에서 이러한 문제가 심각하고 많은 사람이 비공식적으로 주택이나 토지를 소유하고 있지만 정부나 법체계에서 이를 공식적으로 인정하지 않기 때문에 빈곤의 악순환에서 벗어나기 어렵다고 설명했다. 데 소토는 이러한 비공식 자산을 공식적인 경제시스템에 통합시키는 것이 빈곤을 줄이고 경제성장을 촉진하는 중요한 방법이라고 주장한다.

30 예를 들면 부동산이나 자동차 거래가 이루어지면 그 소유권의 이전과 지분에 대한 구체적

이처럼 사유재산권은 시장경제와 자본주의의 필요조건이 된다. 시장경제는 상품과 자산의 자유로운 거래를 통해 자원의 배분과 가격 결정이 이루어지는 시스템이다. 사유재산권이 없으면 거래와 관련된 채권·채무 관계가 불명확하게 되고 시장경제는 제대로 작동할 수 없다. 이러한 이유로 인해 사유재산권은 자본주의 경제시스템에서 핵심적인 역할을 하며 경제적 번영과 사회적 안정성을 유지하는 데 필수적인 요소로 작용한다.

이러한 이유로 자본주의는 그 어떤 경제시스템보다 사유재산권을 강력하게 보호한다. 사유재산권이 보호되어야 자유로운 경제적 의사결정이 가능하기 때문이다. 경제적 의사결정의 자유야말로 개인의 창의성, 창발성이 발휘될 수 있는 전제조건이다. 이론적으로 시장에서는 정부나 특정 집단의 개입이 소거되고 합리적인 개인들이 동등한 자격으로 자기 책임하에 경제적 의사결정을 한다. 노예제나 봉건제(신분제)와 같이 경제적 의사결정의 자유가 보장되지 않는 체제에서는 시장과 사유재산권을 중심으로 하는 자본주의 생산방식이 자리 잡기 어렵다.[31]

자본주의에서 생산은 이윤을 목적으로 이루어진다. 그리고 생산을 위해 필요한 세 가지 필요조건으로 토지(land), 노동(labor), 자본(자본재, capital goods)을 설정해 볼 수 있다.[32] 경제학에서는 이를 3대

인 사항을 등기소나 구청 등 공공기관에 등록해야 하는데 이러한 이유이다. 소유권이 불분명하게 되면 경제활동을 위축시키고 이는 경제가 원활하게 성장하는 데 장애가 된다.

31 물론 실제 현실의 자본주의에서 시장은 동등한 자격과 권리를 가진 개인 간의 경쟁이 아니라 일부 경제주체가 영향력을 미치는 독과점적 성격을 갖는 경우가 대부분이다. 자본주의가 자유시장을 기초로 작동한다는 전제가 무색해진다. 이러한 이유로 독과점을 규제하기 위한 정부의 개입과 통제가 필요하다고 할 수 있다.

32 여기서 자본은 이 책에서 주로 이야기하는 법인격화된 자본이 아니라 생산 활동을 위해 투입되는 자금(돈) 또는 기계, 생산설비 등 물리적 생산수단인 자본재라고 하는 것이 더 정확하다.

생산요소(factor of production)라고 한다.[33] 이는 이 세 가지 생산요소가 자본주의의 필요조건이 됨을 의미하기도 한다. 왜냐하면 토지는 자연(환경), 노동은 인간, 자본은 화폐의 다른 모습인데 자본주의에서 이러한 자연, 인간, 화폐는 이윤을 위한 상품으로 전환되기 때문이다.[34] 특히 세 가지 생산요소 중 인간이 상품화되는 노동이야말로 자본주의만이 가지는 특별한 생산방식을 규정짓는 핵심적인 생산요소이다.

노동에 대해 논의하기 전에 다른 두 가지 생산요소인 토지와 자본(자본재)에 대해 간략히 살펴보자. 우선 토지는 단순한 땅의 의미보다 땅을 포함하여 지하자원, 원자재 등 자연에서 얻을 수 있는 생산요소를 의미한다. 과거 농업 사회에서는 자연 자원 중에서 토지(땅)가 가장 중요한 생산요소였다. 토지는 고정된 자원으로서 그 공급이 한정되어 있다. 따라서 경제활동에서 토지의 중요성은 토지 그 자체의 가치보다는 자원의 희소성이라는 부분과 밀접한 관련이 있다고 할 수 있다.

예를 들면 도시 지역(소위 역세권)의 토지는 그 희소성 때문에 높은 가치를 가질 수 있다. 그 토지(땅)의 입지에 따라 이윤(지대)의 차이가 날 수 있다. 생산을 위해 임차인에게 토지(땅)를 임대한 사람은 그 대가로 임대료(지대)를 받는다. 하지만 임대료가 과도하게 높아지면 생

---

33 최근에는 이에 더해 경영 또는 기업가 정신을 네 번째 생산요소로 간주하기도 한다. 기업가 정신은 혁신을 통해 새로운 가치를 창출하는 자원으로 본다. 기업가 정신은 경제의 역동성을 유지하고 새로운 시장과 기회를 창출하는 데 중요한 역할을 한다고 본다. 이 책에서는 기업가 정신을 자본의 확대재생산을 위한 동기 또는 자본의 확대재생산 그 자체로 보기 때문에 생산요소로 설정하지 않는다.

34 대표적으로 독일의 경제사학자 칼 폴라니(Karl Polanyi, 1886~1964)는 그의 저서 『거대한 전환』(The Great Transformation, 1944)에서 자본주의 체제에서 자연, 인간, 화폐가 상품으로 변질됨에 따라 나타나는 부작용과 문제점을 지적하고 있다.

산 비용 증가를 가져온다. 이는 자본의 확대재생산에 걸림돌이 되기 때문에 지대 추구적 자본주의는 성장에 한계를 보일 수밖에 없다. 앞에서 이야기했듯이 우리나라 부동산 투자 열풍과 주거비 및 임대료 폭등은 이러한 의미에서 우려스럽지 않을 수 없다.

다음으로 자본(자본재)에 대해 이야기해 보자. 일반적으로 생산수단으로서의 자본은 생산을 위해 필요한 기계, 설비, 장비 등과 같은 물리적 실체를 의미한다. 이 책에서는 주로 논의하는 법인격을 가진 자본의 개념과는 다르다. 생산수단으로서의 자본은 자본재(capital goods) 또는 생산재(production goods)라고 하는 것이 더 적합할 것이다. 자본재는 기업의 생산을 위해 사용되고 소비되는 물리적 자원의 총체를 의미한다. 자본재 구입을 위해서는 비용이 들기 때문에 기업(자본) 입장에서는 더 저렴하고 생산성이 높은 자본재를 선호할 것이고 이는 자본재의 혁신을 불러오게 된다.

더 나아가 자본재가 인력(노동)까지 대체할 수 있다면 기업에게는 금상첨화일 것이다. 현재 급격하게 진행되고 있는 AI, 로봇 등이 그러한 예이다. 기계화, 자동화가 빠르게 진행되는 것은 이러한 비용 절감을 위한 기업의 노력에 따른 성과라고 할 수 있다. 하지만 이는 노동의 소외를 불러오게 된다. 자본주의는 끊임없이 자본재(기계, 설비)와 노동 간의 길항(拮抗) 관계를 강제하는 특성이 있다. 19세기 초 영국에서 기계화에 저항하는 러다이트 운동(Luddite movement)이 대표적인 역사적 사례라고 할 수 있다.[35]

---

35 러다이트 운동은 19세기 초반 영국에서 발생한 노동자들의 반 산업화 운동이다. 이 운동은 기계화로 인한 일자리 상실에 대한 저항에서 비롯되었는데 당시 산업혁명이 가속화되면서 기계들이 사람들의 일자리를 대체하고 임금이 하락하는 상황에 반발한 노동자들이 일으킨 저항운동이다. 18세기 말에서 19세기 초, 영국에서는 산업혁명이 시작되며 섬유 산업을 비롯한 여러 분야에서 기계화가 도입되었다. 이로 인해 전통적인 방식으로 일하던 직물공과 같은 숙련 노동자들은 일자리를 잃거나 낮은 임금을 받게 되었다. 이에 분노한 노동자들

자본주의와 노동의 특수성

토지와 자본(자본재)에 이어 자본주의의 필요조건으로 가장 중요한 생산요소인 노동을 살펴보자. 자본주의에서 노동은 대부분 기업(사용자)과의 계약을 통한 임금 노동의 특성을 가진다. 노동자는 노동력을 제공하는 대가로 계약서에서 합의한 임금을 받는다. 그 이상도 그 이하도 아니다. 기업은 계약서에 합의한 임금만을 지급하면 생산활동으로 획득한 그 외의 모든 형태의 경제적 이익(이윤)을 독점한다. 자본주의 경제시스템에서 기업은 자본의 확대재생산을 위해 노동을 사고 소비한다.

기업은 노동자에게 정해진 임금만 지급하면 그 어떠한 권리 의무의 관계에 매여 있을 필요가 없다. 사용자(고용인)와 노동자(피고용인)간 노동계약이 이루어지면 그 계약 외의 그 어떠한 것도 기업과 노동자 간 관계에 들어올 수 없다. 만약 시급 2만 원의 노동계약을 맺었다면 그 기업이 그 노동을 활용하여 1억 원을 벌든, 10억 원을 벌든, 100억 원을 벌든 기업은 노동자에게 시급 2만 원만 지급하면 된다. 기업의 이윤과 그 계약은 아무 상관이 없다.

은 기계를 파괴하며 저항하기 시작했다. 러다이트 운동은 주로 1811년에서 1816년 사이에 발생했다. 이 시기 노동자들은 자신들의 일자리를 위협하는 기계를 부수기 위해 공장을 습격했다. 네드 러드(Ned Ludd)라는 인물이 이 운동의 상징이 되었고 그의 이름에서 '러다이트'라는 이름이 유래하였다. 영국 정부는 이 운동을 강력하게 진압하였다. 기계 파괴 행위는 사형에 처해질 수 있는 범죄로 규정되었고 많은 노동자가 체포되고 처형되었다. 결국 러다이트 운동은 점차 쇠퇴했지만 이 운동은 산업화에 대한 노동자들의 불만과 저항을 상징하는 중요한 사건으로 역사에 남게 되었다. 러다이트 운동은 단순히 기계 파괴에 그치지 않고 산업화와 기술 발전이 노동자들에게 미치는 영향에 대한 논의를 촉발하였다. 이 운동은 이후 노동조합 운동과 노동자 권리 향상을 위한 다른 사회 운동에도 영향을 미쳤다. 또한 오늘날에도 자동화와 기술 발전이 노동시장에 미치는 영향을 논의할 때 러다이트 운동이 자주 언급되며 기술 발전에 대한 인간의 대응을 생각하게 하는 중요한 역사적 사례로 남아있다.

이러한 임금 노동의 형태는 자본주의만의 특징은 아니지만 다른 경제시스템과 확연히 다른 것은 자본주의에서는 이러한 임금 노동을 통한 생산방식이 경제활동 전반에 걸쳐 전면적으로 적용되고 작동한다는 점이다. 그 이전의 사회에서도 임금 노동은 존재했지만 자본주의처럼 사회경제적 관계 또는 생산을 위한 보편적 방식은 아니었다.[36] 예를 들면 고대 로마제국과 같은 노예제 사회나 중세 봉건사회에서 노동력을 제공하는 노예나 농노가 있었지만 이들은 자본주의 노동자와 같이 거주 이동의 자유나 직업 선택의 자유가 보장되지 않았다. 아니 그러한 자유가 허용될 사회경제적 토대가 존재하지 않았다고 해야 할 것이다. 노동시장이 활성화될 수 없었음을 의미한다.

그렇다 하더라도 노예주와 영주는 이들이 생존할 수 있도록 식량과 주거 등을 책임져 주었다. 물론 지금의 기준으로 보면 그 수준은 비인간적이고 형편없을 것임이 틀림없다. 하지만 자본주의 노동계약은 기업(사용자)가 노동자의 생존을 책임질 의무가 없다. 노동자에게 근대적 의미의 신분적 자유가 주어졌기 때문이다.[37] 노동자의 삶은 노동자가 알아서 책임질 일이다. 기업(사용자)은 계약상의 임금만 지급하면 되는 것이다.[38] 이는 노예제나 봉건제 사회에서는 임금 노동

---

36 예를 들면 2천 년 전에 기록된 마태복음 20장 1~16절에는 포도원 품꾼의 비유가 등장한다. 이 비유에서는 포도원 주인이 하루 일할 노동자들을 시간대별로 고용하고 마지막에 모두에게 동일한 임금을 지불하는 이야기가 나온다. 여기서 임금 노동의 개념이 강조되고 주인은 자신이 약속한 임금을 정직하게 지불하는 모습을 보여준다. 2천 년 전 고대 로마 유대 땅에서도 임금 노동이 존재했음을 보여준다.

37 근대적 의미의 자유는 여러 측면에서 해석할 수 있지만 그 핵심은 개인이 과도한 외부의 개입이나 간섭 없이 스스로 선택하고 결정을 내릴 수 있는 능력을 인정하고 보장한다는 데 있다. 더 간단히 말하면 이는 각자의 인생은 각자가 책임지고 알아서 잘 살아가야 함을 의미한다. 잘 살든, 못 살든 그것은 개인의 능력과 책임이지 국가나 사회가 나설 문제가 아니라는 것이다.

38 대기업이나 공기업 등은 임금 외에도 노동자의 복지를 위해 다양한 재정적 지원과 프로그

을 활용한 자본주의적 생산시스템이 작동할 수 없음을 의미하기도
한다. 자본주의는 노동계약을 통해 노동자를 고용하고 이를 생산 과
정에 투입한다. 노동자에 대해 계약 외에는 그 어떤 것도 신경 쓸 필
요가 없다. 노동력에 대한 대가로 임금을 지급하면 그것으로 끝이다.

자본주의의 이러한 노동계약은 일견 깔끔하고 군더더기 없어 보
인다. 하지만 노동자는 이제 각자도생이라는 정글과 같은 살벌한 현
실로 내몰리게 되었다. 누구나 자유와 풍요를 원하고 이를 성취하기
위해 노력하지만 노동자가 자기의 노동력을 활용해 이를 이루어내
기란 결코 쉬운 일이 아니다. 일부 노동자는 자신이 가진 특기나 장
점을 이용하여 고임금을 받기도 하고 자산투자를 통해 성공할 수도
있다. 또한 일부 노동자는 자신 스스로가 기업(자본)을 세우고 자본가
가 된다. 그리고 성공할 수도 있다.

하지만 대다수 노동자는 저임금의 굴레에서 벗어나지 못하고 자
본주의가 제공하는 풍요의 경계선에 서 있거나 아니면 그 밖으로 밀
려난다. 이것이 자본주의적 착취의 본질이자 현실이라고 할 수 있다.
따라서 좀 더 진전된 자본주의가 되기 위해서는 그 경계선이나 밖으
로 밀려난 다수의 사회구성원이 그 경계의 안으로 들어올 수 있도록
자본주의 경제시스템을 설계하고 또 실제로 그렇게 작동할 수 있도
록 하는 데 있다고 할 수 있다.

실제 역사에서 중세 봉건제 또는 농노제의 영주(귀족)와 농노 계
급 구조의 붕괴는 시장경제와 자본주의적 임금 노동의 확대와 함께
일어났다. 봉건적 신분 타파는 자유, 평등, 인권이라는 인류 보편가
치의 진전이라는 측면에서 큰 의미가 있다. 하지만 이는 바꾸어 말하

램을 제공하기도 한다. 하지만 이 또한 그냥 어느 날 갑자기 주어진 것이 아니라 노동계급
의 치열한 투쟁과 노사 간 합의로 가능하게 되었음을 기억해야 한다.

면 장원(莊園, manor)이라는 공동체가 해체되고 개인의 삶은 개인이 알아서 책임져야 하는 소위 각자도생의 시대가 열린 것을 의미하기도 한다.[39] 자본주의에서 노동자는 신분의 자유를 얻는 대가로 자본가에게 노동력을 팔아 생계를 유지할 수밖에 없게 되었다.

아니나 다를까 초기 자본주의 노동자의 삶은 극도로 열악했다. 국가나 사회가 나서서 열악한 임금 조건이나 노동환경 등에 대해 그 어떠한 지원이나 도움도 주지 않았다. 앞에서 이야기한 자본주의의 착취구조가 극명하게 드러나고 적용되는 시기였다. 그러다 보니 자본이 획득한 이윤은 그만큼 막대했고 이를 통한 자본의 확대재생산, 그리고 자본주의의 성장은 그 어느 때보다 빨랐다. 영국에서 시작된 자본주의가 한 세기 만에 유럽뿐만 아니라 전 세계로 확산한 것은 우연한 일이 아니다.[40]

시간이 지나면서 노동자의 비인간적인 삶에 대한 문제의식과 개선 요구가 커지게 되었다. 마르크스, 엥겔스 등과 같은 자본주의 체제 자체에 문제를 제기하는 사회주의 운동이 힘을 얻었다. 노동자들은 노동조합을 결성하고 집단적 행동을 하게 되었다. 이러한 사회적 요구와 분위기 속에 이제 기업뿐만 아니라 국가가 노동 조건과 환경, 그리고 노동자의 삶의 개선을 위해 나서기 시작하였다. 이러한 움직임이 이후 복지국가, 수정자본주의로 이어지게 되었다.

하지만 자본주의는 기본적으로 개인에게 의사결정의 자유가 주

---

39 장원은 유럽 봉건사회에서 지배적이었던 자급자족 경제의 단위를 의미한다. 자연적으로 발생한 촌락을 기초로 하며 그 가운데서 영주와 농노의 신분 관계가 유지되었다.

40 물론 그 과정은 폭력과 전쟁이 동반되는 식민지 개척과 자본주의 경제시스템의 이식 과정이기도 했다. 이 과정에서 식민지 지역 국가의 희비가 갈렸다. 예를 들면 일본은 이러한 시대적 흐름을 빨리 간파하고 이를 국가 발전에 활용하여 제국(帝國)으로 성장하였다. 이에 반해 조선은 이를 활용하지 못하고 오히려 쇄국을 일관함으로써 결국 망국의 길을 걷고 일본의 식민지로 전락하였다. 이러한 역사적 교훈을 기억할 필요가 있다.

어지지는 동시에 그에 따르는 책임을 지게 한다. 개인의 삶은 개인이 알아서 결정하고 그에 대한 책임을 지고 살아가는 경제시스템이다. 이는 개인의 자유가 보장된다는 차원에서 의미가 있지만 동시에 각자도생이라는 또 다른 이면의 모습을 가지고 있다. 자본주의는 기본적으로 각자도생이라는 성격을 갖고 있다.

각자도생이 판치는 사회는 약육강식이 지배하는 정글과 같은 모습의 사회로 변질될 우려가 있다. 따라서 각자도생에서 실패한 사회구성원에 대한 배려, 구제책이 필요하다. 그렇지 않으면 자본주의 자체에 불안과 위기가 발생할 수 있기 때문이다. 더 나아가 이 문제는 자본주의 경제시스템에서 구조적으로, 항시적으로 발생할 수 있으므로 이를 제도적으로 대응하기 위한 노력과 정책이 필요하다. 국가의 개입이 필요한 이유이다.

17세기 이후 영국에서 시작된 시민혁명과 산업혁명은 이후 19세기 중반까지 유럽 대륙 전체에 전파되었다.[41] 적지 않은 시간이 걸리고 굴곡이 있었지만 봉건주의 경제시스템은 붕괴하고 자본주의 경제시스템이 시작되었다. 영주(왕과 귀족)와 농노로 이루어진 신분제 사회이자 장원 중심의 봉건주의 경제시스템은 자본과 임금 노동을 중심으로 하는 새로운 자본주의(자유방임) 경제시스템으로 변화되었다.

봉건주의 신분제도가 붕괴하면서 농노에게는 자의든 타의든, 점

---

41 시민혁명은 유산계급(자본가)인 부르주아(시민)가 중심이 되어 특권을 가진 왕 또는 귀족이 독점하던 정치 제도를 철폐하고 모든 개인이 자유롭고 평등하다는 신념을 바탕으로 신분제 폐지, 영업의 자유, 의회제 확립 등 민주 정치를 확립하려는 데 목적이 있었다. 근대 시민혁명의 토대는 영국의 17세기 중반의 청교도혁명과 17세기 말의 명예혁명이다. 프랑스에서는 1892년 프랑스혁명이 발생하였다. 프랑스혁명은 나폴레옹에 의해 법전으로 정리되고 전쟁을 통해 19세기에 걸쳐 전 유럽으로 전파가 되었다. 정치적으로 시민혁명, 경제적으로 산업혁명을 통해 자본가계급이 주도하는 정치, 경제시스템이 만들어졌고 민주 공화정을 근간으로 하는 근대 국민국가가 형성되었다.

진적이든 폭력적이든 직업 선택의 자유와 거주 이전의 자유가 주어졌다. 대규모 농노는 장원의 속박을 벗어나 도시로 진입하게 되었다. 그리고 이들 중 대다수가 소위 자본주의 생산을 위한 노동력을 공급하는 산업예비군(industrial reserves)이 되었다. 물론 그중 극히 일부는 자기 능력으로 또는 운이 좋아 부를 축적할 수 있었다. 이들은 자본가 계급으로 흡수되었다.

이제 자본의 필요에 맞추어 노동력을 공급할 수 있는 노동자 계급이 등장하였다. 노동계약을 통해 노동력을 사고파는 노동시장(labor market)이 형성되었다. 노동력도 다른 상품과 같이 수요와 공급이라는 시장 메커니즘에 의해 그 가격(임금)이 결정되었다. 수요와 공급이 일치하는 수준(균형가격)에서 임금이 정해지는 것이 효율적이라고 여겨지게 되었다. 임금의 상승과 하락은 순전히 시장 메커니즘에 의해 결정되므로 국가(정부)가 개입하여 임금을 높이는 것은 효율적이지 않고 경제적 왜곡을 초래한다는 것이다.

이 책에서 논의하는 자본은 자기 증식을 위해 물리적 생산수단을 포함하는 동시에 노동을 고용하고 배치하는 등 생산을 조직하는 모든 과정을 통제, 관리하는 법인격적(法人格的) 실체를 의미한다.[42] 자본은 이제 노동시장에서 결정되는 임금과 기계, 설비 등 생산수단에 들어가는 비용을 계상해서 지급하면 될 일이다. 법인격을 가진 자본은 임금을 비용 그 이상 그 이하로 인식하지 않는다.

따라서 자본은 비용 절감을 위해, 다시 말해 임금을 줄이기 위해 노동력을 대체할 수 있는 기계화와 자동화, 그리고 이에 따른 생산성 향상을 추구하게 된다. 기계화, 자동화는 생산력의 증대를 가져왔고

---

42 법인격은 권리의 주체(자연인, 법인)가 될 수 있는 지위나 자격을 말한다. 구체적으로 인격을 가진 자연인과 국가, 기업, 학교, 재단법인과 같은 법인도 권리능력이 있다. 이러한 권리능력을 인격, 법인격이라고도 한다.

대량생산을 가능하게 했다. 대량생산은 다시 대량소비로 이어져 20세기 이후 대량생산, 대량소비의 시대가 열렸다. 임금 삭감(정체) 또는 고용 축소는 노동자에게는 불리하지만 이를 위한 혁신이 물질적 풍요를 가져왔다는 사실을 부정할 수 없다. 자본주의가 가진 모순이자 아이러니인 것이다.

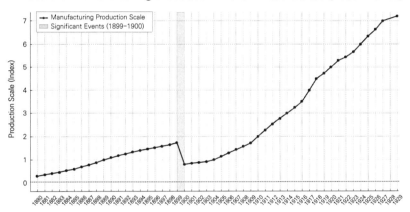

그림 1-7 미국의 제조업 생산 추이(1880~1920년대)

Scale of Manufacturing Production in the United States (1880-1920s)

이 그래프는 1880년부터 1920년대까지 미국 제조업 생산 규모를 나타낸다. 1880~1900년대 초반 미국의 제조업은 서서히 성장하는 모습을 보인다. 1900년대 이후 제조업 생산은 가속화되기 시작했다. 특히 컨베이어 시스템 등 포디즘 도입에 따른 대량생산 체제가 정착되었고 생산 규모가 급증하였다. 제1차 세계대전과 이후에도 이러한 생산의 급증은 가속되었고 이에 따라 1920년대 후반에는 1880년대에 비해 8배 가까이 증가하였다.

4 자본과 노동의 상호관계

여기서 자본과 노동의 상호관계에 대해 생각해 볼 필요가 있다. 자본과 노동은 대등한 관계가 아닌 자본이 주가 되고 노동이 종이 되는 비대칭적 관계를 갖는다. 노동은 자본을 위한 수단일 뿐이다. 자본주의는 이전의 그 어떤 경제시스템에 비해 역동적인 경제활동과 물질적 풍요가 가능하지만 노동력의 상품화로 인해 노동 소외(alienation of labor)는 오히려 심화하였다.[43] 노동은 자본의 생산을 위한 하나의 생산요소, 그 이상 그 이하도 아니게 되었다. 노동은 다른 상품과 같이 시장에서 사고팔 수 있는 일반적인 상품일 뿐이다.

자본과 노동의 관계는 순전히 임금을 조건으로 하는 계약 관계로 정립되었다. 이것이 자본주의 경제시스템이 과거 노예제, 봉건제 경제시스템과는 질적으로 다를 수밖에 없는 핵심 이유이다. 이후 자본주의 경제시스템은 노동계약 상의 임금 외의 나머지 모든 잉여 또는 이윤을 온전히 자본에 귀속시키는 자원의 배분 방식을 강화하였다. 이를 토대로 자본의 확대재생산은 지속될 수 있었다.

또한 이러한 자본주의 경제시스템의 특성에 더해 이를 한층 더 추동하고 견인하는 자본주의적 기술, 제도, 문화, 가치관 등이 발현하고 확산하게 되었다. 이것이 20세기 전 세계적으로 진행된 현상이다. 이는 냉전 체제가 종식된 1990년대 이후 소위 신자유주의, 세계

---

43 노동 소외는 마르크스가 자본주의 체제에서 노동자가 자신의 노동 과정과 그 결과물로부터 분리되고 소외되는 현상을 설명하기 위해 사용한 개념이다. 마르크스는 노동 소외가 노동자에게서 인간성을 빼앗고 자아실현과 창의성으로부터 멀어지게 한다고 주장하였다. 노동 소외의 주요 측면은 네 가지로 나뉘는데 첫째, 생산물로부터의 소외, 둘째, 생산 활동으로부터의 소외, 셋째, 자신으로부터의 소외, 넷째, 타인으로부터의 소외를 의미한다. 결국 노동 소외는 노동자가 자신의 노동과 그 결과물, 노동 과정, 자기 자신, 그리고 다른 사람들과의 관계에서 소외되는 현상을 설명하는 개념이다. 마르크스는 이러한 소외가 자본주의 체제의 본질적인 문제라고 보았다. 이를 극복하기 위해서는 자본주의를 폐지하고 생산 수단을 공동 소유하며 인간의 창의성과 자아실현을 중시하는 사회주의 체제로의 전환이 필요하다고 주장하였다.

화 시대를 맞아 가속화되었다.[44] 자본주의 경제시스템은 역사상 가장 정교화, 고도화되었다.

자본과 노동의 관계를 기준으로 보면 자본주의 경제시스템의 완성, 다시 말해 본격적인 자본주의의 시작은 18세기 중반 석탄을 이용한 증기기관의 발명과 함께 시작되었다. 이 시기는 증기력을 이용한 방적기, 방직기 등 기계장치, 증기기관차, 증기선 등 운송 수단, 그리고 임금 노동이 결합한 대규모 공장제 생산이 이루어지기 시작한 시점이다. 자본주의 생산방식을 통해 인류는 과거 그 어느 때보다 획기적인 생산력 증대와 생산성의 향상을 이룰 수 있었고 대량생산과 대량소비의 시대를 열게 되었다.

이제 자본주의 사회는 그 이전의 사회와는 전혀 다른 모습과 특징을 갖게 되었다. 기독교와 신분제를 중심으로 이루어진 봉건제적 지배 이데올로기는 과학과 이성, 그리고 개인의 자유라는 자본주의적 지배 이데올로기로 대체되었다. 경제시스템을 떠받드는 물적 토대뿐만 아니라 그 지배 이데올로기가 교체되었다는 의미에서 이를 산업혁명이라고 하는 것이다. 산업혁명은 단순히 물질적인 차원의 혁명뿐만 아니라 정신적인, 이념적인 차원의 변화도 동반하였다.

이 시기를 제조업, 공업 중심의 산업자본이 주도했다는 의미에서

---

44 세계화(globalization)라는 용어는 경제학자이자 하버드 경영대학원 레빗(Theodore Levitt) 교수가 현대적 맥락에서 처음 사용했다. 그는 1983년 *Harvard Business Review*에 게재된 '시장의 세계화'라는 제목의 기사를 통해 이 개념을 대중화했다. 이 기사에서 그는 기술 발전이 기업이 표준화된 제품을 전 세계에 판매할 수 있는 세계시장의 새로운 시대를 만들고 있다고 주장했다. 그는 전 세계 소비자들이 점점 더 유사한 제품과 서비스를 요구함에 따라 문화적 차이의 중요성이 줄어들고 있으며 이는 글로벌 브랜드의 출현과 더욱 통합된 세계 경제로 이어진다고 주장했다. 이전에도 세계화라는 용어가 다양한 형태로 등장했지만 레빗의 작업은 이 개념을 학술 및 비즈니스 논의의 중요한 의제로 끌어올려 20세기 후반의 경제적, 문화적 변화를 이해하는 데 중심 아이디어로 삼았다는 점에서 널리 알려져 있다.

산업자본주의(industrial capitalism)라고 부른다.[45] 이전에는 상품의 생산을 위해 사람(인력)에 대한 의존도가 높았다. 하지만 산업혁명 이후 증기기관이 발명되고 증기력을 활용하는 기계, 설비가 발명되면서 기계가 인력을 대체하게 되었다. 이는 생산을 위해 기계, 설비, 공장 시설 등 자본(재)의 역할이 중요해짐을 의미한다. 실제로 생산성 향상은 기계화, 자동화와 밀접하게 연관되어 있다.

기업은 기계화, 자동화를 위해 막대한 자금을 투입하게 되었다. 이를 통해 대규모 기계, 설비, 공장 시설을 갖추고 저렴한 노동력을 고용해 대량생산을 할 수 있게 되었다. 기업은 더 효율적인 기계, 설비를 개발하고 기계화, 자동화를 통해 비용을 줄이고 생산성을 향상함으로써 더 큰 이윤(부)을 획득할 수 있게 되었다. 그리고 획득한 이윤을 재투입하면서 자본의 확대재생산은 증폭되었다.

더 나아가 기업에 투자와 대출 등의 형식으로 필요한 자금을 제공해 주는 금융자본과 자산가 계층도 부상하게 되었다. 이렇게 산업자본, 금융자본은 자본의 지속적이고 대규모적인 집적과 투입을 위해 연합하게 되었다. 또한 이 과정에서 왕과 영주(귀족)의 화폐창조 권한을 중앙은행이 독점하게 되면서 부분지급준비금 제도(fractional reserve system)[46]를 고리로 하는 현재와 같은 중앙은행-상업은행의

---

45 산업자본주의는 18세기 중반에 발생한 산업혁명의 결과로 영국을 시작으로 제조업이 자본 축적과 경제발전의 원동력이 되는 경제 체제를 말한다. 산업혁명과 함께 시민혁명이 발발하면서 서구 사회는 민주주의를 표방하는 시민사회의 형태로 발전하여 사유재산제도와 경제적 자유를 근간으로 하는 산업자본주의를 완성하였다. 이후 산업자본주의는 비약적인 생산력 증대를 경험하지만 19세기 후반에 이르러 빈부격차의 심화뿐만 아니라 주기적인 공황과 같은 위기를 겪게 되었다. 산업자본의 시장 지배력이 커지고 독점화가 심화하면서 이 시기를 독점자본주의라고도 한다. 1930년대 대공황 이후 산업자본주의는 정부가 공공의 이익을 위해 사유재산권과 경제적 자유를 일부 제한하게 되었고 수정자본주의로 전환되게 된다.

46 부분지급준비금 제도는 상업은행이 고객 예금의 일부를 준비금으로 보유하고 나머지는 자유롭게 대출할 수 있는 메커니즘이다. 이 시스템을 통해 상업은행은 예금 이상의 대출을 통

이중은행제도(two-tier banking system, dual banking system)가 성립되었다.[47]

　이렇게 자본주의는 임금을 중심으로 자본과 노동 간 관계가 형성되었다. 봉건제적 속박으로부터 신분상으로 자유인이 된 노동자와 이들을 고용하는 자본가의 등장은 시민혁명과 산업혁명을 통한 봉건제 사회의 붕괴와 근대 국민국가(nation state)의 형성과 함께 이루어졌다. 자본주의 경제시스템이 작동할 수 있는 정치, 제도, 계급 구조가 형성되었다. 자본은 이러한 물적 토대를 바탕으로 생산을 위한 필요조건인 노동과 자본재 등 생산요소를 자신의 이윤을 극대화하는 방향으로 활용할 수 있게 되었다. 하지만 노동은 지속해서 소외되어 갔다. 이제 그 모순이 임계점에 다다르게 되었다.

해 화폐공급을 확대한다. 고객이 상업은행에 돈을 예금하면 상업은행은 해당 예금의 일부를 금고나 중앙은행에 보관해야 한다. 지급준비율 요건은 일반적으로 중앙은행이 설정한다. 예를 들면 지급준비율이 10%라면 상업은행은 예금의 10%를 보유하고 나머지 90%를 대출해 줄 수 있다. 부분지급준비금 제도는 근대적 은행시스템이 형성되면서 시행되어 현재까지 유지되고 있지만 실제로 미국, EU 등 주요 선진국의 경우는 지급준비율 자체가 철폐되는 등 통화정책 수단으로서의 의미는 거의 없다고 할 수 있다.

47　이에 대한 상세한 논의는 제3부 화폐의 역사적 이해에서 다룬다.

Chapter 04

자본주의의 모순,
그리고 해결을 위한 분투

1 노동 소외

위 제3장에서 자본주의 경제시스템이 작동할 수 있는 물적 토대
로서 이윤의 획득과 이를 활용한 확대재생산을, 그리고 필요조건으
로서 사유재산권, 생산요소, 자본과 노동의 관계 등에 대해 살펴보았
다. 자본주의 생산방식의 큰 틀은 이윤 극대화를 위해 가장 효율적인
방식으로 생산요소가 구성, 조직되는 데 초점이 맞추어졌다. 이는 산
업혁명을 기점으로 본격적으로 가속화되었다. 17세기 이후 주로 가
내 수공업 또는 매뉴팩처 방식의 소규모 생산에 의지하던 시대와는 달
리 18세기 중엽 이후부터는 자본의 집중과 집적, 그리고 대규모 기계
와 설비를 갖춘 공장제 생산방식으로 대량생산이 가능하게 되었다.

비용 최소화를 위한 효율적인 생산 체제가 완성되고 규모의 경제
(economies of scale)가 작동하기 시작하면서 저렴한 가격으로 대량
생산이 가능하게 되었다.[48] 생산력 증대와 생산성 향상, 그리고 규모
의 경제를 활용한 대량생산을 통해 다양하고 저렴한 상품 소비가 가
능하게 된 것이다. 이전에 비해 전반적인 삶의 질은 향상되었고 물질

---

[48] 규모의 경제는 생산량이 증가할수록 평균 생산 비용이 감소하는 현상을 의미한다. 이는 주
로 대량생산에서 나타난다.

적으로 풍요롭게 되었다. 노동 소외가 자본주의의 아킬레스건이라고 한다면 물질적 풍요는 자본주의가 내세울 수 있는 최대의 장점이라고 할 수 있다. 이러한 물질적 풍요는 노동 소외와 독점화, 불평등과 양극화 등 자본주의의 모순과 문제를 압도하였다.

하지만 생산력 확대와 물질적 풍요에도 불구하고 자본주의의 모순과 문제는 사라지지 않았다. 우선 노동 소외에 대해 살펴보자. 자본주의 생산방식의 특성상 생산요소인 노동의 성격은 자본과의 관계를 통해 특별한 것으로 변화되었다. 노동력을 제공하는 노동자는 결코 매매의 대상이 될 수 없는 주체적 인격(실존)을 가진 인간이지만 그가 제공하는 노동력은 자본의 입장에서는 사고팔 수 있는 상품에 불과하기 때문이다. 이러한 측면에서 볼 때 자본주의 역사는 어쩌면 노동력을 얼마만큼 인간화할지 아니면 상품화할지를 놓고 벌이는 자본과 노동 간 투쟁의 역사라고 할 수 있을 것 같다.

하지만 자본주의는 말에서 풍기는 뉘앙스 그대로 늘 자본을 대변해 왔다. 자본주의는 말 그대로 자본이 추동하며 자본이 주체가 되는 것이므로 노동은 단지 자본을 위한 수단이자 종속적인 역할을 할 뿐이기 때문이다. 노동은 생산요소 중 하나로 자본의 확대재생산을 위해 필요한 것일 뿐, 그 이상도 그 이하도 아니다. 노동자를 고용하고 계약한 대로 임금을 지급하면 그만이다. 임금은 상품을 만들기 위해 들어가는 여러 가지 비용 중 하나일 뿐이다.

자본의 확대재생산과 지속적인 이윤 창출을 위해서는 상품의 고부가가치화뿐만 아니라 동시에 비용 절감이 필요하다. 자본의 입장에서는 노동은 이런 차원에서 인식될 뿐이다. 자본이 필요로 하는 노동은 상품의 부가가치를 높이는데 기여하는 노동, 그리고 비용 측면에서 유리한 노동이다. 자본에 유리하고 필요한 전문 기술과 노하우를 가진 노동자는 고임금과 다양한 혜택을 보장하면서까지 고용하기를 원한다. 반대로 단순 노무직 노동이나 생산성이 낮은 노동의 경우는 최저임금조차 주는 것을 아까워한다. 그것이 사회와 공공을 위해 꼭 필요한 필수노동이라도 마찬가지이다. 이것이 자본의 생리이다.

자본주의가 고도화될수록, 다시 말해 기계화, 자동화가 진전될수록 자본의 노동에 대한 의존도는 전반적으로 하락한다. 이에 따라 노동의 가치는 하락하고 그에 따른 노동 소외, 소득과 부의 양극화 현상, 불평등 구조는 더욱 심화한다. 역사적으로도 자본주의 이전 시기에는 기계보다 인력에 의존할 수밖에 없었다. 따라서 수공업에 필요한 기술이나 지식을 가진 사람이 그렇지 않은 사람보다 경쟁력이 있었고 더 좋은 보수와 대우를 받았다.

하지만 산업혁명이 본격화되고 기계화, 자동화를 통한 대량생산이 가능하게 된 산업자본주의에서는 생산 과정에서 인력보다 기계나 설비의 생산능력이 차지하는 비중과 중요도가 커졌다. 이에 따라 개인이 가진 능력이나 기술의 차이가 생산성에 결정적인 영향을 주지 못하게 되었다. 반면 대다수 노동자는 단순 노무와 같은 제품생산을 위한 소모품으로 전락하였다. 사람은 단순히 기계를 돌리기 위한 노동력을 제공하는 수단일 뿐, 그 이상도 그 이하도 아니게 되었다.[49] 자본 입장에서는 임금을 최대한 줄이는 것만이 관심사가 된 것이다.

오히려 자본의 입장에서는 언제든 채워 넣을 수 있는 노동자보다 기계가 잠깐이라도 멈추는 것이 더 큰 문제였다. 노동자는 다른 노동자로 대체하면 그만이었지만 기계 고장 등 어떤 이유로 생산 과정이

---

49 이러한 시대적 상황을 잘 묘사한 영화가 찰리 채플린(Charles Chaplin)이 주연한 "모던 타임스"(Modern Times, 1936년)이다. 찰리라는 한 노동자가 자본주의하에서 생존을 위해 애쓰지만 늘 비참한 생활을 하게 되는 과정을 코믹하면서도 가슴 아프게 그려내고 있다. 모던 타임스는 대량생산과 산업화 시대의 기계적 가치보다 인간의 개인적 가치 회복을 호소하고 있다. 한 세기 가까이 지난 21세기 현재에도 꼭 한 번은 시청해야 할 영화 중 하나이다.

멈추게 되면 생산과 매출 감소로 이어지고 그만큼 이윤이 줄어들기 때문이다. 자본주의 초기 도시로 몰려든 노동력은 산업예비군이라고 할 정도로 넘쳐났다. 자본의 입장에서 노동력은 언제든 쉽게 사서 쓰고 버릴 수 있는 상품에 불과했다. 정해진 임금 그 이상의 어떠한 배려나 대우도 필요 없었다.

이러한 상황에서 노동자에 대한 국가의 지원과 보호는 미흡했다. 치안과 질서 유지를 담당하는 야경국가(夜警國家, night-watching country)의 역할이면 족했다. 시장에 개입하는 것은 국가가 할 일이 아니었다. 시장은 시장의 논리로 돌아가는 것이지 국가가 개입할 수 없다. 국가의 개입은 금기시되었다. 자유방임, 야경국가의 유일한 관심은 자본의 확대재생산이 원활하도록 국내의 치안과 안정을 유지하는 것과 상품 판매를 위한 시장 확대와 원자재 수탈을 위한 식민지 개척이었다.[50]

이 과정에서 사회주의 등 자본주의에 도전하는 불순한 이념과 세력은 철저하게 감시와 통제를 받게 되었다. 대외적으로는 식민지 쟁탈을 둘러싼 다른 경쟁국과의 전쟁과 분쟁이 끊일 날이 없었다. 결국 이러한 분쟁이 20세기까지 이어졌고 결국 대규모 전쟁으로 일어난 것이 제1차 세계대전과 제2차 세계대전이라고 할 수 있다. 그 전쟁의 이면에는 자본의 끊임없는 자기 증식의 욕망이 이글거리고 있었다. 자본은 확대재생산을 위한 것이라면 인간의 혈과 육을 갈아 넣는 것은 아무것도 아님을 여실히 드러내었다.

---

[50] 일본이 조선의 근대화에 기여했다고 주장하는 식민지 근대화론은 일제 강점기 당시 일제에 의한 조선의 쌀 수탈을 쌀 수출로 미화한다. 하지만 이는 일제와 식민지 조선의 지배-피지배 관계를 배제한 채 당사자 간 합의된 정상적이고 합법적인 거래로 보는 경제 지상주의적인 관점일 뿐이다. 단지 경제적인 수혜가 있었다는 것만으로 제국주의에 입각한 자본의 식민지 착취(수탈)를 정당화할 수는 없다.

이런 상황에서는 국가나 사회가 나서서 노동자를 위해 임금을 인상하거나 노동 조건이나 환경을 개선할 필요가 없었다. 자본의 입장에서 임금 등 생산 비용을 줄여야 상품 경쟁력을 갖고 이윤도 확대할 수 있기 때문이다. 노동자가 겨우 생계를 유지할 수 있는 수준으로 계약된 임금만 지급하면 그만이었다. 그만큼 노동 조건과 환경은 열악했고 노동권도 제대로 보장되지 않았다.[51] 시간이 지날수록 자본주의 착취구조가 강화되면서 자본은 이윤을 축적할 수 있었지만 반대로 노동자는 상대적, 심지어는 절대적으로 빈곤해졌다. 노동자는 신분 상승을 위한 꿈도 꿀 수 없었고 부익부 빈익빈의 양극화는 심화하였다. 이러한 문제는 자본주의가 갖는 사회적, 구조적 문제로 고착되어 갔다.

자본은 생산량 증가와 생산성 향상으로 이윤이 더 늘었다 하더라도 그것은 순전히 자본에 돌아갈 몫이지 노동자에게 임금 이상으로 나눠줄 부분은 아니라고 일갈한다. 자본주의는 이에 대한 문제의식이 아예 배제된 채 당연한 것으로 인식되는 경제시스템이라고 할 수 있다. 자본주의에서 이윤은 당연히 자본에 귀속되는 것이 만고불변의 진리인 것처럼 여겨진다. 자본 입장에서 노동자와 계약한 대로 임금을 지급한 것이고 계약 조건이 마음에 안 들면 노동자가 그만두면 된다는 것이다.

기업이 돈을 벌면 벌수록 산업자본가, 금융자본가의 부는 증가했지만 노동자의 소득은 상대적으로 적게 증가하거나 정체되었다. 이러한 상황이 지속되면 시간이 갈수록 부의 격차는 노동 소득이 자본 소득을 따라갈 수 없을 만큼 커지게 된다.[52] 20세기 초까지의 자본주의

---

51 선진국 등 대다수 국가에서 노동조합이 합법화된 것은 이르면 1824년 영국이 노동조합을 합법화한 것을 제외하면 19세기 후반 늦으면 20세기 중엽에 이르러서였다.

52 토마스 피케티(Thomas Piketty)의 『21세기 자본론』(Capital in the Twenty-First

경제시스템에서는 국가가 이런 문제에 대해 개입하지 않았다. 기업의 이러한 주장 앞에 노동자는 사실상 선택권이 없었다고 할 수 있다.

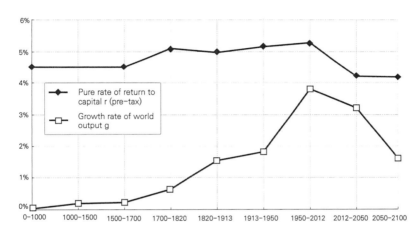

그림 1-8 자본수익률 또는 자산수익률(r)과 경제성장률(g) 추이

글로벌 자본수익률과 성장률 비교, 고대부터 2100년까지

자본수익률(세전)은 항상 세계의 성장률보다 높았지만 20세기에 그 격차가 줄어들었고
21세기에 다시 차이가 벌어질 수 있다.

Century, 2014)은 지난 수백 년 동안 여러 국가의 부와 소득에 대한 광범위한 역사적 자료를 수집하고 분석하여 불평등의 장기적인 추세를 보여주었다. 이 책의 요지는 자본수익률 또는 자산수익률(r)이 경제성장률(g)보다 높았음을 보여주는 것이다. $r > g$일 때 부가 경제적 생산량보다 빠르게 축적되어 자본을 소유한 사람들에게 부의 집중이 증가한다는 것이다. 따라서 피케티는 불평등을 억제하기 위해 부와 소득에 대한 누진과세를 옹호한다. 이를 위해 글로벌 부유세 도입을 제안하고 있다. 피케티는 이러한 실증분석 결과를 통해 경제가 발전함에 따라 불평등이 자연적으로 감소할 것으로 예측하는 신고전파 경제학의 가정에 부정적이다. 정부의 개입이 없다면 자본주의 경제는 높은 수준의 불평등을 생성하고 유지하는 경향이 있다고 보는 것이다. 이에 대해 본 저자는 $r > g$ 이라는 결과를 가지고 자본주의가 부도덕하고 철폐되어야 할 경제시스템으로 단정 짓는 것을 경계한다. 양극화의 부작용이 있었지만 오히려 $r > g$ 이었기에 자본의 투입을 유인하여 현재와 같은 물질적 풍요가 가능하지 않았을까 생각한다.

이 그래프는 토마스 피케티(Thomas Piketty)의 저서 『21세기 자본론』(Capital in the Twenty-First Century, 2014)에서 재인용한 것이다. 그래프는 가용한 소득 데이터를 통해 기원후 자본수익률 또는 자산수익률(r)이 경제성장률(g)보다 높았음을 보여주고 있다. 특히 수정자본주의 시대인 20세기 중엽 그 격차가 줄었다가 20세기 후반부터 다시 커지는 것을 볼 수 있다.

노동자는 생산성 향상과 기업의 성장에 자신의 기여가 분명히 있다고 여긴다. 하지만 이러한 기여가 인정되지 않고 오히려 부의 양극화가 심화하면 이에 대해 불만과 저항이 커질 것이다. 이것이 더욱 증폭되어 임계점에 이르면 자본주의 유지 자체가 문제될 수 있을 것이다. 19세기 이후 이러한 문제와 모순을 자본주의 자체적으로 해결할 수 없다는 믿음이 커지면서 자본주의를 타도와 철폐의 대상으로 보는 사회주의, 공산주의가 힘을 얻게 되었다. 실제로 1917년 러시아에서 볼셰비키 사회주의 혁명이 성공하면서 인류 최초로 사회주의 국가가 현실 속에 등장하였다. 사회주의 국가의 등장은 아이러니하게 자본주의가 체제 경쟁에서 이기기 위해 스스로 내적 모순을 개혁하는 계기가 되었다.

2 독과점

그리고 이러한 노동 소외뿐만 아니라 자본주의 경제시스템의 또 하나의 중요한 문제는 독과점 문제이다. 앞에서 살펴본 노동 소외는 자본과 노동 간의 관계에서 발생하는 문제라면 독과점은 자본과 자본 간의 관계에서 발생한 문제이다. 자본에 의한 자본 소외가 발생하는 것이다. 예를 들면 대자본이 자본력을 이용하여 소자본을 경쟁으로부터 탈락시키고 자신의 자기 증식을 위해 소자본을 흡수하는 것이다. 대자본이 소자본보다 자본력과 규모의 경제를 활용하여 시장을 장악하기 쉽기 때문이다.

다시 말해 시장에서 독과점이 일어나는 것이다. 독과점이 진행될수록 시장은 평평한 운동장이 아니라 기울어진 운동장이 된다. 개인 자본이나 소자본은 대자본과의 경쟁에서 도태되거나 대자본에 흡수, 병합된다. 자본주의가 발전할수록 인수합병(M&A) 시장이 활성화되는 이유이다. 말이 기업 간 인수합병이지 이는 대자본이 소자본을 흡수하여 더 큰 대자본으로 시장을 점유해 가는 과정이라고 할 수 있다.

시장이 대자본에 의해 독과점화되면 독과점에 따른 비효율성과 폐단이 나타나게 된다. 예를 들면 특정 기업(자본)이 시장을 독점하면 상품 가격은 완전경쟁시장 가격(perfect competition market price)이 아닌 독점 기업의 이윤을 극대화하는 독점시장 가격(monopoly market price)으로 결정된다. 미시경제학에서 보듯이 독점시장 가격은 수요에 비해 적은 공급과 완전경쟁시장에 비해 높은 가격으로 결정되는데 이는 자원의 비효율적인 배분을 초래한다. 이는 과점시장(oligopoly market)도 크게 다르지 않다.

이뿐만 아니라 독과점은 이윤이 특정 자본에만 귀속되어 부의 불평등(양극화)을 심화시킨다. 이렇게 독과점은 완전경쟁시장에 비해 가격이 왜곡되고 자원이 비효율적으로 배분된다. 독과점 기업의 이윤 극대화를 위해 과소 공급과 가격 상승이 일어나는 것이다. 독과점 시장에서는 다양한 시장 참여자의 이해가 아닌 독과점 기업의 이윤 극대화가 최대한 반영되기 때문이다. 대량생산과 자유방임이 최고조에 이르렀던 20세기 초 미국의 카네기(Andrew Carnegie, 1835~1919)가 철강왕, 록펠러(John D. Rockefeller, 1839~1937)가 석유왕으로 불렸던 것은 당시 대자본의 독점화를 상징적으로 나타내는 것이라고 할 수 있다.

독과점의 폐해가 심각해지기 전까지는 자유방임의 결과로 발생하는 독과점은 자본주의의 당연하고 바람직한 특성이라고 여겨졌다. 국가는 독과점의 문제를 인식하지 못했다. 하지만 독과점으로 인한 자원의 비효율적 배분과 경제적 이익의 과도한 불균형적 배분으로 인해 자본주의는 그 특유의 역동성을 잃게 된다. 자본주의가 역동성을 잃게 되면 지속적인 자본의 확대재생산이 어려워지고 이에 따르는 체제적 위기에 봉착할 가능성이 커지게 되는 것이다.[53]

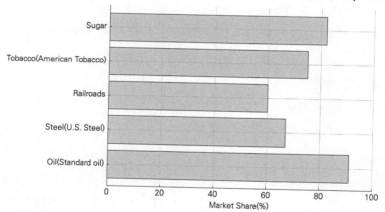

그림 1-9 1900년대 미국의 주요 산업의 독점도

이 그래프는 1900년대 초반 미국의 설탕, 담배, 철도, 철강, 석유 등 주요 산업의 시장 집중(독점)을 보여준다. 예를 들면 U.S. Steel 및 Standard Oil 등은 대표적인 독점 기업이었다.

---

53 미국 정부는 이러한 독과점의 폐해를 막기 위해 19세기 말 반독점법을 제정, 시행해 오고 있다. 1890년에 제정된 셔먼법(Sherman Act)이 최초의 연방 반독점법으로 오늘날까지 미국 반독점법의 근간이 되고 있다. 이후 1914년 셔먼법을 보완하고 강화하기 위해 클레이턴법(Clayton Act)이 제정되었다.

3 자본주의 모순 해결을 위한 분투와 실패

이렇게 ① 노동 소외와 ② 독과점 문제가 적절히 해결되지 않는다면 자본주의 경제시스템은 지속가능하지 않다. 노동 소외는 노동자의 불만을 증폭시켜 체제의 불안을 가져오고 독과점은 자본주의의 창발성과 역동성을 잃게 한다. 이러한 문제로 인한 부작용이 더욱 심화하여 임계점에 이르게 되면 자본주의를 대체할 새로운 경제시스템으로의 전환을 요구받게 될 것이다. 19세기 후반 20세기 초 이러한 욕구가 유럽 전역과 미국에서 본격적으로 분출하였다. 이러한 욕구가 사회주의가 세력을 얻고 확장할 수 있는 기폭제가 되었다. 실제로 1917년 러시아에서 사회주의 혁명이 일어나 제정 러시아가 붕괴하고 급진 세력인 볼셰비키가 권력을 잡게 되었다.

하지만 정작 사회주의 혁명은 마르크스가 예견했듯이 발전된 자본주의 국가에서 일어나지 않았고 반대로 유럽 국가 중 산업화와 근대화에서 가장 뒤처진 것으로 평가받는 제정(帝政) 러시아에서 일어났다. 제2차 세계대전 이후 공산화된 중국, 북한, 베트남, 쿠바 등도 크게 다르지는 않다. 마르크스의 예견이 틀린 것이다. 사회주의 혁명은 자본주의가 가장 성숙한 단계까지 발전하는 동시에 그 모순이 극대치에 이르렀을 때 발생하리라고 본 마르크스의 예상과는 정반대였다.

인류 역사에서 최초로 소련이라는 사회주의 국가가 탄생하였다. 자본주의의 대척점에 서 있는 사회주의 국가가 실제로 등장한 것은 자본주의에는 위협이자 위험이었다. 이제 자본주의와 사회주의는 체제의 존망을 놓고 한 치도 물러설 수 없는 사생결단을 앞두게 되었다. 잘 알다시피 그 투쟁과 갈등의 과정이 냉전 체제(cold war system)였고 그 끝은 소련의 붕괴와 사회주의 진영의 몰락이었다.

그림 1-10 제정 러시아와 서유럽 국가(영국, 독일, 프랑스) 1인당 GDP 비교
(1870년, 1913년)

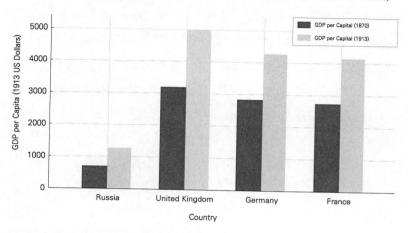

Comparative GDP per Capita of Russia and Western Europenan Coutries (1870 vs 1913)

이 그래프는 1870년과 1913년 제정 러시아와 주요 서유럽 국가(영국, 프랑
스, 독일)의 1인당 GDP를 비교해서 보여주고 있다. 1917년 볼셰비키 사회주의 혁
명 이전 제정 러시아의 경제가 서유럽에 비해 크게 낙후되어 있음을 알 수 있다.

마르크스의 사회주의(Marxism)가 주장하는 요점은 다음과 같다.
자본주의는 자본 계급이 노동 계급을 착취하는 계급사회이다. 자본
은 생산수단을 사유화(생산수단의 사적 소유)하고 노동 계급을 착취하
고(생산의 사회화) 이를 통해 잉여가치 또는 이윤을 독점한다. 그리고
이윤을 자본의 확대재생산(자기 증식)을 위해 투입한다. 이러한 자본
주의적 생산방식은 자본 계급과 노동 계급 간의 빈부격차를 심화한
다. 부의 양극화는 자본주의의 본질적 모순이기 때문에 자본주의 자
체로는 해결할 수 없다.

따라서 이 모순을 해결하기 위해서는 노동 계급이 혁명을 통해
생산수단을 사회화함으로써 계급사회를 타파하고 이윤을 평등하게

분배해야 한다. 노동 계급이 단결하여 폭력적 투쟁을 통해서 자본주의를 철폐해야 한다. 이러한 사회주의의 주장은 열악한 처지에 놓인 노동자나 사회에 불만을 가진 사람에게는 매혹적으로 보일 것이다. 실제로 사회주의 사상은 오랫동안 반체제 운동, 노동운동의 사상적, 이념적 배경이 되었다.

사회주의의 등장과 같은 심각한 위기 상황이 닥쳤음에도 이런 모순과 문제는 자본주의 기득권층의 방관과 힘의 논리 아래 방치되었다. 국가는 이에 무관심했거나 자본가 등 기득권층의 이해를 대변했다. 1차 산업혁명에 이어 19세기 말에서 20세기 초, 전기와 내연기관을 중심으로 하는 2차 산업혁명이 진행되면서 부의 양극화는 더욱 심화하였다. 산업자본주의는 포디즘(Fordism)으로 대표되는 기계화, 자동화, 그리고 이를 토대로 한 대량생산, 대량소비의 시대로 접어들었다.[54]

하지만 정작 노동자의 삶은 크게 개선되지 않았다. 자본주의가 물질적 풍요를 가져왔지만 이러한 혜택은 일부 수혜 계층과 구성원에게 국한되었고 사회구성원 모두에게 균등하게 돌아가지는 않았다. 기계화, 자동화를 통한 대량생산과 규모의 경제를 통한 생산성 향상이 동시에 진행되었다. 인류역사상 처음으로 대량생산과 대량소비가 동시에 일어나는 시대가 도래한 것이다. 기업은 더 많은 생산을 위해 자금을 투자했다. 부족한 자금은 상업은행 등 금융자본이 책임졌다.

그런데 여기서 한 가지 짚고 넘어갈 것이 있다. 그것은 이러한 대

---

54 포디즘(Fordism)은 포드 자동차 회사(Ford Motor Company)의 창립자이자 자동차의 왕이라고 불렸던 헨리 포드(Henry Ford, 1863~1947)가 개발한 대량생산 및 소비 관행을 특징으로 하는 20세기 초 진행된 경제발전의 단계를 설명하는 용어이다. 헨리 포드는 1913년 컨베이어벨트(조립라인)를 활용한 대량생산 방식을 도입했다. 이 방식은 작업자 각자가 특정하고 반복적인 작업을 수행함으로써 표준화된 제품을 대량으로 신속하고 효율적으로 생산할 수 있게 하여 생산성을 높이는 데 기여한 것으로 평가된다.

량생산과 자본의 확대재생산을 위해서는 이를 뒷받침할 수 있는 수요가 존재해야 한다는 점이다. 하지만 이윤의 독점은 노동자의 구매력 향상에 제약이 되었다. 공급의 증가에도 불구하고 이를 소화할 수 있는 구매력은 정체하였고 수요를 잠식하였다. 맹목적인 과잉 투자와 공급으로 이어졌다. 이는 지속 가능하지 않다.

결국 케인스주의에서 이야기하는 총공급(Aggregated Supply, AS)과 총수요(Aggregated Demand, AD) 간 불일치, 다시 말해 총수요가 총공급을 따라가지 못하게 되는 상황이 만성화되었다. 기업이 가장 두려워하는 것이 재고가 쌓이는 것이다. 생산된 상품이 소비되어야만 작동이 가능한 자본주의 생산방식에 균열이 생기게 되었다. 영원할 것 같았던 자본주의에 위기가 찾아오게 되었다. 이는 이미 다수의 역사적 경험을 통해 보듯이 경기 침체, 경제위기의 형태로 나타나게 된다.

그림 1-11   대공황 직전 미국의 생산과 소비 추이(1925~1930)

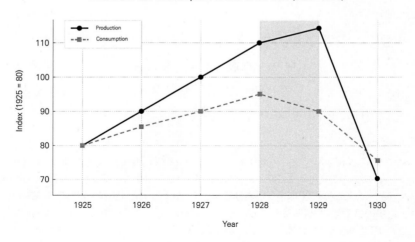

Production and Consumption Trends in the U.S. (1925-1930)

이 그래프는 대공황 이전 미국의 생산 및 소비 추세를 보여준다. 우선 첫 번째 그래프는 1925년부터 1929년까지 산업 생산의 꾸준한 증가세를 보여주고 있는데 이는 1920년대의 지속적인 경제 팽창을 나타낸다. 두 번째 그래프는 소비가 처음에 증가하다가 1928년 이후 감소하기 시작했음을 보여준다. 이러한 생산과 소비(수요)의 괴리에 따른 경제적 불균형이 대공황의 원인이 될 수 있음을 반영한다.

그 대표적인 사례가 1929년 미국에서 시작된 대공황이다. 1930년대 이후까지 지속된 대공황으로 인해 자본주의는 최대 위기를 맞게 되었다. 대공황이라는 전대미문의 경제위기로 미국뿐만 아니라 유럽, 아시아 등 세계는 그야말로 혼란의 도가니 속으로 빠져들게 되었다. 주가는 폭락하였고 수많은 기업과 은행이 도산하고 대량 실업이 발생하였다. 세계무역은 불과 3, 4년 만에 대공황 이전에 비해 1/3로 줄어들었다.

대공황 초기만 하더라도 전문가들은 시간이 지나면 시장의 자기 조정 기능이 작동하여 균형을 되찾을 것으로 기대하였다. 하지만 경제는 침체의 심연으로 빠져들어 갈 뿐이었다. 대공황은 대규모의 인명과 재산을 파괴하는 자연재해나 대규모 전쟁과 마찬가지로 국가나 사회 전체가 총력전의 자세로 발 벗고 나서지 않는 한 위기를 해결할 방법은 없게 되었다.

그림 1-12 대공황 전후 세계무역 규모 추이

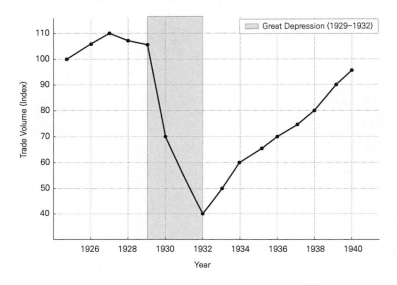

World Trade Volume Before and Afer the Great Depression

이 그래프는 대공황 이전과 이후의 세계무역 규모를 지수화한 것이다. 대공
황 이전 지속해서 증가하던 세계무역량은 대공황 이후 급격히 축소되었다.

이러한 시대적 혼란 속에서 미국은 1933년 취임한 민주당 루스
벨트(Franklin D. Roosevelt, 1882~1945) 대통령이 주도한 뉴딜 정책
(New Deal policy)을 통해 내수를 중심으로 위기를 타개해 나갈 수 있
었다. 뉴딜 정책은 정부가 적극적으로 시장에 개입하고 공공사업을
통한 재정투입을 통해 유효수요를 창출함으로써 작동을 멈춘 자본
주의의 숨통을 틔우는 역할을 하였다.[55] 루스벨트 대통령의 뉴딜 정

---

55 뉴딜 정책은 대공황에 대응하여 루스벨트 대통령이 시행한 일련의 프로그램과 정책이다.
뉴딜 정책은 즉각적인 경제 구제를 목표로 하며 향후 불황을 예방하기 위한 회복과 개혁에
중점을 두었다. 주요 정책으로는 사회보장제도 구축, 공공사업을 통한 일자리 창출, 금융
기관 규제 등이 있다. 또한 뉴딜 정책은 노동자의 노동조합 결성권을 보호하는 노동관계법

책은 이후 케인스주의가 실제 국가의 정책으로 적용된 최초의 사례라는 점에서 의미가 크다. 이후 뉴딜이라는 단어는 정부의 새로운 재정정책을 홍보할 때 유행처럼 쓰이게 되었다.[56]

하지만 미국과 같이 국내 수요(내수)를 살리는 것만으로는 위기를 해결할 수 없었던 유럽 등 다른 나라들의 사정은 달랐다. 당시 독일, 이탈리아, 일본 등과 같은 후발국은 산업화에는 성공했지만 자본의 지속적인 확대재생산을 위한 내수나 이를 뒷받침할만한 식민지가 부족했다. 이들 후발국은 대공황 속에서 버틸 경제 체력이 부족했다. 이들 국가는 위기를 타개하기 위해 그 원인을 외부로 돌렸다. 내부적으로는 단합을 강조하면서 군국주의, 민족주의, 전체주의를 강화하였다. 극우 세력이 전면에 등장하는 서막이 열린 것이다.

예를 들면 독일에서는 나치즘, 이탈리아에서는 파시즘, 일본에서는 군국주의와 같이 중도적 좌우 이념을 넘어서는 전체주의 국가가 등장하였다. 특히 이들 전체주의, 군국주의 국가는 기존 선발국들이 차지하고 있던 식민지와 경제적 이익에 도전하였다. 이들 국가는 3국 동맹을 맺고 소위 추축국(Axis powers)으로 미국, 영국 등 연합국(the Allies)에 대항하여 유럽과 태평양에서 세계대전을 일으키게 된다. 제2차 세계대전의 발발이다.

제2차 세계대전은 말 그대로 유럽, 아프리카, 중동, 아시아 등 세계전 지역에 걸쳐 일어났고 인류역사상 가장 끔찍한 대규모의 전쟁이었다. 제2차 세계대전은 정치적 이념을 둘러싼 전쟁이다. 하지만 경제적인 측면에서 볼 때 그 이면에는 후발국의 자본이 자신의 확대재생산을

(National Labor Relations Act)과 같은 중요한 노동 개혁을 도입하였다. 전반적으로 뉴딜 정책은 미국 경제를 개혁하고 사회 및 경제문제에서 연방정부의 역할을 확대하였다.

56 우리나라만 보더라도 문재인 정부 당시 IT 산업과 환경 산업에 대한 정부의 지원정책을 디지털 뉴딜, 그린 뉴딜과 같은 용어로 사용하였다.

위해 걸림돌이자 경쟁자인 미국, 영국 등의 자본을 무력화하고 식민지 등 해외 시장을 점유하기 위한 전쟁이었다고도 할 수 있다.

제2차 세계대전은 자유민주 진영인 미국, 영국 등 연합국의 승리로 끝이 났다. 군국주의와 전체주의의 도전과 위협을 극복하고 자유민주주의 체제와 이를 기초로 한 자본주의 경제시스템은 지켜졌다. 종전 후 세계질서는 미국, 영국 등 자유시장 자본주의 국가들의 주도로 새롭게 재편, 구성되게 되었다. 그리고 이때 만들어진 세계 정치경제 질서가 큰 틀의 변화 없이 현재까지 이어져 온 것이라고 할 수 있다. 역사에는 가정이란 없지만 만약 제2차 세계대전에서 자유민주 진영이 패전했다면 지금과 같은 자유민주주의, 자유경쟁시장 질서를 기반으로 하는 자본주의 체제는 존재하기 어려웠을 수도 있다.

4 케인스주의와 수정자본주의 경제시스템

대공황과 제2차 세계대전이라는 대위기를 겪으면서 자본주의는 내부적 모순과 문제점을 인정할 수밖에 없었다. 이제라도 체제의 유지를 위해서는 새로운 모습으로 변화할 수밖에 없었다. 이윤을 위한 생산 활동과 자유시장 경제라는 자본주의의 본질적 특성은 결코 포기할 수 없지만 시장의 자기조정 기능이 작동하지 않는다는 것을, 다시 말해 시장실패(market failure)를 인정하였다. 총공급과 총수요의 괴리와 같은 경제 내 불균형은 일시적인 것이 아니라 만성적으로 발생할 수 있다. 이는 대체로 총수요의 부족으로 귀결되었고 이를 해결하기 위해서는 새로운 경제철학과 경제정책이 필요했다. 케인스주의와 이에 기초한 거시경제학(macroeconomics)이 등장하게 된 배경이다.

이전과 같이 시장 자체만으로 수요와 공급의 균형을 이룰 수 없다는 것을 확인하였기 때문에 이의 시정을 위한 정부 주도의 총수요

정책이 시행되게 되었다. 재정투입을 통한 공공사업, 양극화 해소를 위한 재분배정책 등 국가가 적극적으로 개입하게 되었다. 정부는 재정을 투입, 활용하여 부족한 총수요를 창출하고 노동환경을 개선하였다. 사회보장제도를 도입하고 독과점을 규제하는 등 이전의 자유방임 자본주의와는 완전히 다른 모습으로 변화하였다. 자본주의 경제시스템의 상전벽해가 일어난 것이다.

그림 1-13 세계의 불평등도 추이(1940~2020)

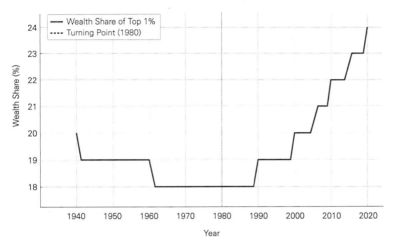

Wealth Share of the World's Top 1% (1940-2020)

이 그래프는 1940년부터 2020년까지의 세계의 소득 불평등 추세를 보여준다. 상위 1%의 소득 점유율은 수정자본주의 시대인 1940년부터 1970년경까지 감소 또는 정체하였지만 이후 신자유주의 시대가 시작된 1980년대부터 2020년까지 급격하게 증가하였다.

18세기 중엽 자본주의가 시작된 이후 자유방임 경제시스템이 200년 가까이 지속되었다. 하지만 어떤 경제시스템도 내적 모순과 문제의 교정과 개혁 없이는 영원불멸한 것은 없다. 20세기 초에 이르러 대공황으로 자유방임 경제시스템은 지속할 수 없음이 증명되었다. 자본주의는 체제적 위기를 극복하기 위해 새로운 모습으로 변화해야 했다. 이제 수정자본주의 경제시스템이 등장하게 되었다.

생물이 생존하기 위해 환경의 변화에 맞추어서 진화하듯이 경제시스템도 변화하는 사회경제적 환경의 변화에 조응하여 진화한다. 자본주의 경제시스템도 예외는 아니다. 자본주의가 자유시장, 이윤 창출을 위한 생산 활동, 자본의 확대재생산이라는 핵심적 본질은 그대로 유지하면서 시대의 변화 속에서 살아남기 위해서는 그 시대적 상황과 내적 모순으로 인한 문제점을 해결해야만 한다.

자유방임, 수정자본주의, 신자유주의 등 서로 다른 자본주의 경제시스템은 그 시대적 상황에 맞게 자본주의가 스스로를 변화시키면서 나타나는 것이다. 이는 그 시대의 특정 경제시스템을 지고지선의 불문율(도그마)로 여기는 것은 유연한 사고를 마비시키고 시대적 요구를 무시할 수 있는 위험성이 있음을 의미한다. 마르크스의 사회주의처럼 자본주의를 무조건 철폐되어야 하는 계급사회로 평가 절하하는 것도 위험한 일이지만 어떤 특정한 자본주의 경제시스템을 변하지 않는 최고의 경제시스템인 것으로 단정하는 것도 그에 못지않게 위험한 일이다.

이렇게 자본주의는 그 시대의 처한 상황과 요구에 맞추어 변화하려는 특징이 있다. 자본주의도 어떤 경제시스템을 채택하느냐에 따라 다 같은 자본주의인 것은 아니라는 이야기이다. 대공황과 제1차, 제2차 세계대전을 겪으면서 자본주의는 이전의 자유방임 경제시스템에서 정부가 총수요를 창출하고 사회복지와 산업정책을 이끌어가고 주도적인 역할을 하는 수정자본주의 경제시스템으로 변화하였다. 시장과 경제에 정부가 적극적으로 개입해서 기존 자유방임 경제시스템에서 발생했던 노동 소외, 양극화, 독과점 등의 문제를 해소하기 위해 노력하게 되었다.

수정자본주의 경제시스템은 1950년대, 1960년대 자본주의의 성장을 이끌었고 정부의 개입을 통해 자유방임 경제시스템의 시장실패를 어느 정도 해소할 수 있었다. 하지만 이러한 수정자본주의도 영원한 것이 아니다. 아니나 다를까 1970년대 들어서면서 문제가 발생하게 되었다. 시장실패를 막기 위해 정부가 개입하는 것까지는 좋았는데 시간이 지날수록 정부가 간여하는 공공부문이 비대해져서 비용이 증가하고 경제의 효율성이 떨어지게 되었다. 자본주의 역동성의 원천은 이윤을 동기로 하는 효율과 혁신인데 공공부문이 커지다 보니 비용이 증가하고 효율과 혁신의 동기가 떨어지게 되었다. 공공부문이 커지면 그만큼 효율과 혁신을 앞세우는 자본의 영역이 줄어드는 것은 당연한 결과일 수도 있다.

과유불급(過猶不及)의 의미와 같이 정부의 개입이 과도하다 보면 긍정적 측면보다 부정적 측면이 커지게 된다. 정부 개입에 대해 비판하는 경우 거의 항상 민영화(사영화) 요구가 같이 등장하는 데는 이러한 이유가 있는 것이다. 예를 들면 시장에서 정부의 역할이 크다 보니 관료주의적 비효율성이 나타났다. 도덕적 해이와 방만한 사업 추진 등으로 인한 고비용 구조가 자본주의의 가장 큰 장점인 역동성을 떨어뜨리게 된 것이다. 정부가 시장에 적극적으로 개입하면서 경제 전반에 공기업(국영기업)도 많이 늘었다. 공기업은 사기업보다는 공적인 목적이 우선되고 적극적인 이윤추구 활동을 우선으로 하지 않다 보니 이윤 극대화를 위한 경영 효율화와는 상충하는 측면이 있다.

또한 수정자본주의 경제시스템에서는 정부가 수요 창출을 위해 재정지출을 늘리고 이에 필요한 재원을 마련하기 위해 세수가 증가하였다. 노동자의 권리는 향상되고 동시에 인건비, 복리후생비용 등도 증가하게 되었다. 하지만 자본의 입장에서는 고비용, 저효율 생산구조가 고착화하기 시작하였다고 할 수 있다. 정부의 복지 및 재정지출이 증가하게 되니 이를 이용해서 다양한 사회단체가 필요 이상으로 공공지출을 늘리기도 했다.

이러한 부작용은 자유방임 자본주의 시기 독과점 문제와 같이 자원의 효율적 배분을 왜곡하고 시장경쟁을 교란하게 되었다. 시장실패를 위해 정부가 나서다 보니 오히려 심각한 정부실패(government failure)가 나타난 것이다. 수정자본주의 경제시스템은 한 세기 이상 유지되었지만 1970년대 이후 자본주의의 최대 강점인 효율성이 떨어지게 되면서 위기를 맞게 되었다.[57]

5 신자유주의 경제시스템

사회 전반에 걸쳐 고비용 구조가 되면서 과거와 같은 역동성과 성장이 어렵게 되었다. 고비용으로 이익과 경쟁력이 떨어지던 기업은 비용 감소를 위해 고용을 줄이게 되었다. 이는 다시 실업으로 이어지고 가계의 구매력 감소로 이어지게 되었다. 소비 감소와 매출 부진, 생산 감소, 실업 증가, 구매력 감소, 다시 소비 감소로 이어지는 악순환에 빠지게 되었다. 이는 장기간의 경기 침체로 이어지게 된다. 수정자본주의 경제시스템 내부에 고비용, 비효율이라는 문제가 쌓여가고 있었다.

---

57 한편 우리나라에서는 이 시기 박정희 정권하의 개발독재가 본격적으로 진행되었다. 개발독재의 경우 국가(정부)에 의해서 경제적 자원의 배분과 활용이 이루어진다는 차원에서 수정자본주의 경제시스템과 일견 유사하다. 물론 수정자본주의 경제시스템은 미국, 유럽 등 주요 선진국을 중심으로 형성되었다는 점에서 개발독재 경제시스템을 수정자본주의 경제시스템과 동일시할 수는 없다. 개발독재의 시기 개입과 규제 등 정부가 관여하는 부분이 많아졌음은 부정할 수 없는 사실이다. 이 시기 급속한 경제성장 등 개발독재의 긍정적 성과도 있었지만 기업은 불법, 편법적 방법으로 규제를 회피하기 위해 노력하였다. 정치와 유착하는 상황도 발생하였다. 정경유착(政經癒着)이라는 말은 여기서 비롯되었다. 우리나라도 개발독재의 모순이 심화되면서 1980년대 이후 민주화와 함께 시장과 기업이 정부(국가)를 뒤로하고 경제를 주도하게 되었다.

이런 와중에 설상가상으로 누적된 내부적 문제가 폭발하는 사건이 발생하게 된다. 1970년대 들어오면서 1973년과 1979년의 두 번의 오일쇼크가 터지면서 석유 가격을 비롯한 원자재 가격이 급등하였다.[58] 이러한 두 차례의 오일쇼크는 세계 경제와 정치에 큰 영향을 미쳤으며 이후 에너지 정책과 국제관계에도 적지 않은 변화를 불러왔다. 기업의 제품생산 비용이 증가하면서 경제의 전반적인 물가가 급등하였다. 비용 상승으로 인해 생산량이 줄고 실업 등 경기 침체도 가속화되었다. 물가상승(인플레이션)과 경기 침체(실업)가 동시에 발생하는 스태그플레이션(stagflation)이라는 난제가 주어지게 되었다.

그림 1-14   1970년대 석유 가격 추이

Crude Oil Prices During the Oil Shocks of the 1970s and Early 1980s

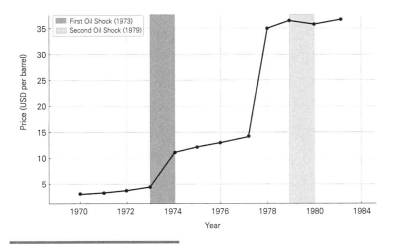

---

58 오일쇼크는 1970년대에 발생한 두 차례의 에너지 위기를 지칭하는데 첫 번째는 1973년 4차 중동전쟁으로 인해 발생한 1차 오일쇼크이다. 아랍 산유국들은 석유 생산을 감축하고 미국과 그 동맹국에 석유 금수 조치를 취하면서 발생했다. 이는 전 세계적으로 석유 가격이 4배 이상 급등하게 하였고 이에 따라 경제 침체와 인플레이션이 동시에 발생하는 스태그플레이션이 나타났다. 두 번째는 1979년의 2차 오일쇼크이다. 1979년 발생한 이란혁명과 이로 인한 예상하지 못한 석유 공급의 중단, 그리고 그에 따른 석유 가격 급등이 주요 원인이었다.

이 그래프는 1970년대 오일쇼크 당시 원유가격의 급격한 상승을 보여준다. 1970년대 초 배럴당 약 3달러의 상대적으로 안정된 가격으로 시작하여 1973년 제1차 오일쇼크가 발생하면서 가격이 배럴당 약 12달러까지 급등하였다. 이후 1979년의 두 번째 오일쇼크는 이란혁명 등 지정학적 리스크로 인해 1980년 배럴당 거의 40달러까지 상승시켰다. 이는 1970년대 초에 비해 13배 이상 급등한 것이다. 이는 세계적인 비용 상승 인플레이션과 경기 침체로 이어졌다.

스태그플레이션이 문제가 되었던 것은 기존의 정부의 총수요 중심의 재정정책으로는 해결이 어려웠다는 점에 있다. 만병통치약처럼 생각되던 케인스의 경제정책이 약발이 잘 안 먹히는 이례적인 상황이 되었다. 경기 침체(실업)를 해결하기 위해 재정을 확대하면 총수요를 자극해 물가가 더욱 상승하고 반대로 물가를 안정시키기 위해 재정 확대를 멈추거나 긴축적 재정정책을 시행하면 실업을 해결하기가 어려웠기 때문이다. 기존 케인스주의는 딜레마에 빠졌다. 이제 수정자본주의 경제시스템의 토대가 되었던 케인스주의 경제철학과 경제정책으로는 해결하기 어려운 경제위기가 시작된 것이다.

자유방임 경제시스템을 대체하며 등장한 수정자본주의 경제시스템도 반세기가 지나지 않아 다시 그 한계에 봉착하게 되었다. 이제 정부 주도의 수정자본주의가 가진 가장 큰 문제인 비효율성을 해결하기 위해 또 다른 형태의 자본주의 경제시스템으로의 전환이 필요하게 되었다. 그리고 기다렸다는 듯이 1980년대 초부터 미국 레이건 대통령과 영국의 대처 총리의 주도로 새롭게 등장한 경제철학과 경제정책이 등장하였으니 이것이 바로 신자유주의이다.[59]

---

59 신자유주의는 20세기 후반에 등장한 경제이론과 정책으로 자유시장 원칙을 강조하며 국가의 경제 개입을 최소화하는 것을 주장한다. 이는 1980년대부터 미국 로널드 레이건(Ronald Reagan, 1911~2004) 대통령(재임 1981~1989)과 영국 마거릿 대처(Margaret Thatcher, 1925~2013) 총리(재임 1979~1990)에 의해 본격적으로 추진되었다. 주요 특징은 규제 완화, 민영화, 공공서비스의 시장화, 무역과 금융의 자유화 등을 들

미국의 레이건 행정부와 영국의 대처 정부는 신자유주의를 받아들이고 기존의 큰 정부의 역할을 줄여 나가기 시작하였다. 기존 정부의 시장에 대한 개입과 영향력이 비효율성을 초래했다는 비판이 고조되었다. 정부는 시장개입 축소, 규제 완화 등 시장에서의 정부 역할을 줄이게 되었다. 이에 따라 재정정책의 역할이 최소한으로 축소되고 작은 정부가 바람직한 정부라는 인식이 확산하였다. 정부는 기업(시장)이 잘 작동하도록 감독자 심판으로서의 일만 잘하면 될 일이다.

이에 따라 기업의 생산 활동을 지원하고 독려하기 위해 법인세 감면 등 감세정책이 주요한 정책으로 시작되었다. 하지만 감세로 인한 정부 재원의 축소는 복지나 공공분야에 대한 지출 감소를 가져오게 되었다. 이는 신자유주의 시대의 서막을 알리는 것이었다.

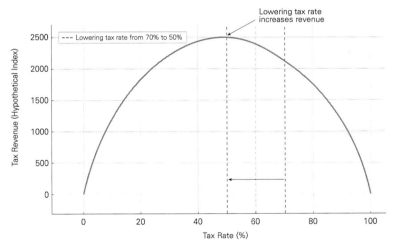

그림 1-15 래퍼 커브(Laffer Curve)

Laffer Curve: Lowering Tax Rate to Increase Revenue

수 있다. 신자유주의는 경제성장과 효율성을 높인다는 점에서 지지받았다. 하지만 불평등의 심화와 사회 안전망 약화 등 부정적인 영향을 초래했다는 비판도 동시에 받고 있다.

이 그래프는 세율과 세수 간 관계를 보여주는 래퍼 곡선이다. 래퍼 곡선은 미국 경제학자 아서 래퍼(Arthur Laffer)가 처음 제시하였다. 래퍼 곡선은 세율이 증가하면 처음에는 세입이 증가하지만 최적점에 도달한 후 세율이 추가로 인상되면 세입이 감소하는 것을 보여준다. 이 개념은 기업의 경제활동을 저해하지 않고 정부 수입을 극대화하기 위해 낮은 세율을 옹호하는 레이거노믹스(Reaganomics)와 같은 신자유주의 정책의 핵심 아이디어가 되었다.

신자유주의는 경쟁과 효율을 최우선의 가치로 둔다. 따라서 신자유주의는 비용 절감과 생산성 향상을 위한 자본의 욕구가 최대로 발현될 수 있는 환경을 제공한다. 신자유주의는 기존 수정자본주의 경제시스템의 고비용, 비효율을 성공적으로 극복하는 이데올로기로 작동하였다. 그리고 신자유주의가 일으킨 새로운 변화는 1980년대 이후 한 세대 이상, 현재까지도 주류 경제시스템이라고 할 수 있는 자유시장, 자유무역, 세계화 등을 구축하고 자본주의의 확장과 성장에 기여하였다.

이렇게 자본주의는 자유경쟁과 이윤 창출을 위한 생산이라는 본질을 유지한 채 처한 시대적 상황이나 요구에 따라 역동적으로 변화해 왔다. 하지만 그 과정은 순탄하지 않았음을 알 수 있다. 도전에 대한 응전, 그리고 변화를 위한 자본주의의 내적 분투가 상호 영향을 주고받으며 만들어져 온 것이라고 할 수 있다. 자유방임 경제시스템에서 수정자본주의 경제시스템으로, 수정자본주의 경제시스템에서 신자유주의 경제시스템으로 변화되어 온 것이 그 대표적인 예라고 할 수 있다. 다음 절에서 이야기하겠지만 현재 신자유주의 경제시스템도 새로운 자본주의 경제시스템으로의 전환을 맞고 있는 것으로 보인다.

Chapter **05**

자본주의 구조조정 메커니즘과
신자유주의로의 전환

1 자본주의의 경제위기와 구조조정

앞에서 보았듯이 자본주의의 변화 과정은 해당 경제시스템의 문제와 모순이 드러나면서 위기를 맞게 되는데 위기를 극복하기 위해서는 그 시대적 요구를 반영하게 된다. 이 과정에서 필연적으로 구조조정을 거치게 된다. 구조조정은 경제위기가 발생하고 그 위기 국면을 극복하기 위한 일련의 과정이나 결과로 분리해서 인식하는 경우가 대부분이다. 하지만 앞에서 경제위기도 큰 틀에서는 자본주의의 변화가 일어나는 과정의 한 부분임을 이야기하였다.

자본주의 경제시스템의 변화라는 측면에서 본다면 경제위기는 자본주의가 가진 내적 모순을 발현하는 과정, 그리고 이를 교정하는 과정을 구조조정이라고 할 수 있다. 그렇다면 경제위기는 자본주의가 변화하는 메커니즘의 한 부분이다. 다시 말해 경제위기와 구조조정은 따로 나누어서 생각할 수 있는 것이 아니라 자본주의 경제시스템의 변화 속에서 나타나는 일련의 과정이라고 보아야 하는 것이다.

자본주의 경제시스템이 가지고 있는 모순과 문제를 제대로 해결하지 못한 채 누적되면 해당 경제시스템의 한계가 드러나면서 위기가 발생하게 된다. 이렇게 모순이 누적되어 나타나는 경제위기는 그

규모나 파괴력 면에서 기존 경제시스템이 감당하거나 해결하는 것은 어렵다. 새로운 해결 방안이 요구되는 것이다. 이는 불가피하게 기존 경제시스템의 전면적인 변화를 강제하고 추동한다. 이러한 변화를 위해서는 구조조정이 뒤따를 수밖에 없다.

따라서 구조조정을 기준으로 경제위기 이전과 이후 그 사회의 모습은 크게 달라질 수밖에 없다. 경제시스템의 변화에 따라 지배 이데올로기도 바뀌게 된다. 개인, 기업, 정부 등 경제주체가 수용하는 관습, 규범, 제도 등도 이에 맞추어 수정된다. 과거에는 통념으로 당연히 받아들였던 경제철학과 경제정책은 폐기되거나 무력화되고 새로운 경제철학과 경제정책이 등장한다. 시간이 지나면서 새로운 경제철학과 경제정책은 자연스럽게 대다수 사회구성원의 사고체계와 가치관을 규정짓는 지배 이데올로기로 자리 잡는다.

지배 이데올로기가 바뀌는 것은 일종의 혁명이라고 해도 과언이 아니다. 혁명이라고 하면 총과 칼이 부딪치고 폭력과 유혈 충돌이 발생하는 상황이 연상되지만 반드시 그렇지만은 않다. 오히려 이는 진정한 혁명이 아닌 단순히 권력의 이동만이 일어나는 정변이 될 수 있다. 진정한 의미의 혁명은 기존의 지배 이데올로기가 새로운 지배 이데올로기로 바뀌는 것이고 이는 총과 칼이 없이도 일어날 수 있다.

새로운 지배 이데올로기에 따라 사회구성원의 사고체계와 가치관도 변화되는데 이것이 혁명의 본질이다. 산업혁명을 혁명이라고 하는 것도 대규모의 공장제 생산과 기계화에 따르는 경제적 생산방식의 변화가 기존 지배 이데올로기였던 중세 봉건적 사고체계에서 벗어나 자유주의 중심의 근대적 사고체계로의 전환을 가져왔기 때문이다. 케인스주의 경제철학과 경제정책을 기초로 한 수정자본주의 경제시스템으로의 변화를 케인스 혁명(Keynesian revolution)이라고 부르는 것도 이러한 이유이다.

케인스주의의 등장은 과거의 자유방임 지배 이데올로기가 새로운 수정자본주의 지배 이데올로기로 바뀜을 의미하였다. 마찬가지로 1980년대 이후 수정자본주의 경제시스템에서 신자유주의 경제시스템으로 변화한 것도 신자유주의 혁명이라고 할 수 있다. 이러한 측면에서 21세기 들어서 신자유주의 시대가 저물고 이를 대체할 새로운 시대로의 전환이 일어난다면 이는 또 하나의 혁명이 될 수 있을 것이다.

독점적 산업자본을 토대로 한 초기 자유방임 경제시스템은 대공황으로 사실상 붕괴하였다. 이후 자유방임 경제시스템을 대신하여 수정자본주의 경제시스템이 들어서게 되었다. 수정자본주의 경제철학과 경제정책은 대공황 이후 1970년대까지 반세기 이상 지배 이데올로기로 자리 잡게 되었다. 하지만 수정자본주의 경제시스템은 스태그플레이션 앞에 무기력하였다. 수정자본주의 경제시스템이 한계를 드러내자 이제 신자유주의 경제시스템이 그 자리를 대신하게 되었다. 이후 한 세대 이상 신자유주의 경제철학과 경제정책이 지배 이데올로기로 자리 잡게 되었다. 현재 신자유주의 경제시스템에서 또 다른 새로운 경제시스템으로 변화가 요구되고 있다.

이처럼 20세기에 들어서서 해당 시대의 지배적 경제시스템은 반세기 이상 유지되지 못하고 한계를 드러냈다. 그리고 그 한계를 해결하기 위해 자본주의 경제시스템은 변할 수밖에 없었다. 경제시스템의 변화는 필연적으로 구조조정을 동반한다. 구조조정은 경제위기가 발생하고 이를 해결하는 형태로 진행된다. 자유방임 경제시스템이 총수요의 부족, 양극화와 독과점 등의 시장실패로 그 모순이 임계점에 달했을 때 대공황이 발생하였다. 불행하게도 적절한 재정정책, 통화정책의 부재로 인해 위기의 수습이 어려운 상황에서 오랜 시간의 고통이 따르는 구조조정이 진행되었다.

이때 등장한 새로운 경제시스템이 케인스주의를 기초로 한 수정자본주의 경제시스템이다. 하지만 수정자본주의 경제시스템도 1960년대 이후 정부의 시장개입 수준이 과도하게 커지면서 비효율성이 증가하였다. 설상가상으로 1970년대 오일쇼크로 석유 등 원자재 가격이 급등하면서 더 이상 수정자본주의 경제시스템으로는 이를 해결하기 어려운 상황이 되었다. 특히 1979년의 2차 오일쇼크와 1980년 초반까지 지속된 지독한 스태그플레이션으로 경제는 망가졌고 이에 따른 혹독한 구조조정이 진행되었다.

앞에서도 이야기했듯이 그 구조조정의 가운데에는 미국 연준 의장이었던 폴 볼커가 있었다. 볼커는 연준 의장으로 취임한 직후인 1980년 기준금리를 연 20%대까지 끌어올리는 초고금리 정책을 시행하였다. 미국의 인플레이션이 10% 정도인데 금리를 20%대로 올린 것이다. 그 결과 다수 기업이 도산하고 경기는 침체하였다. 다행히 이후 물가는 안정되었고 경제도 빠르게 회복되었다. 볼커의 고금리 정책을 통한 구조조정의 과정에서 새로운 경제시스템이 등장하는 문이 활짝 열렸다.

스태그플레이션의 홍역을 앓은 자본주의 경제시스템은 정부의 개입을 줄이고 시장 친화적인 공급 중심의 경제시스템으로 변화하기 시작하였다. 이제 본격적으로 신자유주의가 등장하였다. 신자유주의는 19세기를 주도했던 자유방임 자본주의와 그 뿌리를 같이 한다. 신자유주의는 자유방임 경제시스템의 문제점을 최소화하면서 자유시장을 중심으로 한 효율과 경쟁, 그리고 이를 기초로 자본의 이윤 극대화를 최우선하였다.

예를 들면 총수요 부족의 문제를 신용을 기반으로 한 대출을 일으켜 해결하도록 하였다. 과도한 부채로 인해 위기가 발생하면 중앙은행이 최종대부자로서 그 위기를 해결하도록 하였다. 또한 끊임없는 시장 개방과 자유무역 그리고 세계화를 통해 시장의 독점을 막고

자 하였다. 신자유주의 경제시스템은 전 세계적으로 빠르게 확산하였고 자본주의가 다시 한번 새롭게 도약하는 토대를 마련하였다.

1980년대 이후 수정자본주의 경제시스템이 한계에 다다르면서 토지, 노동, 자본재 등 생산요소가 다시 한번 기존의 경계를 넘어 확대될 수 있는 환경이 만들어졌다. 그리고 이를 바탕으로 1980년대 이후 현재에 이르기까지 신자유주의 경제시스템이 작동하게 되었다. 앞에서 보았듯이 자본주의는 기업의 생산 활동을 기반으로 기업의 이윤(富)을 영속적으로 축적하는 것이 본질적 특성이다. 생산 규모가 커지면 커질수록 생산에 필요한 토지, 노동, 자본재 등 생산요소 규모도 커진다. 이에 따르는 생산요소의 공급도 어렵지 않아야 한다. 이 중 토지의 공급은 물리적으로 제약이 있다. 하지만 노동과 자본재는 조금 다르다. 노동과 자본재의 공급은 상대적으로 유연하다.

특히 자본주의 초기 노동 공급이 유연할 수 있었던 이유는 중세 봉건제의 지배구조였던 영주와 농노라는 신분제의 폐지이다. 신분제의 폐지로 농노가 장원(영주)으로부터 자유로워질 수 있었다. 농노는 이제 신분적으로 자유인이 되었다. 농노는 이제 자유로운 개인으로 거주 이동과 직업 선택의 자유가 생겼다. 하지만 거기까지였다. 노동자는 자기 노동력을 팔아야만 먹고살 수 있다. 반면 자본은 노동자의 생산성과 임금에 따라 고용을 결정할 수 있다.

자본이 고용의 주체가 되고 노동자는 객체가 되었다. 고용관계에서 갑을 관계가 형성된 것이다. 이미 기울어진 운동장이다. 구인 구직이 활발해지면서 노동시장이 활성화되었지만 이러한 갑을 관계라는 노동시장의 구조와 특성은 현재도 크게 달라지지 않았다. 또한 산업혁명으로 기계, 설비의 중요성이 커졌다. 기계와 설비를 마련하기 위한 자본의 규모도 커지고 자본조달을 위해서 자금을 융통할 수 있는 금융시장이 활성화되었다.

2 신자유주의 경제시스템 등장과 달러본위제

신자유주의 경제시스템의 등장은 현대 경제사의 획기적인 사건과 시기적으로 일치한다. 이것은 단순한 우연이 아니다. 우선 1971년 8월 15일 달러의 금 태환을 정지하는 닉슨 선언으로 국제적 차원의 금본위제(gold standard system)가 붕괴하였다. 달러는 더 이상 금과 가치가 연동되지 않게 되었다.[60] 이후 수년이 지나는 과정에서 주요국들의 고정환율제는 폐지되고 변동환율제로 이행하였다.[61]

그림 1-16 1971년 전후 달러/금 교환 비율(환율)

Exchange Rate Between Gold and the Dollar Before and After 1971

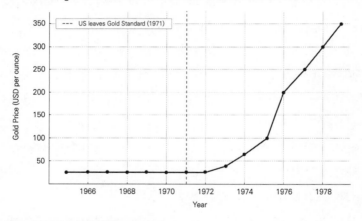

---

60 닉슨 선언 전까지는 35달러는 금 1온스(oz.)와 태환이 보장되었다.

61 닉슨 선언으로 인한 혼란을 막기 위해 1971년 12월 선진 10개국 대표들이 미국 워싱턴 DC에 있는 스미스소니언 박물관에 모여 달러의 절하와 그에 대한 각국 통화의 조정 및 변동 폭을 정하고 통화제도를 안정시키기 위해 달러화의 가치를 기존 금 1온스당 35달러에서 38달러로 조정하기로 합의하였다. 이를 스미스소니언 체제라고 한다. 하지만 이는 오래 가지 못하였다. 환율의 불안정성이 지속됨에 따라 1976년 자메이카의 킹스턴에서 다시 선진 10개국의 대표들이 모여 환율이 각 국가의 경제 상황에 따라 변동될 수 있도록 하는 자유변동환율제의 도입을 합의하였다. 이를 킹스턴 체제라고 한다. 이후 환율은 시장 메커니즘에 의해 결정되게 되었다.

이 그래프는 1971년 전후의 금과 미국 달러 간 환율을 나타낸다. 1971년 이전에는 브레턴우즈 체제하에서 금 1온스당 35달러로 고정되었다. 1971년 미국이 달러의 금 태환을 포기한 이후 환율은 급격하게 상승하여 1980년대 초에는 1온스당 600달러에 이르렀다. 금과 달러의 변동환율은 이후 고정환율제에서 변동환율제로의 전환으로 이어졌다.

세계 경제는 금본위제에서 달러본위제로 변화하였다. 국가가 발행하는 화폐가 더 이상 금과 달러에 고정되지 않는, 다시 말해 달러 중심의 불태환 법정화폐의 시대로 진입하였다. 중앙은행과 상업은행은 금의 족쇄로부터 해방되어 신용창조(화폐창조)를 통해 자금을 무한히 공급할 수 있게 되었다.[62] 자본의 생산 활동을 위한 자금조달은 그 어느 때보다도 쉬워졌다. 자본은 무한한 생산력과 무한한 자금조달이라는 양 날개를 갖게 되었다. 두 날개로 무한한 확대재생산을 위해 비약할 일만 남은 것이다.

이전의 화폐제도(금본위제)에서 화폐가치는 금에 고정되거나 연동되었다. 예를 들면 1971년 8월 이전에는 금 1온스(oz.)당 35달러로 달러(화폐)의 가치가 금에 고정되었다. 하지만 1971년 8월 15일 미국 닉슨 대통령의 달러의 금 태환 정지선언으로 국제적 차원에서 명맥을 유지하고 있던 금본위제는 사실상 막을 내리게 되었다. 이는 자본이 금으로부터 완전히 해방되었음을 의미하는 것이다.

금본위제는 금과 화폐가치를 연동시키는 것으로 화폐 발행을 늘리려면 그만큼 금 보유도 늘려야 한다. 하지만 미국은 1960년대 이후 국제수지 적자의 지속, 베트남전쟁, 복지정책 시행 등으로 재정적자가 늘어났고 더 이상 달러 가치를 방어하기 어려워졌다. 결국 달러

---

62 일반적으로 화폐창조라는 용어보다는 화폐를 찍어낸다는 의미에서 화폐 발행이라는 용어가 많이 쓰인다. 하지만 여기서는 화폐가 무(nothing)에서 만들어진다는 의미에서 화폐창조라는 용어를 채택한다. 영어로도 화폐 발행은 money creation이다.

의 금 태환을 정지하였다. 이제 화폐(달러)는 금으로부터 해방되었다. 1945년 8월 15일은 우리나라가 일제로부터 해방된 대한민국의 광복절이지만 1971년 8월 15일은 미국 달러화가 금으로부터 해방된 미국 달러화의 광복절이라고 할 수 있다.

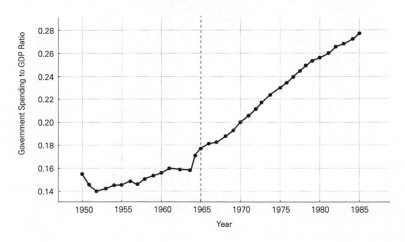

그림 1-17 미국의 GDP 대비 정부지출 비율(1950~1985)

Ratio of Government Spending to GDP in the United States (1950–1985)

이 그래프는 1950년부터 1990년까지 미국의 GDP 대비 정부지출 비중의 연간 추세를 보여준다. 1960년대까지 20% 수준이었던 미국의 GDP 대비 정부지출 비중은 베트남전쟁에 참전한 1965년 전후 빠르게 증가하여 1980년대 중반 30% 수준에 이르렀다.

닉슨 선언은 달러(자본)를 금으로부터 해방함으로써 수정자본주의 경제시스템이 신자유주의 경제시스템으로 전환하는 결정적 토대를 마련해 주었다. 이와 함께 그 전환 과정에서 일어난 또 하나의 중요한 역사적 사건이 있었는데 이는 독일 통일, 소련 붕괴, 사회주의 진영의 몰락에 따른 냉전 체제 종식이었다. 1989년 11월 베를린 장벽 철거는 1990년 9월 동서독의 통일로 이어졌다. 독일 통일 직후인 1991년 12월 소련은 붕괴하였다. 기존 소련은 해체되고 연방에 속한 나라들은 개별적인 주권 국가로 독립하였다. 이후 철의 장벽이라고 불리던 동유럽 사회주의 국가들은 공산당 일당독재를 폐지하고 계획경제 체제에서 시장경제 체제로 전환하였다.

이렇게 누구도 예상하지 못한 빠른 속도로 냉전 체제는 역사 속으로 사려졌다. 미국과 소련 간의 이데올로기 대립, 패권 경쟁은 종언을 고하였다. 미국의 저명한 정치학자인 프랜시스 후쿠야마(Francis Fukuyama, 1952~)는 이러한 냉전의 종식을 그의 저서 제목대로 역사의 종말(The End of History)로 규정하였다. 그만큼 냉전 종식은 인류사적으로 거대한 종말이고 전환이자 새로운 출발이었다.[63]

1970년대 오일쇼크와 금 태환 정지에 따른 브레턴우즈 체제(금달러본위제) 붕괴, 1980년대 신자유주의 등장, 1990년대 냉전 체제 종식이라는 국제정치, 경제사적 전환을 거치면서 달러가 국제적 차원의 본위화폐의 역할을 하게 되었다. 불태환 법정화폐의 시대가 되었고 자본의 확대재생산을 위해 그 어느 때보다 좋은 조건이 형성되었다. 예를 들면 생산을 위해 필요한 생산요소가 비약적으로 확대되는 결과를 가져왔다.

이는 다시 말해 자본이 저렴한 비용으로 생산요소를 활용할 수

---

63 후쿠야마는 그의 저서 『역사의 종말』(The End of History, 1992)에서 "변증법적인 과정을 통한 역사의 발전은 끝났다. 민주주의를 뿌리로 한 자본주의는 그 속성 자체에서 큰 모순을 안고 있지 않으며 이는 인류사상 가장 안정되고도 훌륭한 체제이다. 하지만 사회주의가 무너져 버린 이 시점(1990년대 초) 이후 경쟁상대를 잃어버린 자본주의 체제는 더 이상의 타 사상과의 갈등을 통한 변증법적인 발전의 가능성이 없다. 따라서 인류의 진보는 여기가 정점이며 이로써 나는 역사의 종말을 고한다."라고 일갈했다. 하지만 냉전의 종식은 역사가 더 이상 발전할 필요가 없다는 것을 강조한 후쿠야마의 역사의 종말이 아니라 새로운 출발점이 되었다는 것은 냉전 종식 이후 한 세대가 지난 현재 충분히 알 수 있다.

있음을 의미한다. 냉전 체제로 인해 자본주의 경제와 단절되어 있던 구공산권 시장과 노동력이 이제 자본주의 경제로 통합되게 되었다. 구공산권 경제가 서구 자본주의 진영이 주도하는 신자유주의 경제 시스템으로 통합되면서 가용한 생산요소의 총량이 급격하게 확대되었다. 자본의 확대재생산을 위한 국제통화시스템과 세계 경제 환경은 그 어느 때보다도 유리해졌다.

1950년대 이후 40여 년 넘게 미국과 소련의 양대 축으로 분절되어 있던 세계 경제는 이제 하나로 통합되었다. 동시에 철(鐵)의 장막, 죽(竹)의 장막이 없어지면서 두 진영으로 나누어져 있던 생산요소가 통합되게 되었다.[64] 자본은 확대재생산을 위해 이를 십분 활용할 수 있게 되었다. 예를 들면 세계 경제에서 분리되어 있던 러시아, 중국, 베트남, 폴란드 등 사회주의 국가들의 임금은 서구 자본주의 진영에 비해 현저히 저렴했다. 자본은 기존 생산요소의 고비용 상황에서 이윤의 확대를 위해 이들 구공산권의 노동력 등 저렴한 생산요소를 활용하고자 하는 욕구가 커지게 되었다. 또한 이들 국가로의 상품 판매를 위한 새로운 시장의 개척도 가능해졌다.

이와 함께 중국, 베트남, 폴란드 등 일부 국가들은 과감한 개혁·개방 정책 시행과 시장경제로의 전환으로 서구 자본의 진출이 빠르게 이루어질 수 있는 환경이 조성되었다. 아니나 다를까 이들 국가로 서구 자본이 외국인직접투자(FDI) 형태로 대거 진출하였다. 특히 중국은 세계의 공장, 세계의 시장으로 불리면서 급속한 경제성장을 이

---

64 철의 장막은 냉전 기간 동유럽을 비롯한 소련 중심의 사회주의와 서유럽을 비롯한 미국 중심의 자본주의를 분리하는 물리적, 이념적 장벽을 은유적으로 표현한 것이다. 철의 장막은 소련의 영향을 받는 동유럽 국가들이 정치적으로나 경제적으로 서방과 고립되어 있음을 상징한다. 죽의 장막은 중국 공산당 정부가 냉전 기간 외부의 영향력을 통제하고 제한하려는 정책을 의미한다. 두 장막 모두 냉전 시대의 지정학적, 이념적 분열을 상징적으로 표현하고 있다

루었고 현재는 미국에 이어 제2위의 경제 규모를 가진 국가로 도약하였다.

동남아시아의 베트남 등 후발국도 이후 빠르게 성장하였다. 최근 베트남은 중국을 대체할 수 있는 투자 대상 국가로 인정받고 있을 정도이다. 1990년대 이후 세상은 두 개가 아닌 하나로 통합되었고 세계 거의 모든 국가는 예외 없이 시장경제를 받아들이게 되었다. 그리고 단일 패권국이 된 미국의 주도하에 신자유주의 경제시스템으로 전환하게 되었다.

Chapter **06**

신자유주의 경제시스템의 발흥

▮1 신자유주의 경제시스템의 전개 양상

1960년대, 1970년대를 거치면서 수정자본주의 경제시스템은 국가의 개입이 과대해지면서 여러 사회경제적 비용이 커지는 부작용을 발생시켰다. 여기에 더해 1970년대 두 번의 오일쇼크로 인한 고물가로 경제 상황은 더욱 어려워졌다. 앞에서 보았듯이 미국 연준 의장인 폴 볼커의 극단적인 고금리 정책으로 인플레이션을 잡았지만 이에 따른 경기 침체, 실업 증가 등의 부작용도 만만치 않았다. 무엇인가 새로운 돌파구가 절실하였다. 이러한 위기 상황을 타개하기 위한 대안으로 신자유주의 경제철학과 경제정책이 등장하였다.

이러한 내적인 변화에 더해 예상 밖의 외부적인 호재가 발생하였다. 위기에 처한 자본주의의 입장에서 정말 행운이 아닐 수 없었다. 1990년대부터 지대, 임금이 저렴한 구공산권 국가들을 비롯한 저개발국이 세계시장으로 통합되었다. 이는 비용을 줄이고 효율성을 높일 수 있는 더할 나위 없는 호재였다. 임금이 오르고 비효율이 증가하던 기존 수정자본주의 경제시스템은 자연스럽게 효율을 최우선으로 하는 신자유주의 경제시스템으로 전환하였다. 이를 통해 자본이 다시 한번 높은 수준의 이윤을 확보하고 자본의 확대재생산이 가능하게 되었다.

과거 공산권 국가의 입장에서도 이념 문제가 사라졌기 때문에 해외 기업(서구 자본)이 자국에 투자하고 공장을 짓고 노동자를 고용한다면 성장과 고용에 도움이 되기 때문에 반대할 이유가 없었다. 이들 국가에서 자본주의를 타도의 대상으로 여겼던 이념적 적대성은 거의 사라졌다고 해도 틀린 말이 아니다. 중국 최고 권력자였던 덩샤오핑(鄧小平, 1904~1997)의 말대로 검은 고양이든 흰 고양이든 쥐만 잘 잡으면 될 일이었다.[65]

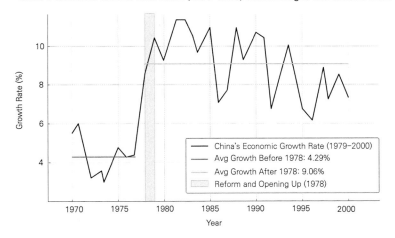

그림 1-18 중국의 개혁개방(1978) 전후 경제성장률 추이(1970~2000)

China's Economic Growth Rate Trend (1970-2000) with Averages and Shaded 1978

이 그래프는 1970년부터 2000년까지 중국의 경제성장률을 보여준다. 1978년 개혁개방 이후 중국 경제는 이전에 비해 2배 가까이 빠른 경제성장을 보인다.

---

65 이를 흑묘백묘론(黑猫白描論)이라고 한다. 이는 덩샤오핑의 경제사상으로 잘 알려져 있다. 덩샤오핑은 검은 고양이든 흰 고양이든 쥐만 잘 잡으면 된다고 주장하였다. 시장경제냐 아니냐가 아니라 인민들이 잘 먹고 잘사느냐가 사회주의냐 아니냐의 핵심이라고 주장하였다. 다시 말해 자본주의든 사회주의(공산주의)든 상관없이 중국 인민을 잘살게 하면 그것이 제일이라는 것이다. 하지만 이는 경제적으로는 시장경제를 도입하더라도 정치적으로는 사회주의 체제를 유지한다는 것을 전제로 한다.

특히 냉전 체제가 붕괴한 1980년대 이후에는 두 자릿수에 이르기도 하였다. 이러한 성장세는 1990년대까지 이어지게 된다.

냉전 체제에서는 서로를 적으로 규정하고 대립했던 자본주의와 사회주의 진영이 경제협력과 교류, 더 나아가 노동, 자본, 기술 등 생산요소의 이동과 활용을 통해 상호 이익을 누리게 되었다. 1990년대 초 냉전이 종식된 이후 기존 공산 진영까지 자본주의적 생산을 위한 환경이 빠르게 조성되었다. 세계시장은 확대되었고 저렴한 구 공산권 국가의 노동력이 자본주의적 생산을 위해 노동시장으로 포섭되었다. 생산을 위해 노동, 자본, 기술 등 생산요소의 급격한 확대와 자유로운 이동이 가능하게 되었다.

그리고 앞에서 이야기했듯이 이미 금달러본위제 폐지로 화폐는 금으로부터 자유롭게 되었다.[66] 다시 말해 화폐 발행은 이론적으로는 대출수요에 맞추어 얼마든지 가능해졌다. 금의 굴레를 벗어나 화폐를 무(無)로부터 무한히 창조할 수 있게 된 것이다. 금본위제하에서는 화폐 발행 규모는 금 보유량에 의해 제한되었다. 금본위제하에서 화폐가치는 안정적이었지만 국가나 자본의 수요에 즉각적으로 반응하는 것이 어려웠다.

이제 화폐는 자금 수요가 발생하는 경우 대출의 형태로 언제든지 얼마든지 발행(창조)이 가능한 시대가 되었다. 직접적으로는 중앙은행과 상업은행(제1금융권)에 의해, 간접적으로는 다양한 금융기관(제2금융권 등)의 기능에 의해 신용 창출의 전성기가 도래하였다. 이러한 화폐 창조의 확장은 사회주의 진영으로의 대규모 자본 진출과 투자를 가능하게 하였다.

---

66 화폐에 대한 좀 더 자세한 논의는 제3부 화폐의 역사적 이해에서 다룬다.

그리고 이것은 신자유주의 경제시스템을 이식하고 새로운 성장 동력으로 작동하였다. 화폐가 금으로부터 자유로워졌기 때문에 자본은 상업은행의 신용창조 과정을 통해 필요로 하는 만큼 충분히 자금을 충당할 수 있게 되었다. 구소련, 중국, 동유럽, 아시아 등에서 새롭게 대규모의 투자와 기업 활동이 가능한 환경이 갖춰지게 되었다.

2 생산요소의 확장과 신자유주의

이렇게 1980~1990년대 토지, 노동, 자본의 생산요소가 크게 확장될 수 있는 세계사적 전환이 이루어졌다. 이 시기 자본과 노동의 확장은 유례가 없이 거대한 것이었다. 자본주의는 신자유주의 경제시스템을 활용해 경쟁과 효율을 앞세우면서 이러한 호기를 가장 잘 활용할 수 있는 체제로 진화하였다. 냉전 종식과 세계화라는 시대적 환경과 신자유주의라는 새로운 경제철학과 경제정책이 만나 상승작용(시너지)을 일으키게 된 것이다.

자본의 입장에서는 사회주의 진영의 시장과 생산요소를 효율적으로 활용하기 위해서 무역과 투자의 자유화가 필요했다. 따라서 이를 제도적으로 보장하고 규율하는 국제적 규범과 국제기구에 대한 요구가 높아졌다. 상품과 서비스, 자본과 노동 등이 국경을 넘어 자유롭게 교역, 이동하기 위해서는 국제법적 규범뿐만 아니라 이에 조응하는 국내법의 제·개정 등 제도 개혁이 필요하다.

하지만 법률의 제·개정 등의 제도 개혁은 국내적 저항과 반발이 따라오고 오랜 시간과 노력이 들어갈 수밖에 없다. 국제적으로도 국제규범을 통해 무역과 투자에 국가의 개입과 영향력을 최소화하기 위한 노력이 진행되었다. 다행히 신자유주의가 맹위를 떨치던 1990

년대 시장 개방은 대부분 국가에 상호 이익이 되었다. 이를 위한 협의와 합의가 지속되었고 마침내 성과를 내게 되었다.

그 대표적인 성과가 1993년 12월 우루과이라운드(Uruguay Round, UR) 협상(1986~1993) 타결, 그리고 1995년 1월 1일 WTO의 출범이다. 우루과이라운드 협상의 타결과 WTO의 출범은 다자주의에 기초한 자유무역이 시대적 대세가 되었음을 의미하는 상징적 사건이었다. 이를 토대로 신자유주의가 추동하는 자유무역과 세계화는 더욱 진전되었다. 다자적 자유무역 질서의 구축으로 세계 경제는 정부의 간섭과 규제에서 벗어나 상품과 자본이 국경을 넘어 자유롭게 오갈 수 있게 되었다.

이제 수정자본주의 경제시스템은 선진국과 개발도상국, 자본주의 진영과 사회주의 진영의 통합을 바탕으로 신자유주의 경제시스템으로 변화하게 되었다. 2000년대 들어서는 2001년 중국을 시작으로 2005년 베트남, 2008년 러시아 등이 WTO에 가입하였다. 세계 경제는 이전 어느 때보다도 재화와 서비스, 생산요소 등의 자유로운 교류, 이동이 가능하게 되었다. 자유무역과 세계화라는 새로운 국제질서가 빠른 속도로 자리 잡았다.

이런 통합된 세계 경제 환경 속에서 선진국과 개발도상국은 마치 하나의 팀처럼 움직이기 시작했다. 하나의 상품이 만들어지기까지 국가를 초월해서 가장 효율적인 분업이 이루어졌다. 이때부터는 메이드인 코리아(Made in Korea)와 같은 특정 국가의 타이틀이 사실상 의미가 없어졌다. 하나의 제품을 만들어도 자본조달을 잘하는 금융회사, 설계와 개발 역량을 갖춘 기업, 낮은 원가로 제품을 만들 수 있는 생산기지, 효율적인 물류망을 가진 유통사 등 각 나라, 각 기업의 강점을 활용하여 세계가 분업을 통해 가장 효율적으로 만들어 낼 수 있는 그런 무역, 공급 네트워크가 형성되었다. 메이드인 디 월드

(Made in the World)가 된 것이다.[67]

　기존의 국내 또는 지역 차원의 공급망이 세계 경제 전체로 확대되면서 글로벌 공급망(global value chain, global supply chain)이라는 용어로 대체되었다. 자유무역과 글로벌 차원의 분업을 통해 만들어진 상품은 국경의 장벽 없이 세계시장으로 팔려나갔다. 무역량은 인류역사상 유례없이 급증하였다. 세계 경제는 이에 힘입어 빠르게 성장할 수 있었다. 우리나라도 중국 경제의 급성장이라는 호재를 활용하여 IMF 외환위기의 후유증을 완전히 벗어나 다시 한번 성장 가도를 달릴 수 있게 되었다.

　일반적으로 거래가 활발해지고 무역이 증가하면 그에 따라 물가도 상승한다. 하지만 이 시기 중국, 베트남 등 기존 공산 진영의 저임금 국가들이 글로벌 공급망과 분업 시스템으로 들어오게 되면서 생산 비용의 상승 압력을 줄일 수 있었다. 이는 경제가 성장하는 동시에 물가도 안정되는 골디락스 경제(Goldilocks economy)가 가능한 요인이 되었다.[68] 물가 상승세가 높지 않으면 저금리를 유지할 수 있고

67　대표적인 사례로 애플사의 아이폰(i-Phone)을 들 수 있다. 아이폰 완제품에는 2천~3천 개의 부품이 들어가고 다양한 부품의 생산 과정은 전 지구적인 공급망을 통해 이루어진다. 우선 미국의 애플 디자인 팀이 새로운 아이폰의 외관과 기능을 설계한다. 동시에 iOS 운영체제와 관련 앱을 개발하고 최적화한다. 이후 아이폰에 사용되는 수많은 부품, 예를 들면 프로세서는 대만의 TSMC에서, 디스플레이는 한국의 삼성과 LG에서 생산한다. 이렇게 애플은 전 세계의 다양한 부품 공급업체와 계약을 맺고 공급망을 관리한다. 아이폰의 최종 조립은 주로 대만 업체인 폭스콘과 페가트론의 중국 공장에서 이루어진다. 품질 검사를 통과한 아이폰은 포장되어 전 세계의 판매 지점으로 배송되며 애플은 효율적인 물류 시스템을 통해 이를 관리한다. 이처럼 아이폰의 생산 과정은 높은 수준의 정밀도와 복잡성을 요구한다. 애플은 이를 위해 전 세계의 다양한 기술 및 자원을 효율적으로 조합하여 사용하고 있다.

68　골디락스 경제는 경제성장이 너무 빠르지도 않고 너무 느리지도 않은 상태를 의미하는 용어이다. 이는 경제가 적당한 속도로 성장하고 있어 인플레이션 압력이 없으면서도 실업률이 낮고 안정적인 성장세를 유지하는 상태를 가리킨다. 이 용어는 영국의 전래동화 '골디락스와 곰 세 마리'(Goldilocks and the Three Bears)에서 골디락스가 너무 뜨겁지도 않고

낮은 이자율은 기업과 금융권의 자금조달 비용 부담을 적게 해서 기업의 투자와 사업 확장에 유리한 환경을 제공하였다.

이러한 골디락스 경제의 조건 속에서 이 시기 자본(기업)의 생산과 투자는 빠르게 확장되었다. 자본의 확대재생산이 순조롭게 이루어지는 시기였다고 할 수 있다. 여러 국가에서 활동하는 다국적기업(multinational corporation), 더 나아가 아예 기업의 국적이 의미가 없다는 의미의 초국적기업(transnational corporation)이라는 용어가 일상적으로 쓰이게 되었다.

그림 1-19 미국의 골디락스(1988~2006)

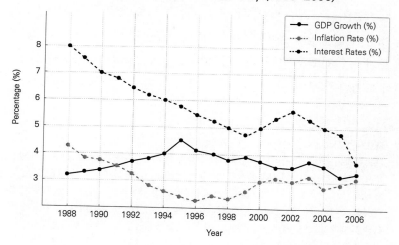

위 그래프는 1988년부터 2007년까지 미국의 전반적인 골디락스 경제 상황을 나타낸다. 우선 GDP 성장률(검정 실선)을 보면 1990년대 전반에 걸쳐 꾸준한

너무 차갑지도 않은, 딱 적당한 온도의 죽을 찾은 것에서 유래되었다. 골디락스 경제의 주요 특징은 적당한 경제성장률, 낮은 실업률, 안정적인 물가로 경제정책 입안자들이 이상적으로 여기는 상황이라고 할 수 있다.

성장률과 2000년대에는 약간의 변동이 있었지만 금융위기 이전까지는 3% 이상 안정적으로 유지되었다. 인플레이션율(회색 점선)은 1980년대 후반부터 꾸준히 감소하여 1990년대와 2000년대에 걸쳐 낮은 수준에서 안정되었다. 이자율(검정 점선)은 1980년대 후반부터 1990년대까지 점진적인 하락을 보였고 2000년대에 는 추가적인 하락세를 보였다.

3 신자유주의의 절정

1980년대 이후 글로벌 금융위기가 발생한 2008년 이전까지의 20여 년 동안은 냉전 체제의 종식, 사회주의 진영의 세계 경제로의 통합, 자유무역, 세계화 등의 자본주의적 생산에 유리한 국면이 빠른 속도로 진행되었다. 이에 따라 세계화를 주도했던 미국 등 선진국뿐 만 아니라 체제전환국 및 개발도상국도 같이 빠른 경제성장을 하면서 동시에 저물가, 저금리를 유지할 수 있었던 이상적인 경제 상황이었 다고 할 수 있다. 이렇게 자본주의는 신자유주의 경제시스템으로 바 뀌게 되면서 유리한 환경 속에서 호황을 맞게 되었다.

시간이 갈수록 글로벌 차원의 분업은 더욱 세분화하고 세분화한 만큼 전문성과 유통망은 더욱 정교해지고 다층적으로 되어갔다. 최 대한 저비용으로 생산이 가능한 구조가 되다 보니 생산 비용은 크게 오르지 않았고 여기에 더해 선진국을 중심으로 디지털화, 자동화 등 을 기초로 개발, 디자인, 금융, 마케팅 등 생산에 필요한 다양한 기술 이 발달하면서 효율성을 극대화할 수 있게 되었다. 개도국은 개도국 대로 저렴한 인건비를 바탕으로 외국 기업(자본)을 유치하여 비교우 위에 입각한 분업을 더욱 세분화할 수 있게 되었다. 이를 통해 전문 성을 끌어올릴 수 있게 됨으로써 저비용, 고효율의 경제시스템이 가 능하게 되었다.

이렇게 저비용, 고효율의 생산이 가능하게 된 것이 1990년대 이후 신자유주의 경제시스템이 본격화되면서부터이다. 저비용, 고효율의 생산 체제가 가능하게 되면서 세계 경제는 다시 성장하게 되었고 성장에 따른 부작용이었던 인플레이션 문제도 크게 발생하지 않았다. 글로벌 차원에서 저렴하게 생산되는 구조가 갖춰지다 보니 상품(공산품)의 가격도 크게 낮아지게 되었다. 이전에는 물건이 고장 나면 수리해서 썼지만 이제는 고치는 대신 아예 새것으로 교체하는 것이 나은 시대가 되었다.

　　일반적으로 경제가 성장하면 거래가 늘고 그에 따라 화폐 유동성(통화량)이 많아져서 인플레이션 압력이 발생한다. 하지만 이 시기는 이러한 저비용, 고효율의 생산구조가 가능하게 됨으로써 경제가 성장함에도 인플레이션은 큰 문제가 되지 않는 신경제, 골디락스 경제가 가능하였다. 또한 물가가 안정되면 금리도 낮은 수준에서 유지할 수 있었다. 낮은 금리는 자본조달 비용의 부담을 줄여주었고 기업의 투자나 금융상품에 대한 투자도 대규모로 가능하게 되었다. 이렇게 1990년대 이후 변화된 경제시스템으로 인해서 2000년대 중반까지 황금기를 누릴 수 있게 되었다. 자유시장, 자유무역, 세계화로 표현되는 신자유주의는 이렇게 우리 곁으로 다가오게 된 것이다.

　　자본주의의 역사를 살펴보면 신자유주의 경제시스템은 우연히 온 것이 아니라 필연적으로 오게 된 변화라고 할 수 있다. 역사의 큰 물줄기에서 보면 신자유주의 경제시스템은 자본주의 체제에서는 수정자본주의 경제시스템의 한계, 사회주의 체제에서는 비효율성의 한계를 극복하기 위한 인류의 몸부림 속에 탄생한 것이라고 할 수 있다. 위에서 언급했듯이 1980년대 들어서면서 자본주의, 사회주의 진영 모두 이미 그 한계를 드러내고 있었고 그대로 가다가는 체제적 위기에 몰릴 상황이었다.

그런데 효율성 측면에서 사회주의 체제가 자본주의 체제에 비해 훨씬 큰 문제를 보였던 것이고 사회주의 체제가 먼저 붕괴하였다고 할 수 있다. 같이 죽어가다가 먼저 죽어버린 사회주의의 시체를 자본주의가 뜯어먹으면서 다시 살아났다고 표현하는 것도 과장이 아닐 수도 있다. 1980년대에 이르면서 사회주의 경제시스템과 자본주의 경제시스템은 진영을 불문하고 사실상 한계에 다다랐다. 하지만 자본주의 체제는 1990년대 냉전 체제가 붕괴하고 사회주의 진영 국가 등 개도국의 노동력과 자원 그리고 시장이 자본주의 체제로 합류하면서 다시 활력을 찾게 되었다.

이때부터 자본주의는 미국을 중심으로 하는 단극체제로 세계 경제를 이끌게 되었고 이전 비효율, 고비용의 문제가 해소되면서 새로운 신자유주의 경제시스템으로 변화되었다. 이렇게 보면 만약 사회주의 진영의 몰락이 없었다면, 그리고 저임금 인력과 저비용 자원들이 자본주의 시장경제에 합류하지 않았다면, 수정자본주의 경제문제는 쉽게 해결되기 어려웠을 것이다. 자본주의 체제에 행운이 따른 것이라고도 볼 수 있다.

우연이든 필연이든 신자유주의 경제시스템은 이제 미국이 주도하는 자유무역과 세계화의 기치 아래 한 세대 이상 세계 자본주의의 대세가 되었다. 자본은 이제 마음 놓고 거침없이 자본의 확대재생산을 위해 세계시장으로 발을 내딛게 되었다.

Chapter 07

신자유주의 경제시스템의 쇠퇴

1 부메랑이 된 불평등과 양극화

위 제6장에서 보았듯이 현재의 신자유주의 경제시스템은 전 세계가 시장을 개방하고 국경을 초월해서 상품, 서비스, 자본, 노동, 기술 등 다양한 재화와 생산요소가 자유롭게 무역과 이동이 가능한 그런 상호 긴밀하게 엮인 경제시스템이다. 그런데 신자유주의 경제시스템도 시간이 흐르면서 내부로부터 모순과 문제가 발생하기 시작하였다. 신자유주의에 대한 반작용은 자국 우선주의, 보호무역주의, 반세계화(탈세계화) 등이라고 할 수 있는데 현재 마주하고 있는 관련된 일련의 사건들은 이에서 기인한다고 할 수 있다.

특히 1990년대 이후 대략 30년 이상 저물가 상황이 지속되었다.[69]

---

69 1990년대부터 2010년대까지 여러 글로벌 요인으로 인해 물가가 전반적으로 낮아지는 경향이 있었다. 우선 세계화의 영향을 생각해 볼 수 있다. 냉전의 종식과 국제무역 협정의 확대로 인해 세계무역이 증가하고 구소련, 동유럽 중국, 인도, 기타 신흥국들이 세계 경제에 통합되었고 경쟁과 공급이 증가하였다. 상품생산을 위해 인건비가 낮은 국가에 아웃소싱이 이루어졌고 이는 생산 비용을 낮추고 결과적으로 소비자 가격을 낮추는 데 도움이 되었다. 다음으로 정보통신기술과 자동화 분야의 기술 혁신으로 생산성과 효율성이 향상되었다. 이로 인해 생산 비용이 낮아지고 가격도 낮아졌다. 또한 자유무역이 확대되면서 무역장벽과 관세가 낮아지게 되었고 이는 수입품 가격을 낮추어 물가안정에 도움이 되었다. 이외에도 인구 노령화와 인구 증가 둔화로 인한 수요 압력 감소, 소비자 인식 향상에 따른 가격 인상

이에 따라 저금리 기조도 오랫동안 지속되었고 부채의 규모도 급증하였다. 부채의 급증은 유동성의 증가와 동전의 앞뒷면과 같다. 그런데 이 유동성이 생산, 투자, 소비의 생산적인 분야에 투입되기보다는 자산시장에 유입되었다. 주식, 부동산 등의 자산 가치가 급등하였다. 이는 자산시장에 거품이 생기게 되었음을 의미한다. 이로 인한 자산 격차와 함께 비용 절감을 위한 임금 상승 억제, 비정규직의 증가 등이 노동의 가치를 떨어뜨렸고 이로 인한 자산, 소득, 계층 간 양극화는 더욱 심화하였다.

이러한 불평등과 양극화가 신자유주의 경제시스템의 가장 큰 문제로 부각하게 되었다. 이를 대내적으로 해결하기 어려우니 이에 대한 반작용이 대외적으로 표출되었다. 이것이 자국 우선주의, 보호무역주의라고 할 수 있다. 신자유주의 경제시스템은 세계를 무대로 효율성을 극대화하기 위한 경제시스템이었지만 그 과실과 성과는 비대칭적이고 불균형적으로 분배되었다.

이는 국내적으로도 국제적으로도 크게 다르지 않다. 국내적으로 신자유주의 경제시스템에서 가장 큰 수혜를 입은 계층은 효율적인 생산, 투자가 가능한 대기업, 금융자본, 전문직 등 고급 인력, 자산가였다. 반대로 일반 서민과 중산층은 이러한 수혜에서 멀어지거나 운이 좋은 일부에게만 그 혜택이 주어졌다. 이것은 국제적 차원에서도 크게 다르지 않다. 절대빈곤층은 감소하였지만 선진국과 개도국 간 상대적 격차는 더욱 벌어졌다. 개도국 내에서도 중국, 인도, 베트남, 인도네시아 등 일부 국가들과 그 외의 개도국 간에도 격차가 벌어졌다.

이러한 양극화에 대한 원인을 세계화에 있다고 보고 자국 우선주의, 보호무역주의가 다시 득세하는 정치적 변화도 시작되었다. 반세계

억제, 원자재 가격의 안정 등이 저물가 기조가 유지될 수 있었던 이유로 이야기될 수 있다.

화, 이민자들에 대한 반감, 혐오 의식, 극단적 민족주의, 인종주의 등은 이러한 반감의 산물로 볼 수 있다. 반세계화의 논리는 다음과 같다. 세계화로 인해 기존 국내기업은 저렴한 임금 등 효율적인 생산이 가능한 해외로 생산거점을 이동하게 되고 국내 일자리는 감소하게 된다.

특히 해외로 생산기지를 옮기는 기업들은 주로 제조업으로 상대적으로 임금수준이 높은 양질의 일자리를 가지고 있다. 이렇게 양질의 일자리를 제공하던 국내기업이 비용을 줄이려고 자국을 떠나서 저임금 국가로 옮기게 되면 기업은 유리하지만 경제활동 영역이 국내에 한정된 대다수 노동자는 오히려 세계화로 인해 손해를 입을 수밖에 없다.

양질의 일자리는 해외로 나가버리고 오히려 저임금 국가의 노동자들이 높은 임금을 찾아서 선진국 노동시장에 진입하게 된다. 이들은 선진국에서 주로 단순 노무직, 생산직 등 서민 일자리에 고용이 되는 경우가 대다수인데 낮은 임금으로 고용되다 보니 국내 노동자들의 임금 상승을 억제하는 효과가 있다. 또한 세계화를 통해 자본과 기술이 자유롭게 이동하게 되면서 저임금 국가의 기술력과 경쟁력이 향상되고 이들 개도국으로부터의 수입이 증가하면 경쟁 관계에 있는 국내기업은 가격경쟁력에서 밀려 시장에서 도태된다.

이러한 상황에서 국내에 남아있는 기업이 무너지고 고용이 줄어들게 된다. 반면 이주노동자의 수가 늘어서 자국 내에서 영향력이 커지게 되면 자국민의 불만이 쌓이게 되고 이는 극단적 국수주의, 인종주의 등 극우적 성향이 강화되는 결과를 가져오게 된다. 반세계화 정서가 대중들을 중심으로 특히 강해지고 있다. 이런 국민 정서에 맞춰서 정치권도 그 방향성을 따라가고 있다. 극우 정당이 약진하는 사례가 많아지고 있음은 이를 반영한다.

이런 현상은 특히 유럽과 미국 서구권 국가에서 심화하고 있다. 극우 정치세력이 등장하고 힘을 얻게 되면서 자국 우선주의, 민족주의, 반세계화 정책이 강화되게 된다. 미국 트럼프의 등장이나 독일, 이탈리아 등 주요 유럽 국가들의 극우 정당 약진 등이 그러한 예이다.[70] 특히 2025년 1월 미국에서 트럼프 제2기 행정부가 출범함에 따라 미국 우선주의와 보호무역정책은 상당 기간 더욱 강화될 것으로 예상되고 있다.

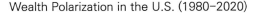

그림 1-20 미국의 부의 양극화(1980~2020)

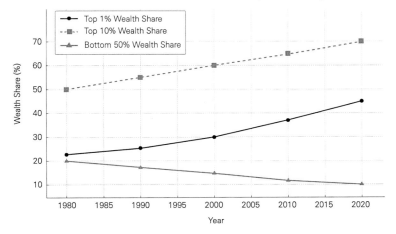

이 그래프는 1980년과 2020년 미국의 부의 양극화를 보여준다. 상위 1% 자산 점유율은 1980년 22%에서 2020년 45%로, 상위 10% 자산 점유율은 같은 기

---

70 유럽의 극우 정당들은 민족주의, 반이민 정서, 유럽연합 회의론, 다문화주의 반대 등의 특성을 공유한다. 포퓰리즘 급진 우파 정당들은 민족주의와 반이민 정책을 촉진한다. 민족주의 정당들은 특정 민족적 정체성의 보존을 강조한다. 신파시스트 및 신나치 정당들은 파시즘 또는 나치 이념과 연결되어 과거 파시스트 정권을 찬양하고 폭력적인 전술을 사용하는 경우도 있다. 반이민 및 반이슬람 정당들은 이슬람 국가 출신 이민을 국가안보와 정체성에 대한 위협으로 간주한다. 유럽연합 회의론 우파 정당들은 유럽연합을 국가 주권에 대한 위협으로 비판하며 민족주의와 반이민 입장을 보이고 있다. 이들은 정부의 개입을 부정하고 자유시장 경제를 옹호하는 전통적인 의미의 우파보다는 국수주의, 민족주의 등을 주장하는 이념적 의미의 우파이다.

간 50%에서 70%로 증가하였다. 반면 하위 50% 자산 점유율은 1980년 20%에서 2020년 10%로 감소하였다. 이는 지난 한 세대 이상 진행된 신자유주의 시대에서 부의 양극화가 심화하고 있음을 분명히 보여준다. 이에 따른 불만이 정치적 양극화로도 이어졌다.

그런데 이런 변화는 현재의 경제시스템의 근간이라고 할 수 있는 신자유주의, 자유무역, 세계화의 균열을 의미하는 것이다. 당장 미국이 2017년 트럼프 행정부 이후 자국 우선주의, 보호무역주의를 강화하고 중국과의 분쟁이 심화하게 되었고 세계 경제는 어려움과 혼란에 빠지게 되었다. 민족주의, 반세계화, 자국 우선주의가 강화되면 국가 간 충돌이 발생할 가능성도 높아질 수밖에 없다.

2 글로벌 공급망과 부채 문제

신자유주의 경제시스템은 전 세계가 분업을 통해 하나의 통합된 생산, 유통망을 바탕으로 작동함을 의미한다. 하지만 국가 간 충돌과 경쟁이 격화되면 경제적 불확실성이 높아질 수밖에 없고 신자유주의 경제시스템의 분업 체제는 위기를 맞게 된다. 또한 예상치 못한 어떤 변수로 인해 공급망 일부에 문제가 생기면 전체 공급망이 작동하지 못하게 된다. 국제 분업의 강점은 효율성이지만 톱니바퀴처럼 맞물려 돌아가는 국제 분업 시스템은 극히 일부의 문제만으로도 전체가 마비되기 때문이다. 분업 시스템은 외부적 변수에 취약할 수밖에 없다. 현재 세계는 예상치 못한 다양한 변수에 노출되어 있다. 이것을 공급망 위기라고 부른다.

그리고 이러한 공급망 위기에 더해 신자유주의 경제시스템은 다른 차원의 위기를 맞고 있다. 오랜 기간 물가가 안정된 상태에서 저금리를 활용한 자산투자와 부채의 급증, 그리고 자산 격차 등 양극화는 더욱 심화하고 있다. 더 이상 신자유주의 경제시스템이 자체적으로 이러한 문제를 해결하기 어렵게 되는 상황으로 빠지고 있는 것으로 보인다. 새로운 경제시스템에 대한 고민이 필요한 때가 되었다. 따라서 아직은 뚜렷하지는 않지만 새로운 경제시스템이 어떤 모습을 할 것인지에(해야 하는지) 대해 살펴볼 필요가 있는 것이다.

다음으로 무엇보다 현재의 경제시스템이 한계에 처한 심각한 문제는 자산시장 거품으로 인한 부채 문제이다. 1990년대 이후 저물가, 저금리 기조가 지속되었고 레버리지(부채)를 활용한 투자가 늘어나면서 부채가 급증하게 되었다. 생산성과 무관한 부채의 증가는 자산 가치의 거품이 그만큼 커짐을 의미한다. 이는 사회 전반적으로 자산 양극화, 불평등을 심화하였고 노동에 대한 가치를 무너뜨렸다. 인간관계는 개인주의를 넘어 점점 파편화되었다.

예를 들면 대출이자가 연 2%라고 한다면 사업이나 투자를 위해 연 2% 이자 비용을 치르고도 추가로 이익을 남길 수 있다면 대출받아서 사업이나 투자를 안 할 이유가 없을 것이다. 자본의 확대재생산은 이윤을 남기느냐 그렇지 못하느냐에 의해 결정되기 때문에 결국 자본주의의 유지를 위해서는 적어도 금융비용인 연 2% 이상의 이윤을 남겨야 한다. 따라서 대출이자가 적어지면 적어질수록 이윤의 확보가 가능하고 자본의 확대재생산도 가능하므로 금리가 낮아질수록 사업과 투자의 규모나 개수도 증가하게 된다.

지난 신자유주의 경제시스템에서는 오랫동안 저금리 상황이 유지되었고 사업 실패 확률이 상대적으로 낮았기 때문에 돈을 빌리는 부담이 그렇게 크지는 않았다. 저금리 시대에는 더 많은 돈을 빌리면서 사업과 투자를 이어가게 된다. 사업과 투자의 증가는 경제가 활성화되는 데 도움이 된다. 그런데 만약 반대로 이자가 오른다고 한다면 반대의 현상이 발생할 것이다. 연 2% 금리가 연 6%로 인상되면 사업 유지가 가능한 금리 수준이 높아지는 것이고 연 6% 이상 수익을 내지 못하면 돈을 빌려서 하는 사업은 실패할 수밖에 없다. 사업을 시작하지도 않을 것이고 만약 시작했더라도 살아남을 수 없다. 금리가 2%대였던 시대보다 경제는 침체한다.

기업은 금리가 올라가면 저금리 때보다 실패 확률이 커지기 때문에 투자를 위한 대출에 소극적이다. 또한 고금리 시대는 단지 대출받았을 때 금리가 높다, 자본조달 비용이 많이 들어간다, 이렇게만 볼 수 있는 것이 아니고 경제 내 전반적인 사업과 투자가 위축된다. 경기가 침체하고 경제 전반에 역동성이 줄어든다. 고금리 시대에는 돈을 빌려서 하는 사업이나 투자는 실패할 확률이 높아지고 자본주의의 역동성, 자본의 확대재생산이 어려워진다. 고금리가 왜 경제위기를 가져오는지 이런 맥락에서 살펴보면 이해할 수 있다.

예를 들면 1990년대 이후 미국을 중심으로 세계는 오랜 기간 저금리 시대를 보냈다. 미국 정부는 닷컴 버블이 붕괴하고 911테러가 일어난 2000년대 초부터는 침체한 경기를 부양하기 위해서 기준금리를 인하하고 1~2%대의 저금리 기조를 유지하였다. 저금리 시대가 본격적으로 시작이 된 것이다. 간헐적으로 금리 인상기가 있었지만 전반적으로는 저금리 환경이 조성되었다. 세계 경제는 장기적인 저금리 환경에서 그 이점을 누리게 되었다.

특히 2008년 미국의 서브프라임 모기지 사태(subprime mortgage crisis)는 본질적으로 부채위기이다.[71] 서브프라임 모기지 사태는 결

---

71 서브프라임 모기지 사태는 2001년부터 금융기관들과 부자들의 탐욕으로 본격적으로 시작된 CDO(Collateralized Debt Obligation) 시장의 확대와 그에 따른 서브프라임 주택담보대출의 확대, 미국 부동산 거품으로부터 시작된 2007년에 발생한 미국의 금융위기이다. 서브프라임 모기지 사태는 대공황 이후 최대의 금융위기라고 알려진 2008년 글로벌 금융위기로 이어지게 되었다. 서브프라임(subprime)은 은행의 고객 분류 등급 중 비우량 대출자를 뜻하며 모기지(mortgage)는 주택담보대출을 뜻한다. 이는 2000년대 저금리로 부동

국 저금리와 부채의 급증, 그리고 거품 붕괴로 발생한 위기의 전형이었다. 글로벌 금융위기 이후부터는 위기 대응을 위해 정부와 중앙은행은 적극적으로 나서게 되었고 대규모 양적완화와 함께 제로금리 시대로 들어서게 되었다. 위기 대응을 위한 궁여지책으로 위기가 해결되는 듯 보였지만 정작 신자유주의 경제시스템의 문제와 모순은 이때부터 본격화되었다.

그림 1-21 미국의 서브프라임 모기지 대출규모 추이(1995~2020)

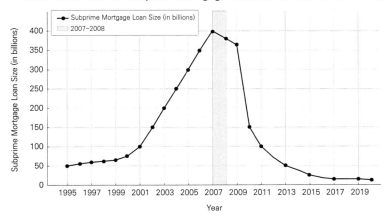

Trend in the Size of Subprime Mortgage Loans in the U.S. (1995-2020)

이 그래프는 1995년부터 2020년까지 미국의 서브프라임 모기지 대출 규모 추세를 보여준다. 서브프라임 대출 규모는 2000년대 초반 저금리를 활용한 주택 붐 기간 동안 크게 증가하여 2007년경 약 4,000억 달러로 최고조에 달하였다. 2008년 금융위기 이후 서브프라임 대출이 급락하였고 2020년까지 감소하는 모습을 보이고 있다.

산가격이 급등하자 신용불량자에게까지 주택담보대출을 하였고 이후 부동산 시장 거품 형성, 금리 인상, 대출금 연체 증가, 거품 붕괴, 금융기관 부실 및 도산 등으로 이어지는 일련의 금융위기라고 할 수 있다.

3 양적완화, 약인가 독인가?

이때의 통화정책을 제로금리 또는 양적완화(Quantitative Easing, QE)라고 한다. 비전통적 통화정책을 통해서 금융위기를 해결했다고 생각하는 경우가 많다. 하지만 엄밀히 말하면 이는 더 낮은 저금리로 부채를 일으켜서 기존에 문제가 되는 부채를 덮어버리는 형식으로 위기를 덮은 것일 뿐이다. 위기 이전의 금리가 이미 상당히 낮은 수준이었기 때문에 그보다 낮은 금리, 더 나아가 제로금리를 시행하였다. 그것으로도 부족하면 중앙은행이 나서서 공개시장조작을 통해 대규모의 자산(국채, 모기지 증권 등)을 매입하였다. 자산 가치를 방어하고 초과 지급준비금의 경우 마이너스 금리를 부과하는 방식이 동원되었다.

이후로 부채를 부채로 해결하는 것은 낯설지 않게 되었다. 하지만 이는 임시방편일 뿐이다. 예를 들면 빚을 제대로 갚지 못해 연체되고 신용불량자 된 사람에게 연체된 돈보다 훨씬 더 많은 돈을 더 적은 이자로 빌려주면 기존 빚을 더 싼 이자로 빌린 돈으로 일단 갚을 수 있다. 일단 급한 불은 끌 수 있지만 기존 부채만 사라졌을 뿐 새로운 부채는 그대로 남아있다. 부채로 인한 문제는 계속 남아있게 된다. 시간을 벌었을 뿐 근본적인 해결은 아니다.

어쨌든 급한 불은 끄고 다시 문제를 해결할 시간은 벌게 되었다. 이후 초저금리 기조가 지속되면서 투자시장도 회복되고 상황이 수습되는 것처럼 보였다. 하지만 실제로 2008년 금융위기를 겪은 이후 세계 경제의 역동성과 성장세는 이전의 동력을 상실하였다. 예를 들면 2000년대 급성장하던 중국은 2010년 이후로 성장률이 감소세에 돌아섰다. 소위 피크아웃(peak out)에 접어든 것이다. 세계적으로

공급과잉도 나타나기 시작하였다.[72]

냉전 이후 세계 경제에 통합된 구공산권 국가들이 제공했던 유리한 조건도 2010년대 들어서면서 그 효용성이 약화하기 시작하였다. 2010년대 세계 경제는 시간이 지날수록 회복되지 않고 디플레이션으로 빠져드는 형국이었다. 그러다 보니 금리를 인상할 수 없었고 초저금리 기간도 계속 길어지고 있었다. 앞에서 이야기했듯이 신용불량자 되게 된 사람에게 더 많은 돈을 더 싼 이자로 빌려주고 대출을 갈아타는 형태로 부채의 문제를 수습했기 때문에 금리를 인상하는 것도 어려웠다. 살얼음판을 걸어가듯 조심스럽게 부채 문제를 해소하기 위한 노력이 지속되었다. 2010년대 중반 이후 양적완화는 중지되고 사실상 금융 정상화를 위한 노력이 시작되었다. 하지만 금리는 그대로 유지된 채 양적완화를 철회하는 것만으로도 세계 경제는 큰 혼란에 빠져들 정도로 체제적 불안정은 해결되지 않았다.

실제로 2016년 미국 연준은 양적완화를 중지하고 2008년 금융위기 당시 자산매입을 통해 공급한 유동성을 다시 환수하기 위한 정책을 시작하였다. 하지만 금리를 인상하기도 전에 시장이 발작적으로 반응하는 테이퍼 텐트럼(taper tantrum, 긴축 발작)이 발생하면서 기준금리 인상이 다시 어려워지게 되었다. 2008년 이후 부채가 급증하였지만 초저금리가 계속 유지되고 있었기에 금융시스템이 그나마 버티고 있었는데 양적 긴축, 기준금리 인상이 시작되면 취약한 금

---

72 2000년대의 급격한 성장으로 자신감을 얻은 중국은 2012년 시진핑 주석이 집권한 이래로 중국의 영향력을 확장하기 위해 일대일로(一帶一路, One Belt One Road)를 공식화하였다. 일대일로는 정치, 외교 분야의 영향력 확대를 위한 것이지만 중국 총자본의 확대재생산을 위한 것이기도 하다. 중국 총자본의 입장에서 국내 공급과잉 해소를 위해서는 국내 시장만으로는 부족하고 해외 시장의 개척이 필요한 경제적 목적도 있다고 할 수 있다.

융시스템이 버티는 것이 어렵게 된 것이다.[73]

　초저금리와 양적완화로 시장에 공급된 유동성은 기업의 생산, 투자, 유통, 소비 등 생산적 분야에 투입되지 않았다. 오히려 자산 가치를 유지하거나 방어하기 위해 자산시장에 유입되었고 더 나아가 투기적 목적으로 악용되었다. 특히 이러한 과잉 유동성은 부동산 시장에 유입되어 부동산가격 급등을 불러왔다는 비판을 받고 있다. 자산 양극화와 불평등의 심화가 진행되는 계기를 마련한 것이다.

　부동산의 경우 가격이 상승하기 시작하면 부동산 개발이 활발해지고 아파트 등 건설도 크게 늘기 때문에 자산투자의 성격만 있는 것이 아니라 고용, 생산 등의 실물경제에도 긍정적인 영향을 미쳐 경기를 살리는 효과를 낸다. 일반적으로 새로운 분야와 산업의 육성을 통해 경제성장을 하기 위해서는 시행착오와 계획 그리고 노력과 시간이 필요하다. 이에 비해 부동산은 가격만 빠르게 오르면 건설을 통한 이윤 확보가 쉽다. 건설사 등이 바로 개발에 들어가고 그에 따른

73　2013년 미국 경제는 회복세를 나타냈다. 벤 버냉키(Ben Bernanke, 1953~) 당시 연준 의장(재임 2006~2014)은 연준이 곧 채권매입 규모를 축소하기 시작할 것이라고 언급하였다. 이는 연준이 매월 매입하는 자산규모를 점차 줄일 것임을 의미한다. 이를 테이퍼링(tapering)이라고 한다. 버냉키의 발언으로 시장은 양적완화 종료로 금리가 인상되고 경제성장이 둔화될 것을 우려하였다. 이로 인해 채권 가격과 반대로 움직이는 미국 국채 수익률은 투자자들의 채권 매도로 2013년 5월 1.6%에서 연말 3%대로 급등하였다. 이는 저금리로 인한 자본유입의 수혜를 누렸던 신흥시장에도 적지 않은 부정적 영향을 미쳤다. 미국 수익률이 오르자 투자자들은 신흥시장에서 자금을 빼냈고 이는 일부 국가에서 통화 가치 하락, 차입 비용 증가, 금융 불안정, 경제위기로 이어졌다. 이러한 시장의 불안과 혼란에도 불구하고 연준은 2013년 12월 테이퍼링을 진행하여 점차 채권매입을 줄였다. 2014년 10월까지 양적완화는 단계적으로 폐지되었다. 시간이 지남에 따라 시장은 테이퍼링에 적응했고 금리 인상과 경제 둔화에 대한 두려움은 과도한 것으로 판명되었다. 테이퍼 탠트럼은 미국 통화정책 변화에 대한 글로벌 금융시장의 민감성을 보여준 것이다. 이 사건은 연준의 정책 기조의 작은 변화도 글로벌 금융시장에 얼마나 큰 영향을 미칠 수 있는지를 보여주는 사례가 되었다.

경기회복 효과도 직접적으로 나타나는 특성이 있다.

그래서 어떤 정부든 경기가 안 좋을 때 경기 활성화를 위해 부동산 개발과 건설을 통해 경기를 부양하는 정책을 시행해 온 것도 이러한 이유이다. 실제로 2010년대 중반 이후부터 초저금리의 자금들은 세계적으로 부동산 부문에 유입되었다. 정부의 주도가 아닌 오직 이윤 극대화를 위한 시장의 투기적 부동산 개발이 가속화되면서 아파트 등 주거용 건물, 오피스텔 등 상업용 빌딩, 리조트, 호텔 등의 개발이 세계적으로 급증하였다.

우리나라의 경우 아파트, 오피스텔, 상가 등을 중심으로 부동산 개발이 급증하였다. 중국도 부동산 문제가 심각한데 이는 이때부터 시작된 대규모 아파트 건축 등 무분별한 부동산 개발의 결과이기도 하다. 미국도 서브프라임 모기지 사태 이후 주거용 부동산을 대신하여 상업용 빌딩 건설이 크게 늘었다. 미국은 현재 상업용 부동산 시장의 불안전성으로 문제가 되고 있는데 이도 이때부터 그 씨앗이 뿌려졌다고 할 수 있다. 부동산가격이 빠르게 상승하면 매매든 임대든 주거비 부담이 크게 늘 수밖에 없다. 투자의 관점에서도 부동산 투자 자체가 다른 금융 투자 상품보다 진입장벽도 높고 수입 규모도 커서 자산 양극화를 빠르게 심화시키는 특징이 있다. 정부의 부동산 시장에 대한 관리와 통제의 필요성이 제기되는 부분이다.

실제로 2010년대 후반에 들어서는 세계 주요국들의 부동산가격은 빠르게 상승하여 주거비 부담이 대폭 증가하였고 대다수 국민의 불만도 커가고 있었다. 초저금리로 경기는 표면적으로는 살아나는 모습을 보이고 있었지만 양극화는 더욱 심화하고 부채는 늘어나는 상황이었다. 이런 와중에 2020년 초 코로나 펜데믹이 발생하게 되었다. 경제와 산업의 기초체력은 약해질 대로 약해져 있었고 부채를 부채로 해결하고 부동산으로 경기를 억지로 떠받치고 있는 그런 상황이었는데 코로나 팬데믹은 이런 허약한 경제에 치명타를 안겨 주었다.

이제 신자유주의 경제시스템은 체제적 위기를 맞게 되었다. 이전에 누적된 부채 급증 등의 문제점은 고사하고 지금 당장 위기를 해결하기 위해 다시 제로금리, 천문학적인 양적완화로 회귀할 수밖에 없게 되었다. 정부도 유례없는 수준으로 국채를 발행하고 확장적 재정정책, 통화정책을 시행하게 되었다. 코로나 재난지원금의 명목으로 현금의 형태로 제공된 재정적 지원은 신자유주의 경제시스템이 더 이상 유효하지 않음을 증명하는 것이었다.

2008년 글로벌 금융위기로 인해 유동성을 공급했던 것은 아무것도 아닌 것처럼 단기간에 몇 배의 유동성을 공급하게 되었다. 코로나 팬데믹 시기 3년이라는 기간 동안 가계, 기업, 정부 모두의 부채 규모는 폭증하였다. 이자가 거의 없는 돈들이 투자시장으로 경쟁적으로 몰려들었고 모든 자산 가치는 폭등하기 시작하였다. 많은 사람이 있는 돈, 없는 돈 다 끌어다 자산에 투자하였다. 주식을 비롯한 자산시장은 활황이 이어졌고 이와 함께 부채도 지속적으로 증가하였다.

그림 1-22 미국 연준의 자산규모 추이(2000~2024)

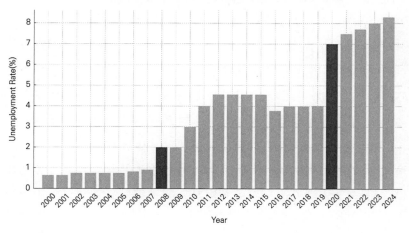

U.S. Federal Reserve's Asset Size 2000-2024

이 그래프는 2000년부터 2023년까지 미국 연준의 자산규모를 보여주고 있다. 연준의 자산규모는 2000년대 중반까지 큰 변동이 없었지만 글로벌 금융위기(2008~2009년)와 코로나 팬데믹(2020년)위기 시 대규모 국채와 MBS 등의 자산매입을 통해 빠르게 증가하였음을 알 수 있다.

그림 1-23 미국의 GDP 대비 정부부채 비율 추이(1999~2023)

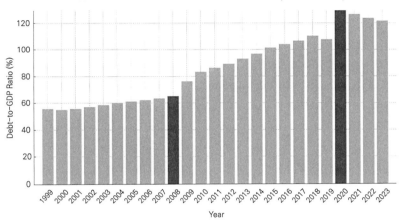

이 그래프는 2000년대 이후 미국의 GDP 대비 정부부채 비율 추이를 보여준다. 2008년 글로벌 금융위기와 2020년 코로나 팬데믹 위기에 대응하기 위한 국채 발행으로 정부부채 비율이 급증하였다.

4 글로벌 인플레이션 문제

하지만 유동성 과잉과 코로나 팬데믹으로 인한 공급망 마비 등으로 상품, 서비스 가격이 폭등하였다. 결국 지난 수십 년간 잊고 살았던 인플레이션이 순식간에 들이닥치게 되었다. 2022년 초부터 연준을 비롯한 중앙은행들은 금리를 다시 올리기 시작하였다. 하지만 한 번 불붙은 인플레이션은 수습하기가 어려웠다. 연준은 불과 1년 만에 기준금리를 제로금리에서 6% 가깝게 급격하게 인상하였다.

 2024년 말 기준 인플레이션은 2% 목표 수준으로 다시 돌아오고 금리 인하도 시작되었지만 실제 물가 수준은 팬데믹 이전에 비해 현저히 높아진 것은 부인할 수 없다. 소득(구매력)이 높아진 물가 수준을 따라갈 만큼 증가하지 않는다면 향후 상당 기간 이전에 비해 서민을 비롯한 대다수 국민은 경제적 어려움을 겪을 수밖에 없을 것으로 예상된다.

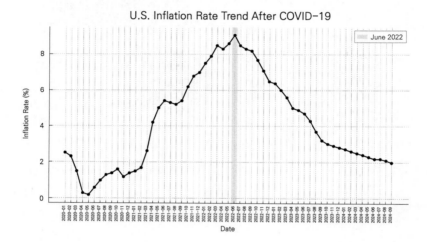

그림 1-24 **코로나 팬데믹 이후 미국의 인플레이션 추이**

 이 그래프는 2000년대 이후 미국 인플레이션율 추이를 보여준다. 2020년까지 2%대로 유지되던 인플레이션율은 2021년 중반 이후 증가하기 시작해서 2022년 6월 9.1%로 최고치에 이르렀다. 이후 인플레이션율은 점차 감소하였고 2024년 6월이 되어서야 연준의 목표 수준인 3.0% 이하로 안정되었다.

그림 1-25   코로나 팬데믹 이후 미국 연준 기준금리 추이

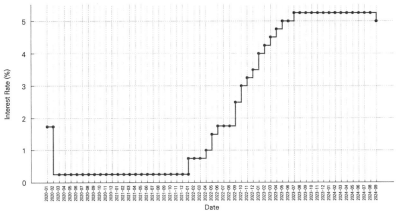

Federal Reserve Base Interest Rate Trend Since COVID-19

이 그래프는 2020년 이후 미국 연준의 기준금리 추이를 보여준다. 기준금리는 인플레이션 방어를 위해 2022년 3월 기준 0.25%에서 0.5%로 인상되었고 이후 2023년 8월 5.5%까지 빠르게 상승하였다. 이후 5.5% 수준에서 유지되던 기준금리는 인플레이션율이 3% 이하로 떨어지면서 2024년 9월 5.0%로 인하되었다.

이러한 자산 가격 폭등은 인류역사상 가장 심각할 정도로 노동 가치의 하락으로 이어졌다. 높은 임금에는 사람들이 노동시장으로 나오지 않게 되었다. 투자에 대한 집착이 심해졌다. 저금리 기간 전 세계는 수습할 수 없을 만큼 큰 부채를 짊어지게 되었고 코로나 팬데믹 이후 인플레이션을 방어하기 위해 고금리 시대로 다시 돌아오게 되었다. 수십 년 동안 저금리 시대에 적응해서 저금리를 바탕으로 형성된 산업, 금융, 사회 시스템이 이 늘어난 부채를 감당하고 고금리 시대를 버틸 수 있을지 우려되는 상황이다.

급격한 금리 인상으로 인한 채권 가격의 하락으로 안전자산인 채권을 들고 있던 은행마저도 파산하거나 파산 위험이 커지는 상황이

다. 2023년 미국 실리콘밸리 은행(Silicon Valley Bank, SVB) 파산의 예는 이를 가장 잘 보여주는 사례라도 할 수 있다.[74] 현재는 오늘 당장 큰 위기가 발생하더라도 전혀 이상하지 않은 그런 상황이다. 어느 약한 고리에서 문제가 터져 방아쇠의 역할만 한다면 대규모의 경제위기가 발생할 가능성이 커지고 있다. 2024년 8월 주식시장 폭락은 이를 잘 보여주는 사례라고 할 수 있다.[75]

---

[74] 2023년 3월 실리콘밸리 은행(SVB)의 파산은 미국 역사상 가장 심각한 은행 붕괴 중 하나였다. 1983년에 설립된 SVB는 주로 기술 회사, 스타트업 및 벤처캐피탈(VC) 회사에 서비스를 제공하는 상업은행이었다. 다수의 스타트업에 은행 서비스, 대출, 신용을 제공하면서 기술 생태계의 중요한 금융 파트너가 되었다. SVB는 기술 붐, 특히 코로나 팬데믹 기간 자산이 급격히 증가했다. 벤처캐피탈 투자로 얻은 현금이 넘치는 스타트업과 기술 기업은 은행에 거액을 예금했다. 2022년부터 금리가 상승하기 시작하고 기술 부문이 냉각되면서 스타트업들이 자금을 인출하기 시작하여 은행의 유동성에 압박을 가했다. SVB는 예금 대부분을 안전자산으로 간주하는 미국 장기 국채 및 주택담보부증권에 투자했다. 그러나 2022년과 2023년 금리가 급격하게 오르면서 이들 장기채권의 가치는 크게 하락했다. 이로 인해 SVB가 상당한 미실현 손실을 안고 있는 상황이 발생했다. 이는 보유 채권의 시장 가치가 해당 채권에 대해 지불한 것보다 훨씬 낮음을 의미한다. 고객의 인출이 증가함에 따라 SVB는 현금 조달을 위해 일부 채권을 손실을 감수하고 매각해야 했다. 2023년 3월에는 채권 포트폴리오 일부 매각으로 인해 18억 달러의 손실이 발생했다고 발표했다. 손실을 메우기 위해 SVB는 주식 매각을 통해 자본을 조달하려고 시도했지만 이 발표로 인해 투자자와 예금자가 불안해졌고 전형적인 은행 운영이 촉발되었다. 고객들은 은행이 부실할 것을 우려해 서둘러 자금을 인출하기 시작했다. 뱅크런이 시작된 것이다. 온라인 뱅킹을 활용하여 하루 400억 달러 이상으로 추정되는 예금이 인출되었고 이로 인해 SVB는 파산하게 되었다.

[75] 2024년 8월 5일 '블랙 먼데이'라고 불리는 주식시장 폭락 등 심각한 금융 불안이 글로벌 시장을 뒤흔들었다. 이번 폭락은 연준의 금리 인하가 예상되는 상황에서 일본은행이 금리 인상을 발표하면서 엔케리 자금의 청산에 따른 것으로 분석되고 있다. 일본 닛케이지수는 12.4%, 한국의 코스피 지수는 9% 이상 급락하는 등 아시아 전역에서도 대규모 주식 매도세가 발생하였다. 또한 미국 고용지표의 부진으로 경기 침체 우려가 커지면서 상황이 더욱 악화하였다. 실업률은 4.3%까지 올랐고 일자리 증가율도 기대치를 크게 밑돌아 미국 경제의 건전성에 대한 우려가 높아졌다. 이에 따라 다우존스 지수는 2.6% 하락했고 S&P500과 나스닥 지수도 크게 하락하였다. 이번 주식시장 불안은 한 지역의 경제적 우려가 다른 지역으로 빠르게 확산하여 전 세계 주식, 외환 및 상품시장에 영향을 미치는 글로벌시장의

이렇게 신자유주의 경제시스템은 불평등과 양극화, 그리고 부채 문제라는 두 가지 해결하기 어려운 문제를 안고 있다. 자체적으로 이를 해결하기는 어려워 보인다. 세계화를 바탕으로 한 현 신자유주의 경제시스템은 현재 강화되고 있는 주요 국가들의 자국 우선주의, 반세계화, 보호무역주의와 공존할 수 없는 체제적 위기를 맞고 있다. 특히 오랫동안 저금리와 부채로 쌓아 올린 경제구조는 이제 더 이상 지속가능하지 않게 되었다. 연체율은 빠르게 증가하고 있고 신용 리스크에 빠진 개인과 기업 그리고 더 나아가 금융기관들은 '모 아니면 도'라는 식으로 위험한 투기에 올인하고 있는 사례가 다반사이다.

이런 상황이 계속된다면 과연 어떤 상황으로 전개될 것인지 명약관화하다. 새로운 위기와 이를 극복하기 위한 자본주의 내에서의 급격한 변화가 이루어질 수밖에 없을 것이다. 현재 우리나라도 이에서 예외는 아니다. 아니 오히려 이 두 가지 문제가 더욱 극명하게 나타나고 있다고 해도 과언이 아니다. 이렇게 1980년대 이후 지속된 신자유주의 경제시스템은 이제 수명을 다해 가고 있는 듯 보인다. 바야흐로 자본주의는 새로운 경제시스템으로 전환해야 하는 시대적 요구를 마주하고 있다고 할 수 있다.

깊은 상호 연결성과 민감성을 반영한다.

Chapter **08**

새로운 경제시스템으로의 전환

1 개혁과 변화

　지금까지의 논의를 통해 자본주의 경제시스템이 시대 상황에 따라 변화하는 것은 일반적인 개혁이라고 할 수 있지만 자본주의가 살아남기 위한 자발적 또는 강제적 추동 속에서 나타나는 것임을 알 수 있었다. 경제시스템은 경제를 둘러싼 환경이 바뀌면 살아남기 위해 변할 수밖에 없다. 그렇지 않다면 사멸할 운명에 처하기 때문이다. 자연의 적자생존 원리가 경제시스템에도 작동한다고 할 수 있다. 또한 경제시스템의 변화에는 경제위기와 구조조정이 동반한다.

　기존 경제시스템 내에서 축적되어온 모순과 한계들이 해결되지 못한 채 누적되다가 결국 터져 나오게 되면 해당 경제시스템으로는 이를 해결할 수 없다. 문제를 미루고 미루다 한계에 달해서 경제위기가 터지면 기존의 방법으로는 해결할 수 없는 상황이 되고 이에 따라 경제는 혼란과 충격으로 휩싸이게 된다. 경제위기가 발생한 이후에야 기존 경제시스템이 더 이상 유효하지 않음을 깨닫고 새로운 경제시스템으로의 전면적이고 급격한 변화가 일어난다.

　이렇게 경제위기를 계기로 사회경제적으로 발생하는 경제시스템의 변화는 장기간에 걸쳐 진행된다고도 할 수 있지만 실제로 단기간에 급격한 변화가 이루어지기도 한다. 그리고 그에 따르는 경제철학과 경제정책이 시간이 지나면서 점점 그 사회 전반을 관통하는 지배 이데올로기로 자리 잡는다. 예를 들면 우리나라의 경우 IMF 외환위기 이전 연공 서열과 호봉제를 바탕으로 하던 임금제도가 당연했지만 IMF 외환위기 이후 능력과 성과 중심의 성과연봉제 또는 직무급제가 본격적으로 도입되기 시작하였다.

직장에 취직하면 당연히 정규직이 되고 큰 문제가 없다면 같은 직장에서 평생 근무하던 고용 형태에서 파견직, 임시직 같은 비정규직 고용 형태로 바뀌었다. 평생직장의 개념도 사라지게 되었다. 이런 고용시장 환경의 변화는 실제로는 혁명적인 것이다. 국민 다수의 먹고사는 문제와 직결되기 때문이다. 고용 형태와 고용시장 환경은 쉽게 바꾸기도 힘들뿐더러 굳이 변화가 필요하더라도 지난한 협상과 타협의 과정을 거치고 나서야 바뀔 수 있는 이슈이다.

그런데 경제위기와 같은 전쟁에 준하는 사변적 사태가 발생하면 사회구성원은 이에 따른 변화를 싫든 좋든 받아들일 수밖에 없다. 또한 이런 변화는 짧은 시간에 빠르게 이루어지게 된다. 우리나라가 IMF 외환위기를 겪으면서 불과 몇 년 만에 고용 형태와 노동시장 환경이 광범위하게 바뀐 것은 이러한 사례 중 하나이다. 이는 경제시스템에만 해당하는 것은 아니다. 정치 제도, 사회적 관행 등 강고하게 고착되어 쉽게 바뀌기 어려운 것들이 경제위기, 전쟁, 혁명 등과 같이 사회에 큰 충격과 혼란을 주는 사변이 발생했을 때 단기간에 급진적으로 바뀔 수 있게 된다.

하지만 이러한 변화는 빠른 성과를 내는 데는 유리하지만 그만큼 폭력적이기 때문에 부작용이 클 수밖에 없다. 왜냐하면 그러한 변화를 통해 궁극적으로 도달하고자 하는 경제시스템에 대한 사회구성원들의 합의와 숙고가 부재하고 또한 이에 적응할 수 있는 시간이 부족하기 때문이다. 준비되지 않은 경제, 사회의 구조조정은 큰 희생과 부작용을 가져온다. 우리나라가 IMF 외환위기를 통해 경험했듯이 경제위기로 인한 구조조정은 필연적으로 국민 다수의 희생과 고통을 강요한다. 이는 가계, 기업, 정부 등 경제주체 모두에게 해당된다.

예를 들면 일반 기업의 경우 어떤 기업에서 새로운 경영시스템을 도입해서 업무에 사용하기로 한다면 기업 내 어떤 사람은 새로운 시스템을 잘 활용할 수 있는 능력이 있고 익숙해져 있는 사람도 있지만 반대로 그렇지 못한 사람도 있을 것이다. 위기가 아닌 일반적인 상황이라면 회사에서 사내 교육이나 지원을 통해 모든 직원이 새로운 시스템에 적응할 시간을 줄 것이다. 그 과정에서 불평, 불만이 나오겠지만 시간이 지나고 나면 모든 구성원이 새로운 시스템에 적응해서 좀 더 효율적인 기업 활동이 가능할 것이다.

2 경제위기와 새로운 경제시스템

그런데 이러한 변화가 위기로 인한 구조조정의 형태로 진행된다면 이야기는 완전히 달라진다. 새로운 시스템에 맞는 사람인지 안 맞는 사람인지 기준을 만들고 이 기준에 맞지 않는 사람은 해고하거나 한직으로 이동시키거나 하면서 구조조정이 진행될 것이다. 직원 중 살아남는 사람도 있겠지만 이 기준에 못 미쳐 직장을 그만둘 수밖에 없는 사람도 생기게 된다. 경제위기로 발생하는 구조조정은 단기간 폭력적인 방법으로 변화를 시켜버린다. 구조조정에 따른 희생이 클 수밖에 없는 것이다.

경제위기라는 경제적 구조조정에서 낙오되는 건 무엇을 의미할까? 개인이라면 신용불량자가 되는 것이고 기업이라면 부도처리 되고 파산할 가능성이 크다. 한번 낙오하면 재기하는 것은 매우 어려워지는 것이다. 이것을 현재 상황에 적용해 보면 저금리 시대에서 고금리 시대로 가는데 장기간에 걸쳐서 조금씩 적응해 가면서 점진적으로 금리가 오르는 것이 아니고 단기간에 급격하게 금리가 오르면서 구조조정의 형태로 저금리 시대에서 고금리 시대로 변화한다. 이제 고금리 시대에 안 맞는 개인이나 기업, 고금리 시대의 경제시스템에서 구조조정 당할 위험성이 높은 개인이나 기업은 이 변화 속에서 살아남기 어려울 것이다.

노동소득이나 사업소득에 비해서 부채 규모가 큰 사람이나 기업은 저금리 시대에는 문제가 없었지만 같은 부채 원금을 가지고 있더라도 고금리 시대가 되면 이게 문제가 되기 시작할 것이다. 특히 저금리 시대 때 내가 지급할 수 있는 이자 최대치만큼 원금을 빌린 사람이라면 소득이 더 늘거나 부채 원금을 줄이지 못하는 한 급격한 고금리 시대에 경제적 구조조정의 1순위가 되는 것이다.

또한 고금리 시대는 이자만 높은 게 아니라 대출도 어렵다. 은행은 자금조달 비용이 높고 대출자의 상환능력이 떨어지기 때문에 저금리 시대에 비해 대출에 보수적이다. 이렇게 대출이 어려워지면 유동성 위기로 인해 가계는 파산하고 기업은 부도나는 사례가 증가하게 된다. 가계와 기업의 어려움은 결국 경제 전체에 부정적인 영향을 줄 수밖에 없다.

이렇게 부채에 취약한 개인이나 기업들이 무너지기 시작하면 이것이 다시 다른 취약한 개인과 기업에도 영향을 미치면서 악순환의 구조로 빠져들게 된다. 이러한 과정이 전면적으로 진행되면 생산과 소비의 주체들이 도미노처럼 쓰러지면서 대대적인 구조조정이 일어나는 것이다. 구조조정에 따른 희생은 막대할 수밖에 없다. 금리가 인하되는 반대의 경우는 그렇지 않을 것도 같지만 희생과 고통의 대상이 다를 뿐 마찬가지일 가능성이 크다.

1930년대 대공황을 계기로 자본주의는 자유방임 경제시스템의 한계로 인해 변화가 일어났다. 정부의 총수요 정책이 주도하는 수정자본주의 경제시스템으로 변화되었다. 하지만 1970년대 스태그플레이션을 계기로 경제시스템은 다시 한 번 신자유주의 경제시스템으로 변화하였다. 이렇게 바뀐 신자유주의 경제시스템은 이제 40년을 넘어가는 단계에 있다.

하지만 신자유주의 경제시스템은 불평등과 양극화, 부채 폭증 문제를 만들었다. 그리고 인류역사상 유례없을 만큼 노동의 가치를 떨어뜨리는 그런 사회경제적 환경을 만들어 내었다. 이러한 상황을 해결하지 못한다면 신자유주의 경제시스템은 체제적 문제와 한계를 해결하지 못한 채 새로운 경제시스템으로 전환될 수밖에 없을 것이다.

기존 경제시스템은 처음에는 마치 계속 지속될 수 있을 것처럼 잘 굴러가다가도 스스로 만들어 낸 문제와 모순을 해결하지 못하고 새로운 경제시스템에 자리를 내어주게 된다. 과거 수정자본주의 경제시스템이 50년을 채 버티지 못하고 신자유주의 경제시스템으로 변화되었음을 보여주고 있다. 마찬가지로 현재 신자유주의 경제시스템의 위기는 단순히 금리 인하나 양적완화로 해결될 수 있을까? 그렇지 않을 것이다. 오히려 양극화와 부채 문제를 한층 누적시킬 것임이 틀림없다.

경제시스템의 변화는 개인, 기업, 정부 모두 피할 수 없다. 이에 따르는 구조조정을 대비하고 새로운 경제시스템으로 합류하는 것이 필요하다. 경제시스템이 변화하는 흐름에 대해 이해해야 한다. 미래에 다가올 새로운 경제위기, 구조조정, 경제시스템의 변화를 선제적으로 준비하고 대응할 여력을 키워가는 것이 필요하다. 새로운 경제시스템과 이를 뒷받침할 경제철학과 경제정책이 필요한 시대가 점점 가까워지고 있는 것으로 보인다. 변방의 북소리가 이제 바로 문앞에까지 다가왔다.

무역의 역사적 이해

Chapter 01

신자유주의 시대 세계무역의 흐름

1 무역의 역사적 이해의 중요성

제1부 경제의 역사적 이해에 이어서 이 장에서는 그것과 긴밀하게 연관돼 있는 '무역의 역사적 이해'에 대해 논의하고자 한다. 앞에서는 주로 자본주의 경제시스템의 발전과 변화를 이야기하였다. 자본주의는 시장 확대를 통해 발전하였다는 점에서 무역의 역사적 변화 과정에 대한 이해가 필요하다. 우선 이 장에서는 20세기 후반 이후, 특히 신자유주의 경제시스템하에서 진행된 세계무역의 전반적인 흐름에 대해 살펴본다.

이는 단순히 무역에 대한 지식이나 이해도를 높이는 차원뿐만이 아니라 현재 무역이 과거와 어떻게 연결되어 있고 또 미래에는 어떤 방향으로 진행할지를 예상하는 데 필요하다. 현재는 과거의 연속선상에 있는 것이고 다시 현재는 미래를 구성하고 규정하는 토대가 되기 때문이다. 이러한 작업은 무역으로 먹고사는 나라인 우리나라의 입장에서 더욱 의미가 크다.

무역의 역사적 흐름에 대한 이해와 적용은 앞으로 다가올 무역의 미래상을 예견하고 대비함으로써 우리나라 경제와 무역의 지속적인 성장을 담보하는 데 도움을 줄 수 있다. 무역은 사실상 단순히 우리나라 국민의 먹고사는 문제를 넘어 나라의 국운과 흥망성쇠가 이에 달려 있다고 해도 과언이 아니다.

앞에서 보았듯이 1980년대 이후 미국의 주도로 전파되기 시작한 신자유주의 사조는 1990년대 소련 등 사회주의 진영의 붕괴와 시장 경제로의 체제 전환 등 냉전 체제가 해소되면서 막을 수 없는 대세가 되었다.[1] 죽의 장막 속에 싸여 있던 중국도 이러한 신자유주의의 대세 속에 문호를 열고 개혁개방의 물결에 참여하였다. 중국은 정치 체제는 공산당 일당 체제를 유지하면서도 경제적으로는 신자유주의를 적극적으로 수용하였다.

우리나라도 1997년 IMF 외환위기 이후 자본시장, 외환시장 완전 개방, 노동시장 유연화, 주주자본주의 강화 등의 효율과 자유시장 논리를 최우선시하는 신자유주의가 본격적으로 정치, 사회, 경제, 문화 등 모든 분야에 뿌리내리게 되었다. 우리나라는 이제 신자유주의의 첨병이 되었다고 해도 과언이 아니다. 하지만 신자유주의에 토대를 둔 자유무역, 세계화의 거대한 물결 속에 잘 나가던 세계무역은 2008년 글로벌 금융위기로 국제경제 질서에 균열이 가기 시작하였다.

개혁개방 이후 1990년대 이미 빠르게 성장하던 중국은 2001년

---

1   신자유주의는 원래 워싱턴 컨센서스(Washington consensus)로 상징되는 개발도상국에 대한 미국의 정책 기조와 연결된다고 알려져 있다. 워싱턴 컨센서스는 1980년대와 1990년대에 개발도상국, 특히 남아메리카의 경제 개혁을 위한 틀로 추진된 일련의 경제정책 권고안을 말한다. 대표적으로 시장 개방, 규제 완화, 민영화, 감세, 재정적자 축소 등을 들 수 있다. 이 용어는 국제통화기금(IMF), 세계은행, 미국 재무부 등 워싱턴에 본부를 둔 3개 기관이 옹호하는 정책 처방을 설명하기 위해 경제학자 존 윌리엄슨(John Williamson)이 제시한 용어이다. 하지만 워싱턴 컨센서스의 자유화, 민영화, 긴축정책은 오히려 불평등 증가, 실업률 증가, 필수 서비스에 대한 접근성 감소 등 부정적인 결과를 초래하였다고 비판받고 있다. 우리나라의 IMF 외환위기 당시 제시된 정책도 이와 다르지 않았다. 개별국가의 특수성을 간과한 일률적인 접근 방식은 오히려 경제 상황을 악화시키는 등 부작용이 더 큰 것으로 비판받았다. 이러한 비판에 대응하여 IMF 등은 국가의 상황에 맞는 접근 방식의 필요성을 고려하여 정책 권장 사항을 조정하였다.

WTO 가입으로 세계 경제에 통합되면서 명실상부한 세계의 공장, 세계의 투자처로 부상하게 되었다. 하지만 중국의 급격한 경제성장과 국제적 영향력의 증대는 미국과의 충돌을 일으켰다. 유일 패권을 유지하려는 미국과 이에 도전하는 중국의 갈등은 점점 수면 위로 부상하기 시작하였다. 특히 2017년 미국에서 트럼프 행정부가 들어서면서 미국 우선주의(America First)에 입각한 고율 관세 부과, 수입제한 등 중국 때리기가 본격적으로 시작되었다.

이후 중국의 미국산 상품의 관세인상 맞대응, 이에 대한 미국의 재보복 등이 진행되었다. 세계적으로 자국 우선주의, 우파 민족주의가 득세하고 보호무역주의가 발흥하게 되면서 자유무역은 위기를 맞고 있다. 설상가상으로 2020년 초 발생한 코로나 팬데믹은 주요국의 국경 폐쇄 및 대면 경제활동 제한으로 자유로운 상품, 노동, 자원의 흐름이 끊어지게 되었다. 자유무역과 세계화를 지탱하던 글로벌 공급망의 붕괴가 현실화한 것이다.

서로 맞물려 정교하게 작동하는 톱니바퀴처럼 이루어져 있는 글로벌 공급망은 어디 한 부분에 문제가 생기면 전체가 멈추게 되는 약점이 있다. 이러한 구조적 취약성 때문에 코로나 팬데믹으로 인한 공급망과 물류 차질은 세계무역에 심각한 타격을 줄 수밖에 없다. 팬데믹으로 인한 상품과 자원 흐름의 차단과 왜곡은 이후 물류비용, 생산비용의 증가로 이어졌다. 이는 다시 급격하게 증가한 유동성과 맞물려 2022년 이후 세계적인 인플레이션 현상을 초래하였다.

미·중 패권 경쟁에 더해 2020년 팬데믹으로 인한 글로벌 공급망의 붕괴, 2022년 2월 시작된 러시아-우크라이나 전쟁, 2023년 10월 시작된 이스라엘-하마스/헤즈볼라 전쟁으로 인한 유럽과 중동의 지정학적 불안정성 고조 등 세계무역 환경은 그 어느 때보다도 불확실성 속에 놓여 있다. 세계무역은 위축될 수밖에 없다. 더 큰 문제는 이것이 일시적, 단기적인 현상이 아니라 향후 상당 기간 진행될 수 있다는 것이다.

오히려 이러한 지정학적 리스크가 더 악화할 수도 있다. 자유무역과 세계화의 가장 큰 수혜국인 우리나라 입장에서는 이러한 지정학적 리스크의 증가가 잠재적 아니 실제적 위험 요소가 될 가능성이 크다. 지난 한 세대 이상 미국이 주도하는 자유무역과 세계화의 기회를 잘 활용하고 그 수혜를 입어 온 우리나라를 향해 저 멀리서 먹구름 아니 태풍이 몰려오고 있는 형국이다.

이는 자유무역과 세계화라는 대세 속에서 강고하게 뿌리내린 이윤, 효율, 경쟁 중심의 신자유주의 경제시스템이 더 이상 작동하기 어렵게 되고 위기를 맞이할 수 있음을 의미하기도 한다. 기업이든 국가든 자유무역 의존도가 높을수록 이러한 지정학적 불안정성 증가, 자국 우선주의와 같은 무역환경의 급격한 변화에 대응하려면 그만큼 더 높은 비용(비효율)이 들어갈 수밖에 없기 때문이다.

2 세계체제 변화와 무역

이러한 세계체제의 변화로부터 시작되는 사회경제적 위기에 대해 일부에서는 금리가 내려가면 좋아질 것이다, 러시아-우크라이나 전쟁이 끝나면 좋아질 것이다, 인플레이션이 잡히면 좋아질 것이다, 등의 낙관적인 전망을 제시하고 있다. 하지만 한 가지 분명한 것은 한 번 바뀌기 시작한 세계질서의 흐름을 다시 원래대로 바꾸기는 사실상 어렵게 됐다는 점이다. 이 전과 같은 전면적인 자유무역과 세계화의 시대가 다시 돌아오는 것이 어렵게 된 것은 기정사실로 보인다. 신자유주의 경제시스템도 변화의 기로 위에 서 있는 것이다.

이는 그것이 낙관적인 시나리오든 비관적인 시나리오든 무관하게 국제사회가 미국 중심의 자유 진영과 중국, 러시아 중심의 반미(반자유주의) 진영으로 양분화, 다층화됨을 의미한다. 상대 진영에 대한 견제의 차원을 넘어 소외, 고립시키는 블록화 현상이 진행되고 있다. 블록화는 경제와 시장의 분절화를 의미한다. 경제와 시장이 분절화되면 국제 분업을 통한 자유무역의 이점이나 효과는 사라지고 만다. 다시 말해 세계 경제가 블록화, 분절화되는 것을 무시한 채 팬데믹, 전쟁 종식 등 대외경제 환경이 좋아지면 이전처럼 다시 좋아질 것으로 기대하는 것은 오판이 될 가능성이 크다는 것이다.

수출로 먹고사는 우리나라는 세계무역에 문제가 발생하면 기업의 생산 위축, 실업 증가, 경기 침체 등 직접적으로 대내 경제의 어려움으로 이어진다. 수출 감소는 외환보유고 감소, 환율 급등락 등 대외 불안정성을 높이고 안정적인 거시경제 운용에 어려움을 주게 된다. 특히 우리나라는 다른 나라에 비해 가계부채 비중이 현저히 높다. 이는 가계의 소득과 구매력의 감소로 이어진다. 가계의 소비 감소는 내수 악화로 이어져 국가 경제는 온전히 수출에만 의존할 수밖에 없는 불균형적, 비대칭적 특성을 강요받게 된다.

경제는 내수와 수출이라는 두 개의 날개가 있다. 우리나라는 부족한 내수를 수출로 보완해 왔다. 만약 수출이 어려워지면 우리나라 경제는 어려움을 겪을 수밖에 없다. 내수를 키워야 하는 이유가 여기에 있다. 하지만 내수는 가계부채의 급증과 저성장이라는 대내적 문제로 부진하다. 여기에 더해 블록화로 인한 자유무역의 쇠퇴로 수출에 문제가 생기면 우리나라 경제는 위기에 빠질 수밖에 없는 구조이다.

그림 2-1 한국, 미국, 일본, EU의 GDP 대비 내수 비중 추이(2005~2020)

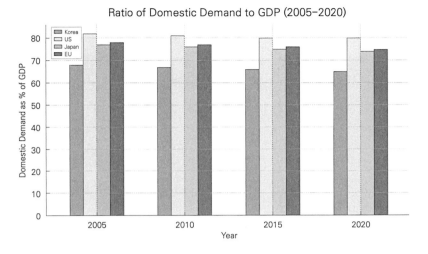

Ratio of Domestic Demand to GDP (2005-2020)

이 그래프는 2000년, 2005년, 2010년, 2015년, 2020년의 한국, 미국, 일본, EU의 국내총생산(GDP) 대비 내수 비중을 보여주고 있다. 한국은 GDP 대비 내수 비중이 다른 선진국에 비해 낮고 감소하는 경향을 보이는 데 비해 미국, 일본, EU는 상대적으로 높은 수준을 유지하고 있다.

이렇듯 무역, 그중에서도 수출이 주요한 성장 동력인 우리나라로서는 무역에 영향을 미치는 국제질서의 변화에 촉각을 기울일 수밖에 없다. 우려스럽게도 우리나라에 유리하게 돌아가던 국제질서는 앞으로 그 반대로 흘러갈 가능성이 커지고 있는 것으로 보인다. 코로나 팬데믹 이후 분쟁의 격화 속에 탈 중국 성향이 강해지면서 우리나라는 2022년 이후 상당 기간 무역적자를 기록하였다. 이후 반도체, 자동차의 수출 호조로 다시 흑자로 돌아섰지만 언제든 무역수지 적자를 걱정해야 하는 처지가 되었다. 이것이 블록화에 따르는 불가피한 단기적 조정에 그칠지 아니면 앞으로도 지속해서 영향을 미칠지는 좀 더 두고 보아야 할 것이다.

하지만 그 어떠한 상황이 전개되더라도 분명한 것은 우리나라의 입장에서 이전과 같은 자유무역의 수혜를 입는 시대는 끝났다는 점과 이러한 변화의 과정에 선제적으로 대응하지 않으면 그로 인한 피해는 오롯이 우리나라에 돌아올 수 있다는 점이다. 이러한 점을 염두에 두고 무역의 역사적 흐름에 대해 이해할 필요가 있다.

Chapter 02

무역의 역사적 이해: 18~19세기

1 자본주의와 세계무역의 태동

제1장에서는 최근 신자유주의 시대의 세계무역 상황과 향후 예상되는 세계무역의 변화와 흐름에 대해 살펴보았다. 이 장과 다음 제3장에서는 시간을 돌이켜 과거 세계무역이 어떻게 흘러왔는지 그 역사적 단면을 살펴보도록 한다. 과거 세계무역이 어떻게 변화하고 전개되어 왔는지, 그리고 그것을 가능케 한 원동력은 무엇인지 이해할수 있다면 현재의 세계무역을 조망하고 미래의 변화상을 예측하는데 도움이 될 것이다.

우선 16세기 자본주의의 태동과 함께 발전한 세계무역의 흐름과 변화에 대해 살펴보자. 르네상스와 근대에 접어든 15세기 말 포르투갈을 시작으로 대항해 시대(the age of commerce, the age of discovery)가 열렸다. 이후 3세기 이상 유럽 제(諸)국의 경쟁적인 식민지 개척과 교역으로 전 지구가 하나의 시장으로 재편되었다.[2] 이와

---

2   대항해 시대(大航海時代) 또는 신항로 시대는 유럽인들이 항해술을 발전시켜 아메리카로
     가는 항로와 아프리카를 돌아 인도와 동남아시아, 동아시아로 가는 항로를 발견하고 최초
     로 세계를 일주하는 등 다양한 지리상의 발견을 이룩한 시대를 말한다. 대체로 포르투갈 왕
     국의 엔리크 왕자를 주축으로 한 15세기 초중반의 대서양 방면 해외 진출에서 시작되었다
     고 본다. 이후 스페인의 콜럼버스가 아메리카 항로 개척, 바스쿠 다가마의 아프리카 남단을

동시에 18세기 영국에서 시작된 산업혁명이 여기에 더해지면서 전 세계적 교역은 본격화되었다. 영국은 명예혁명을 통한 정치 혁신과 산업혁명을 통한 경제 혁신을 동시에 이루었다.[3] 영국은 그 혁신의 힘으로 세계를 제패하고 아시아, 중동, 신대륙을 포괄하는 대영제국을 이루었다. 해가 지지 않는 나라가 된 것이다.

무역은 대영제국의 선도로 국지적, 지역적인 한계를 벗어나 전 지구적인 차원으로 확장되어 갔다. 다시 말해 무역의 확산과 이를 통한 세계화의 흐름은 20세기 후반의 현상이 아니라 이미 16세기부터 진행되어 온 인류 역사의 큰 흐름이자 막을 수 없는 대세였다고 할

통한 인도 항로 개척, 그리고 마젤란의 세계 일주 항해가 이루어진 15세기 말에서 16세기 초반에 정점에 달하였다. 이 영향으로 고대 이후 동서양이 교역하는 육상 통로였던 비단길은 상대적으로 중요성이 줄어들게 되었다. 그리고 대서양이 아닌 북유럽 일대에서 군소 규모의 해상 무역을 독점하던 한자동맹도 커다란 타격을 입게 된다. 그리고 스페인 정복자들에 의한 식민제국 건설, 뒤를 이은 후발주자들인 영국과 네덜란드의 동인도 회사 설립과 아시아 진출로 이어지게 되었다. 대항해 시대를 거치면서 유럽은 식민지 개척을 통해 근대 제국주의 시대로 넘어가게 되었다. 지역적으로 한정된 교역만을 이어가거나 아예 서로 존재조차 알지 못했던 각 문명권과 대륙권이 본격적으로 긴밀하게 연결되기 시작하고 서로의 존재를 완전히 인식하게 된 진정한 의미로서 세계사의 시작이라 할 수 있다. 특히 미국으로 대표되는 신대륙을 기반으로 한, 범서구권 국가들의 직접적인 탄생과 이들의 국제무대 진출은 사실상 대항해 시대가 자양분이 되어 본격적으로 시작되었다고 할 수 있다.

3   명예혁명을 둘러싼 정치적 혼란과 내막은 생략한다. 명예혁명의 가장 큰 역사적 의미는 영국 의회에서 통과된 1689년 권리장전의 내용에 있다고 할 수 있다. 권리장전(The Bill of Rights)은 영국 역사상 가장 중요한 문서 중 하나이며 전 세계 헌법 발전에 지대한 영향을 미쳤다. 그 핵심은 군주제를 제한하고 의회 주권을 확립하고 개인의 권리를 보장하는 데 있다. 시민사회의 형성이라는 의미에서 혁명적이라고 할 수 있다. 권리장전은 왕권신수설 개념을 사실상 종식시켰다. 그리고 군주의 의회 동의 없는 법률 제정, 세금 부과, 상비군 유지 등을 금지하였다. 권리장전은 군주가 아닌 의회가 국가 통치의 최고 권위 기관임을 보장한다. 또한 권리장전은 국가의 권력 남용으로부터 개인을 보호하는 여러 가지 조항을 도입했다. 여기에는 국왕에게 청원할 권리, 과도한 보석금과 잔인하고 비정상적인 처벌 금지, 공정한 재판의 보장이 포함되었다. 이러한 조항은 전 세계의 민주주의 헌법에도 영향을 미쳤고 인권 보호의 토대를 마련하였다. 요약하면 명예혁명의 핵심은 권리장전에 있다. 권리장전으로 의회중심의 입헌 민주주의의 토대가 마련되었고 개인의 권리가 법적으로 보장되었다.

수 있다.[4] 이를 뒷받침하기 위한 시장 개방과 자유무역을 옹호하는 다양한 이론과 주장들이 대두되기 시작한 것도 이상한 일이 아니다.

영국에서 시작된 산업혁명이 유럽과 아시아, 신대륙으로 전파되면서 세계는 필요한 상품의 대량생산이 가능하게 되었다. 지구상에 인류가 출현한 이래, 아니 유사 이래로 인류를 끊임없이 괴롭혔던 물자의 부족과 자원의 결핍이라는 한계를 처음으로 극복하게 된 것이다. 산업혁명은 인류사적 측면에서 획기적인 사건이었다고 해도 과언은 아니다. 하지만 영국에서 시작된 산업혁명은 영국에만 머물 수 없었다.

남은 문제는 임노동을 바탕으로 공장에서 생산된 대량의 상품을 영국을 넘어 어디에 어떻게 얼마나 제값을 받고 팔 수 있느냐, 다시 말해 자본의 확대재생산(자기 증식)을 위한 시장의 확대 가능성 여부였다. 영국뿐만 아니라 유럽 각국은 시장 선점과 확장을 위해 경쟁적으로 중동, 아시아, 신대륙으로 끊임없이 진출하였다. 그 과정에서 일어난 국가 간 대규모의 폭력과 살인, 전쟁, 식민지화, 그리고 그로 인한 역사의 결과물들은 이미 널리 알려진 바이다.

자본주의는 이윤을 목적으로 한 끊임없는 생산을 본질로 하지만 이와 함께 생산된 상품이 판매되고 소비되어야 한다. 자본주의 경제 시스템이 지속되기 위해서 생산과 소비라는 두 개의 축이 큰 문제

---

4   세계화는 20세기 후반 이후의 특수한 현상이 아니라 근대 이후 진행된 전 지구적 차원의 통합 현상을 의미하기도 한다. 일반적으로 세계화를 세 개 시기로 나눈다. 우선 1차 세계화는 15세기 이후 17세기까지 유럽의 신항로 발견과 식민지 개척 시기를 의미한다. 2차 세계화는 산업혁명이 본격적으로 시작된 18세기 이후 20세기 초반까지의 시기를 의미한다. 영국의 산업혁명에 따른 교통수단의 발달과 시장 확대에 따른 국제적 교역이 빠르게 증가한 시기이다. 마지막으로 3차 세계화는 1980년대 이후 현재까지의 시기로 냉전 종식과 WTO 출범에 따른 자유무역 확대가 이루어지는 시기를 의미한다. 최근 반세계화 조짐, 블록화 현상 등이 가속화되면서 현재 또 다른 모습의 세계화, 즉 4차 세계화의 시기로 전환하고 있는 모양새이다.

없이 상호 견인을 통해 작동해야 한다. 생산은 소비를 이끌고 소비는 다시 생산을 이끌고 … 이것이 무한반복, 확장되는 것이다. 생산이 소비를 초과하면 재고로 쌓이게 되는데 자본이 가장 우려하는 것이 재고가 쌓이는 것이다. 상품은 판매되어 현금화가 되어야 한다. 그렇지 못하면 기업은 존재 이유가 없다. 기업이 재고를 어떻게든 해결하기 위해 할인 판매, 강매, 덤핑 등 여러 방법을 동원하는 것은 이러한 이유이다.

이로써 자본주의에 이르러 역사상 처음으로 소비가 생산과 함께 경제를 작동하는 핵심적인 축으로 작동하게 되었다. 인류는 유사 이래 항상 생산의 결핍과 부족으로 고통을 겪어 왔다. 하지만 자본주의 경제시스템에서는 생산과 함께 이를 소화(구매)해 줄 수 있는 소비가 충분한지를 고민해야 하는 상황이 된 것이다. 여기서 경제학에서 사용하듯이 생산을 공급, 소비를 수요라고 해도 무관하다. 공급은 많은데 수요는 적은 공급초과(과잉) 또는 수요부족의 문제는 자본주의와 함께 시작되었다고 할 수 있다.

자본주의 경제시스템의 변화는 이러한 공급과 수요의 괴리 문제를 어떻게 해결하느냐의 문제와 긴밀하게 연결되어 있다. 산업혁명으로 대량으로 생산된 상품이 넘쳐나기 시작하면서 국내 수요만으로는 이를 감당하기 어렵게 되었다. 영국은 상품 판매를 위한 시장 확대가 필요하였고 이는 자연스럽게 국가 간 자유무역으로 이어지게 되었다.

이윤 획득을 위한 소비시장 확대는 자본주의의 필연적 과정이라고 할 수 있다. 공업(제조업) 분야에서 경쟁력이 있었던 영국으로서는 내수만으로는 수요부족 문제를 해결할 수 없었다. 따라서 영국이 잉여 상품을 해외에 수출하기 위해 자유무역을 옹호하는 것은 자연스럽고 당연하다고 할 수 있다. 애덤 스미스가 『국부론』에서 분업에 기초한 자유무역을 주장한 것도 이러한 영국의 산업혁명을 전후한 상황이 반영된 것이라고 볼 수 있다.

2 자유무역과 보호무역

그 이전까지만 해도 무역은 중상주의적 사고에 기초하여 최대한 많은 돈(금)을 버는 것을 목적으로 이루어졌다. 중상주의 (mercantilism)는 국가의 부는 돈(금)의 많고 적음에 의해 결정된다고 보았고 따라서 한정된 돈(금)을 누가 많이 획득하느냐가 가장 큰 관심사였다.[5] 무역을 제로섬 게임이라고 본 것이다. 이러한 관점에서는 무역을 통해 돈을 벌려면 수출을 장려하고 반대로 수입은 억제해야 했다. 따라서 당시 무역의 주된 메커니즘은 자국 산업은 관세, 쿼터 등 보호무역 조치를 통해 보호하는 동시에 식민지 정복과 개척, 그리고 식민지와 불평등, 부등가 무역을 통해 이윤을 획득하는 방식으로 작동했다고 할 수 있다.

하지만 손바닥도 마주쳐야 소리가 나듯이 무역은 상대국이 있어야 가능하다. 따지고 보면 자유무역도 당사국이 일방적으로 원한다고 해서 되는 것이 아니라 무역 상대국이 호응을 해줘야 가능하다. 당시 영국은 해가 지지 않는 대영제국이라는 말과 같이 세계 패권국이었다. 하지만 아무리 패권국이라도 무역 상대국과 식민지에 영국

---

5 중상주의는 16~17세기에 등장한 경제이론으로 주로 금과 은의 축적을 통해 국가 부를 늘리는 것을 목표로 수출을 극대화하고 수입을 최소화하여 무역 흑자를 창출하는 것을 옹호하였다. 따라서 중상주의 정책에는 국내 산업을 보호하고 외국 경쟁을 제한하기 위해 관세, 보조금 등 경제에 대한 정부 개입이나 보호무역 조치가 포함되는 경우가 많다. 중상주의 이론은 세계무역을 플러스 게임이 아니라 한 국가의 이익이 다른 국가의 손실이 되는 제로섬 게임으로 간주한다. 애덤 스미스는 중상주의를 배격하고 분업을 통해 무역에 참여하는 국가들 모두 이익을 누릴 수 있다고 주장하였다.

이 원하는 자유무역을 일방적으로 밀어붙이기는 어려운 일이다.

비슷한 시기 영국을 제외한 다른 나라들은 산업혁명의 후발주자로 아직 영국에 비해 산업 경쟁력에서 밀리고 있었다. 이들은 자국 산업의 경쟁력 확보를 위해 자유무역에 부정적이었다. 19세기 당시 독일, 프랑스, 이탈리아 등 주요 유럽 국가들은 나폴레옹 전쟁(1803~1815)과 신성로마제국의 붕괴(1806)에 따른 정치, 경제적 분열과 혼란으로 여전히 어려움을 겪고 있었다.[6] 또한 신대륙 미국도 영국으로부터 독립한 지 얼마 지나지 않은 신생국가의 처지였고 이제 막 영국으로부터 산업혁명이 수입되어 국내적으로 시작되는 단계였다.

예를 들면 독일, 프랑스, 이탈리아 등은 19세기 초 나폴레옹 전쟁과 빈 체제(the Vienna System) 성립 이후 국가마다 그 과정에서 차이는 있지만 절대왕정의 구체제를 극복하고 통일된 국민국가(national state)로 발전하는 와중이었다.[7] 미국도 1776년 영국으로부터의 독

6　나폴레옹 전쟁은 유럽 전역에 프랑스의 영향력을 확대하려는 나폴레옹 보나파르트(Napoleon Bonaparte, 1769~1821)의 프랑스 제국과 다른 유럽 연합국 간에 일어난 전쟁이었다. 이 기간 중부 유럽의 신성로마제국은 1806년 나폴레옹의 군사적 승리와 함께 붕괴하였다. 나폴레옹 전쟁과 신성로마제국의 붕괴는 19세기 전반에 걸쳐 유럽을 재편하는 중요한 사건이었다. 나폴레옹 전쟁은 민족주의, 법적 평등, 봉건적 특권 종식과 같은 프랑스혁명의 이념을 대륙 전체에 전파하였다. 이는 기존 봉건제의 군주와 귀족계급에 큰 위협이었다. 나폴레옹의 정복은 유럽 국경을 다시 그리는 것으로 이어졌고 특히 독일과 이탈리아에서 새로운 국가 정체성을 불러일으켰다. 신성로마제국의 해체는 중세 봉건 질서의 쇠퇴와 종말을 의미했다. 나폴레옹 전쟁은 프랑스의 패배로 끝나면서 유럽 강대국들은 구체제로의 회귀와 이에 기초한 국제 관계를 형성하려고 하였다. 하지만 나폴레옹 전쟁과 신성로마제국의 붕괴는 19세기 이후 프랑스혁명의 이념을 중심으로 하는 근대 시민의식의 성장과 함께 구체제에 대한 저항과 근대 국민국가로의 발전이라는 역사적 전환점의 역할을 하게 되었다.

7　빈 체제는 1815년 워털루 전투로 나폴레옹 전쟁이 종식된 직후 오스트리아의 수도 빈에서 열린 회의의 결정에 따라 성립된 유럽의 정치 질서를 의미한다. 빈 체제의 목표는 나폴레옹에 의해 대체된 전통적인 군주제를 복원하고 기존 권력 중심의 정치적 안정을 보장하며 평화를 유지하기 위해 단일 국가가 유럽을 지배하는 것을 방지하는 것이었다.

립을 쟁취했지만 이후 한 세기가 지난 19세기 중엽까지도 남북전쟁 (the American Civil War, 1861~1865) 등 국내의 정치, 경제적 소용돌이 속에서 정치적, 경제적 혼란과 어려움을 겪고 있었던 상황이었다.[8]

이들 유럽 국가들과 신대륙 미국의 경제는 이전에 비해서는 빠르게 성장하였지만 패권국 영국에 비하면 여전히 미미한 수준이었다. 따라서 이들 나라는 영국이 주장하는 관세 인하와 철폐, 수량제한 금지 등과 같은 자유무역 조치에 대해 부정적이었다. 이러한 자유무역 조치를 무조건 수용하면 가격과 품질 등 모든 면에서 경쟁력 열위였던 자국 기업과 산업이 타격을 입을 수밖에 없기 때문이다. 이들 후발국이 자유무역에 소극적인 것은 당연한 일이었다.

미국, 독일, 프랑스, 이탈리아 등과 같이 아직 산업이 충분히 성장, 발전하지 않은 나라는 국내 산업을 육성하기 위해서 수입품에 대해 높은 관세를 부과하고 수입 관련 규제를 강화하는 보호무역정책이 유리하다. 경쟁력이 열위에 있는 유치산업(infant industry) 보호를 명분으로 하는 보호무역주의가 등장하는 것이다. 유치산업보호론 (infant industry protection theory)이 왜 독일이나 미국에서 처음 대두하게 되었는지 이해할 수 있는 대목이다. 보호무역주의는 시대적 변화에 따라 부침을 반복하였지만 국내 산업 보호라는 본질은 바뀌지 않았다고 할 수 있다.

관세, 쿼터(수량제한) 등은 오랫동안 시행되어 온 대표적인 보호무역 조치이지만 보호무역 조치는 이외에도 다양한 형태로 나타날 수 있다. 그리고 보호무역 조치는 세계무역의 규모와 빈도가 커질수록

---

8   미국 남북전쟁의 결과 북군의 승리로 노예제도가 종식되었다. 그리고 연방을 보존할 수 있었다. 남북전쟁은 북부의 산업화를 가속화하고 미국산업화를 위한 전환점이 되었다. 하지만 60만 명의 병사가 전사하는 등 혹독한 내전의 후유증으로 인해 이후 미국은 북부와 남부를 통합하고 경제와 사회를 재건하는 데 큰 어려움을 겪게 되었다.

더 다양해지고 강화될 여지가 있다. 예를 들면 관세와 쿼터 외에도 자국 수출기업에 대한 정부의 직간접적인 재정지원, 수출상품에 대한 수출보조금 지급과 같은 국내기업(산업)에 대한 특혜도 보호무역 조치의 하나라고 할 수 있다.

현재는 이렇게 특정 기업이나 수출상품에 대한 보조금 지급은은 WTO 협정을 위반하는 것이다. WTO 협정을 위반하면서까지 이러한 보호무역 조치를 시행하는 데에는 분명히 제약이 있다. 19세기 당시에는 이러한 정부의 개입이나 국내기업 또는 산업, 수출상품에 대한 지원에 대해서 국제법적 규약이나 제약은 존재하지 않았다. 현재에 이르러서도 여러 가지 명분과 이유를 들어 보조금 지급 등 WTO 협정에 위반하거나 그럴 여지가 큰 정책을 시행하는 사례도 적지 않은 것이 현실이다.

예를 들면 2022년 미국 바이든 정부는 IRA 법(Inflation Reduction Act, 인플레이션 감축 법안)[9], CHIPS 법(Chips and Science Act, 반도체 및 과학 법)[10] 제정을 통해 전기자동차, 이차전지, 반도체 등

---

9 IRA(Inflation Reduction Act)는 2022년 8월 미국 바이든 정부가 제정한 법안이다. 이 법은 미국 내 물가상승을 억제하고 기후 변화 대응을 목적으로 제정되었다. IRA는 크게 에너지 안보 및 기후변화, 의료보건 접근성 제고, 적극적 세무 집행 등의 내용을 담고 있다. IRA는 바이든 대통령의 역점 사업인 '더 나은 재건 법안'(Build Back Better, BBB)을 수정한 법안으로서 4,400억 달러의 정책 집행과 3,000억 달러 규모의 재정적자 감축으로 구성된 총 7,400억 달러(약 910조 원) 규모의 거대한 정부 재정지출 계획이다. IRA는 미국 내 물가상승을 억제하고 기후 변화 대응에 기여할 것으로 기대되고 있다. 그러나 일부 전문가들은 IRA가 미국의 재정 부담을 가중할 수 있다는 우려를 제기하고 있다.

10 CHIPS 법(Chips and Science Act)은 2022년 8월 미국 바이든 정부가 제정한 법안이다. CHIPS 법은 미국 내 반도체 제조, R&D 및 인력 개발을 촉진하기 위해 527억 달러(약 70조 원)의 자금을 제공하는 것을 골자로 한다. 여기에는 미국 내 반도체 생산시설 건설을 장려하기 위한 보조금 및 세금혜택이 포함된다. 이 법은 또한 연구 센터 설립을 통해 혁신을 촉진하고 국제 동맹국과 협력하여 반도체 공급망을 확보하는 것을 목표로 한다. 또한 민간 부문 투자를 유치하고 핵심 기술 분야에서 미국의 경쟁력을 강화하기 위해 25%의 투자

전략산업에 대해 대규모 보조금을 지급하고 있다. 전략산업에 대한 보조금 지급 정책은 미국뿐만 아니라 EU, 일본, 중국 등 다른 주요국들도 구체적인 방식과 규모만 다를 뿐 거의 예외 없이 시행하고 있다고 할 수 있다.

이렇듯 보호무역은 국가(정부)가 수출을 장려하고 수입을 제한하기 위해 관세, 수입 규제, 국내 산업(기업) 지원, 보조금 등의 여러 가지 형태로 무역에 직간접적으로 개입하는 것을 의미한다. 이렇게 본다면 정부의 개입이 적을수록 자유무역에 가깝고 그 반대로 정부의 개입이 많을수록 보호무역에 가깝다고 해도 틀린 말이 아니라고 할 수 있다. 영국은 국내 시장만으로는 부족한 과잉생산 문제를 해소하기 위해서 자유무역을 주장하였지만 영국에 이어 산업혁명과 경제발전의 과정에 있던 미국, 독일 등 후발국은 보호무역을 주장하게 되었다.

시간이 지나면서 미국, 독일 등 후발국도 국내 산업이 자리를 잡고 충분히 경쟁력 있는 제품을 생산할 수 있게 되었다. 이때부터는 이들 후발국도 시장 확대를 위해 세계시장에서 영국과 경쟁하기 시작하였다. 영국을 시작으로 전 세계로 확장하기 시작한 자유무역은 시장 확보를 위한 국가 간 경쟁과 충돌 속에 19세기 중엽 이후부터는 세계적 대세로 자리 잡게 되었다. 자유무역의 흐름은 이후 제1차 세계대전과 대공황이 발생하기 직전인 20세기 초반까지 앞에서 논의한 자유방임 경제시스템과 함께 지속, 강화되었다.

세액 공제를 제공한다.

Chapter 03

무역의 역사적 이해:
19세기 후반~20세기 초

1 대공황과 보호무역

이렇게 19세기 후반에서 20세기 초반까지의 세계무역의 패러다임은 처음에는 영국이 주도하는 자유무역과 미국, 독일 등 후발국이 주도하는 보호무역이 대립하다가 시간이 지나면서 후발국도 일정 수준의 산업 경쟁력을 갖게 되면서 영국이 주도하는 자유무역으로 기울어지게 되었다. 하지만 제1차 세계대전과 대공황으로 인한 혼란 속에 보호무역주의가 강화되면서 자유무역은 쇠퇴하였다.

제1차 세계대전 와중에서 승전국이자 전쟁특수로 인해 경제적 수혜를 누린 미국이 영국을 넘어서는 새로운 패권국가로 급부상하게 되었다. 20세기 초를 지나면서 세계무역 질서는 점차 영국이 아닌 미국을 중심으로 재편되게 되었다. 미국이 제시하는 기준이 국제기준으로 인정되고 미국 중심의 자유무역의 시대가 열리게 되었다. 바야흐로 미국의 시대가 열린 것이다.

하지만 이러한 과정이 순풍에 돛단 듯 평화롭게 이루어지지는 않았다. 새로운 패권국가로 등장한 미국이 갑자기 자유무역에서 보호무역, 그것도 그 어느 때보다도 강력한 보호무역으로 돌아서는 사건이 발생하게 된다. 그것은 바로 1929년 9월에 시작된 대공황이었다. 대공황이 발생한 이유에 대한 여러 가지 논란이 있지만 대부분 동의하는 것은 신용(금융)과 실물의 괴리이다.

대공황은 제1차 세계대전 이후 빠르게 확장되어 과도하게 부풀어 오른 신용(금융)이 더 이상 버티지 못하고 거품이 꺼지면서 발생하였다. 거품의 붕괴는 연쇄적으로 주식 등 자산 가격 폭락, 대규모 은행 파산으로 인한 유동성 고갈, 그리고 이에 따른 기업 부도, 실업 증가 등 실물경제의 급격한 수축과 침체를 가져왔다. 이러한 금융과 실물경제 간 악순환이 장기간 지속된 것이 대공황이라고 할 수 있다.

미국에서 시작된 대공황은 미국에서 끝난 것이 아니라 유럽과 아시아 등 전 세계로 전파되었다. 대공황은 이전의 그 어떤 경제위기와는 비교도 안 될 만큼 미국뿐만 아니라 세계 경제에 치명적인 상흔을 남겼다. 대공황의 여파가 얼마나 컸던지 그 여파는 제2차 세계대전이 발발하는 1930년대 후반까지 진행되었을 정도이다. 대공황이라는 미증유의 위기 앞에서 미국은 무기력했다.

미국 정부는 시장에 대한 개입은 오히려 시장경제(자유방임) 질서에 부정적이라는 고전학파의 이데올로기를 그대로 수용하고 뒷짐만 쥐는 상황이었다. 설상가상으로 미국의 중앙은행인 연준은 최종대부자로서 유동성을 공급하는 대신 시중에 유동성이 부족한 것은, 자금 공급을 초과하는 자금 수요에 그 원인이 있다고 보고 대공황의 여파에도 불구하고 1930년 중반까지 금리를 3% 수준에서 유지하였다.

그리고 대공황의 여파가 아직 한창이던 1931년 10월 이후 1% 수준이던 금리를 3% 수준으로 인상하였다. 이는 미국의 금이 계속 빠져나가는 상황에서 금본위제를 유지하기 위한 궁여지책이기도 했다. 연준은 금리가 인상되면 자금 수요와 공급의 균형이 이루어져 유동성 문제와 금 유출의 문제가 해결될 수 있을 것으로 판단한 것이었다.

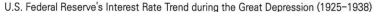

그림 2-2 대공황 전후 미국의 기준금리 추이(1925~1938)

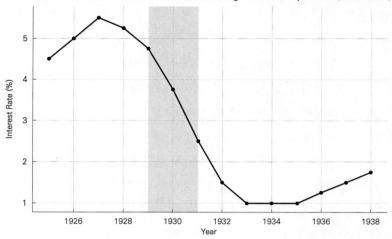

U.S. Federal Reserve's Interest Rate Trend during the Great Depression (1925–1938)

이 그래프는 대공황 시기 미국 연준의 기준금리 추이를 보여준다. 연준의 기준금리는 1920년대 후반 상대적으로 높았지만 1929년 주식시장 붕괴 이후 인하되었다. 그러나 금리 인하는 즉각적이거나 공격적이지 않았고 오히려 간헐적으로 금리가 인상되는 경우도 있었다. 이는 디플레이션 압력이나 금융 불안을 신속하게 해결하지 못하여 불황을 심화시켰다는 비판을 받고 있다.

금리 인하의 지연은 오히려 신용 축소와 파괴를 가속화하고 유동성 부족을 심화시키는 부작용을 가져왔다. 오히려 신용의 축소로 인해 견실한 기업도 자금을 구하지 못해 더 이상 버티지 못하고 도산하였다. 기업의 도산은 다시 도미노처럼 은행 등 금융기관의 부실로 이어졌고 결국 미국 내 5천여 개의 은행이 문을 닫게 되었다.

연준의 신속하지 않은 통화정책은 경제위기와 신용, 그리고 통화 및 유동성의 상호 역학관계를 이해하지 못한 명백한 정책 실패였다. 이는 산업혁명 이후 자유시장의 절대성을 주장하면서 200여 년간 지배 이데올로기로 자리 잡고 있던 신고전학파 경제철학과 경제정책이 더 이상 유효하지 않음을 입증하는 것이었다.

　대공황으로 인한 유동성 고갈, 신용 축소, 이로 인한 금융위기 및 실물경제 위기는 고금리 정책으로 인해 심화하였다. 경제 내에 화폐(통화)의 순환이 정지되니 결국 은행 등 금융시스템과 실물경제는 붕괴하게 되었다. 자본의 확대재생산이 불가능한 상황이 된 것이다. 자본주의 최대의 위기가 닥친 것이었다. 유동성 급감으로 인한 주가 폭락, 매출 급감, 은행과 기업의 대량 부도, 실업 급증은 경제 내의 기초 생산 단위의 붕괴로 이어졌다.

　말 그대로 미국 경제는 망하는 형국이 되었다. 자본주의 체제에서 생산이 붕괴하는 것은 자본의 확대재생산이 원천적으로 불가능하게 되는 가장 심각한 위기 상황이라고 할 수 있다. 더욱 암울했던 것은 이를 극복하기 위해 어디서부터 손을 대어야 할지 모른다는 것이었다. 자유방임 고전학파 경제철학과 경제정책은 그 시효를 다하게 되었다.

　미국 의회와 행정부는 국내 경제와 산업을 보호한다는 명분하에 화살을 대외 차원으로 돌려 수입 상품에 대해 고율 관세를 부과하였다. 대표적인 사례가 스무트-홀리 관세법(Smoot-Hawley Tariff Act)이다. 대공황이 발발한 직후인 1930년에 제정된 스무트-홀리 관세법은 2만 개 이상의 수입품에 대한 관세를 대폭 인상한다는 내용을 담고 있었다. 리드 스무트(Reed Smoot) 상원의원과 윌리스 홀리(Willis C. Hawley) 하원의원이 발의한 이 법안은 대공황 기간 외국과의 경쟁에서 국내 산업과 농업을 보호하는 것을 목표로 하였다. 이를 위해 스무트-홀리 관세법은 과세 대상 수입 상품에 대한 평균 관세를 약 38.5%에서 60%로 대폭 인상하였다.

　하지만 급격한 관세인상은 세계무역의 급감으로 이어져 미국의 경제적 어려움을 가중하고 세계 경제 침체에 일조하였다고 평가받고 있다. 미국의 관세인상으로 무역 상대국도 관세를 인상하고 보복 조치에 나서게 되었다. 보복의 악순환에 빠진 것이다. 이는 전 세계 경제의 위기와 침체를 더욱 심화시켰다. 이후 이 법은 보호주의 정책이 미치는 부정적인 영향을 경고하는 사례로 인용되고 있다.

이렇게 미국이 스무트-홀리 관세법을 제정한 것은 수입 상품에 관세를 부과하게 되면 국산 상품의 가격경쟁력을 유지할 수 있고 그나마 경영난에 처해 있는 국내 산업과 기업을 보호할 수 있다는 단순한 이유에서였다. 다수 경제학자가 스무트-홀리 관세법의 부작용에 대해 경고하고 법 제정 철회를 요구하였다. 천 명이 넘는 경제학자들이 스무트-홀리 관세법에 반대하며 허버트 후버(Herbert Hoover, 1874~1964) 대통령(1929~1933년 재임)에게 예상되는 부정적인 경제적 결과를 경고하고 이 법안을 거부할 것을 촉구하는 청원서에 서명하였다. 하지만 후버 대통령은 이러한 경고를 거부하고 스무트-홀리 법안에 서명하고 말았다.

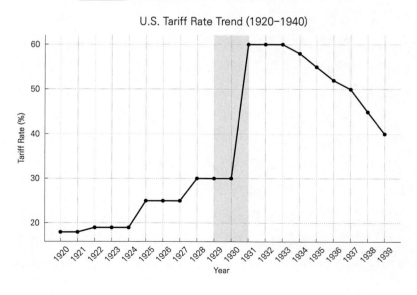

그림 2-3　대공황 전후 미국의 관세율 추이(1920~1940)

　경제, 무역, 화폐의 역사적 이해

이 그래프는 1920년부터 1940년까지 미국 관세율 추이를 보여준다. 미국의 관세율은 스무트-홀리(Smoot-Hawley) 관세법 제정 후 급격하게 상승하였고 1930년대까지 높은 관세율 수준을 유지하였다.

탄원서의 내용은 지금 보아도 타당하다고 할 수 있다. 경제학자들은 스무트-홀리 관세법이 세계무역 감소로 이어지고 경제적 고립주의를 조장하며 대공황을 악화시키고 비효율적인 산업을 보호함으로써 자원을 비효율적으로 할당할 것이라 믿었다. 하지만 정치인들은 뭐라도 해보라는 대중, 특히 자본가와 농민들의 요구를 무시할 수 없었다.

예를 들면 자본가들은 수입품에 대한 높은 관세가 미국 제조업을 외국 경쟁으로부터 보호할 것이라고 주장하고 스무트-홀리 관세법을 지지하였다. 그들은 관세법이 제정되면 경기 침체로 인해 어려움을 겪고 있는 산업 부문을 안정시키는 데 도움이 되고 국내 생산 수준 유지와 미국 내 일자리 보호에도 도움이 될 것이라고 주장하였다. 또한 농민들은 대공황 기간 과잉생산과 수요 감소로 인해 농산물 가격이 급락했기 때문에 스무트-홀리 관세법 통과를 강력히 주장하였다. 그들은 수입 농산물에 대한 관세 부과는 국산 농산물의 가격경쟁력을 높이고 이에 따라 대공황으로 인한 수입 감소의 어려움을 완화할 수 있다고 믿었다.

하지만 자국의 산업과 농업을 보호한다는 명분으로 수입 상품에 대한 고율 관세를 일방적으로 부과하는 것은 미국에서 발생한 경제 위기를 다른 나라에 수출하는 것과 다르지 않다. 이는 자국의 위기를 타국에 전가하고자 하는 인근궁핍화정책(beggar your neighbor policy)의 일종이었다. 이러한 고관세 정책은 미국 자신에게도 결코 도움이 되지 않았다. 스무트-홀리 관세법은 영국, 독일, 프랑스, 스페인, 이탈리아 등 유럽 주요국들과 캐나다 등 주요 교역국의 입장에서는 마른하늘에 날벼락 같은 일이었다. 사실상 미국이 무역전쟁을 하자고 선전포고 한 것과 다름이 없었다.

미국은 사실상 외국으로부터 수입을 금지하겠고 선언한 것과 다름없었다. 그렇다면 미국의 무역 상대국들은 그냥 그렇게 두고만 보고 가만히 있었을까? 절대 그렇지 않다. 미국이 무역장벽을 높이는 만큼 아니 그보다 더 높게 다른 나라들도 미국산 수입 상품에 대해 고율 관세를 부과하는 보복적 무역 조치를 하게 되는 것은 명약관화한 일이다.

2018년 미국 트럼프 정부가 중국 수입품에 대해 고율 관세를 부과하고 수입제한 조치를 시행하자 중국도 이에 대한 맞불 조치로 미국산 수입 상품에 대해 상응하는 고율 관세를 부과하고 수입제한을 했던 것은 이때의 상황과 크게 다르지 않다. 역사는 똑같지는 않지만 반복된다는 말이 틀린 말은 아닌 듯하다.

미국의 스무트-홀리 관세법은 보호무역 조치를 통해 국내 산업을 보호하고자 하였지만 그 결과는 오히려 그 반대였다. 경제가 어렵다고 해서 수입 상품에 대해 고율 관세를 부과하고 수입제한 조치를 하면 국내 경제가 살아나고 회복될까? 아니다. 오히려 그 반대로 될 수 있음을 보여주는 역사적 사례라고 할 수 있다. 그 이유는 국가 간 상호 보호무역을 하게 되면 상호성을 전제로 하는 수출, 수입은 더욱 어렵게 되고 세계무역은 연쇄적으로 축소되는 악순환에 빠지게 되기 때문이다.

아니나 다를까 세계무역 규모는 대공황 이후 5년 동안 그 이전에 비해 무려 70% 이상 감소하였다. 이것을 우리나라 상황에 대입하면 우리나라 무역액이 대략 1조 달러라고 하면 수년 사이에 3천억 달러로 줄어들었다는 이야기이다. 우리나라 무역 규모가 1조 달러에서

3천억 달러로 줄어들었다면 우리나라 경제와 국민의 삶은 어떻게 될까? 상상조차 되지 않는다. 대한민국은 그야말로 국가적 존망의 기로 위에 서게 될 것이다. 그런데 이런 일이 실제로 1930년대 미국과 유럽 등 주요 선진국 진영에서 일어났다. 이런 상황이었으니 대공황의 부작용과 여파가 얼마나 대단했을지 조금이나마 가늠할 수 있을 것이다.

2 대공황 극복과 세계무역의 중심이 된 미국

미국에서 시작된 대공황은 세계적인 경제위기로 진행되었다. 그 당시 대다수 주요국과 국민의 삶은 고단하고 위태로울 수밖에 없었다. 이러한 경제적 위기와 고통은 그 자체로 그치지 않고 이후 제2차 세계대전을 불러오는 원인을 제공하게 되었다. 대공황의 혼란 속에서 유럽에서는 독일과 이탈리아가 아시아에서는 일본이 전체주의, 군국주의 국가로 탈바꿈하였다. 제2차 세계대전은 대공황 이후에도 경제위기가 해결되지 못한 채 한정된 부와 자원을 두고 벌어진 자유주의 진영과 전체주의 진영 간의 인류역사상 가장 대규모적이고 파괴적인 쟁탈전이었다고 해석할 수도 있다.

특히 제1차 세계대전에서 패전한 독일은 1920년대 초 물가가 급격하게 상승하는 초인플레이션(hyper-inflation)이 발생하는 등 극심한 경제적 혼란을 겪었지만 수출 확대를 통해 빠르게 경제가 안정되며 산업기반이 회복되고 있었다. 그런데 1929년 시작된 세계적 대공황과 경제위기, 보호무역은 회복되고 있던 독일 경제에 치명타가 되었다. 독일 경제는 이후 다시 깊은 침체로 빠지게 되었다. 이러한 대내외적인 혼란과 위기를 틈타 국가사회주의(National Socialism,

나치즘)을 내세운 아돌프 히틀러(Adolf Hitler, 1889~1945)가 정권 (1933~1945년 총통 재임)을 잡게 되었다. 결국 유럽은 다시 한번 전운에 휩싸이게 되었다.

역사 해석에 가정은 의미가 없지만 만약 미국이 정책 대응을 잘해서 대공황을 피할 수 있었다면, 아니 적어도 스무트-홀리 관세법과 같은 극단적인 보호무역 조치를 강행하지 않았어도 독일 경제는 시간이 걸리더라도 회복되었을 것이라는 아쉬움이 있다. 그랬다면 히틀러나 나치의 등장은 없었을 것이고 등장했더라도 정권을 잡기는 어려웠을 것이고 제2차 세계대전은 일어나지 않았을 수도 있다. 불행하게도 현실은 그 반대로 흘러갔다. 역사의 수레바퀴 아래에서 대다수 국민은 고통을 겪지만 그러든 말든 역사는 자기의 방향과 속도대로 무심하게 흘러가는 것이다.

앞에서도 보았지만 미국은 1932년 민주당 루스벨트(Franklin D. Roosevelt, 1882~1945)가 대통령(1933~1945년 재임)으로 당선된 이후 케인스의 유효수요 확대 제안을 전격 수용하고 본격적으로 재정 투입 등 정부 개입을 통한 대공황 극복에 나서게 되었다. 뉴딜정책(New Deal Policy)으로 대표되는 정부의 대규모 재정정책을 통해 대공황으로 인해 망가진 경제를 재건하기 위한 대대적인 정부투자, 공공일자리 제공 등 유효수요 확대 정책을 시행하였다. 미국 정부는 대공황의 위기를 실제로 겪으면서 경제를 시장에만 맡겨두면 회복은 커녕 오히려 더욱 악화된다는 것을 깨닫게 된 것이다.

유효수요 확대를 위한 정부 개입 정책으로 미국 경제는 이전에 비해 회복 국면으로 들어서게 되었다. 하지만 아이러니하게도 미국 경제가 본격적으로 회복, 성장하게 되는 결정적인 계기는 1939년 시작된 제2차 세계대전이었다. 일부에서는 제2차 세계대전이 미국 경제를 회복하는 결정적인 이유였고 루스벨트 대통령의 뉴딜정책은 그다지 영향이 없었다고 평가하는 경우가 있다. 정부 개입의 유효성에 대한 부정적 인식이 깔린 것이다.

하지만 전쟁특수는 특수일 뿐 그것으로 뉴딜정책의 정책적 유효성을 부정하는 것은 적절하지 않다고 할 수 있다. 오히려 전쟁특수라는 것은 전쟁 수행을 위한 국가 총력전에 해당하는 것으로 정부가 직접적으로 경제에 개입하는 것이다. 따라서 이는 정부 개입을 통해 경제가 회복될 수 있음을 방증하는 것이라고도 할 수 있다.

그림 2-4 대공황 전후 미국의 경제성장률 추이(1925~1945)

이 그래프는 1925년부터 1945년까지 미국의 경제성장률을 보여준다. 미국 경제는 대공황 시기 급격하게 위축되었지만 1933년 시작된 뉴딜정책 이후 다시 빠르게 성장하였고 1938년 단기적 침체 이후 제2차 세계대전으로 전쟁특수를 누리게 되었다.

제2차 세계대전이라는 특수 상황은 영국에 이어 미국이 다시 한 번 세계 패권국가로서 자유무역의 선봉장으로 올라서게 되는 계기를 마련하였다. 현대전은 말할 것도 없고 근대 이후의 전쟁은 대규모의 파괴와 재건이 동시다발적으로 일어나고 전쟁 승리를 위해서 국가 내의 자본, 노동력, 기술 등 사회경제적 자원이 묻지도 따지지도 말고 총동원되는 특성이 있다.

예를 들면 나폴레옹이 전쟁 초기 유럽 제국을 격파하며 승승장구할 수 있었던 것은 이와 무관치 않다. 당시 프랑스는 대혁명을 거치면서 구체제를 혁파하고 근대 국민국가의 모습을 갖추고 국민 총동원령 등을 통해 국가의 총력전이 가능하게 되었다. 이에 비해 유럽의 다른 나라들은 전쟁 수행을 위해서는 용병을 고용해야만 하는 등 아직 중세 봉건적 전술을 벗어나지 못하고 있었다. 나폴레옹이 뛰어난 군사 전략가인 이유도 있지만 국가 총력전으로 나오는 프랑스를 당해낼 유럽의 국가는 없었다고 할 수 있다.

어쨌든 근대 이후 특히 20세기 이후 현대에 들어오면서 전쟁은 대규모의 인명 살상과 파괴가 일어나는 비극이지만 그 이면에는 전쟁 수행을 위한 엄청난 수요가 창출되는 아주 이례적인 상황이 되는 것이다. 이러한 상황에서 국가의 공급 능력만 어느 정도 따라주면 경제적 부의 창출, 즉 전쟁특수에 따른 상품과 서비스의 생산과 소비는 크게 확대된다.

제2차 세계대전 패전국인 일본이 경제의 몰락 수준으로 갔다가 한국전쟁의 전쟁특수로 부활할 수 있었던 것, 우리나라가 베트남전쟁 참전을 통해 미국으로부터 적지 않은 군사적, 경제적 대가를 얻고 이를 통해 경제적 발전을 도모할 수 있었던 것도 이러한 예라고 할 수 있다.

미국은 제1차, 제2차 세계대전으로 인한 전쟁특수로 큰 수혜를 입었다. 미국은 유럽에서 벌어진 전쟁의 화마로부터 상대적으로 자유로운 대신 대서양 넘어 전쟁터가 된 유럽대륙에 엄청난 군수물자를 수출하면서 막대한 돈을 벌어들이게 되었다. 당시는 국가 간 거래에서 통용되는 지불수단은 금괴였다. 미국은 막대한 금을 소유하게 되었다. 미국의 금 보유량은 제1차 세계대전 직후인 1920년 3천 톤에서 제2차 세계대전 직후인 1945년 2만 톤으로 7배 가까이 급증하였다.

특히 미국은 제2차 세계대전을 지나면서 대공황의 후유증을 완전히 극복하고 명실상부한 세계 패권국으로 도약하게 되었다. 유럽에서 벌어진 양차 세계대전으로 인해 수천만의 병사들과 무고한 시민들이 죽고 다쳤다. 그리고 그보다 더 많은 사람이 정신적, 경제적 고통 속에 살아가게 되었다. 유럽은 모두가 패자(敗者)가 되었다. 하지만 아이러니하게 대서양 건너편 미국은 이를 기회 삼아 영국을 대신하는 패권국가로 올라서게 되었다.

Chapter 04

무역의 역사적 이해: 20세기 중반

1 브레턴우즈 체제와 GATT

미국의 패권은 제2차 세계대전 이후 20세기 중반을 지나면서 공고히 자리 잡게 되었다. 앞에서 보았지만 16세기 대항해 시대 이후 19세기까지 포르투갈, 스페인, 네덜란드, 영국, 프랑스, 독일 등 유럽 제(諸)국들이 번갈아 가며 패권을 독점, 분점하였다. 유럽 국가들이 누릴 수 있었던 세계 패권은 단순히 자국의 자원만이 아니라 아시아, 아메리카, 아프리카 등 세계 각지의 식민지 개척과 이들 지역이 보유한 경제적 자원의 수탈을 통해 가능했다고 할 수 있다. 미국의 패권도 어떻게 보면 과거 수 세기 유럽 국가들의 상호 간 전쟁과 파괴로 인해 유럽의 패권이 약화하면서 그 패권을 이어받은 것이라고 할 수 있다. 영국의 식민지였던 미국이 영국을 넘어서는 패권국가로 발전한 것은 역사적 아이러니라 하지 않을 수 없다.

미국은 제2차 세계대전의 전쟁특수를 통해 경제와 산업이 살아나면서 경쟁력 우위를 바탕으로 자유무역 노선으로 선회하게 되었다. 패권을 쥔 미국이 자유무역을 들고나오니 다른 나라들은 싫든 좋든 받아들일 수밖에 없는 것이 현실이다. 자유무역이냐, 보호무역이냐 라는 세계무역의 큰 흐름은 미국의 국내 정치경제 상황과 이에 따른 대외 정책에 따라 영향을 받는다. 미국이 자국의 이해 여부에 따라 결정하고 제시한 기준이 글로벌 스탠다드가 되었다. 이것이 냉엄한 국제질서의 흐름이다. 현재까지도 이러한 흐름은 지속되고 있다고 할 수 있다.

미국이 주도하는 자유무역은 자유무역을 위한 제도적 측면의 발전과 함께 병행되었다. 예를 들면 제2차 세계대전 종전을 전후로 국제무역과 국제금융 질서의 구축을 위해 IMF, IBRD, GATT를 중심으로 한 브레턴우즈 체제(Bretton Woods System)가 성립되었다.[11] 예를 들면 GATT(General Agreement on Tariffs and Trade, 관세 및 무역에 관한 일반 협정)는 국제무역을 담당하는 한 축으로 1948년 발효되었다. GATT는 다자적 차원의 무역협정을 통해서 공통되고 합의된 무역 규칙과 관세율을 기준으로 자유롭고 예측가능한 무역을 하는 것이 핵심 취지이다.

자유무역은 관세나 비관세장벽 없이 국가 간에 상품과 서비스가 자유롭게 거래되는 것을 의미한다. 이를 위해 자의적이고 예상치 못한 개별국가의 무역정책이나 보호무역 조치를 선제적으로 막을 수 있어야 한다. 그래서 다자간에 합의한 규칙이 필요하다고 할 수 있고 이것이 바로 GATT이다.

GATT는 회원국(체약국)들이 상호 합의를 통해 무역에 관한 규칙

---

11 브레턴우즈 체제는 1944년 미국 뉴햄프셔주의 휴양 도시 브레턴우즈에서 열린 국제회의에서 수립된 국제통화 질서로 제2차 세계대전 이후의 경제재건을 목적으로 하고 있다. 이체제는 각국의 통화를 달러화에 고정하고 달러는 금에 고정하는 금환본위제를 기반으로 하였다. 달러는 사실상 국제적인 기축통화의 역할을 하게 되었다. 브레턴우즈 체제는 국제통화기금(IMF)과 세계은행(IBRD)의 설립을 통해 국제금융의 안정을 도모하고 환율 변동을 최소화하며 무역장벽을 줄이고자 하였다. 그러나 1960년대 후반부터 미국의 무역적자와 금 보유량 감소 등의 문제로 인해 체제의 유지가 어려워졌고 결국 1971년 8월 15일 닉슨 대통령이 금 태환 정지를 선언하면서 브레턴우즈 체제는 붕괴하였다.

(규정)을 정하고 그것을 따르기로 한 협정이라고 할 수 있다. 협정 또는 조약은 국가 간 이루어진 국제규범이다. 일반적으로 국제법은 국내법과 같은 효력을 갖는다.[12] 따라서 개별국가 입장에서 임의적, 자의적으로 협정을 무시하거나 위반하는 것은 현실적으로 큰 부담이 될 수밖에 없다.

그리고 이렇게 국가 간 공통의 규범을 정해 놓으면 개별국가 간의 또 다른 합의를 위한 과정도 불필요하게 되는 이점이 있다. 또한 GATT는 국가 간 합의를 통해 결정된 국제규범이기 때문에 아무리 힘의 논리가 판치는 국제질서라 하더라도 이 규칙을 어기는 것은 현실적으로 쉽지 않다. 왜냐하면 공식적인 국제적 약속을 정당한 이유 없이 지키지 않으면 국가의 신뢰도가 낮아지고 상대국과의 무역이나 투자가 어려워질 수 있기 때문이다. 소탐대실할 수 있다.

그럼 GATT에서 합의된 규칙은 구체적으로 어떤 것일까? 앞에서 보았지만 자유무역을 위해서는 관세나 비관세장벽이 없어야 한다. 또한 국내 산업이나 기업에 대한 차별적 지원이나 특혜도 없어야 한다. 관세율을 인하하거나 철폐하는 것, 수출입 과정에 필요한 통관절차(행정절차)에서 부당한 차별이나 특혜를 주지 않고 신속하게 통관하는 것, 국내 산업이나 기업을 보호하기 위한 보조금 내지는 특혜적 지원을 철폐하는 것이 그러한 예이다. 요약하면 무역에서 국가의 개입이나 차별 없이 공평하고 자유롭게 무역하는 것을 보장하자, 그리고 혹시 있을 수 있는 자유무역에 방해가 되는 정부의 조치를 국제적 차원의 약속을 통해 방지하자는 개념으로 GATT가 시작되었다고

12　우리나라의 경우 대한민국 헌법 제6조 1항에 따르면 "헌법에 의하여 체결·공포된 조약과 일반적으로 승인된 국제법규는 국내법과 같은 효력을 가진다."라고 규정하고 있다. 따라서 대한민국에서 국제조약은 헌법의 절차에 따라 체결 및 공포되면 별도의 입법 절차 없이도 국내법과 같은 효력을 가지게 된다.

할 수 있다.

우리나라는 1967년 GATT의 정식 회원국(체약국)이 되었다. 이때는 우리나라가 박정희 정권의 주도하에 수출주도 성장전략을 채택, 무역입국(貿易立國)이라는 구호 아래 본격적으로 무역 대국으로 성장해 가던 시기였다. 수출에 국운을 건 우리나라로서는 GATT 가입은 선택이 아닌 필수였다. 우리나라가 현재 세계 7대 무역 대국으로 성장하고 무역 강국으로 전 세계적으로 인정받고 있는 것은 이러한 다자적 자유무역을 추구하는 GATT 체제라는 외부적 조건과 환경이 일조하였다고 할 수 있다.

GATT가 국가 간의 협상을 통한 협정이었다 하더라도 국가마다 이해관계가 서로 다르므로 모든 국가가 GATT 규범에 100% 만족할 수는 없다. 처음에는 협상을 통해서 무역에 관련된 공통의 규칙을 정하고 이를 지키는 것이 손해보다 이득이 더 많다고 생각했을 것이다. 하지만 시간이 지나면서 국내외적 상황과 여건이 바뀌게 되고 국가 간 이해관계에서 예상하지 못했던 변수들이 발생할 수밖에 없다. 개별국가 입장에서 GATT 규범을 지키는 데 따르는 이익에 비해 손해가 점점 더 커질 수 있는 것이다.

자유무역을 하다 보면 상대적으로 피해를 더 보는 나라는 국내적으로 불만이 생길 수밖에 없다. 그 피해는 일반적으로 지속적인 무역수지 적자가 발생하거나 비교열위 산업의 쇠퇴와 구조조정으로 인해 실업과 경기 침체가 발생하는 것 등을 들 수 있다. 국내적으로 대중의 불만과 분노가 쌓이게 된다. 이런 불만과 분노를 어떻게 해결해야 할지, 이전에 없었던 새로운 무역 관련 이슈를 어떻게 처리해야 할지, 기존 협정의 미비한 부분을 어떻게 보완해야 할지 등에 대한 고민이 깊어질 수밖에 없고 기존 GATT의 개정 요구가 커지게 된다.

2 GATT를 통한 자유무역의 확장

GATT 개정을 위해서는 회원국들이 모여 다시 합의해야 한다. 하지만 그 이전에 비해 국가 간 이해관계가 더욱 복잡해짐에 따라 협상 의제도 많아지고 합의에 필요한 시간도 오래 걸리게 된다. 협상에 들어가는 유무형의 비용과 수고도 더 많이 필요해질 수밖에 없다. GATT 개정을 위한 협상을 공식적으로 라운드(Round)라고 부른다. 일단 라운드가 시작되면 몇 년이 걸릴 수도 있는데 이러한 과정을 통한 협상과 타협의 결과 GATT가 개정되는 것이다. 1948년 GATT 발효 이후 1994년까지 지속된 GATT 체제에서 총 8차례의 라운드가 있었다. 이들 라운드는 1차 라운드, 2차 라운드 이런 식으로 부르지는 않고 일반적으로 회의가 처음 개최된 특정 국가나 도시, 특정 인물의 이름을 따서 명명하고 있다.

예를 들면 1947년 처음 개최된 1차 라운드는 스위스 제네바에서 개최되어 제네바라운드라고 한다. 이후에 6차 라운드는 미국 케네디 대통령의 주도로 협상이 시작되었다고 해서 케네디라운드, 7차 라운드는 첫 회의가 일본 도쿄에서 개최된 것을 기념하여 도쿄라운드라고 부른다. 만약 서울에서 개최되었다면 서울라운드, 부산에서 개최되었다면 부산라운드라고 명명했을 것이다.

8차례의 라운드 중 가장 유명하면서도 GATT 체제의 마지막 라운드가 바로 WTO 출범의 계기가 되었던 8번째 라운드인 우루과이라운드(Uruguay Round, UR)이다. 우루과이라운드는 1986년 9월 남미 우루과이의 휴양 도시인 푼타 델 에스테(Punta del Este)에서 개최되어 1993년 12월까지 진행된 GATT의 무역 협상을 의미한다.

한 가지 비공식적인 일화를 이야기하면 처음에는 협상의 첫 개최지로 우리나라 서울이 논의되었다. 하지만 당시 우리나라는 1986년

아시안게임, 1988년 올림픽을 준비하는 데 여념이 없던 터라 이외의 다른 대규모 국제행사를 치를 여력이 없었다. 우리나라의 실정상 부득불 GATT 협상의 서울 개최를 수용할 수 없는 상황이었다.

만약 1986년 서울에서 GATT 협상을 위한 첫 회의가 개최되었다면 우루과이라운드가 아니라 서울라운드(Seoul Round)가 되었을 것이다. 지금 돌이켜 보면 아쉬운 부분이 아닐 수 없다. 어쨌든 우리나라가 수많은 국제행사를 개최해왔다는 측면에서 볼 때 아직 GATT 협상뿐만 아니라 WTO 각료회의를 유치하지 않았다는 것은 아쉬운 일이다. WTO 각료회의가 우리나라에서도 개최되는 날이 곧 오지 않을까 기대한다.

우루과이라운드가 우리나라에도 많이 알려지게 된 이유 중 하나는 협상 의제에 농산물시장, 특히 쌀시장 개방이 포함되어 있었기 때문이었다. 우루과이라운드에서는 모든 회원국이 예외 없이 수입 농산물에 대한 쿼터 등 수입제한을 금지하고 대신 관세화를 하는 것을 목표로 하였다. 농산물의 관세화는 농산물 수입 물량을 정부가 직접적으로 통제할 수 없도록 하고 대신 관세 부과를 통해 일반 상품과 같이 가격 메커니즘에 의해 결정되도록 하자는 것이다.

우리나라의 경우 농산물시장 개방과 관련하여 대다수 농민이 쌀농사를 주업으로 하던 상황이었기 때문에 쌀 수입 문제는 큰 논란거리가 되었다. 당연히 농민들이 크게 반발하고 쌀시장 개방 반대 집회나 시위에 나서게 되었고 관련 사건들이 대중매체에 많이 노출되었다. GATT나 무역협정 등에 큰 관심이 없었던 일반 대중에게도 우루과이라운드가 각인되는 계기가 되었다. 국산 농산물 소비 촉진을 위해 신토불이(身土不二)라는 용어가 등장하고 국산 농산물 소비 캠페인이 등장한 것도 이때였다.

1986년부터 1993년까지 햇수로는 8년 동안 진행된 우루과이라운드는 대내외적으로 여러 잡음과 논란이 있었지만 우여곡절 끝에 최강대국인 미국의 주도로 1993년 12월 15일 최종 타결에 이르게 되었다. 우루과이라운드 타결의 주요 배경으로 1989년 베를린 장벽 붕괴, 1990년 독일 통일, 그리고 소련 해체와 동유럽 공산권 국가들의 체제 전환 등 30년 넘게 이어진 동서 냉전의 종식을 생각할 수 있다. 기존 공산권 국가들과 제3세계 국가들이 세계 경제와 자유무역에 대거 합류하면서 그 어느 때보다 광범위한 자유무역의 규범이 만들어지고 합의에 이를 수 있는 여건이 형성되었다.

우루과이라운드가 의미를 갖는 것은 농산물시장 개방, 서비스 무역, 지식재산권 보호 등과 같은 새로운 의제들이 논의되었을 뿐만 아니라 다자무역 체제의 실질적 기능 강화를 위한 의제가 다루어졌다는 것이다. 기존 GATT 체제에서는 불공정 무역행위에 대한 감시·감독이라든가 국가 간 무역분쟁 해결을 위해서는 실질적인 해결 방안이 부족했다. 다자간 자유무역의 확장과 발전을 위해서는 이러한 한계를 해결해야만 했다.

우루과이라운드의 타결로 기존 GATT 체제가 가지고 있었던 문제점과 한계를 극복하기 위한 노력이 결실을 맺게 되었다. 또한 물리적 실체로서 존재하는 국제무역 기구로서 WTO가 설립되었다. 우루과이라운드 타결을 근거로 1년간의 준비 과정을 거쳐 1995년 1월 1일 WTO가 출범하였다. 그리고 세계무역 질서는 GATT 체제에서 WTO 체제로 다시 한번 변화하였다. 이때부터 세계무역은 미국이 주도하는 신자유주의 대세 속에서 자유무역과 세계화의 날개를 달고 도약하게 되었다.

자유무역과 세계화의 기저에는 신자유주의가 있다. 주주자본주의에 입각하여 이윤과 효율을 최고의 가치로 삼는 신자유주의 철학과 이론이 대다수 경제 교과서에 진리인 것처럼 자리 잡게 되었다. 현재에도 신자유주의에 기초한 경제 교육이 이루어지고 있다고 해도 과언이 아니다. 신자유주의는 여전히 1990년대 이후 현재에 이르기까지 경제 사회의 모든 부분을 관통하는 지배 이데올로기로 작동하고 있다고 해도 과언이 아니다. 자유무역과 세계화는 이를 더욱 공고히 하였다.

신자유주의에 기초한 자유무역은 당연히 무역(세계시장)에서 정부의 개입을 최소화할 것을 주장한다. 무역에 있어서 정부의 개입은 관세와 수입제한이 대표적인데 관세와 수입제한의 철폐를 주장하는 것은 자유무역의 논리적 귀결이다. 이에 반해 보호무역은 자유무역으로 인한 문제점에 주목하고 그 부작용과 폐해를 주장한다. 따라서 보호무역은 무역에 대한 국가의 개입을 강화하는 것과 연관된다. 예를 들면 수입제한을 위해 수입에 필요한 행정절차를 까다롭게 한다거나 수입 관세를 크게 올려서 수입품의 가격경쟁력을 떨어뜨린다거나 수출입 수량을 특정 수준으로 제한하는 등의 규제를 하는 것 등이 보호무역의 형태이다.

이처럼 세계무역 질서는 세계무역을 주도하는 패권국가의 경제 정책, 무역정책에 따라 큰 영향을 받게 된다. 앞에서도 보았듯이 자유무역에 치우치느냐 보호무역에 치우치느냐는 미국과 같은 GATT 체제의 주요 패권국의 국내 경제 상황과 경제정책이 어떻게 결정되느냐에 따라 달라진다는 것을 알 수 있다.

역사에서 가정은 의미 없지만 만약 제2차 세계대전에서 미국, 영국 등 연합국이 패하고 독일, 이탈리아, 일본 등 추축국이 승리했다면 세계무역의 판도와 흐름은 지금과는 완전히 달라졌을 수 있다. 전체주의와 군국주의 진영이 승리했다면 국가가 시장에 개입하는 보호무역의 기조가 세계적 대세가 되었을 수도 있다. 그렇지 않더라도 현재와 같은 자유시장에 기초한 무역 질서와는 상당히 다른 모습의 무역 질서가 대세가 되었을 수도 있는 일이다.

Chapter 05

무역의 역사적 이해:
세계화와 WTO의 고민

1 WTO 체제의 출범과 전개

　이 장에서는 자유무역이 세계화에 동반하여 발전되어 왔다는 점에서 세계화에 대해 좀 더 구체적으로 이야기해 보고자 한다. 자유무역도 큰 틀에서는 세계화의 한 부분으로 이루어지는 것이라고 할 수 있다. 세계화를 전체 집합이라고 한다면 자유무역은 그 부분 집합이다. 세계화는 재화, 서비스, 노동, 자본, 기술 등 다양한 생산요소, 사회경제적 자원이 국경을 초월해 자유롭게 이동하는 현상을 의미한다고 할 수 있다. 자유무역은 이중 재화와 서비스와 같은 상품 이동에 초점을 둔다.

　세계화가 심화할수록 사회경제적 자원의 경계가 불분명해지고 있다. 상품, 노동, 자본, 기술 등 다양한 자원의 이동이 상호 밀접하게 연결되어 이루어지고 있기 때문이다. 예를 들면 서비스 시장 개방은 일차적으로 무역 관련 의제이다. 하지만 동시에 서비스의 이동은 그 서비스를 공급하기 위한 인력, 자본, 기술의 이동도 동반될 수밖에 없다. 이처럼 서비스 시장의 개방은 인력, 자본, 기술의 이동도 전제하는 것이기 때문에 이러한 사회경제적 자원의 이동을 각기 분리해서 생각하기 어렵게 된다.

그렇다고 무역을 세계화와 같은 개념으로 볼 수는 없다. 예를 들면 GATT/WTO의 다자간 자유무역 체제는 상품을 중심으로 하는 무역에 초점이 맞추어지게 된다. 무역의 규모나 변화는 물리적, 수리적 통계 등 여러 데이터나 지표로 확인이 가능하다는 이점이 있다. 그런데 세계화는 서비스, 지식재산권, 자본, 기술 등 보다 넓은 의미의 유무형의 사회경제적 자원이 이동하고 교류되는 것을 의미한다. 그 대상과 폭도 점점 확대되기 때문에 기존의 자료 집계 방식이나 규범만으로는 이를 포괄하고 객관적으로 관측하는 데는 한계가 있을 수밖에 없다. 무역만으로는 세계화를 정확하게 파악하는 것은 어렵다는 의미이다.

무엇보다 GATT 체제하에서는 국가 간 무역에서 발생하는 분쟁을 적절하게 해결하지를 못하고 협정 준수에 대한 감시, 감독에도 한계가 있었다. 협정의 본질은 회원국이 규범을 지킨다는 신뢰에 있다고 할 수 있는데 GATT는 개별국가의 이해관계가 대립하는 상황이 생기거나 규범을 지키지 않는 경우 이를 조정하고 해결할 수 있는 기능이 부족했다.

1995년 출범한 WTO는 이러한 GATT의 한계를 극복하기 위해 무역분쟁 해결 능력을 강화하였다. WTO는 재화의 자유로운 무역뿐만 아니라 서비스, 노동, 지식재산권, 환경 등 폭넓은 부분에 국가 간 규제나 차별을 철폐해서 자유무역을 확대하는 것을 목표로 하고 있다. WTO의 출범은 세계화의 심화를 가져왔고 이렇게 강화된 세계화의 흐름은 다시 자유무역을 강화하였다.

자유무역은 단지 상품의 이동에만 국한된 것이 아니라 노동력의 이동을 추동한다. 왜냐하면 자유무역을 통한 서비스 시장의 개방은 서비스를 공급하는 노동력의 이동을 전제로 하기 때문이다. 저렴한 인건비가 가능한 노동력의 국가 간 이동을 위해 노동 장벽이 낮아지면서 그때부터 우리 주변에서 외국인 노동자(정식 명칭은 이주노동자)라는 말이 여기저기서 들리게 되었다. 다문화라는 용어도 이제는 자연스럽게 되었다. 또한 우리나라 기업들도 해외에 진출하는 경우가 늘어나면서 직원이 해외로 파견 가는 일이 많아졌고 주재원이라는 말도 이제는 흔히 쓰이게 되었다. 국제화, 더 나아가 세계화의 큰 흐름은 1995년 WTO 출범과 함께 시작되었다고 해도 과언이 아니다.

앞에서 보았듯이 WTO의 무역분쟁 해결 기능은 WTO의 위상을 강화하는 데 중요한 역할을 했다. 무역분쟁이 발생하는 경우 당사국 간의 협의를 통한 타협이 우선되지만 만약 협의를 통해 해결이 안 될 경우 WTO가 분쟁 해결을 맡아 공식적인 분쟁해결절차를 거쳐 최종적인 판결을 할 수 있게 되었다. 판결의 내용을 이행하지 않는 당사국에 대해서는 그에 해당하는 소위 제재(보복)가 가능한 국제법적 권한까지도 갖게 되었다.

이렇게 WTO가 무역분쟁 관련해서 법적 강제력을 갖게 됨으로써 세계무역은 이전 GATT 체제에 비해 안정되고 예측가능한 환경에서 발전할 수 있게 되었다. WTO 체제가 시작되고 세계는 다시 한번 성장의 황금기를 구가하게 되었다. 하지만 GATT와 마찬가지로 WTO 체제도 시대의 변화와 함께 문제점과 한계를 보이게 되었다. 또 다른 고민이 시작된 것이다.

WTO 체제의 한계는 처음에는 잘 드러나지 않다가 시간이 지나 WTO 출범 후 한 세대 이상이 지나면서 예상치 못한 여러 변수가 생기면서 나타나게 되었다. WTO는 어떤 한계가 있고 무슨 변수를 만난 것일까? 그것은 크게 두 가지로 요약되는데 하나는 총의(consensus)와 일괄타결(single undertaking, package deal)이라는 WTO의 의사결정 방식과 관련된 것이다.

다른 하나는 중국의 WTO 가입과 이후 중국의 급속한 성장에 따른 미국 등 주요 선진국들과의 갈등과 분쟁이라고 할 수 있다. 물론 미·중 분쟁은 미국 단일 패권에 도전하는 중국에 대한 미국의 압박과 견제도 그 이유이지만 중국의 지식재산권 침해, 보조금, 비관세장벽 등 불공정 무역행위 등의 문제가 계속해서 제기되어 온 것도 분쟁의 주요한 요인임은 부정할 수 없다.

여기서 우리는 WTO의 의사결정 방식을 이해할 필요가 있다. WTO는 대부분의 주요한 의사결정은 총의 방식으로 하게 된다. 총의는 구성원 전체의 일반적 동의를 말하는 것으로 만장일치(unanimonity)와 같은 의미라고 여겨지지만 반드시 그렇지는 않다. 만장일치는 투표를 전제로 하고 모든 구성원이 의사가 예외 없이 동일하다는 것을 의미한다. 반면 총의는 모든 구성원의 찬성이 없더라도 명시적인 반대가 없다면 이를 암묵적 동의로 간주하고 합의에 이른 것으로 하는 것이다. 따라서 총의는 투표 없이도 협의와 합의를 통해 가능하다.

총의는 원칙적으로 구성원 중 한 사람이라도 명시적이고 적극적인 반대가 있으면 합의에 이르지 못한다. 따라서 총의에 도달하기 위해서는 구성원들의 의견을 존중하고 이를 반영하도록 하기 위한 노력 등 구성원의 동의를 이끌어내는 방향으로 이루어지게 된다. WTO에서는 총의가 안 된 경우 합의에 이르지 못한 것으로 간주하기 때문에 반대 의사를 가진 회원국을 설득하기 위한 시간과 노력이 많이 들어갈 수밖에 없다. 이렇게 총의에 성공하지 못하면 WTO의 의사결정은 더 이상 진전될 수 없는 한계가 있다.

일괄타결은 '모든 것이 타결되기까지는 아무것도 타결된 것이 아니다'(Nothing is agreed until everything is agreed)라는 원칙을 기초로 한다. 일괄타결방식은 우루과이라운드 협상부터 도입되어 현재의 WTO 체제의 다자간 무역 협상의 가장 중요한 의사결정 방식이다.

예를 들면 현재 진행 중인 DDA(도하개발아젠다) 협상도 농산물, 비농산물, 서비스, 규범, 지식재산권, 분쟁 해결, 환경 등 7개 협상 그룹별로 나누어 협상을 진행하고 있지만 협상 전체를 하나의 패키지로 간주하여 최종 협상 타결은 일괄타결방식에 의하도록 하고 있다.

따라서 회원국은 타결된 협정문에 서명할 때 일부 분야를 제외하고 서명할 수 없다. 모든 협상 결과를 수용해야 하는 것이다. WTO가 어떤 사안에 합의를 하나 도출하려고 해도 원칙적으로는 166개 회원국 중 하나라도 명시적 반대가 있어서는 안 되는 만큼 국가 간의 복잡한 이해관계를 조율하고 설득하는 과정은 지난할 수밖에 없다.

이러한 총의를 통한 의사결정 방식이 WTO 협상의 진도가 빠르게 나가지 않는 이유이다. 물론 어렵더라도 총의를 통한 합의에 이를 수만 있다면 WTO의 관련 협정은 회원국 모두가 수용하는 안정적이고 지속적인 내용이 된다는 장점도 가지고 있다. 하지만 어떤 의제에 대해서 명시적으로 반대하는 회원국이 하나만이라도 있다면 협상 진전이 어렵게 될 수 있다는 현실적 어려움이 늘 존재한다.

2 WTO 체제의 한계

이러한 의사결정 방식과 더불어 2001년 중국의 WTO 가입과 이후 시간이 지나면서 미국 등 주요국 사이에서 발생하는 무역분쟁과 갈등도 WTO의 중요한 한계로 나타나고 있다. 중국과 관련된 이슈를 이야기하기 전에 우선 이해해야 하는 점이 있다. WTO는 개발도상국을 대상으로 관세율, 개방조건, 기간 등에 대해 혜택을 부여한다. 따라서 개발도상국 지위인 회원국은 상대국과의 무역에서 유리한 위치에 있게 된다. 그런데 문제는 어떤 회원국이 개발도상국인지를 결정하는 것은 다름이 아니라 회원국 자신이라는 것이다. 다시 말해 개발도상국 지위는 자기 선언 방식으로 결정된다는 점이다.

이는 개별국가가 스스로 경제적 상황을 판단해서 나는 개발도상국이다, 나는 선진국이다, 이렇게 그 지위가 정해진다는 것이다. 예를 들면 회원국 중 여러 가지 측면에서 선진국 또는 중진국 이상의 국가로 볼 수 있는데도 그 나라가 끝까지 나는 개발도상국이라고 하면 그 나라는 개발도상국 지위를 인정받고 개발도상국이 받는 무역상의 혜택을 받을 수 있다는 것이다. 물론 다른 나라들이 이에 대해 해당 국가에 이의를 제기할 수는 있겠지만 그 나라가 타국의 이의를 순순히 받아들일 리 만무한 일이다.

자유무역은 태생적으로 비교우위론에 입각한 자유시장 이론에 그 뿌리를 두고 있다. 따라서 자유무역은 비교우위가 있는, 다시 말해 산업 경쟁력이 높은 나라(예를 들면 첨단제품의 경우 선진국)에 유리한 메커니즘을 가지고 있다. 이는 산업이 아직 미성숙하거나 성장의 과정 중에 있는 개발도상국은 시장을 개방하고 정부 개입을 최소화하게 되면 산업 경쟁력을 갖추기도 전에 경쟁력이 높은 수입 상품에 밀릴 수 있다. 국내 산업과 기업이 도태될 가능성이 크다는 것을 의미한다. 한 번 시장에서 퇴출당하거나 사양화된 기업과 산업은 다시 재기하기는 것이 현실적으로 어렵다. 개발도상국 입장에서는 자유무역에 따른 시장 개방과 경쟁 노출에 민감할 수밖에 없다. 개발도상국이 시장 개방에 소극적인 이유이다.

따라서 WTO는 이런 개발도상국의 여건을 고려하여 자유무역의 대열에 합류할 수 있도록 개발도상국에 무역상의 여러 혜택이나 우대를 제공한다. 개발도상국은 선진국에 비해 유리한 시장 개방조건이 허락된다. 수입 상품에 대한 양허관세율 경우도 선진국에 비해 높은 수준으로 설정할 수 있다. 개발도상국은 이러한 무역상의 혜택과 우대를 활용하여 국내 산업 발전과 경제성장을 도모할 수 있고 자유무역에 참여할 가능성이 커진다. 개발도상국이 자유무역에 참여하게 되면 그만큼 전체 세계시장 규모도 커지게 된다. 세계시장이 커지면 개발도상국뿐만 아니라 선진국에도 유리하다.

처음에는 개발도상국 지위로 시작하더라도 어느 정도 시간이 지나 경제가 성장하고 경쟁력이 충분히 확보되면 선진국 지위로 전환하는 것이 정상일 것이다. 하지만 개발도상국 입장에서는 가능한 오랫동안 개발도상국 지위에 따르는 무역상의 특혜나 우대를 유지하기를 원할 것이다. 또한 개발도상국 지위는 누가 정해주는 것이 아니라 자국 스스로 결정하는 것이기 때문에 강제성이 없는 한 그 어느 개발도상국도 개발도상국 지위를 포기하려고 하지 않을 것이다.

WTO 회원국의 2/3 정도가 개발도상국 지위를 가지고 있지만 개발도상국이 선진국, 아니 중진국 정도로 성장하는 일은 결코 쉬운 일은 아닐 것이다. 그러다 보니 그동안 이 문제는 그렇게 이슈화될 만한 문제는 아니었다고 할 수 있다. 하지만 WTO 출범 이후 한 세기 이상 지나면서 일부 국가의 경우 경제적 여건이 상당히 변화됨에 따라 이 문제는 한 번쯤 짚고 가야 할 문제라고도 할 수 있다.

3 중국의 WTO 가입과 갈등

2000년대 중반 이후 개발도상국 지위 문제는 중국이라는 변수를 만나면서 수면 위로 드러나게 되었다. 중국은 1990년대 이후 개혁개방을 통해 빠르게 경제가 성장하였다. 중국은 2001년 WTO에 가입한 이후 무역과 경제 규모 면에서 세계 경제에서 차지하는 비중이 미국, EU, 일본 등 선진국을 빠르게 추격, 추월하게 되었다. 현재 중국의 경제 규모는 미국에 이어 2위이고 무역 규모는 세계 1위이다. 하지만 중국은 여전히 개발도상국 지위를 포기하지 않고 있다. 개발도상국 지위에 따른 무역상의 혜택이나 우대는 받으면서 경제 및 무역 규모에 맞는 역할을 하고 있지 않다는 비판이 대두되었다. 이 문제로 인해 중국에 대한 미국, EU 등 서구 선진국의 불만과 갈등은 더욱 커지게 되었다.

갈등과 문제는 점점 커지면서 WTO가 이를 해결할 능력이 없다는 한계가 드러나게 되었다. 사실 2001년 중국이 WTO에 가입할 당시 중국은 사전적으로 충족해야 할 여러 기준에서 WTO 회원국이 될 자격이 부족했다고 평가되었다. 특히 열쇠를 쥐고 있었던 미국과의 협상 과정은 쉽지 않았지만 중국이 최종적으로 WTO 가입할 수 있었던 것은 중국을 세계 경제 체제에 통합하기 위한 미국의 의도가 주효했다고 할 수 있다.

WTO 회원국으로 가입하기 위해서는 원한다고 되는 것이 아니라 시장을 개방하고 WTO가 제시하는 자유무역과 시장 개방의 다양한 원칙과 규범을 따라야 한다. 또한 선제적으로 시장 개방을 위한 법과 제도 등 여러 가지 국내적 조건이 갖추어져야 한다. 쉽게 말하면 WTO 회원국이 되기 위해서는 자유무역의 대전제를 수용해야 한다. 자유무역은 곧 자유경쟁을 의미하므로 정부의 경제 개입의 강도와 수준도 획기적으로 낮추어야 하고 WTO에 가입한 이후에도 지속해서 낮추어야 하는 것이다.

중국은 시장경제를 도입하긴 했지만 다른 나라와는 달리 사회주의 계획경제의 성격이 강하고 정부의 영향력이 큰 국영기업의 비중과 위상도 여전히 크다. 최근 중국 정부의 행보를 보더라도 정부의 경제에 미치는 영향력은 막강하다. WTO 가입에 필요한 국내 차원의 법과 제도의 제·개정 등 정비도 충분히 이루어지지 않고 있다고 비판받고 있다. 주요 기간산업이나 금융기관 등은 국영기업의 비중이 절대적이다. 관세율 수준도 아직 상당히 높은 수준이다. 한마디로 말해 중국은 WTO 가입 이후에도 여전히 정부의 영향력과 시장개입이 문제가 되는 상황이다.

현재도 이런 상황이나 다른 나라였다면 WTO 가입은 어려웠을 것이다. 하지만 미국은 중국이 필요했다. 신자유주의의 기치를 들고 자유무역과 세계화를 주도하고 있던 미국으로서는 중국이라는 엄청난 시장과 투자처가 필요했다. 이는 16세기 이후 시장 확대를 위해 유럽 제국들이 아시아, 아프리카, 아메리카 등으로 진출했던 이유와 크게 다르지 않다. 시장 확대는 자본주의의 확대재생산을 위한 필요조건이기 때문이다.

미국은 중국을 되도록 빨리 세계 경제 체제에 끌어들여서 미국의 이익을 위해 활용할 수 있기를 기대했다. WTO 체제를 주도적으로 이끈 것이 미국과 EU인데 특히 중국이 필요했던 나라는 미국이었고 미국은 팔을 걷어붙이고 중국을 WTO에 가입시킨 것이라고 할 수 있다.

그때까지만 해도 미국은 중국이 시장경제를 받아들이게 되면 점차 정부 주도의 계획경제에서 시장주도의 자유시장경제로 전환되어 갈 것으로 기대했다. 더 나아가 정치적인 측면에서도 공산당 독재에서 민주화로 진행될 수 있을 것으로 기대했다. 그렇게 되면 거의 영구적으로 중국은 미국이 원하는 그런 경제, 무역의 파트너가 될 것이라 기대하였다. 하지만 이러한 미국의 기대와 예상은 사실상 빗나갔다.

4 중국의 약진과 패권 경쟁

중국은 시장 개방과 자유무역의 과실은 누리면서 자국의 시장 개방과 제도적 차원의 개혁과 변화에는 소극적이었다. 정부의 개입은 여전히 컸다. 그러다 보니 중국식 사회주의, 중국식 시장경제라는 말이 등장하기까지 하였다. 현재도 이러한 모습은 크게 달라지지 않았다. 오히려 공산당 일당독재와 정부의 시장개입이 한층 강화되고 있는 모습을 보인다.

중국은 시장경제를 도입한 이후에도 주요 산업 분야에서는 민간기업(사기업)이 아닌 국영기업이 그 성장을 주도해 왔다. 그리고 시장개방의 경우에도 외국 기업이 자국으로 들어오는 부분, 다시 말해 외국인직접투자에 대해 외국 기업 단독이 아닌 중국 회사와 합작하는 형태로 중국 내에서 사업을 하도록 규제했다. 이러한 외국인직접투자 자본의 합작 과정에서 중국은 국제기준을 벗어난 편법적, 위법적인 방식의 기술 탈취, 지식재산권 위반 등으로 상대국(기업과 정부)과의 통상 분쟁이 다수 발생하였다.

하지만 중국에 진출한 외국 기업은 중국 시장의 가능성과 성장성을 놓칠 수 없었기 때문에 중국 자본과의 합작을 수용할 수밖에 없었다. 중국의 여러 직간접적인 부당하고 무리한 요구와 행태에 대해 적극적으로 대응하기가 어려웠다고 할 수 있다. 이러한 문제들이 누적되어 현재와 같은 중국에 대한 불신이 고착화되었다.

중국은 외환시장, 자본시장 등을 비롯한 금융시장의 개방에도 소극적이고 개방하더라도 개방의 폭을 제한하였다. 은행의 경우 중국 정부(공산당)의 보호와 지원을 바탕으로 중국 국영은행은 시장 개방으로 인한 이점을 누리면서도 그 부담과 부작용은 회피할 수 있었다. 이런 부분은 개발도상국이 경제성장을 시작할 때 자원의 선택과 집중을 위해 어느 정도는 용인되는 부분일 수 있지만 이는 지속 가능하지 않다.

중국은 2000년대까지만 하더라도 저렴한 인건비를 바탕으로 주로 단순 조립, 노동집약적 산업을 통해 경제성장을 이루었다. 하지만 중국의 경제 규모가 2010년 일본을 제치고 이제는 미국을 쫓아가기 시작하면서 미국은 중국을 미국을 위협하는 잠재적 국가로 보기 시작하였다. 특히 중국은 경제 규모 면에서뿐만 아니라 기술력 분야에서도 그동안 갖은 방법을 동원해 고도화하였고 이제는 인공지능, 빅데이터, 반도체, 이차전지, 태양광 패널 등 특정 고부가가치 전략산업 분야에서는 선진국과 경쟁하는 수준까지 올라서게 되었다.

그림 2-5 미국, 중국, EU, 일본의 경제규모 비교(1990, 2000, 2010, 2020년)

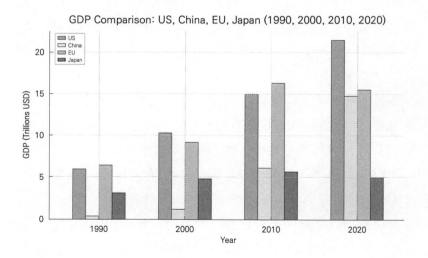

GDP Comparison: US, China, EU, Japan (1990, 2000, 2010, 2020)

이 그래프는 1990년, 2000년, 2010년, 2020년 미국, 중국, EU, 일본의 GDP 규모를 보여준다. 해당 기간 중국의 GDP가 크게 성장하였음을 알 수 있다.

이후 중국은 저가 공세로 세계시장을 장악해 나갔고 2010년대 현재의 시진핑 정권이 들어서면서 고부가가치 산업으로의 전환과 아시아와 유럽을 연결하는 중국 중심의 경제권역인 일대일로(一帶一路) 구축을 공식화하게 된다. 일대일로는 중국이 추구하는 현대판 실크로드라고 할 수 있다. 또한 반도체 굴기, 제조2025 등 고부가가치 제조업 선진국이라는 목표를 선포하면서 미래 전략산업 분야에서 기술 역량을 갖추고 서방 중심의 기술 패권에도 도전할 것을 공식화하였다.

패권국이 되는 기준으로 경제, 군사, 외교, 에너지 등 여러 요소가 있다. 과거에는 경제 규모나 군사력이 중요한 요소였지만 최근에는 이뿐만 아니라 그 나라가 가진 기술 역량이 가장 중요한 패권의 요소로 인정받고 있다. 왜냐하면 경제력, 군사력 등은 결국 그 나라가 가진 기술 수준에 따라 결정된다고 보기 때문이다. 역사적으로도 그 시대의 핵심 기술 분야에서 탁월한 역량을 가지고 있던 나라가 경제력, 군사력 부문에서도 앞서갔고 패권국 지위에 올라설 수 있었다.

예를 들면 18세기 1차 산업혁명 시기 증기기관, 방직·방적 기술에서 앞서 있었던 영국이 그랬고 또한 19세기 후반 2차 산업혁명 시기 전기와 내연기관 기술을 바탕으로 대량생산과 생산력을 이끌었던 미국이 압도적인 대량생산 능력을 통해 패권국가로 올라서게 되었다. 제2차 세계대전 이후 진행된 냉전 체제에서는 미국과 소련 간 군사기술 경쟁을 하였다고 볼 수 있는데 1990년대 이후 인터넷 등 정보혁명을 바탕으로 한 3차 산업혁명에서도 미국이 압도적인 기술 패권과 우월성으로 소련과의 패권 경쟁에서 승리하였다.

현재 진행되고 있는 4차 산업혁명도 마찬가지라고 할 수 있다. 4차 산업혁명은 2010년대 이후 인공지능, 빅 데이터, IoT(Internet of Things, 사물인터넷), 5G 등과 같은 초연결, 초지능의 스마트 혁명이라고 할 수 있는데 그 핵심 기술은 무엇보다도 반도체라고 할 수 있다. 당연히 반도체를 둘러싼 미국과 중국 등 주요국의 경쟁이 격화되고 있음은 주지의 사실이다. 누가 반도체 기술 경쟁에서 승리하여 기술 패권을 잡느냐가 앞으로의 패권 구도를 좌지우지할 것으로 보인다.

최근 상황을 보면 기존 반도체 공급망에서 중국을 분리, 접근하지 못하게 봉쇄하려는 미국의 정책으로 중국이 수세 내지는 열세에 있다고 보인다. 하지만 앞으로의 결과를 그 누구도 장담할 수 없으므로 반도체 기술 경쟁의 최종 승자가 누가 될지 관심 있게 봐야 할 부분이다. 반도체 기술의 승자가 결국 패권국이 될 가능성이 크기 때문이다. 미국의 수성이냐 아니면 중국의 역전이냐는 좀 더 두고 보아야 할 것이다. 어쨌든 중국은 반도체뿐만 아니라 여러 분야에서 미국이 가진 패권적 지위 일부를 나누거나 접수하겠다고 노골적으로 도전하는 수준까지 올라왔다고 할 수 있다.

다시 WTO 개발도상국 지위 문제로 돌아오면 중국은 이러한 위상 변화에도 불구하고 WTO 체제에서 개발도상국 지위를 포기하지 않고 있다. 중국은 기존 개발도상국 지위하에서 누리던 관세, 보조금 부분에서 혜택을 계속 받으려 하고 있기 때문이다. 이렇듯 중국의 기대에 못 미치는 낮은 시장 개방 수준이나 불공정 무역행위, 그리고 개발도상국 지위 문제도 여전히 분쟁의 요소로 남아 있다.

Chapter 06

무역의 역사적 이해: 미국의 변심

1 미국의 위기

위에서 보았듯이 1990년대 본격적인 세계화가 시작되었고 이와 함께 1995년 WTO 출범으로 자유무역의 시대가 열리게 되었다. 미국은 세계 각지에서 생산된 상품의 소비처로서 역할을 하는 동시에 달러 패권을 활용한 투자를 통해 자본이익도 크게 얻을 수 있었다. 고정비용이 높고 이윤율은 낮은, 소위 가성비가 낮은 그런 산업 및 생산 부분을 저임금, 저개발 국가로 이전시키고 산업과 경제의 효율성을 높였다.

물론 이러한 미국 주도의 세계화 과정에서 우리나라도 중국과의 대규모 무역과 투자를 통해 큰 경제적 수혜를 누릴 수 있었다. 우리나라가 경제적 측면에서 중진국 함정을 벗어나 선진국으로 도약할 수 있었던 가장 중요한 요인으로 세계의 공장, 세계의 시장인 중국과의 무역과 투자라는 데 큰 이견이 없다. 하지만 2010년대 이후 글로벌 금융위기 극복 과정에서 미국은 위기감을 느끼게 되었고 빠르게 추격해 오는 중국에 대한 입장을 재정립하게 되었다.

중국은 미국의 가장 위협적이며 잠재적인 적국이 된 것이다. 중국에 대한 미국의 태도와 전략의 변화가 불가피해졌다. 미국은 자신이 주도해서 이끌어 오던 다자적 자유무역 체제의 중심인 WTO

가 중국을 견제하는 데에 무력하다는 것을 깨닫게 되었다. 왜냐하면 WTO의 의사결정은 총의로 이루어지기 때문에 아무리 미국이 힘이 있더라도 미국의 의지대로 WTO를 좌지우지할 수는 없기 때문이다. 중국을 견제해야 하는 미국에 WTO가 더 이상 매력적이지 않게 되었다.

만약 중국이 미국의 바람대로 자유시장경제로의 전환이 일어나고 공산당 일당 체제가 유지되더라도 정부의 시장 간섭과 통제가 최소화되었다면 상황은 달라졌을 수도 있다. 중국이 WTO의 원칙과 규범을 준수하면서 세계 경제 체제로 통합되었다면 미국의 대 중국 정책은 지금과는 상당히 달라졌을 수도 있다. 하지만 현실은 반대로 흘러갔고 미국의 입장에서 볼 때 체제와 이데올로기가 다른 중국이 경제력과 기술력을 강화하는 동시에 WTO 내에서 목소리도 커지고 중국과 경제적으로 공생관계를 가지는 나라의 수가 늘어가는 것을 두고 볼 수만은 없을 것이다.

미국에 경고음이 들리기 시작한 것이다. BRICS로 불리는 중국을 비롯한 신흥국과 개발도상국 진영의 영향력이 세지면서 미국만의 힘으로는 WTO를 움직이기는 힘들어지게 되었다. WTO가 미국의 국익에 부합하도록 움직일 때만 WTO가 미국에 의미가 있지 그렇지 않다면 미국이 WTO를 굳이 지지하고 돌아볼 필요가 없게 된다고 할 수 있다.

위에서 이야기한 WTO의 총의에 따른 의사결정 방식 때문에 중국의 불공정 무역행위에 대해서 제재할 만한 새로운 규범을 제정하는 것은 현실적으로 어렵다. 2017년 트럼프는 대통령 취임 후 얼마 지나지 않아 WTO가 중국을 통제하지 못하고 있다고 비난하고 미국은 아예 WTO를 탈퇴할 수도 있다고까지 엄포를 놓기까지 하였다. 물론 미국이 WTO를 탈퇴하는 그런 극단적인 상황까지 가는 것은 미국 자신에게도 유리하지 않다는 것은 미국 정부 스스로 알고 있다.

2 미국의 보호무역 조치 강화

미국은 WTO 차원의 국제기준으로 어려우니 국내법을 십분 활용하게 되었다. 미국은 국가안보 위협에 대응한 수입제한 조치를 규정하고 있는 무역확장법 232조, 미국이 다른 국가로부터 불공정한 무역행위를 당했다고 판단하는 경우 해당 국가에 대한 제재를 가할 수 있도록 하는 통상법 301조 등이 그러한 예이다.

민주당 바이든 정부에서는 전면적이고 직접적인 제재를 가했던 트럼프 정부와는 그 결이 다르지만 어떻게 보면 더 전략적이고 지능적으로 중국에 대한 견제를 시행하였다. 특히 미국은 인공지능, 반도체, 정보통신, 친환경 산업 등 첨단전략 기술 분야에서 중국에 대한 직접적인 제재와 봉쇄에 나섰다. 특히 중국을 기존 반도체 공급망에서 배제하기 위한 정책을 시행하고 있다. 이외 중국산 수입 상품에 대한 고율 관세 부과는 자국 내 일자리와 기존 산업에 피해를 주는 부분 위주로 진행하고 있다. 이에 더해 2025년 1월 출범할 트럼프 제2기 정부는 중국 산 수입품에 대해 일률적으로 60% 고율관세를 예정하고 있어 중국에 대한 보호무역조치는 더욱 강화될 것으로 보인다.

물론 이러한 부분은 중국을 주요 대상국으로 삼아 시행될 뿐만 아니라 EU, 한국, 일본 등 다른 주요 교역 대상 국가도 예외는 아니다. 예를 들면 2018년 미국은 자국 철강 산업을 보호하기 위해 안보를 명분 삼아 중국, EU에서 생산된 철강과 알루미늄에 고율의 관세를 부과했다. 최근 WTO 분쟁해결기구는 미국의 관세율 인상은 WTO 협정 위반으로 판결하였지만 미국 정부는 이에 강력히 반발하고 상소하였다.

철강 제품에 대한 조치는 관세인상이라는 단순한 조치로 가능할 수 있지만 반도체, 정보통신 등 첨단 기술과 관련된 제재에 있어서는 미국 단독으로 하기는 어렵다. 예를 들면 반도체의 경우 설계, 소재, 장비, 생산, 패키징 등 반도체 생산에 필요한 각 과정이 다르다. 또한 반도체는 메모리 반도체 분야(D램), 시스템반도체(CPU)와 파운드리(위탁생산) 등 비메모리 반도체 분야, 팹리스(설계) 분야 등 반도체의 제품 특성이 다르고 업체별로, 국가별로 각 분야별로 전문화되어 있는 경우가 많다. 따라서 미국 혼자만으로는 중국의 반도체 기술에 대한 접근을 막는 것은 사실상 불가능하다.

이를 고려하여 미국은 중국에 대한 반도체 관련 제재와 관련해서는 반도체 공급망의 주요국인 한국, 일본, 대만과 함께 Chip 4를 구성하여 중국을 배제한 블록화된 반도체 공급망의 구축 등 보호무역 정책을 추진하고 있다. 이러한 미국의 직접적인 중국 봉쇄 조치에 대해 중국은 당연히 반발하고 있다. 중국은 자유무역을 주장하던 미국이 오히려 보호무역을 주도하고 있다고 비판하고 있다.

미국은 자유무역이든 보호무역이든 언제나 자신의 국익을 위한 행동을 하는 것이다. 그 이상도 그 이하도 아니다. 국제질서와 통상 문제에 대해서는 이러한 부분을 이해해야 한다. 우리나라도 국익의 차원에서 냉정하고 치밀하게 미국의 對 중국 정책에 대응할 필요가 있다. 미국의 중국 고립정책이 우리나라 국익에 긍정적인지 부정적인지를 면밀하게 분석하고 이에 대응해야 한다. 미국을 비난하거나 중국을 비난하는 단순한 도덕론적 태도로는 현실 국제사회에서 살아남을 수 없다.

Chapter 07

무역의 역사적 이해: 격변의 시대로

1 코로나 팬데믹의 충격

다음으로 2020년 초 발발한 코로나 팬데믹은 무역에서도 많은 것을 바꾸어 놓았다. 코로나 이전과 이후의 세계 경제는 코로나 팬데믹으로 인한 글로벌 공급망의 붕괴로 정교하게 맞물려 돌아가던 세계화의 톱니바퀴들이 작동을 멈추게 되었다. 세계 경제는 파편화, 블록화되었고 코로나 이전의 세상으로는 돌아갈 수 없게 된 것으로 보인다. 2023년 이후 세계무역 규모는 코로나 이전으로 회복되었지만 그 내면을 들여다보면 상황이 많이 바뀌었음을 알 수 있다. 특히 세계화의 후퇴와 블록화는 우리나라에 직접적인 영향을 주게 되었다. 중국과의 무역 규모는 급격히 감소하였고 대신 미국, 일본 등과의 무역이 그 자리를 차지하게 되었다.

지난 한 세대 이상 신자유주의의 물결 속에서 정부의 간섭이나 개입이 최소화된 상태에서 자유무역이 당연하고 익숙해진 세계시장에서 팬데믹 확산을 막기 위한 국경 폐쇄, 이동 금지, 대면 활동 제한 등은 단순한 충격이었을 것이다. 코로나 팬데믹 확산과 이로 인한 경제위기를 막기 위한 정부의 개입은 정당성과 명분이 있었지만 신자유주의에 익숙해진 세계 경제는 그야말로 패닉에 빠진 것이다. 그것도 자유무역과 세계화를 이끌어 온 미국, EU 등 주요 선진국뿐만 아니라 세계의 공장, 세계의 시장이라고 일컬어지던 중국도 이에 동참하였다. 특히 중국 정부의 제로 코로나 정책은 대규모 봉쇄와 이동 제한으로 인해 중국 경제뿐 아니라 세계 경제에 큰 부작용을 초래하였다.

앞에서 보았듯이 1980년대 이후로 신자유주의에 기초한 세계화 시대의 질서는 미국이 중심이 되어 만들어졌다고 해도 과언이 아니다. 가장 대표적인 것이 다자주의에 기초한 자유무역 질서를 목표로 하는 WTO의 출범이라고 할 수 있다. 미국의 주도와 영향력이 없었다면 WTO의 출범은 어려웠을 것이다. WTO 체제는 국가 간 규제나 관세와 같은 무역장벽을 낮추거나 철폐해서 재화, 서비스, 노동, 자본, 기술 등 상품과 생산요소가 국경을 넘어 자유롭게 오갈 수 있도록 하는 무역 질서를 추구한다. 국가 간의 경제적 자원이 자유롭게 이동할수록 경제적 활동은 활발해지고 이에 따라 국가 간 차이는 있겠지만 전반적으로 경제는 성장할 것이다. 지난 한 세대는 자유와 성장의 시대였다고 해도 될 것이다.

상품과 인력의 이동과 교류가 증가하고 활발해질수록 세계는 유기적으로 엮이고 상호 의존하는 구조가 만들어진다. 특히 세계화를 주도하고 그 수혜를 입은 기업(자본)의 경우 비용 절감과 효율적인 생산을 위해 국경을 넘어서는 생산과 유통 구조를 추진하게 된다. 이것이 글로벌 공급망의 확대와 심화를 가져왔다. 다국적기업, 초국적기업의 등장이다. 이렇게 1995년 세계화 시대의 상징과도 같은 WTO의 출범 이후 30년 정도의 기간은 세계화의 시대라고 할 수 있다.

물론 좀 더 길게 보면 1980년대부터 미국 레이건 대통령, 영국 대처 수상이 추진했던 감세, 규제 철폐, 민영화 등의 움직임도 이미 세계화의 토대를 만들고 있었다고 할 수 있다. 신자유주의가 본격적으로 등장하게 된 1980년대부터 2024년 현재 약 40여 년 정도의 기간이 세계화 시대의 경제 환경이라고 할 수 있다. 인구의 장년층까지 이미 신자유주의, 세계화 시대에 태어나서 그 영향을 받고 자라고 경제활동을 해 왔으니 당연하다고 생각하는 대부분의 사회경제적 환경과 질서는 이에서 비롯되었다고 해도 과언이 아니다.

2 자본과 세계화

그렇다면 미국은 왜 이런 경제 질서를 주도해서 만들었을까? 당연히 당시 미국의 국익이라는 차원에서 보면 소련이 붕괴하고 사회주의 체제가 몰락하면서 명실상부한 유일한 패권국으로서 각국의 교류가 활발해지면 경제적으로 상호 의존성이 강해져서 국가 간 갈등이 감소할 수 있게 된다. 또한 자본의 입장에서는 자유무역을 통한 통합된 세계시장이 자본의 확대재생산에 유리했을 것이다.

자유라는 보편가치를 앞세우고 미국에 유리한 소위 미국식의 글로벌 스탠다드를 전 세계에 큰 저항 없이 확산할 수 있다.[13] 또한 국가 간 장벽이 없어지고 경쟁이 가속화되면서 기술 혁신 속도도 빨라지고 시장의 효율성도 극대화될 수 있었다. 이뿐만 아니라 자유무역을 통해 미국 등 선진국 자본은 개발도상국의 저렴한 노동력과 자원을 쉽게 활용할 수 있기 때문이다.

자본의 입장에서는 이제 두 가지 모두 가능하게 되었다. 인건비가 저렴한 국가에서 규제 없이 생산해도 되고 인건비가 저렴한 외국인 노동자를 국내에 수입해 쓰기에도 유리하게 되었다. 선진국 자본

---

[13] 여기서 말하는 자유란 고전적 의미의 자유라기보다는 시장, 자본의 이윤추구를 위한 경제적 자유주의에서 말하는 자유를 의미한다.

입장에서는 개발도상국으로 생산의 외주화를 늘려서 비용을 줄일 수 있게 되었다. 또한 개발도상국 입장에서는 외국인 자본의 유입을 통해 고용 및 생산이 증가하고 경제성장 속도도 빨라졌다. 선진국과 개발도상국 모두에게 이익이다. 당연히 세계시장이 커지고 경제성장도 빠르면 자본의 투자처와 투자 기회도 늘어나게 된다.

특히 자본시장이 발달한 선진국 자본에 세계화는 선진국에 비해 자본수익률이 높은 다른 국가, 지역, 산업으로 투자를 확장할 기회가 되었다. 또한 세계적으로 무역과 투자가 늘어날수록 국가 간 거래에 쓰이는 소위 기축통화인 달러의 수요와 사용이 늘기 때문에 시뇨리지의 획득을 통한 미국의 이익도 상당하다. 미국을 중심으로 한 서구 선진국들이 세계화에 대해서 적극적이고 긍정적이었던 이유이다. 이렇게 미국을 중심으로 한 세계화는 1980년대 토대를 다진 후 1990년대부터 전 지구적 차원에서 빠른 속도로 진행되기 시작하였다.

3 트럼프와 미국 우선주의의 등장

세계화는 선진국과 개도국 모두에게 전반적으로는 이익을 가져다준 것처럼 보이지만 빛이 있으면 어둠이 있듯이 일부 계층과 구성원은 세계화로 인해 손해를 보게 되었다. 예를 들면 선진국 내에서도 평범한 개인에게 노동력이나 자본이 국경의 장벽 없이 자유롭게 이동이 가능한 세계화와 그 결과가 투영된 현실이 반드시 유리한 것은 아니다. 세계화 이전에는 국내기업의 시설 투자는 국내에서 이루어졌고 그에 따른 일자리는 국내 노동자에게 주어졌다.

하지만 세계화로 인해 국내기업이 저렴한 노동력을 찾아 개발도상국으로 이전해 가면 결국 일자리도 해외로 빠져나가는 것과 마찬가지이다. 국내 노동자의 일자리는 줄고 심지어 있는 일자리도 외국에 뺏기는 상황이 되는 것이다. 물론 빠져나가는 기업만큼 외국에서 기업이 들어오고 또 일자리도 생기면 되지만 자본은 주로 선진국에서 개도국으로 이동하기 때문에 이는 비대칭적이다.

설상가상으로 노동력의 이동이 자유로워진다면 외국인 노동자의 대규모 유입으로 인해 그나마 있는 일자리도 줄어들 가능성이 있다. 특히 고임금 노동자를 고용하는 고부가가치 산업보다는 저임금 노동자를 고용하는 산업의 경우 국내 노동자는 외국인 노동자와 일자리를 놓고 경쟁할 수밖에 없는 처지에 빠지게 된다. 당연히 임금수준이나 처우가 개선되기는 어렵다. 우리나라 산업 현장에서 보는 상황이 여기서 크게 다르지 않다.

여기에 더해 중국 등에서 저렴한 상품이 수입되면 국내에 남아있는 기존 산업도 경쟁력을 잃고 사양화될 가능성이 커진다. 국내 일자리는 더욱 없어지게 된다. 세계화로 인한 이런 결과들이 누적되고 장기간 지속되면 세계화를 주도한 선진국 내에서도 서민, 저임금 노동자 계층은 일자리를 잃거나 임금수준이나 노동 조건이 더욱 악화할 처지에 놓이게 된다. 그리고 이런 현상은 2008년 글로벌 금융위기 이후 자산 가치의 급등, 양극화의 심화와 함께 더욱 강화되었다.

세계화는 거대 자본, 대기업, 투자은행, 금융회사 등 세계화를 적극적으로 활용할 수 있는 자본과 일부 계층에게는 큰 부와 이익을 가져다주었다. 하지만 선진국 내의 중산층 이하 서민 계층, 저임금 노동자에게는 오히려 부정적인 영향을 미쳤다. 문제는 이러한 과정이 하루하루의 실생활에서 변화를 느끼지 못할 정도로 장기간에 걸쳐서 진행되다 보니 실제로 뭔가 이상하고 불만이 생기는데 그 이상함과 불만의 실체가 무엇인지 뚜렷이 잡히지 않았다는 데 있다. 하지만 자본의 본질을 알고 있었던 이들은 이를 이미 알고 있었다고 할 수 있다. 대놓고 말을 하지 않았을 뿐이다.

이러한 불만은 미국에서도 마찬가지였다. 하지만 세계화의 주역이었던 미국 정치권과 경제계(금융자본)가 나서서 이런 세계화의 내막을 이야기할 리 만무하다. 그런데 이 부분을 대놓고 말하는 정치인이 등장했으니 그가 바로 트럼프이다. 그의 논지는 간단하였지만 서민들 특히 저임금 백인 노동자에게 강력한 메시지를 던졌다.

"왜 미국 사람이 낸 세금으로 다른 나라를 지켜주는가? 돈을 쓰려면 그에 합당한 대가를 지불해야 한다. 그리고 왜 다른 나라 기업은 미국에 물건을 팔아서 돈을 벌어가면서도 미국에 일자리를 만들지 않는가? 외국 기업이 국내에서 생산하도록 해서 일자리를 만들도록 하겠다. 그렇지 않으면 수입품에 대해 고율의 관세를 부과하겠다. 중국이 대표적인 그런 국가이다. 외국 기업이 미국에 상품을 팔기 위해서는 미국 내에 대규모 투자를 하게 만들겠다. 불법 이민자들이 미국 사람들의 일자리를 빼앗고 사회복지에 부담을 발생시킨다. 불법 이민자를 막겠다. 중국이 불공정 무역을 하면서 저가 제품으로 미국 산업을 망가뜨리고 있다. 기술을 탈취하고 있다. 중국을 가만히 두어서는 안 된다."

그의 논리에는 세계화라는 말이 전혀 들어가 있지 않다. 하지만 그가 비판하는 현재 상황은 결국 미국이 지난 한 세대 이상 자신 스스로 추진해 온 세계화의 결과이니 트럼프의 비판이 틀린 것은 아니다. 트럼프는 이전의 세계화는 잘못된 것이고 이제 온전히 미국만을 위한 세계화(말이 세계화지 결국은 중국을 고립시키는 미국 중심의 블록화)를 들고나온 것이다.

트럼프의 이런 직설적인 주장은 미국 저임금 백인 노동자 등 서민 계층이 가지고 있었던 불만을 이야기하는 것이다. 예상하지 못했던 트럼프에 대한 지지는 여기에서 비롯된 것이다. 2016년 대선에서 공화당의 트럼프가 당시 전통적인 민주당 우세 지역인 러스트 벨트(rust belt) 지역에서 승리하면서 대통령으로 당선되었다.[14] 기존의 자유무역과 시장 개방을 기초로 한 세계화는 무력화되고 미국의 자국 우선주의가 대세가 되었다. 자국 우선주의가 지배 이데올로기로 작동하기 시작하였다.

실제로 이때부터 세계화 시대는 저물기 시작하였다고 해도 틀린 말은 아니다. 트럼프는 대통령에 취임한 직후 중국 수입품에 대한 관세를 인상하고 중국과 경제, 정치적으로 대립 강도를 높이기 시작하였다. 세계가 하나의 단일한 시장이라는 이전의 전제는 깨지고 미국과 중국이라는 경제 대국이 서로를 배타하며 블록화되기 시작하였다. 우리나라를 비롯한 유럽 등 미국의 전통적인 우방국도 트럼프의 자국 우선주의의 영향을 받을 수밖에 없었다.

2020년 대선에서는 민주당 바이든이 승리하였지만 이것은 트럼프의 자국 우선주의에 대한 심판이라기보다는 코로나 팬데믹으로 인한 부정적인 여론, 트럼프의 강경한 태도나 경솔한 언행과 말실수, 미국 내 인종이나 문화적 차별이나 분열을 만드는 그런 부분이 컸다고 할 수 있다. 결국 미국인들이 트럼프보다 바이든을 더 지지했다기보다는 트럼프에 대한 반감이 결집해서 바이든이 대통령으로 당선되었다고 할 수 있다.

그렇다면 민주당 바이든 대통령은 트럼프의 자국 우선주의와 다른 길을 걸었을까? 바이든의 경우에도 트럼프의 스타일과 달랐을 뿐 그 내용과 방향에 있어서는 크게 달라진 것이 없다 할 수 있다. 바이

---

14 러스트 벨트는 오하이오, 펜실베이니아, 미시간, 위스콘신 등 미국 북동부의 쇠락한 공업지대를 의미하는 용어로 과거 자동차, 철강 등 미국을 대표하는 산업과 기업이 자리했던 지역이다. 하지만 1980년대 세계화 시대 이후 이들 산업은 경쟁력을 잃고 사양화되었고 이에 따라 이 지역도 쇠퇴하였다.

든도 이미 미국 국내 정치, 경제의 주류 담론이 되어 버린 자국 우선주의를 부정할 수 없었다. 다른 것은 트럼프가 동맹국들을 외교적으로 무시한 측면이 컸던 반면, 바이든은 동맹국을 중심으로 외교관계를 회복하는 동시에 동맹국과 함께 대중 견제의 강도를 끌어올렸다는 점이다.

외국 기업이 미국 국내에 투자하도록 해서 일자리를 만들고 미국에 세금을 내도록 하는 것도 트럼프와 바이든의 정책이 크게 다르지 않다. 다만 관세정책을 동원한 트럼프와는 달리 바이든은 외국 기업이 미국 내 투자하도록 보조금 혜택 등 유인책을 제공하는 방식으로 추진했다.

이렇게 트럼프와 바이든은 스타일만 달랐을 뿐 미국 우선주의(America First), 바이 아메리칸(Buy American), 메이드 인 아메리카(Made in America)를 외치면서 자국 우선주의적인 정책을 펼친 것은 크게 다르지 않다. 2024년 11월 대선에서 트럼프가 대통령으로 당선되어 다시 트럼프가 집권함에 따라 이러한 미국 우선주의 정책은 더욱 강화될 것으로 예상된다. 하지만 앞으로 4년 동안의 트럼프 제2기 정부를 포함하여 향후 공화당과 민주당에서 누가 대통령이 당선되든 정책 추진의 방식이나 스타일만 다를 뿐 미국의 보호무역주의와 자국 우선주의라는 큰 흐름은 달라지지 않을 것이라 예상할 수 있다.

그 흐름은 이전의 미국이 추구했던 평평하고 매끈한 세계화의 과정과는 달리 미국의 이익이 일방적으로 관철되고 힘의 논리가 우선하는 격변의 시대로 세계를 몰고 갈 가능성이 크다고 할 수 있다.

Chapter 08

무역의 역사적 이해: 종합

1 세계화 시대와 그 명암

앞에서 보았듯이 세계화는 거대 담론처럼 들려서 추상적이고 어렵게 느껴질 수 있지만 상식적으로 생각해보면 어렵지 않다. 우리 주위만 보아도 세계화의 모습을 쉽게 볼 수 있다. 주변의 마트에만 가도 세계 여러 나라에서 수입된 음식료품을 비롯한 다양한 생필품이 진열되어 있다. 며칠 정도 더 걸릴 뿐이지 온라인으로 외국 상품을 직구로 얼마든지 살 수 있다.

길거리에서 이주노동자, 유학생들을 쉽게 만날 수 있다. 이러한 모습은 불과 한 세대 전만 하더라도 생각하기 어려웠고 낯선 모습이었다. 하지만 지금은 당연하고 자연스럽게 느껴진다. 세계화는 마치 공기처럼 우리의 삶에 스며들어와 있는 것이다.

굳이 세계화를 설명하면 다음과 같다. 세계화는 무역이나 투자에 대한 국가의 장벽이 낮아지고 이에 따라 시장이 확장되는 것과 함께 시작된다. 이에 따라 국가 간 분업이 활발해지고 상품과 서비스, 인력, 기술 등 사회경제적 자원이 국경을 넘어 자유롭게 이동하게 된다. 이러한 과정을 통해 일어나는 다양한 형태의 정치, 사회, 경제, 문화의 변화를 세계화라고 한다. 세계화의 가장 중요한 추동력은 자본의 이윤 극대화, 다시 말해 경제적 이익에 있다고 할 수 있다.

하지만 실제로 세계화의 결과로 나타나는 경제적 이익과 손실은 국가, 계층, 산업 등에서 광범위하고 중층적으로 다르게 나타난다. 다시 말해 국가, 기업, 계층에 따라 세계화의 수혜와 손해가 달라질 수 있다는 것이다. 예를 들면 세계 분업 체제하에서 비교우위에 있는 산업이나 기업은 수혜를 입지만 비교열위에 있는 산업이나 기업은 손해를 볼 수밖에 없다는 것이다.

따라서 세계화는 국가, 기업, 개인에게 기회이자 위협이 될 수 있다. 위협이 된다고 해서 세계화라는 시대적 대세를 무턱대고 부정하기는 어렵다. 오히려 경제적 기회와 수혜의 가능성으로 인해 세계화는 매력적으로 보이기도 한다. 하지만 빛이 있으면 그 반대편에는 어둠이 존재하듯이 세계화는 그에 따른 희생과 비용을 수반한다. 예를 들면 기업 활동의 범위가 국내 시장으로 제약된 내수 산업이나 다수의 저임금, 저부가가치 업종의 사업주와 노동자는 기업의 수익성 악화, 경쟁 심화, 실업, 고용 불안 등 불리한 상황을 마주하게 된다.

세계화의 명암은 선진국이라고 예외는 아니다. 세계화는 전 지구적 차원의 보편적 현상이기 때문에 그 명암은 선진국이든 개도국이든 가리지 않고 나타나는 것이다. 미국 등 선진국을 예로 들면 고학력 또는 기술 인력이 필요한 고부가가치 산업 분야의 일자리는 국내에 남겠지만 인건비 비중이 크거나 저부가가치 산업 분야는 사양화되거나 개발도상국 등 저임금, 저비용 국가로 이전하게 된다.

또한 국가 간 분업화가 진전되면서 고부가가치 산업이라 해도 완제품이 아닌 중간재나 부품 생산의 경우 비용 측면에서 유리한 국가나 지역에 외주(outsourcing)를 주거나 아예 생산시설이나 생산거점을 외부로 이전(off-shoring)하는 경우가 늘어나게 된다. 세계화의 진전에 따라 비교열위 산업은 사양화되고 이 부분의 저임금, 저부가가치, 단순 임노동의 일자리는 사라지게 된다. 그나마 남는 일자리가 있더라고 해외 이주노동자들의 차지가 되기 십상이다.

세계화 이전에는 대다수 상품군이 국내에서 자체적으로 생산, 소비되다 보니 생산 공정 전체와 관련된 다양한 분야와 관련된 여러 모양과 수준의 일자리가 존재할 수 있었다. 다시 말해 저임금, 저부가가치, 단순 임노동 등의 일자리도 존재했고 이 일자리에 종사하는 노동자는 그나마 질 낮은 일자리였지만 실업에 처하는 최악의 상황은 아니었다. 어렵더라도 기본적인 삶을 유지할 수 있었다. 여기에 복지 등 국가의 지원이 있다면 최소한의 삶은 보장될 수 있다.

다시 말해 세계화 이전에는 학력이나 생산력이 높지 않은 사람들에게도 높은 임금수준은 아니라도 안정적이고 지속적인 일자리가 제공될 수 있었다. 제조업 생산직 분야의 경우가 대표적인 사례이다. 제조업 생산직 일자리 중 단순 조립, 노무 등의 일자리는 고학력, 전문직이 아닌 저학력, 단순 임금 노동자도 생계를 유지할 수 있었던 일자리였다.

그런데 이런 일자리를 제공하던 기업과 산업이 세계화가 진전되면서 중국, 동남아, 동유럽 등 저임금 노동력이 풍부한 국가나 지역으로 이전해 가게 되었다. 이로 인해 떠난 공장의 일자리는 사라졌다. 그나마 국내에 남아있는 일자리도 세계화의 결과 중 하나인 노동력 이동의 자유로 외국의 저임금 노동자들이 국내로 이주하게 되면서 내국민은 외국인 노동자들과 경쟁할 수밖에 없는 처지에 놓이게 되었다.

이렇게 일자리의 제공, 고용의 안정성 측면에서만 보면 세계화는 부정적인 것으로 보인다. 물론 그렇게만 볼 수 없는 여러 혜택도 존재한다. 예를 들면 세계화로 국가 간 분업구조가 구축되면서 가장 저렴하고 효율적으로 상품을 만들 수 있게 되었다. 다시 말해 이전에 비해 낮은 가격에 높은 품질의, 소위 말해 가성비가 좋은 상품을 생산, 소비할 수 있게 된 것이다.

이는 소비자에게는 유리하다. 고학력, 전문직이 아닌 일자리는 저임금 국가로 빠져나가 버리지만 소위 고부가가치 전문직은 더욱 특화되고 다양화되어 여기에 종사하는 노동자는 세계화 이전 시대보다 훨씬 높은 소득과 지위를 누릴 수 있게 된다. 세계화 이후 나타나는 양극화의 심화는 이러한 임금의 격차에도 그 원인이 있다.

이렇게 세계화는 재화와 서비스, 노동, 자본, 기술 등 생산요소와 자원이 국경을 넘어 자유롭게 이동하고 그에 따라 효율성은 높아진다. 하지만 그에 따른 일자리 문제와 소득의 양극화라는 그림자도 가지고 있다. 예를 들면 미국은 세계화 이전 시기까지만 해도 명실상부한 제조업 강국이었다. 저학력 노동자라 하더라도 자동차, 철강, 기계 등 주요한 제조업 분야 생산직 노동을 통해 최소한의 생활수준을 유지할 수 있었다. 특히 미국 동부의 오대호 연안 공업지대는 자동차, 철강 산업의 메카로 불리며 미국 제조업의 심장 역할을 하였다. 이들 산업은 미국 생산직(블루칼라) 노동자를 위한 양질의 일자리를 만들어 냈다.

2 세계화의 배신과 미국의 변화

하지만 2000년대 이후 중국의 WTO 가입에 따른 자유무역과 세계화가 급진전 되면서 미국산업의 버팀목 역할을 하였던 자동차, 철강, 기계 등의 전통 제조업은 쇠퇴하였다. 일부 기업은 문을 닫았고 일부 기업은 저렴한 비용을 좇아 해외로 이전하였다. 이렇게 제조업의 쇠퇴로 대다수 제조업 공장은 문을 닫거나 다른 저임금 국가로 생산기지를 옮기게 되면서 오대호 인근 공업지역 경제는 침체하였고 실업자가 급증하였다. 이후 이 지역은 녹슨 지대라는 러스트 벨트라는 별명이 붙어버렸다.

문을 닫고 생산이 중단되어 녹슬어 가고 있는 황량한 공장들의 모습을 상상하면 왜 이런 이름이 붙었는지 알 수 있다. 기존 생산직 노동자 대다수는 일자리를 잃었고 미래에 대한 희망도 잃어버리게 되었다. 미국이 주도한 세계화의 어두운 그림자가 이렇게 미국 자신을 덮친 것이다. 이러한 미국의 일단의 모습을 통해 세계화라는 시대적 흐름은 미국이라는 특정 국가가 주도했다기보다는 이윤 극대화를 최종 목표로 하는 총(總)자본이 주도했음을 이해할 수 있다.

이렇게 세계화의 어두운 면이 더욱 짙어지다 보니 미국 사회 내에서도 이에 대한 불만이 커져 가게 되었다. 특히 세계화로 인한 직접적인 피해를 입은 저임금 백인 블루컬러 노동자의 불만은 더욱 클 수밖에 없었다. 이들 입장에서 세계화는 허울뿐이고 오히려 세계화로 인해 기업이 외국으로 이전하고 일자리를 잃게 되는 상황이 되니 세계화로 남 좋은 일만 한다고 생각하는 것은 당연하다.

이들의 입장에서 세계화고 뭐고 다 그만두고 미국 내에 공장 짓고 제품 생산하고 일자리가 생기면 좋을 것이다. 더 나아가 이민자, 특히 멕시코 등에서 들어온 불법 이민자들에 대한 불만, 분노가 쌓여 갔고 외국에 대한 원조나 지원에 대해서도 부정적으로 변해갔다. 곳간에서 인심 난다는 우리 속담이 있듯이 호주머니 사정이 안 좋아지니 외국인, 이민자, 특히 불법 이민자에 대한 미국 국민의 정서가 악화되어 간 것이다.

2008년 글로벌 금융위기 이후 10여 년 가까이 지나면서도 양극화는 해소되지 않고 오히려 심화하였고 서민, 중하위 노동자 계층의 삶은 나아지지 않았다. 이러한 불만이 쌓여가는 상황에서 2017년

대선에서 트럼프는 이를 정치적으로 십분 이용(악용?)하였다. 그리고 예상을 깨고 민주당 클린턴 후보를 누르고 대통령으로 당선되었다. 트럼프는 미국 우선주의를 내세우며 위에서 언급한 백인 저임금 블루컬러 노동자 계층의 정서를 크게 자극하여 절대적인 지지를 모았고 결국 대통령에 당선된 것이다.

공화당은 전통적으로 친기업, 감세, 정부 개입 최소화 등의 자유시장 경제정책을 지지한다. 세계화도 이러한 자유시장 경제의 맥락에서 발전해 온 것이다. 그런데 세계화로 인해 손해를 입은 블루컬러 노동자들이 공화당 후보인 트럼프를 지지했다는 것은 아이러니한 일이라고 할 수 있다. 트럼프가 기존 공화당 정치인과는 다른 이력의 소유자라는 것도 영향을 미쳤을 것이고 무엇보다도 이들 눈에는 트럼프의 미국 우선주의가 매력적으로 보였을 것이다.

이들의 전폭적인 지지에 힘입어 당선된 트럼프는 공언한대로 미국 자국 산업과 일자리를 지킨다는 명분으로 중국산 수입품에 대한 고율 관세를 부과하기 시작하였다. 중국 때리기라는 말이 등장하였다. 고율 관세 부과는 중국에 집중되었지만 중국뿐만 아니라 한국, 일본, EU산 수입품도 그 영향에서 벗어나지 못하였다. 중국 때리기를 넘어 외국 때리기, 미국 우선주의가 전면에 등장하였다. 트럼프는 이러한 정책을 시작으로 자동차, 철강, 석유 산업 등 전통적인 국내 제조업을 지원하기 시작했다. 더 나아가 외국 기업이 미국에서 물건을 팔고 싶으면 미국에 공장을 세우고 일자리를 만들라고 노골적으로 요구하기 시작했다.

이렇게 트럼프 행정부의 등장과 함께 기존 자유무역과 세계화 시대에는 상상하기 어려운 일들이 실제로 벌어지기 시작한 것이다. 탈세계화, 블록화, 보호무역의 시대가 활짝 열리게 되었다. 이는 미국이 스스로 자기부정을 하는 것과 마찬가지이다. 하지만 한 표라도 아쉬운 정치인에게는 표가 된다면 이런 반세계화, 보호무역 정책을 마다할 이유가 없다. 특히 기존 정치계에서는 이단아라고 평가받는 트럼프는 더욱 그럴 것이다.

미국의 대외 정책 전환은 트럼프 정부에만 해당하는 것은 아닐 것으로 보인다. 바이든 민주당 정부도 이런 흐름에서 벗어나지 않고 오히려 더욱 자국 중심의 정책을 강화해 왔다. 앞으로 대선에서 공화당이 승리하든 민주당이 승리하든 상관없이, 보수냐 진보냐를 떠나서 이러한 흐름은 미국 정치의 거스를 수 없는 대세가 되어가고 있는 것으로 보인다.

앞으로도 상당 기간은 공화당이든 민주당이든 구사하는 방식의 차이일 뿐 큰 차원에서 노골적인 미국 우선주의가 득세할 것으로 보인다. 하지만 다른 나라도 아니고 자유무역과 세계화의 최후의 보루임을 공언해 오던 미국이 이렇게 자국 우선주의로 노선을 바꾸고 탈세계화, 블록화, 보호무역 정책을 시행하게 되니 세계 경제는 큰 혼란을 겪게 되었다. 미래에 대한 불확실성이 높아지면 생산과 투자를 계획, 시행해야 하는 기업의 활동은 위축될 수밖에 없게 되었다.

미국 트럼프 정부는 2018년 중국산 수입품에 대한 전면적인 고율 관세 부과를 시작으로 미·중 무역전쟁과 함께 본격적으로 미국 우선주의를 가속하기 시작하였다.[15] 미국이 과격하고 노골적으로 미

---

15 미국 트럼프 정부의 對 중국 관세정책을 연대순으로 보면 다음과 같다. 2018년 7월 340억 달러 규모의 중국산 수입품에 25% 관세를 부과하였다. 이에 대해 중국은 즉각적으로 대두 등 농산물은 물론 자동차, 화학제품을 포함한 340억 달러 규모의 미국산 수입품에 관세를 부과하였다. 2018년 8월 미국은 관세 부과 분야를 확대하여 추가로 160억 달러 상당의 중국 상품에 25% 관세를 부과하여 관세 부과 대상 총수입액이 500억 달러에 이르렀다. 2018년 9월 미국은 추가로 2,000억 달러 규모의 중국산 수입품에 관세를 부과하였다. 관세율은 10%에서 시작하여 2019년 5월까지 25%로 인상되었다. 관세 부과 대상은 전자 제품, 가구, 섬유 등 다양한 소비재로 확대되었다. 중국은 이에 대한 보복 조치로 액화천연가스(LNG), 화학제품, 농산물 등을 대상으로 600억 달러 규모의 미국산 제품에 관세

국 우선주의를 추진하다 보니까 여기저기서 부작용이 발생할 수밖에 없다. EU 등 동맹국, 우방국과도 외교적으로 마찰이 발생하게 된다. 하지만 패권국인 미국도 중국에 대한 제재가 효과를 발휘하기 위해서는 동맹국의 협조가 없으면 무의미하다.

바이든 정부에서는 트럼프 정부와는 결이 다르게 동맹과의 외교 관계를 중시하면서 중국에 대한 제재에 동참하도록 유인하고 있다. 하지만 한국, EU, 일본 등 우방국마저도 관세인상이나 수출 쿼터제 등 미국의 보호무역 조치로 인해 피해를 보고 있는 상황에서 못마땅할 수밖에 없다. 미국이 주는 것도 없이 중국 제재에 동참하라고 하니 불만이 있을 수밖에 없다.

미국은 이를 의식해서 미국에 들어와 공장 짓고 일자리 만들면 세금 감면, 보조금 혜택을 주겠다고 하는 것이다. 미국 기업과 외국

를 부과하였다. 이후 2019년 5월 기존 10%로 설정되었던 2,000억 달러 상당의 중국산 제품에 대한 관세가 미국과 중국 간의 협상이 중단되면서 25%로 인상되었다. 더 나아가 2019년 8월 트럼프 정부는 나머지 3,000억 달러 규모의 중국 수입품에 대해서도 10%의 추가 관세를 발표하였고 일부는 2019년 9월에, 다른 일부는 2019년 12월에 시행되었다. 중국은 미국산 수입 상품에 대한 추가 관세로 보복하고 자국 통화인 위안화의 평가절하를 허용해 긴장을 더욱 고조시켰다. 2019년 12월 미·중 무역 협상이 개시되면서 트럼프 행정부는 2019년 12월 발효 예정인 일부 관세를 연기했다. 그리고 2020년 1월 1단계 무역협정이 체결되었다. 미국은 계획된 일부 관세를 취소하고 1,200억 달러 규모의 중국산 제품에 대한 기존 관세를 15%에서 7.5%로 낮추기로 합의하였다. 이 합의에도 불구하고 약 2,500억 달러 상당의 중국산 제품에 대한 관세는 25% 수준으로 유지되었고 추가 1,200억 달러에 대한 관세는 인하되었으나 철폐되지는 않았다. 이후 2020년 초 코로나 팬데믹이 시작되면서 1단계 거래의 이행이 복잡해졌고 양측 모두에 경제적 혼란이 생겼다. 그러나 글로벌 차원의 위기에도 불구하고 관세는 대부분 그대로 유지되었다. 트럼프 행정부는 중국에 대한 영향력을 유지하기 위해 관세가 필요하다고 주장하면서 2020년 내내 관세를 계속 집행하였다. 미국 정부는 화웨이, 틱톡 등 중국 IT 기업에 대해서도 추가 제재를 가했다. 미·중 무역전쟁은 미·중 관계를 더욱 악화시켰고 무역을 넘어 기술, 안보, 지정학 등 다양한 영역에 영향을 미쳤다. 미·중 1단계 무역협정 합의에도 불구하고 대다수 관세가 그대로 유지되었다. 이는 바이든 정부에 들어와서도 크게 변경되지 않은 채 지속되고 있다.

기업 간의 차별도 없다는 것이다. 미국으로 생산시설을 옮기지 않으면 앞으로 수출도 어려워질 것이고 미국 우선주의와 보호무역으로 인한 손해를 입을 수 있으니 그 전에 미국으로 들어오라는 것이다.

이는 외국 기업에 한편으로는 기회이면서 다른 한편으로는 위기로 느껴질 수밖에 없다. 냉엄한 세계시장에서 미국의 힘을 실감하는 기업은 미국의 이러한 제안에 대해 시간을 끌면 끌수록 손해임을 잘 알고 있다. 우리나라의 경우도 삼성전자, 현대자동차, LG에너지솔루션 등 주요 대기업이 미국으로 생산기지를 옮겨가고 있다. 이는 바로 이 시간에도 진행되고 있고 큰 변수가 없는 한 앞으로도 가속화될 것으로 보인다. 기업으로서는 자국을 떠나긴 싫지만 떠나야만 하는 그런 피할 수 없는 현실이 된 것이다.

이렇게 코로나 팬데믹 직전까지는 트럼프 정부의 거칠고 정제되지 않은 자국 우선주의, 보호무역정책이 여러 가지 문제를 일으키고 이에 대한 비판과 저항이 있었지만 팬데믹 이후 바이든 정부에서는 이를 세련되게 다듬었다고 할 수 있다. 오히려 미국 중심의 자국 우선주의가 자연스러운 대세가 되었다. 자국 우선주의는 미국에서 시작되어 전 세계적으로 전파되었다. 세계화의 시대가 그랬듯이 탈세계화의 시대도 미국을 기점을 시작되는 것은 어쩌면 자연스러운 일이다. 결자해지라고 할 수 있을까?

이전의 자유무역과 세계화의 시대는 이제 저물어 가고 있다. 아니 저물고 있다고 표현하는 것보다는 기존과 다른 모습의 세계화가 다가오고 있다고 하는 것이 맞을 수 있다. 자유무역과 세계화로 가장 많은 수혜를 입은 우리나라로서는 좋은 시절은 다 갔다는 이야기로 들릴 수 있다. 우리나라는 이전과는 다른 시대적 흐름 앞에 놓이게 되었다. 무역으로 먹고산다고 해도 과언이 아닌 우리나라로서는 새로운 위기와 과제가 주어진 셈이다. 향후 세계화의 흐름이 어떠한 방향으로 변화되고 그 새로운 흐름을 어떻게 활용할지에 대한 방안에 대해 고민이 필요할 때이다.

3 코로나 팬데믹과 미국의 대응

코로나 팬데믹 직전까지 세계무역 상황을 보면 미국의 급진적인 보호무역으로의 방향 전환으로 인해 대다수 국가가 당황하고 이에 대응하기 위해 분주한 시기였다. 그러던 와중에 예상치 못한 코로나 팬데믹이 터진 것이다. 관세를 올리고 무역 규제를 늘리면서 보호무역 바람이 점점 강하게 불던 차에 이를 더욱 강화할 수 있는 사건이 더 터지게 된 것이다. 설상가상, 엎친 데 덮친 격이라고 할 수 있다.

코로나 팬데믹은 관세나 수입제한 등의 보호무역 조치는 그 이상의 무역을 제한하는 효과를 불러왔다. 주요 선진국은 물론 중국도 국경을 폐쇄하고 이동을 금지하였다. 일상적 대면 경제활동을 금지, 제한하는 것은 그 효과 면에서 극단적인 보호무역 조치와 사실상 다를 바가 없다. 코로나 팬데믹으로 인해 의도치는 않았지만 전 세계는 자유무역과는 완전히 반대 방향으로 가버린 것이다. 극단적인 보호무역의 흐름이 휩쓴 것과 마찬가지가 되었다.

이것이 결국 정교한 톱니바퀴와 같이 움직이던 글로벌 공급망의 정지와 마비를 가져왔다. 여기에 더해 코로나 팬데믹의 영향이 채 가시기도 전인 2022년 초 러시아-우크라이나 전쟁이 발발하였다. 에너지와 곡물의 주요 수출국인 러시아와 우크라이나가 전쟁으로 치닫게 되면서 원유, 천연가스 등 에너지 가격과 옥수수, 밀 등의 곡물 가격이 천정부지로 올라갔고 세계적인 인플레이션 현상이 나타나게 되었다. 2024년 말 현재 인플레이션은 안정화된 것으로 보이지만 아직까지 인플레이션의 여파에서 완전히 벗어났다고 보기는 어렵다. 문제는 이렇게 지정학적인 위기와 갈등이 격화되면 세계는 언제든 다시 인플레이션의 망령과 싸워야 하는 상황이 될 수도 있다는 것이다.

앞에서도 이야기했지만 자유무역과 세계화의 핵심은 비교우위에 입각한 국가 간 분업이다. 분업의 장점은 비교우위가 있는 분야에 대한 특화 또는 전문화를 통해 더 싸고 더 좋은 상품, 서비스를 생산 그리고 소비할 수 있는 것이라고 할 수 있다. 예를 들면 천연자원 등 원자재가 풍부한 나라가 있고 천연자원은 부족하지만 기술을 가지고 있어서 생산을 잘하는 나라가 있다고 하자. 비교우위론은 모든 것을 다 하는 것보다는 서로 잘하는(비교우위가 있는) 부분에 특화해서 생산하고 이를 교환(무역)하면 두 국가 모두 그 이전보다 더 많은 이익을 얻는다는 것이다. 이를 무역의 이익(gains from trade)이라고 한다.

이러한 국제 분업의 효과가 나타나기 위해서는 무역이 원활히 이루어질 수 있도록 해야 한다. 관세 등과 같은 수입 장벽이나 통관절차 시 불필요한 행정규제 없이 상품과 서비스가 자유롭게 이동이 될 수 있어야 한다. 한 마디로 상품생산을 위한 비용도 줄이고 이렇게 생산한 상품의 무역에도 비용을 줄이자는 것이다. 비용을 줄여야만 이윤이 늘어난다. 불필요한 비용을 없애야만 효율적이다.

그래서 세계화 시대에는 국경의 제약이 없는 자원 이동이 가능한 자유무역이 중요한 것이다. 그런데 이러한 국제 분업을 토대로 한 글로벌 무역시스템은 치명적인 약점을 가지고 있다. 그것은 국제 분업에 기초한 글로벌 공급망은 크고 작은 톱니바퀴들의 뭉치와 같이 복잡하지만 정교하게 얽혀 돌아간다는 것이다. 이는 톱니바퀴의 특정한 한 부분에서 문제가 생기면 전체 톱니바퀴의 운동이 정지하는 시스템적 위기가 발생할 수 있음을 의미한다.

또한 글로벌 공급망이 일부 공급 사슬의 문제로 인해 전체가 마비 또는 정지할 수 있는 위험성을 내포하고 있음을 의미한다. 소위 테일 리스크(tail risk)라고도 하는데 확률적으로 발생할 가능성이 극히 낮지만 만약 발생하게 되면 큰 위기를 가져올 수 있는 사건을 의미한다.

예를 들면 코로나 팬데믹으로 대면 생산 활동 중단으로 특정 지역이 봉쇄되어 광산의 채굴 활동이 중단되면 그에 따른 원자재 생산도 멈추게 된다. 이로 인해 원자재를 활용한 특정 부품의 생산과 유통에도 차질이 발생한다. 이는 부품뿐만 아니라 최종재(완성품) 생산에도 영향을 주게 된다. 이는 제품생산에 필요한 일부 공정에 문제가 생긴 것이지만 결론적으로는 이 제품의 전체 공급망이 마비되는 것과 다르지 않다.

국가 간 무역의 차원에서 보면 이는 극단적인 보호무역이 발생한 것과 다르지 않다. 기존의 관세장벽과 같은 보호무역 조치는 아니지만 코로나 팬데믹으로 인해 상품과 서비스의 물리적 단절이라는 자유무역이 심각하게 훼손되는 결과가 발생했기 때문이다. 트럼프 행정부 이후 강화되던 보호무역이 팬데믹으로 인해 보호무역의 전형으로까지 이르게 되었다고 해도 과언이 아니다.

이렇듯 자유무역과 세계화에 기초한 싸고 좋은 상품과 서비스가 국경의 제약 없이 자유롭게 이동하는 무역 질서와 경쟁과 효율을 중심으로 구축된 글로벌 공급망은 코로나로 인해 이전처럼 효율적으로 작동할 수 없게 되었다. 이제는 어디가 더 저렴한가가 문제가 아니라 어디가 납품 일자를 맞출 수 있느냐가 중요해지게 되었다. 다시 말해 코로나 팬데믹으로 인해 그동안 효율(이윤 극대화)을 중심으로 구축되었던 글로벌 공급망이 안정적인 공급처 확보라는 다른 무게중심으로 이동하게 되었다.

이에 따라 공급망이 지역적으로 근접한 지역, 국가 또는 가치와 이념을 같이 하는 국가들을 중심으로 개편되기 시작했다. 비용 절감 보다는 안정적인 공급 자체가 중요하게 되었다. 당연히 상품생산을 위한 비용은 상승하게 된다. 코로나 이후 세계적 인플레이션 현상은 단지 통화량(유동성)이 증가했기 때문만이 아니라 더 이상 저렴한 가격으로 공급이 어려워지는 상황이 발생했기 때문이다.

코로나 팬데믹에 더해 2022년 초 러시아의 우크라이나 침공으로 시작된 러시아-우크라이나 전쟁으로 인해 공급망 문제는 더욱 심화하였다. 에너지, 곡물 가격의 급등으로 인해 복합위기의 양상으로 악화하였다. 또한 코로나 팬데믹 대응을 위한 미국, EU, 일본 등 선진국을 중심으로 대규모 재정지원이 이루어지면서 유동성도 대폭 증가하였다. 재정지원의 영향에 대해서는 그 긍정적 역할 여부 등 논쟁의 여지가 있지만 정부의 재정 확대는 유동성의 증가 그리고 물가상승의 요인으로 작동할 수 있는 것은 부정할 수 없다.

Chapter 09

무역의 역사적 이해: 우리나라와 무역 2조 달러 시대로

1 우리나라와 자유무역

이렇게 코로나 팬데믹으로 인해 공급과 수요 양 측면에서 물가가 상승할 환경이 만들어졌다. 2008년 이후 지속된 디플레이션 현상도 인플레이션에 대한 경계심이 옅어지고 오히려 물가상승을 자극하는 방향으로 영향을 주었다. 이러한 여러 여건이 동시적으로 작동하게 되었고 2022년 이래 세계 경제는 1970년대 후반에 나타났던 인플레이션의 문제로 다시 어려움을 겪게 되었다.

2008년 이후 금융위기를 극복하기 위해 유지된 십 년 이상의 저금리 기조와 양적완화로 인해 가계와 기업의 부채 규모는 지속하여 증가하였다. 특히 코로나 팬데믹 이후에는 대규모 재정지원과 유동성 공급으로 인해 부동산, 주식 등 자산 가격이 폭등하였다. 이는 다시 자산 인플레이션을 가속화하고 경제 내 전반적인 비용을 증가시켜 비용 인플레이션을 불러오게 되었다.

문제는 여기서 그치는 것이 아니다. 인플레이션을 억제하기 위해 금리가 오르기 시작하였다는 것이다. 미국 연준은 2022년 이후 불과 1년 6개월여 만에 기준금리를 제로금리 수준인 0.0~0.25%에서

5.25~5.50% 수준으로 5% 포인트 이상 급격하게 인상하였다.[16] 금리 인상으로 가계와 기업의 부채 부담은 가중되었다. 연준의 기준금리 인상은 미국 내 금리 인상을 불러오는 것에 그치지 않고 도미노 효과를 일으켜 전 세계적인 금리 인상을 가져왔다.

각국의 금리 인상은 가계 소비 감소, 기업 비용 증가, 고용 감소, 매출 감소, 경기 침체로 이어지게 되었다. 이는 개별국가 차원에서만 적용되는 것이 아니라 세계 경제 차원에서 진행되는 상황이다. 당연히 우리나라도 예외는 아니었다. 오히려 높은 수준의 금리와 부동산 대출 등 부채 문제로 인한 심각한 경기 후퇴, 경기 침체의 악순환에서 벗어나지 못하고 있는 모습을 보이고 있다.

특히 우리나라와 같이 무역이 국가의 명운을 결정하는 나라는 세계 경제가 침체하면 더 큰 타격을 입을 수밖에 없다. 대부분 나라는 경제가 어려워지면 자국 산업 보호와 실업문제의 해결을 위해 보호무역을 강화할 가능성이 커진다. 이는 실제로 최근 일어나고 있는 현상이다. 다시 말해 국산 상품을 쓰고 대신 수입을 줄인다는 것이다. 이렇게 되면 우리나라와 같은 주요 수출국은 수출이 감소하고 경제는 어렵게 된다.

그리고 여기에 더해 자원을 많이 보유한 나라는 자국의 영향력을 키우기 위해서 원자재, 천연자원 등의 수출을 제한하는 보호무역 조치를 강화할 수 있다. 원자재 가격이 오르고 더 나아가 원자재 수급 자체에 문제가 발생하면 대부분 원자재를 수입, 가공, 제조하여 수출하는 우리나라로는 더욱 큰 어려움을 겪을 수밖에 없다.

---

16 이후 2024년에 들어서면서 인플레이션 압력이 줄어들며 연준은 2024년 9월 기준금리를 0.5% 포인트 인하(빅컷)하는 것을 시작으로 금리 인하로 돌아섰다. 하지만 금리가 빠르게 인하되기에는 불확실성이 여전히 해소되지 않고 있다. 향후 상당 기간 금리는 2010년대의 제로금리 수준에 비해 높은 수준에 머물 것으로 예상된다.

인플레이션, 고금리, 경기 침체 등으로 국내 경제가 어려워지면서 전 세계적으로 보호무역의 성향이 점점 짙어지고 있다. 그런 과정에서 자유무역은 확대되기 어렵다. 필연적으로 경기 침체는 장기화하고 우리나라처럼 원자재를 재가공해서 수출하는 수출 주도형 국가는 더 큰 타격을 입게 된다. 또한 글로벌 공급망에서 중요한 위치를 차지하는 개도국 등에서 시위나 내란이 발생하고 국가 간 전쟁이 발생하면 지정학적 불안정성이 더욱 커진다.

지정학적 불안정성은 세계 경제에 더욱 큰 부정적인 영향을 준다. 2024년 말 현재까지도 진행되고 있는 러시아-우크라이나 전쟁, 이스라엘-하마스 전쟁 등이 그러한 사례이다. 이는 우리나라에 더욱 큰 어려움을 가져다주게 될 것이다. 반드시 그렇게 될 것이라고는 할 수 없지만 향후 이러한 지정학적 리스크가 확대되고 보호무역주의가 강화될 경향성, 가능성은 증가하고 있다. 우리나라는 국익과 국민의 삶을 지켜내고 냉엄한 국제사회에서 살아남기 위해서 이를 대비한 만반의 준비와 전략이 필요하다.

우리나라는 무역을 통해 경제성장을 달성한 대표적인 사례로 인정받고 있을 정도로 무역이 경제와 국민 삶에 미치는 영향은 지대하다. 우리나라는 경제성장을 위한 기술과 자원이 절대적으로 부족했고 반세기 전만 해도 가난은 숙명처럼 여겨졌다. 일제강점기를 거치면서 한반도는 병참 기지화되고 주요 경제적 자원은 수탈되었다. 일제강점기 한반도의 사회경제적 자원은 순전히 일본의 이익을 위해 이용되었다. 그리고 해방 후에도 그나마 일제강점기 건설되었던 산업 및 생산시설은 한국전쟁을 거치면서 대부분 파괴되었다. 대한민국은 가난의 굴레에서 벗어나기 어려워 보였다. 이제 미국의 원조가 생명 줄이 되다시피 했다.

20세기 초중반 일제강점기, 해방 직후의 정치적 혼란, 한국전쟁 등 절망적인 시기 속에서 우리나라 경제가 부흥할 수 있었던 핵심적인 요인은 무역, 그중에서도 수출이었다. 앞에서 살펴보았지만 무역은 무역의 이익을 통해 경제성장과 국민 후생을 증가시킨다. 무역은 단기적인 이익뿐만 아니라 시간의 흐름에 따라 나타나는 동태적 이익을 발생시킨다.

우리나라는 무역의 이익을 극대화함으로써 누구도 예상하지 못했던 빠른 경제성장을 이룩할 수 있었다. 무역을 통해 자원과 기술을 얻을 수 있었다. 이러한 자원과 기술이 양질의 인적자본과 결합하면서 우리나라는 한강의 기적을 이룰 수 있었다. 이처럼 우리나라는 무역의 원리를 현실에 적용하여 성공한 가장 대표적인 사례라고 평가된다.

우리나라뿐 아니라 근대 이후 패권국으로 군림했던 국가 대부분은 무역의 이익을 십분 활용하였다. 예를 들면 16세기 대항해 시대 이후 포르투갈, 스페인, 네덜란드, 영국 등이 패권국으로 발전할 수 있었던 요인 중 하나는 중국, 인도, 동남아시아 등 아시아와의 무역에서 얻은 막대한 경제적 부였다. 무역을 통해 얻을 수 있었던 경제적 이익은 실로 막대했다. 유럽 상인은 아프리카를 돌아 수만 리 항해 길을 마다하지 않았다. 이러한 무역에서 획득한 경제적 부는 유럽 제국이 산업혁명과 경제성장을 이룰 수 있었던 물적 원천이 되었고 이를 바탕으로 선진국으로 발전할 수 있었다.

특히 20세기 이후 무역을 통한 경제성장의 토대에는 자유무역을 근간으로 하는 다자무역 체제가 있다. 예를 들면 어떤 나라가 아무리 무역하고 싶어도 자유로운 무역이 보장되지 않는다면 그만큼 그 나라의 무역과 경제활동은 위축된다. 무역의 이익도 실현하기 어려울 것이다. 1948년 GATT 체제가 성립되면서 세계무역 질서는 기본적으로 다자무역 체제를 바탕으로 작동되고 발전하였다.

그 전개 과정을 보면 다자무역 체제라는 기본 프레임 안에서 자유무역을 위한 다양한 노력이 진행되었음을 알 수 있다. 이러한 노력 덕분에 무역은 그 규모와 다양성 측면에서 비약적으로 발전하였다. 다행히 우리나라는 이러한 자유무역의 확대와 다자무역 체제의 발전이라는 세계무역 질서의 변화 속에서 무역을 통한 경제적 이익을 충분히 확보할 수 있었다. 자유무역의 확대와 다자무역 체제의 발전은 우리나라 무역의 발전을 위한 토대를 마련해 주었고 이는 다시 급속한 경제성장을 위한 동력을 제공해 주었다.

2 보호무역주의의 도전

이처럼 우리나라는 수출주도 경제성장 전략과 다자무역 체제에 기초한 자유무역 확대라는 두 가지 조건을 힘입어 무역 대국과 선진국으로 도약할 수 있었다. 우리나라는 2011년 처음으로 무역 규모 1조 달러를 달성하였다. 그리고 수출 규모가 2017년 세계 6위에 이르렀고 2024년 일본을 제치고 세계 5위 수출 대국으로 올라설 것으로 예상된다. 이러한 눈부신 성과에도 불구하고 우리나라의 무역은 새로운 도전에 직면해 있다.

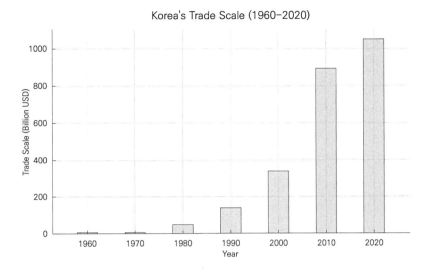

그림 2-6 우리나라의 무역규모 추이(1960~2020)

이 그래프는 1960년부터 2020년까지 우리나라의 무역규모(수출+수입)의 증가 추이를 보여준다. 우리나라의 무역규모는 1970년대 이후 빠른 산업화와 함께 급격하게 증가하였다.

대외적으로는 글로벌 금융위기와 코로나 팬데믹 이후 경제의 불안정성 및 불확실성의 증가, 미국 등 선진국의 보호무역주의로의 회귀, 중국·아세안 등 신흥개도국의 추격, DDA를 비롯한 다자무역 협상의 공전 등 우리나라가 지금까지 겪지 못한 새로운 도전과 과제들이 앞에 놓여있다. 대내적으로는 저성장과 경기 침체, 잠재성장률 하락, 급격한 저출산 고령화, 양극화 심화 등도 해결해야 할 과제로 대두되고 있다.

지난 반세기 동안 우리가 누려왔던 경제성장의 조건들은 이제 더 이상 유효하지 않다. 앞으로 다가올 또 한 번의 50년, 100년을 위해서는 새로운 도약이 필요하다. 하지만 여전히 변하지 않는 사실은 그 중심에 여전히 무역(수출)이 있다는 것이다. 세계 경제 환경이 어떤 모습으로 바뀌어도 무역을 통한 무역의 이익 확보는 경제성장을 위해 필수불가결하다. 예를 들면 다자무역 협상의 지체 속에 이를 대체하기 위한 양자 간 FTA, CPTPP, RCEP 등 복수국 간 FTA 등 지역무역 협정이 빠르게 추진되고 있다.

앞에서는 자유무역을 표방하면서도 이면에서는 국내 산업을 보호하기 위한 보호무역 조치 등 치열하면서도 냉엄한 무역전쟁이 벌어지고 있는 것이 현실이다. 이러한 무역환경 변화에 적극적으로 대응하고 국익을 확보하기 위한 노력이 진행되어야 한다. 우리나라가 FTA 허브 국가를 표방한 것도 이러한 세계무역 질서의 변화와 무관치 않다. 우리나라는 한편에서는 지역주의, 보호무역주의 강화에 대응하면서도 다른 한편에서는 DDA의 협상 타결 등 WTO 중심의 다자무역 체제 발전에도 적극적으로 참여해야 한다.

DDA는 진행 속도는 느리지만 일단 타결이 되면 무역에 미치는 영향과 그 경제적 파장은 그 어떤 지역무역 협정보다도 클 것으로 예상된다. 무역이 경제에 미치는 영향이 지대한 우리나라는 이러한 지역주의와 다자주의적 흐름에서 우리나라의 국익을 극대화할 수 있는 지점을 선택하고 선점해야 할 것이다. 과거 반세기 이상 우리나라 경제의 중심에는 무역이 있었다. 마찬가지로 다가올 반세기, 아니 그 이상 우리나라 경제의 중심에는 무역이 있을 것임에는 틀림이 없다.

무역을 통한 이익은 우리나라가 수출 대국, 경제 대국으로 발전할 수 있는 핵심적인 요소가 될 것이다. 우리나라가 불가능할 것 같았던 수출 5천억 달러, 무역 1조 달러 시대를 이미 달성했듯이 이제 이를 넘어 수출 1조 달러, 무역 2조 달러 시대를 향해 나아가기 위한 국가적, 국민적 노력을 다해야 할 것이다. 우리나라에게 무역은 총력전이라고 해도 과언이 아니기 때문이다.

PART

03

화폐의 역사적 이해[1]

---

[1]   제3부의 내용은 저자의 『국가주도 화폐창조』 제1장과 제2장의 내용을 수정, 보완한 것이다.

Chapter 01

화폐 기초

1 화폐의 정의와 기능

화폐는 단순한 지급결제 수단이 아니라 역사적 산물이다. 화폐는 시대와 지역에 따라 서로 다른 모습과 특성을 가지고 변화되어 왔다. 하지만 화폐는 채권·채무 관계의 창출, 유지, 청산을 위한 최종적이고 불가역적인 결제 수단이라는 본질은 바뀌지 않았다. 따라서 화폐가 역사적 흐름에 따라 어떻게 변화되어 왔는지를 살펴보기 위해서는 우선 시공간을 뛰어넘는 화폐의 보편적인 특성, 다시 말해 화폐의 본질에 대한 이해가 필요하다.[2] 이 장에서는 화폐의 본질에 대한 기초적인 논의를 소개하고 이를 바탕으로 화폐의 역사적 전개와 변화의 과정을 살펴보고자 한다.

화폐는 문자, 바퀴 등과 함께 인류의 가장 위대한 발명품의 하나로 인정받고 있다. 예를 들면 20세기를 통틀어서 가장 저명하고 영향력 있는 경제학자로 인정받는 폴 사무엘슨(Paul Samuelson,

---

2　돈과 화폐는 사실상 같은 의미이지만 학술 분야에서는 돈 대신 화폐 또는 통화라는 용어를 주로 사용한다. 이 장에서는 편의상 돈 대신 지급결제 수단의 의미에서는 화폐(예를 들면 본위화폐)를, 경제 내 사용되는 화폐의 총량(예를 들면 본원통화)이나 정부 정책(예를 들면 긴축적 통화정책)과 관련되어서는 통화라는 용어를 사용한다.

1915~2009)은 그의 저서 『경제학』(Economics, 1948)에서 화폐는 불과 바퀴와 함께 인류의 가장 위대한 발명품이라고 평가하였다. 화폐가 발명되지 않았다면 인류가 이룬 문명과 기술은 불가능했을 것이다.

또한 화폐는 화폐경제의 정점이라고 할 수 있는 자본주의가 탄생하고 발전하기 위한 필수적인 존재이다. 화폐경제가 필연적으로 자본주의로 발전했던 것은 아니었지만 자본주의는 화폐경제를 기초로 한다.[3] 다시 말해 화폐경제는 자본주의의 필요조건이라고 할 수 있다. 따라서 자본주의를 이해하기 위해서는 화폐와 그 화폐가 작동하는 메커니즘을 이해해야만 한다.

우선 이 장에서는 인류 역사에서 왜 화폐가 생겨났고 어떻게 현재의 모습으로 변화, 발전해 왔는지 화폐 일반론을 중심으로 살펴본다. 그리고 2장부터는 일반론에 대한 반론과 그 정책적 의미를 제시한다. 이 책에서 논의하고 있는 경제는 인간이 삶을 유지하는 데 필요한 생산과 소비 등의 활동과 그 메커니즘의 총체를 의미한다. 인간

---

3   화폐경제가 자본주의로 발전하지 않은 사례로 중세 중국, 특히 송나라(960~1279년) 시기를 들 수 있다. 이 기간 중국은 광범위한 화폐 사용, 정교한 무역 네트워크, 상당한 도시화를 통해 당시로서는 고도로 발전된 경제를 누렸다. 그러나 이러한 특징에도 불구하고 서구적 맥락에서 이해되는 자본주의는 등장하지 않았다. 그 이유로 우선 국가 통제의 영향을 들 수 있다. 국가는 철, 소금 및 기타 필수 상품생산을 포함하여 경제의 주요 부문에 대해 강력한 통제를 유지했다. 국가는 시장을 규제하고 국가 권위에 도전할 수 있는 대규모 개인 부의 축적을 방지하는 세금을 부과하였다. 두 번째로 지배 이념인 유교는 지배 계급의 사회적 조화, 위계, 도덕적 의무를 강조했는데 이는 이윤추구를 억제하고 상업보다 농업을 선호했다. 상인들은 중요한 역할을 했음에도 불구하고 사회적으로 인정받지 못하고 소외되었다. 그리고 노동시장의 부재를 들 수 있다. 노동시장이 중심인 자본주의 경제와는 달리, 이 기간 중국은 여전히 농노제와 같은 구속된 노동 형태에 크게 의존하였다. 자본주의가 요구하는 노동의 자유로운 이동과 노동시장의 형성을 위한 법적, 사회적 제도가 제공되지 않았다. 중세 중국에서는 화폐경제가 고도로 발전하고 무역이 번창했음에도 불구하고 강력한 국가 개입, 유교적 사회적 가치, 노동시장의 부재로 인해 서구와 같은 자본주의는 출현하지 못하였다. 대신 중국 경제는 국가가 경제활동을 규제하면서 일단의 상업 활동과 화폐경제가 작동하는 전 자본주의 체제로 남아있게 되었다.

은 공동체를 이루고 타인과의 분업과 교환을 통해서만 인간적인 삶을 살 수 있다. 인간을 사회적 동물이라고 하는 이유가 여기에 있다. 따라서 경제는 나와 타인과의 교환행위에 대한 분석으로부터 시작한다고 해도 과언이 아니다.

경제의 핵심은 거래이다. 거래는 필요한 상품의 가치(가격)를 매기고 그 가치(가격)에 해당하는 그 무엇인가를 그 상품과 교환하는 행위이다. 자기가 필요한 것과 타인이 필요한 것의 교환, 다시 말해 서로 다른 욕망의 교환이 경제의 시작이다. 나는 없지만 남이 가진 것을 가지고 싶고 동시에 상대방도 내가 가진 것을 가지고 싶어 하는 쌍방 간 욕망의 일치가 이루어지면 물물교환(barter)이 가능하다. 교환이라는 행위를 거치면 나와 상대방이 가지는 만족감(효용)의 총합은 교환 전에 비해 커진다.

하지만 물물교환은 맹점이 있다. 상대방 물건과 교환하고 싶더라도 상대방이 내 물건을 원하지 않으면 거래가 이루어질 수가 없기 때문이다. 이를 욕망의 불일치(discrepancy of desires)라고 한다. 시장에서는 이러한 욕망의 불일치를 어느 정도 해결할 수 있다. 각 개인이 일일이 거래할 사람을 찾아다니는 것보다는 정해진 시간과 장소에 전부 모이는 것이 욕망의 일치에 유리하기 때문이다. 시장은 우리나라의 오일장과 같은 전통적인 재래시장 같은 개념이 될 수도 있고 서양 같은 경우는 광장이나 교회처럼 사람이 많이 모일 수 있는 곳이 그 역할을 하기도 한다. 경제학적 의미의 시장은 반드시 시간과 장소가 정해진 물리적 공간이 아니어도 된다.

예를 들면 금, 주식, 채권, 외환, 코인 등이 거래되는 가상공간은 금시장, 주식시장, 채권시장, 외환시장, 코인시장 등과 같이 시장이라고 할 수 있다. 정보통신기술의 발달로 시장은 물리적 공간이 아닌 가상공간으로 확장되고 있다. 아무튼 시장에서는 욕망이 일치하는 상대방을 찾는 데 필요한 시간과 수고를 줄일 수 있게 된다. 일단 시장이 형성되면 일대일의 물물교환 때보다는 분명히 좋아진다. 하지만 시장만으로는 모든 사람이 욕망의 일치로 거래를 성사하는 것은 사실상 불가능하다. 시장은 욕망의 불일치를 해결하는 데 도움을 주지만 완벽한 해결책은 될 수 없다.

이러한 욕망의 불일치 문제를 궁극적으로 해결하는 수단이 등장하는데 이것이 바로 화폐이다. 교환 참여자들이 공통으로 인정하는 교환의 매개 수단이 있다면 욕망의 불일치 문제는 해결된다. 이 교환의 매개 수단이 화폐로 발전하였다고 보는 것이다. 화폐 기원에 대한 전통적인 주장은 시장을 중심으로 교환행위가 확대되면서 자연스럽게 교환을 위한 수단으로 인기 있는 물건이 생기게 되고 이것이 점차 화폐로 발전했다는 것이다.

물건의 상태가 쉽게 변하지 않으면서 대부분 사람이 필요로 하고 거래가 활발히 이루어지는 물건을 교환의 매개 수단으로 활용한다면 이러한 욕망의 불일치 해결이 가능하다. 대표적인 물건이 곡물, 소금, 옷감, 철기 등이었다. 필요하지 않은 물건이라도 다른 거래의 용이성을 목적으로 이런 인기 있는 물건과 교환한다. 이러한 경험치가 시장 참여자들 사이에 쌓이게 되면 소금, 곡물, 옷감처럼 시장에서 인기 있는 물건은 수요가 많아지고 가치도 높아진다.

예를 들면 소금은 고대 로마제국에서 병사의 급여로 사용되었다고 알려져 있다. 소금이 급여 지급을 위한 화폐로 쓰인 것이다. 대표적인 화폐의 기능은 교환의 매개(지불), 가치저장, 가치평가(회계단위)이다. 소금은 먹거리 상품으로서 가치를 가지고 있지만 동시에 세 가지 화폐의 기능도 갖고 있으므로 시장에서 화폐로서 인정받게 된다. 이렇게 상품 자체가 화폐가 되는 것을 상품화폐(commodity money)라고 한다. 상품화폐는 역사 속에서 다양한 형태로 나타났는데 곡물,

소금, 옷감과 같은 일반적인 상품화폐, 그리고 금화, 은화, 철전(鐵錢)과 같은 금속화폐(주화) 등이 그 예이다.

시장이 확대되고 거래가 활발해지면서 상품화폐는 거래와 휴대에 편하기 위해 부피와 무게가 작으면서 가치가 높고 분할이 가능한 상품으로 수렴하게 된다. 금이나 은과 같은 귀금속은 이러한 속성을 가지고 있다. 귀금속은 부패하지 않고 가벼워서 휴대하기 편리하고 다양한 거래를 위해 소단위로 분할할 수 있다. 금속화폐는 일반 상품화폐에 비해 절대적으로 편리하다. 따라서 금, 은과 같은 귀금속이 광범위한 지역에서 오랫동안 화폐의 역할을 하게 되었다. 예를 들면 금화, 은화의 사용은 기원전 6세기경 소아시아 지역의 리디아 왕국으로까지 거슬러 올라간다. 이후 금속화폐는 페르시아, 그리스, 로마 제국 등에서 널리 유통되었다.

귀금속이 화폐로 사용되면서 거래 속도나 횟수도 이전보다 훨씬 늘어나게 되었다. 그런데 금속화폐는 한 가지 중요한 불편함 또는 단점이 있다. 한 단위의 금화, 은화라고 해도 실제 가치와 명목가치의 괴리가 발생하기 쉽다. 각 주화의 귀금속 함유량이 달라도 이를 정확히 알아내기란 쉽지 않다. 주화의 명목가치에 비해 실질 가치가 미달하는 위·변조 주화가 유통될 가능성이 있다.

이에 따라 주화에 포함된 귀금속 함량을 정확하게 평가할 수 있거나 아니면 그에 대한 공인이 필요했다. 화폐에 대한 신뢰가 무너지면 그 화폐는 더 이상 화폐로 사용되기 어렵다. 이 문제를 해결하기 위해 왕(국가)이 직접 주화를 발행하고 주화에는 왕의 초상이나 특정 문양을 각인하는 방법으로 주화의 순도(함량)를 보장하였다.

당시 이런 문양을 금속에 각인하기 위해서는 고도의 기술과 인력이 필요했다. 따라서 이러한 문양이 각인된 주화를 위조하는 것은 거의 불가능했다. 왕(국가)이 주화의 가치를 보장함으로써 대중은 주화에 포함된 귀금속 함량을 굳이 따지지 않을 수 있었다. 주화의 개수만으로 화폐가치의 평가가 가능해진 것이다. 자연스럽게 거래를 위한 화폐의 신뢰는 확보되었다.

이렇게 대중은 왕이 만든 화폐를 널리 이용하게 되었다. 이 부분이 상당히 의미 있는 부분이다. 물물교환이 이루어지는 시장에서는 곡물 등 화폐 역할을 하는 상품을 가진 사람이 시장 지배력을 갖는다. 왕이 발행한 화폐가 널리 유통되면서 왕의 시장 지배력은 강화되었다. 이는 왕권 강화에 필수적이다. 화폐에 대한 통제력 여부가 왕권 강화만이 아니라 왕조의 존망에도 절대적인 영향을 주었음은 많은 역사적 사례를 통해 입증되었다. 조선 말기 흥선 대원군이 발행한 당백전은 당시 화폐에 대한 신뢰를 떨어뜨리고 화폐시스템을 망쳐서 조선의 몰락을 가져온 원인으로 지목되는 것이 그러한 예이다.[4]

이러한 화폐 통제와 권력 간 메커니즘은 유사 이래 지속되었다. 왕정이 종식되고 민주주의, 공화주의 체제가 성립된 지금도 형태만 바뀌었을 뿐 본질적으로 같은 방식으로 작동하고 있다. 예를 들면 미국이 패권국가로 군림하고 있는 것은 세계시장에서 달러가 기축통화(key currency) 또는 본위화폐(standard money)로서 시장 지배력을

---

4 당백전(當百錢)은 조선 후기의 화폐로 1866년(고종 3년)에서 1867년(고종 4년)까지 약 1,600만 개가 주조되었다. 주화에 새겨진 글자는 '호대당백(戶大當百)'으로 "이 화폐는 호조(戶曹)에서 주조한 고액 화폐이며 가치는 일반 동전의 백배에 해당한다."라는 의미. 그러나 액면가가 백배에 달했지만 실제 구리의 함량은 당대 통용되던 상평통보의 6~8배에 불과하였다. 쉽게 말해 가치가 매우 나쁜 악화(惡貨)였다. 무분별한 당백전의 발행으로 인해 조선 경제와 화폐시스템은 망가지고 말았다. 실물경제에서는 초인플레이션이 나타나는 등 극심한 혼란이 발생하였다. 결국 1868년 발행 2년 만에 폐지되었다. 이러한 경제적 혼란은 이후에도 이어져 조선의 쇠락을 가져왔다고 평가된다. 당백전의 발행은 당대에도 백성들 사이에 악명이 높아 땅전, 땅돈 등으로 불렸으며 이는 푼돈을 뜻하는 땡전이라는 말의 어원이 되었다. "땡전 한 푼 없다"라는 관용어는 (매우 저급한 돈인) 당백전 한 닢조차 갖고 있지 않을 정도로 가난하다는 의미에서 유래했다고 한다.

갖는 것과 무관하지 않다. 본위화폐는 모든 거래와 결제의 기준, 기초가 되는 화폐이다. 화폐권력은 경제권력, 그리고 정치권력으로 이어진다. 권력은 화폐에서 나온다.

미국이 달러의 지위에 도전하는 국가에 대해서 철저한 견제와 관용 없는 보복을 해 온 것은 이상하지 않다. 달러 패권에 도전했던 일본 엔(jp¥), 중국 위안(cn¥), EU 유로(€)는 국한된 지역(동아시아, 유럽)에서만 기축통화의 기능을 한다. 전 세계적인 달러의 위상에는 견주기 어렵다. 과거와 현재, 그리고 미래에도 화폐에 대한 통제는 권력유지에 필수 불가결한 것이다.

2 화폐경제와 상인

인류가 물물교환 시대를 지나 화폐를 사용하는 시대를 맞이하게 되면서 상인이 등장하였다. 상인은 시장과 시장을 이어주는 상업 활동을 통해 인류의 경제활동이 지역을 벗어나 지구적으로 확대하는 데 중요한 역할을 하였다. 상인의 목적은 이윤이었고 이윤 창출을 위해서는 화폐가 필수적이었다. 상인이 주도적으로 화폐를 사용하면서 화폐경제가 발전하였다.

이와 함께 거래물량과 거래금액도 증가하게 되었다. 문제는 거래되는 물량과 금액이 커질수록 그만큼 화폐도 필요하게 된다는 점이다. 경제가 성장하는 속도만큼 화폐공급도 이를 따라가야 한다. 하지만 주화를 만들기 위해 필요한 금, 은 등 귀금속 생산량은 이를 따라가지 못하는 경우가 많았다. 화폐가 부족해진다.

화폐가 부족해지면 상인은 외상으로 물건을 구매하고 나중에 대금을 치르는 일이 잦아졌다. 외상거래를 위한 증서가 어음(IOU)이다.

어음이 사용되기 위해서는 어음 발행인에 대한 신용(신뢰)이 있어야만 한다. 신용을 전제로 어음이나 차용증이 발행되면 그 소재 가치가 없어도 화폐로 사용될 수 있다. 상호 신뢰가 화폐의 본질임을 의미하는 것이다.

특히 금화, 은화와 같은 금속화폐가 부족한 상황에서는 상인에게 어음은 중요한 지불수단이 된다. 하지만 신용이 없다면 어음 발행도 어렵고 거래도 성사되지 않는다. 상인에게 신용은 그 무엇보다 중요하다. 신용을 인정받은 상인이 발행한 어음은 시장에서 금화, 은화와 같은 지불수단, 즉 화폐로 인정받고 유통되었다.

어음은 종이 증서인 만큼 귀금속 주화보다 휴대하기도 편하다. 이러한 어음 또는 차용증이 현재 보편적으로 사용되고 있는 신용화폐의 시작이다. 금화, 은화는 소재 가치를 가지고 있는 귀금속으로 만들어졌기 때문에 그 자체가 가치를 가지는 상품화폐이다. 하지만 어음은 종이일 뿐이다. 종이의 소재 가치는 없다고 해도 무방하다. 다시 말해 어음은 상품화폐가 아니다. 어음 발행인의 신용이 그 거래를 보장해 주기 때문에 비로소 화폐로 사용될 수 있다. 일종의 신용화폐(credit money)이다.

우리가 일상에서 사용하는 지폐도 종이에 불과하지만 국가가 법적으로 그 명목가치를 보증해주기 때문에 안심하고 쓸 수 있다. 어음과 같은 신용화폐는 공급이 부족한 금속화폐 대신 쓰이기 시작했지만 휴대, 보관, 유통 등 여러 측면에서 장점이 있다. 이를 사용하는 빈도가 늘어나기 시작하였다. 신용화폐의 사회화가 진행되었다. 시간이 지나면서 어음은 금화, 은화 등의 금속화폐를 대체하게 되었다. 그리고 신용화폐의 최종판이라고 할 수 있는 지폐로 대체되었다.

예를 들면 근대 유럽에서는 도난을 막기 위해 사금고를 가진 금세공업자에게 보관비를 주면서 자기 금을 맡기는 경우가 많았다. 이

때 발행된 금 보관증이 일종의 화폐처럼 유통되기 시작하였다. 나중에는 금을 보관만 해주던 금세공업자가 자금이 필요한 사람에게 금 보관증을 발행하고 대신 수수료를 받았다. 실제 금을 찾으러 오는 사람이 많지 않았기 때문에 금세공업자는 금고에 보관되어있는 금의 양을 초과하는 금 보관증을 발행할 수 있었다. 이는 현 상업은행의 대출 업무와 유사한 것이다.

금세공업자는 원래 하던 일은 뒷전으로 하고 금 보관과 금 대출 업무를 주된 사업으로 하게 되었다. 이후 대출이자를 금의 실제 소유자와 나누게 되었고 더 많은 금을 유치하기 위해 금 예치에 대한 이자를 지급해주기 시작하였다. 이것이 현 상업은행의 예금업무로 이어졌다. 상업은행의 수익원은 기본적으로 대출이자와 예금이자의 차이인 예대마진이다. 예대마진의 기원은 보관된 금을 기초로 이를 초과하는 금 보관증을 발행한 금세공업자의 영업비밀에 있다고 할 수 있다.

금세공업자 외에 환전상도 화폐의 진화에 중요한 역할을 하였다. 환전상은 여러 국가와 지역에서 흘러들어온 다양한 주화의 무게와 순도, 금속의 종류 등을 토대로, 주화의 교환가치를 평가했다. 상인은 환전상이 산정한 교환 비율에 따라 자신의 주화를 다른 종류의 주화로 쉽게 교환할 수 있었다. 물론 그 대가로 환전상에게 교환 대금의 1~2% 정도를 수수료로 납부했다. 현 상업은행의 환전수수료와 크게 다르지 않다. 상업은행의 환전 업무는 환전상으로부터 기원하였다고 할 수 있다.

은행(bank)의 어원은 이들 환전상이 흥정과 환전을 위해 펼쳐 놓은 좌판을 방카(banca)라고 한데서 기인했다. 특히 12세기 무렵부터 이탈리아의 공증인들은 화폐를 대상으로 거래하였는데, 이와 관계된 일을 하는 사람을 가리켜 은행가(banchiere)라는 표현을 쓰기 시작했다. 당시 환전상은 접근의 편의성을 위해 유럽 주요 도시에 거주하였다.

환전상은 단순히 주화의 환전 업무뿐만 아니라 다양한 지역과 도시에서 온 상인들이 제시하는 대량의 어음을 상호 결제해 주었다. 이는 현 상업은행의 지급결제 업무와 본질적으로 같다. 이렇게 환전상이 환전, 지급결제 등 실질적으로 은행의 역할을 하였다. 이는 어음 거래가 유럽 전 지역에서 활발하게 이루어지고 화폐경제가 발전하는데 중요한 역할을 하였다.

3 상업은행과 중앙은행

이렇게 화폐를 둘러싼 상인, 금세공업자, 환전상의 활약과 역사적 변천을 통해 현재의 상업은행이 탄생하였다. 상업은행의 탄생은 본격적인 신용화폐 시대를 불러왔다. 확대되는 경제 규모에 비해, 금화, 은화 등의 금속화폐가 부족했던 시대적 한계를 극복하기 위한 이같은 노력이 상업은행 제도로 이어졌다. 어음, 금 보관증이 화폐의 역할을 하는 신용화폐 시대가 열리게 되었다.

그 정점에 있는 사건이 중앙은행의 효시라고 할 수 있는 영국의 영란은행(Bank of England)의 탄생이다. 영란은행은 상업은행으로 시작했지만 1844년 은행인가법(the Bank Charter Act) 제정으로 독점적인 화폐(지폐) 발행권을 부여받았다. 영란은행은 법적으로 주화뿐만 아니라 지폐를 독점적으로 발행할 수 있게 되었다. 지폐로 상징되는 신용화폐시대, 중앙은행-상업은행의 이중은행제도(two-tier banking system, dual banking system)의 시대가 열리게 된 것이다.

물물교환 시대에는 화폐 역할을 하던 곡물 등 상품화폐를 가진 사람이 시장 지배력을 가질 수 있었다. 주화 같은 금속화폐 시대에는 주화 주조권을 가진 사람이 시장 지배력을 가지게 되었다. 근대 이전 유럽에서는 왕과 봉건 영주가 주화 주조권을 가지고 있었다. 화폐권력, 경제권력, 정치권력은 왕과 귀족 등 일부 특정 계층에게 독점되었다. 하지만 신용화폐 시대에 접어들면서 상인 계층을 중심으로 어음, 차용증, 금 보관증, 수표, 그리고 지폐 같은 신용화폐가 광범위하게 유통되었다. 상인 계층이 시장의 지배력을 갖게 되었다. 이는 화폐권력, 경제권력, 정치권력이 상인 계층으로 이동하였음을 의미한다.

그 대표적인 상인이 네덜란드 상인, 유대인 상인, 이탈리아 상인, 아라비아 상인들이었다. 그중에서도 신용화폐 활용에 선두에 있었던 유대인 상인이 이후 기업가나 거대 금융 가문으로 변모하였다. 15~16세기 이탈리아의 메디치(Medici) 가문, 신성로마제국의 푸거(Fugger) 가문, 18~19세기 독일의 로스차일드(Rothschild) 가문, 19~20세기 미국의 모건(Morgan) 가문 등이 그 예이다. 거대 금융 가문은 이후 금융시장을 좌지우지하는 큰 손이 되었다. 심지어 이들 가문이 자신 뜻대로 세계금융과 경제를 쥐락펴락하고 있다는 음모론까지 등장하였다. 이러한 음모론은 그 근거가 불명확하고 신뢰할 수 없다. 하지만 그만큼 이들 거대 금융 가문이 과거와 현재에 지대한 영향력을 행사해 왔음은 분명하다.

위에서 보았듯이 화폐는 인류 역사와 함께 시작되었고 그 형태와 기능도 변화되었다. 화폐는 경제가 성장하고 발전할 수 있는 편리한 교환의 매개, 가치저장, 회계단위의 수단으로 활용되었다. 하지만 시간이 지날수록 화폐는 경제활동에 필수적인 수단이 되었고 심지어 권력과 지배의 수단으로 활용되기 시작하였다. 자본주의도 따지고 보면 자본이 이윤이라는 형식으로 더 많은 화폐를 획득하기 위한 경제시스템이라는 점에서 화폐경제의 최고 정점이라고 할 수 있다. 이러한 의미에서 새로운 경제시스템에 대한 논의를 위해서는 화폐에 대한 이해와 화폐의 기능과 역할이 어떻게 변화될지 또는 어떻게 변화되어야 하는지에 대한 논의가 필수적인 일이 되는 것이다

Chapter 02

화폐의 본질과 역사적 변화

1 화폐의 본질

　제1장에서는 화폐에 대해 기존 일반론을 중심으로 살펴보았다. 이 장에서는 이러한 일반론을 넘어 화폐의 본질과 역사적 변화에 대해 구체적으로 살펴보고자 한다. 화폐의 본질에 대한 이해는 현 화폐·통화시스템에 대한 이해와 그 대안을 제시하기 위한 기초 작업이기도 하다. 이 책은 화폐의 본질은 채권·채무 관계의 궁극적이고 불가역적인 창출과 해소 수단이라는 특성에 있다고 규정한다. 화폐의 역사적 변화는 이러한 화폐의 본질이 다양한 방식으로 실체화되고 발현되는 과정이라고 할 수 있다.

　앞에서 보았듯이 화폐는 크게 그 자체로 내재가치를 가진 상품화폐와 사회적 약속이나 국가의 법적 공권력으로 명목가치가 보장되는 신용화폐로 구분된다. 예를 들면 지폐는 대표적인 신용화폐이면서 법정화폐이다. 왜냐하면 지폐 자체는 소재(내재) 가치가 없고 그 명목가치는 국가의 신용에 의해 보장되기 때문이다. 법이라는 정부의 공권력이 그 가치를 뒷받침한다.

　상업은행이 창조하는 상업은행화폐(예금화폐)도 신용화폐의 일종이다.[5] 상업은행화폐(예금화폐)는 엄밀하게 따지면 현금과 같은 법정화폐는 아니지만 상업은행과 은행제도에 대한 신뢰를 바탕으로 법정화폐처럼 사용될 수 있다. 여기서 신용을 믿음과 확신(confidence) 또는 신뢰(trust)로 해석해도 무방하다. 그것이 무엇이든 지급수단으로 인정된다는 확신 또는 신뢰 그것이 화폐가 정말 화폐가 되도록 하는 본질이기 때문이다.

이러한 의미에서 신용화폐는 사회적으로 약속된 증표, 표식(token)의 성격이 강하기 때문에 증표 화폐라고도 한다. 또한 신용화폐 중 현금과 지급준비금 등의 중앙은행화폐는 국가가 법적 공권력으로 그 화폐가치를 결정하고 지급을 보증한다는 의미에서 법정화폐(legal tender, fiat money) 또는 국정화폐(sovereign money)라고 한다.[6] 신용화폐가 명목가치를 인정받는 원천은 두 가지로 나눌 수 있다.

하나는 사인 간의 약속과 신뢰인 민간 신용이고 다른 하나는 국가의 법적 구속력인 국가 신용이다. 어음, 차용증, 금 보관증 등은 민간 신용의 사례이고 현금(지폐)은 국가 신용의 사례이다. 현재는 국가 자신의 신용을 바탕으로 한 중앙은행이 발행하는 법정화폐(국정화폐)가 중심이 되지만 실제 대부분 통화는 민간(상업은행)의 신용을 바탕으로 한 상업은행화폐(예금화폐)가 활용되는 이중화폐시스템이라고 할 수 있다.

---

5   상업은행이 창조하는 상업은행화폐는 가상의 대차대조표상에 존재하는 예금이라고 할 수 있다. 상업은행화폐는 대부분 예금계좌에 전자적으로 기록, 저장되기 때문에 예금화폐라고도 한다.

6   여기서 legal tender는 국가가 법(공권력)으로 화폐를 거래에 필요한 지급수단으로 강제한다는 의미이다. fiat money는 이렇게 지급된 그 화폐를 반드시 지급수단으로 받아주어야 함을 의미한다. 여기서 fiat은 라틴어 어원으로 명령, 반드시 그래야 한다는 shall의 의미이다. 다시 말해 국가가 그 화폐에 대해 지급과 결제의 법적 강제성을 부여한다는 것을 의미한다. 따라서 법정화폐와 신용화폐는 동전의 앞뒷면과 같다.

2 상품화폐와 신용화폐

인류는 유사 이래로 오랫동안 금화, 은화 등의 금속화폐를 비롯한 상품화폐를 사용해 왔다. 이는 신용화폐가 사회 전반에 걸쳐 사용될 수 있을 정도로 민간의 신용이 안정적이지 않았고 국가의 신용도 공고하지 못했던 시대적 한계 때문으로 보인다. 그렇더라도 신용화폐의 맹아는 인류가 공동체 생활을 시작하면서 이미 발생했던 것으로 보인다. 상품화폐보다는 신용화폐가 역사적 보편성을 갖는 이유이다. 채권·채무 관계의 궁극적이고 불가역적인 창출과 해소 수단이 되기 위해서는 화폐가 굳이 그 자체로 내재가치를 가질 필요가 없고 국가의 법적 강제력 등 사회구성원 간의 신뢰만 있다면 가능하기 때문이다.

인류는 상호 협력과 교류를 바탕으로 다양한 사회경제적 관계를 형성하면서 그 문명과 기술을 발전시켜 왔다. 그 관계 중 핵심이 경제적 권리·의무(채권·채무) 관계이다. 권리·의무 관계는 사인 간의 암묵적이거나 비공식적일 수도 있고 법적 강제력이 주어지는 공식적인 관계일 수도 있다. 그 관계가 당사자 간 약속(계약)대로 창출, 유지, 해소되지 않으면 사회구성원 간 신뢰는 깨질 수밖에 없다. 이는 사회가 안정적으로 유지, 발전하는 데 걸림돌이 된다. 모든 사회경제적 권리·의무 관계는 약속대로 정확하게 창출, 유지, 해소되어야 한다. 그것이 사회 존립의 토대가 되기 때문이다. 따라서 이를 보장하기 위한 사적, 공적인 수단이 개발되어왔다.

또한 이는 '인간은 사회적 동물'이라는 명제로부터 시작한다.[7] 인

---

7   이 말은 고대 그리스 철학자 아리스토텔레스(Aristotle, B.C. 384~B.C. 322)가 그의 저서 『정치학』(Politica, B.C. 330년경)에서 처음 제시한 것으로 알려져 있다. 하지만 이는 해석상의 오류이다. 정확한 해석은 인간은 정치적 동물(zoon politikon)이다. 원래 의미가

간은 다른 누군가에게 신세를 지고 살아가는 존재이다. 이러한 상호 의존 관계, 즉 신세를 지기도 하고 그래서 신세를 다시 갚는 이러한 관계는 끊임없이 유지, 발전되어 왔고 점차 정교하고 복잡한 사회경제적 권리·의무 관계로 변화하였다. 누군가가 신세를 졌다면 그 신세에 대한 갚음이 필요하다는 것은 인지상정이다.

인류가 진정한 인류가 되게 한 말이 'Thank you.', 'I owe you.'[8] 라는 것은 과장이 아니다. '감사하다.', '당신에게 신세를 졌다.'라는 이 말은 권리·의무 관계를 규정짓는 원초적이면서 본질적인 언어이다. 만약 '감사하다.', '신세를 졌다.'라는 말이 정말 말로만 끝난다면 어떤 유의미한 권리·의무 관계가 창출되지 않는다. 권리·의무 관계를 해소할 수단이나 방식도 필요 없다. 하지만 인간은 신세를 졌을 때 다시 말해 누군가로부터 도움을 받았을 때 경제적인 수단을 포함해서 어떤 방식으로든 권리·의무 관계를 해소할 필요를 느낀다. 이는 상대방도 마찬가지이다.

인류는 이를 위한 수단으로 다양한 방식을 고안하였는데 그중 하나가 화폐이다. 따라서 화폐는 처음에는 그 형태가 무엇이든, 감사의 표시나 선물로, 신세를 갚겠다는 약속의 징표나 상징물로 그리고 장부(기록)의 형태로 시작되었다. 이러한 논거를 뒷받침하는 인류학, 고

그렇더라도 정치도 결국 사회적 관계를 전제로 한다는 점에서 인간이 사회적 동물이라는 점은 퇴색되지 않는다. 또한 잘 알려진 미국 사회심리학자 매슬로우(Abraham Maslow, 1908~1970)의 욕구단계이론에 따르면 사회적 소속에 대한 욕구가 충족되어야 다음으로 타인으로부터 사회적 지위와 존경 등을 받고 싶어 하는 욕구가 발생하고 최종적으로 지적 욕구, 심미적 욕구, 자아실현 욕구 충족을 위한 동기가 발생한다. 이처럼 인간의 사회적 욕구는 가장 기본적인 욕구라고 할 수 있다.

8 이를 발음에 맞추어 줄인 단어인 IOU는 어음과 같은 차용증서를 의미한다. 빚을 졌음을 증명하는 이러한 차용증서는 화폐로 진화하였다.

고학 증거와 유물은 시대와 지역을 초월하여 보편적으로 존재한다.[9]

예를 들면 고대에 화폐로 쓰인 조가비(조개껍데기)는 조가비 그 자체의 소재 가치가 아니라 권리·의무 관계와 관련이 있다. 누군가에게 신세를 지게 되면 그 신세를 갚겠다는 약속을 조가비(shell money)라는 형태로 남긴 것이다.[10] 조가비는 선물, 징표, 권력, 부의 상징물이다. 조가비는 가벼우면서 썩지 않고 오랫동안 편리하게 휴대할 수 있다. 조가비 목걸이나 팔찌 등 장식물은 치장이나 과시를 위한 의미도 있지만 신세를 갚겠다는 약속의 징표이기도 하다.

사회경제적 권리·의무 관계가 증가하고 복잡해지면서 그 관계의 창출과 해소를 위한 수단도 사회가 보편적으로 받아들일 수 있는 것으로 수렴되어 갔다. 이 수단이 화폐가 되는 것이다. 권리·의무 관계의 창출과 해소의 수단이 사회적인 약속으로 정해지게 되었다. 경제적 의미의 권리와 의무는 채권과 채무이므로 권리·의무 관계는 채

---

9   대표적인 연구로 미국의 경제 인류학자인 데이비드 그레이버(David Graeber)의 저서 『부채: 첫 5,000년의 역사』(Debt: The First 5,000 Years, 2011)를 들 수 있다. 이 책에서 그레이버는 인류 역사 전반에 걸친 부채 개념을 연구하고 화폐가 물물교환이 아닌 부채 시스템과 연관되어 있음을 구체적으로 밝히고 있다. 그는 사회가 물물교환 시스템으로 시작하여 화폐 기반 경제로 진화했다는 일반론에 대해 부정적이다. 그는 광범위한 물물교환 시스템에 대한 역사적 증거가 거의 없다고 주장한다. 대신 그는 신용(credit) 및 부채(debt) 시스템이 초기 경제에서 더 일반적이었다고 주장한다. 화폐는 물물교환의 자연스러운 진화가 아니라 이러한 초기 경제의 신용·부채(채권·채무) 관계의 관리, 유지, 그리고 해소를 위해 등장하였다고 주장한다. 그에 따르면 화폐의 기원은 수메르 문명 등 고대 문명으로 올라간다. 고대 문명에서는 화폐가 교환의 매개 수단이 아닌 주로 사원(종교)과 궁정(왕)에서 부채를 기록하는 데 사용되었음을 제시한다. 화폐의 본질(기원)은 물물교환이 아닌 부채의 관리와 해소를 위한 수단이었음을 주장하고 있다.

10 조개 화폐는 일반적으로 카우리(cowrie shell)라고 불린다. 카우리 껍질, 특히 Cypraea moneta(사이프레아 모네타)라고 불리는 종의 조개는 아프리카, 아시아 및 태평양 제도를 포함한 세계 여러 지역에서 통화로 사용되었다고 알려져 있다. 카우리는 특정 지역에서 아름다움, 내구성, 희귀성으로 인해 가치가 높았으며 이는 전근대 경제에서 효과적인 교환 매체가 되었다.

권·채무 관계로 바꿔 부를 수 있다.

고대 사회(국가)에서는 절대 권력자(왕)의 정한 법과 명령이 사회적 약속을 정하는 데 절대적이었다. 왕이 곧 국가이다. 왕의 명령이 화폐를 정하였다. 왕이 가진 절대 권력이 신뢰(신용)의 기초가 되었다. 물론 왕은 상품화폐로 통용되던 금화, 은화 등 금속화폐를 활용하여 화폐로 정하는 경우가 많았다. 그렇더라도 그 화폐의 가치는 왕의 권력에 의해 뒷받침되었다는 점은 변하지 않았다. 고대 사회에서 이러한 원시적 형태의 신용화폐뿐만 아니라 소금, 곡물, 옷감, 금, 은, 철 등과 같은 상품화폐도 사용되었다.

이는 그 상품 자체가 소재 가치를 갖기 때문에 채권·채무 관계의 해소를 위해 사용될 수 있다. 시간이 지나면서, 상품화폐는 금, 은과 같은 귀금속이 함유된 금속화폐(주화)로 보편화되었다. 여러 형태의 상품화폐가 금속화폐로 수렴되었다. 이는 금과 은과 같은 귀금속이 내재가치가 있는 상품인 동시에 화폐로 사용되기에 가장 적합한 특성이 있기 때문이다. 금화, 은화 등 금속화폐가 상품화폐의 최종판으로 등장한 이유이다.

3 화폐와 채권·채무 관계

일반적으로 화폐의 대표적인 기능은 지급결제, 가치저장, 회계단위 세 가지라고 여겨진다. 이 중에서도 가장 핵심은 지급결제 기능이다. 왜냐하면 지급결제 기능은 채권·채무 관계의 창출과 해소와 불가분의 관계가 있기 때문이다. 여기에는 세상이 구성되고 돌아가는 이치도 담겨있다. 지급결제 수단인 화폐를 좀 더 확장해 보자. 인간의 인식은 눈앞에 보이는 실체에 주목한다. 그 이후 이를 개념화하고 추상화한다. 화폐에 대한 인식도 마찬가지이다. 화폐는 눈에 보이는 실물, 즉 거래를 위해 사용되는 눈에 보이는 실체로부터 시작된다.

그리고 화폐는 채권·채무 관계의 창출과 해소를 가능케 하는 일련의 과정, 방식, 수단 등을 포괄하는 보편적, 추상적인 개념으로 확장된다. 눈에 보이는 그 무엇이라는 차원을 벗어나 화폐의 본질을 들여다볼 필요가 있다. 인간의 삶은 빚(부채)을 동반한다. 누군가는 채권자가 되고 누군가는 채무자가 된다. 이것은 인간이 다른 사람과의 협력을 통해 거친 자연환경을 극복하고 생존해 왔다는 사실과 연결되어 있다. 이 지점에서 화폐가 등장한다.

이 화폐는 추상화된 화폐이다. 화폐는 인간 실존의 보편성, 즉 인간은 예외 없이 누군가에게 신세를 지고 또 신세를 갚아야만 생존할 수 있다는 사실과 연결된다. 그것이 농경사회든 유목사회든 아니면 현재와 같은 산업사회든 그 본질은 다르지 않다. 사회경제적 채권·채무 관계의 창출과 해소를 위한 수단이 필요하고 그것이 화폐의 본질이다. 이는 시공간을 초월하여 보편적으로 적용된다. 지금도 마찬가지이다.

인류가 씨족사회, 부족사회를 벗어나면서 경제적 활동과 교류의 영역은 다른 집단, 국가로 확장되었다. 이 과정에서 더욱 복잡다기한 사적, 공적 채권·채무 관계가 형성된다. 소규모의 혈연, 지연 공동체 밖에 존재하는 외인이나 집단은 이질적이고 심지어 적대적이다. 이런 상황에서 인류애 차원의 박애 정신을 발동해서 무조건적 도움을 주거나 도움을 받는 것은 쉽지 않다. 상호 타협을 통해 채권·채무 관계를 확실하게 정해 놓아야 한다. 이는 개인이든 집단이든 국가이든 크게 다르지 않다.

이렇게 개인, 집단, 국가 간에 그 어떤 형태로든 경제적 활동을 위한 접촉이 많아질수록, 채권·채무 관계는 확장된다. 채권·채무 관계는 영원하지 않다. 어떤 방식으로든 일정 시점이 되면 이를 해소해야 한다. 이를 금융 용어로 결제(settlement)라고 한다. 결제는 빚을 갚아 채권·채무 관계를 해소하고 정리한다는 의미이다. 결제는 상황에 따라 여러 방식이 고려될 수 있지만 일반적이면서 최종적이고 불가역적인 방식은 화폐의 지급이다. 현금 지급이 가장 대표적인 결제 방식이다.[11]

채권·채무 관계가 일단 창출되면 결제 또는 해소가 따라오기 마련이다. 이를 위해 기본적인 두 가지 문제를 생각해 볼 수 있다. 하나

---

11 여기서 지급, 청산, 결제의 정확한 의미를 알 필요가 있다. 모든 거래는 ① 지급 (payment), ② 청산(settlement), ③ 결제(clearing)의 순서로 이루어진다. 지급-청산-결제의 과정이 순조롭게 이루어지지 않으면 채권·채무 관계의 창출 및 해소에 어려움을 겪을 수밖에 없고 경제가 정상적으로 운행될 수 없다. 먼저 ① 지급(payment)은 개인이나 기업 등 경제주체가 경제거래를 한 후 재화 또는 서비스의 대가로 현금, 수표, 신용카드, 자금 이체 등을 이용하여 화폐적 가치에 대한 청구권을 이전하는 행위를 말한다. 지급이 현금으로 이루어지면, 청산기관과 결제기관의 청산 및 결제 과정 없이 지급과 동시에 최종결제가 이루어진다. 그러나 수표나 자금 이체 등 비현금 수단으로 지급하면 지급인과 수취인의 거래 은행이 다를 수 있으므로 금융기관 간 지급액 또는 수취액을 산정하는 청산 과정과 최종 확정된 지급액 또는 수취액에 해당하는 자금을 이전하는 결제과정이 별도로 필요하다. ② 청산(clearing)은 경제주체 간 지급행위가 수표, 계좌 이체 등 비현금 수단을 이용하여 이루어지면 지급인과 수취인의 거래 은행이 주고받을 금액을 정산하고 최종적으로 확정하는 과정을 의미한다. 거래 이후 지급수단의 수령, 조회, 통지 및 차액 계산(netting)이나 결제 전 포지션 산출 과정 모두가 청산에 해당한다. 증권 결제의 경우도 증권시장에서 거래된 증권의 매매 사실을 확인하고 차감을 거쳐 최종 결제 자료를 산출하는 과정을 청산이라 한다. 우리나라에서는 인터넷뱅킹, 어음 및 수표 등 소액거래에서는 금융결제원, 장내 유가증권시장에서는 한국거래소, 장외채권시장에서는 한국예탁결제원이 청산기관 역할을 한다. ③ 결제(settlement)는 개인이나 기업 등 경제주체가 자금거래 또는 금융자산 거래 후 청산 과정을 통해 최종 확정된 금액 또는 증권을 이전하여 법적인 채권·채무를 종결시키는 과정이다. 자금 결제에서는 자금 이체시스템을 통하여 결제은행에 개설된 예금계좌 간 자금 이체 방식으로 지급은행에서 수취 은행으로 자금이 이동하는 것을 가리키며 증권 결제나 외환 결제와 같이 금융자산과 자금 또는 이종 통화 간 교환이 함께 일어나는 가치 교환형(exchange-of-value) 결제에서는 두 개의 결제 시스템에서 자금과 금융자산의 이전이 이루어지거나 통화별로 자금 이전이 이루어진다.

는 방식 또는 수단의 문제이고 다른 하나는 시점의 문제이다. 방식의 문제는 채권·채무 관계를 무엇으로 어떤 수단으로 결제할 것인지의 문제이다. 시점의 문제는 그 결제의 시점을 언제로 정하느냐의 문제이다.

결제 방식(수단)의 경우 채권·채무 관계가 노동이라고 한다면 같은 노동의 양(예를 들면 노동 시간)이 될 수 있다. 아니면 그 노동에 상응하는 재화(물건)로도 가능하다. 수렵시대에는 동물 가죽이나 채집한 과실이, 남태평양 군도 야프(Yap)섬에서는 Fei(페이)라는 돌이 그 역할을 하였다. 가죽을 얻기 위해서는 수렵이나 목축 활동이, 과실을 얻기 위해서는 채집 활동이, Fei를 얻기 위해서는 큰 바위나 돌을 엽전 모양으로 깎아 내는 노동이 필요했다. 결제 수단은 이러한 수고와 노동이 물화(物化)한 것이다. 일반적으로는 소금, 곡물, 옷감, 그리고 금화, 은화, 철전 등 금속화폐가 결제 수단이 되었다.

그중에서도 금화나 은화와 같은 금속화폐가 오랫동안 광범위한 지역에서 사용되었다. 금이나 은은 부패하거나 녹슬지 않고 필요에 따라서는 일정한 함량과 무게로 분할이 가능하다. 휴대하기도 편하다. 결제 수단으로 사용하기에 여러 이점이 있다. 이러한 금속화폐는 근대 국민국가 형성되고 국가의 공권력으로 가치가 보장되는 법정화폐가 등장하면서 역사의 뒤안길로 사라지게 되었다. 채권·채무 관계의 결제 수단은 궁극적으로 국가가 법적으로 보장하는 법정화폐로 귀결되었다.

다음으로 결제 시점의 경우를 생각해 보자. 일반적인 거래에서 결제는 결제 수단(현금)의 지급과 동시에 이루어진다. 상품이 판매되어 A에서 B로 가면, 동시에 현금이 B에서 A로 지급(결제)된다. 최근에는 계좌 이체도 가능하지만 이것도 따지고 보면 이체가 현금 지급과 같다고 보기 때문이다. 현금 지급의 경우 채권·채무 관계는 매매가 이루어지는 순간 동시적으로 창출, 해소된다. A와 B는 이제 더 이상 채권·채무 관계로 볼 일이 없다.

이것이 소위 말하는 현금박치기이다. 결제 시점의 연기나 유예는 없다. 이는 금화로도, 은화로도, 소금이나 쌀로도, 지폐로도 가능하다. 화폐로 인정되는 지급수단이면 언제 어디서든 가능하다. 거래와 함께 채권·채무 관계의 창출과 동시에 해소가 즉시 이루어지기 때문에 단순하면서 깔끔하다. 현금 지급의 경우 채권·채무 관계는 그 즉시 최종적이고 불가역적으로 해소된다.

하지만 현실은 그렇게 단순하고 깔끔하지 않은 경우가 대다수이다. 누군가가 지금 당장 물건이 필요한데 수중에 가진 현금이 없다면 어떻게 해야 할까? 원하는 거래를 포기해야만 하는 것일까? 방법이 없는 것은 아니다. 인간은 과거, 현재, 미래라는 시간의 흐름을 인식할 수 있고 이를 활용할 수 있는 지혜가 있다.

시간의 흐름을 활용하여 필요한 물건을 지금 받는 대신, 지급(결제) 시점을 연기한다면 거래는 성사된다. 다시 말해 채권·채무 관계의 창출은 현시점에서 이루어지지만 결제는 미래 시점에서 이루어진다. 외상거래가 그 예이다. 지인, 친인척, 친구와 같이 거래 당사자 간 신뢰가 형성되어 있다면 구두 약속과 같은 방법으로 결제를 미래 시점으로 연기할 수 있다.

구두 약속은 강제력, 구속력이 없다. 만일 채무자가 지급불능 상황이 되면, 채무이행이 어려워질 수 있다. 채권자는 지급을 보증할 확실한 방법이 필요하다. 그럼 어떻게 해야 할까? 여기서 채무이행을 강제하는 물리적 공권력이 등장하게 된다. 예를 들면 계약서대로 지급을 이행하지 않으면 법적 처벌을 받도록 강제력을 부여하면 채무이행(결제)은 좀 더 확실해진다.

그리고 사람의 기억이나 구두 약속은 시간이 지나면 불명확해지므로, 거래 내용을 장부 등 기록으로 남겨놓을 필요가 있다. 지금도 계약이나 거래 내용은 일반적으로 계약서, 복식부기, 차용증 등과 같이 장부상 기록으로 남기게 된다. 앞에서 이야기한 어음, 금 보관증도 장부의 한 종류이다. 장부의 위조 또는 변조는 불가하고 장부상의 채무를 불이행하는 경우 그에 상응하는 처벌을 받는다. 이렇게 채권·채무 관계의 신뢰가 전제되어야만 채권·채무 관계가 안정적으로 창출, 유지, 해소될 수 있다. 이러한 장부의 기원은 약 6천 년 전 최초의 문명이라고 알려진 메소포타미아의 수메르 문명에까지 거슬러 올라간다.

아직 금속화폐가 사용되기 이전인 고대 수메르 문명에서 채권·채무 관계는 어떻게 창출, 유지, 해소될 수 있었을까? 그때도 장부가 활용됐다. 지금과 크게 다르지 않다는 이야기이다. 당시에는 계약의 내용이 종이가 아닌 점토 주머니 또는 점토판이 사용되었을 뿐, 이는 엄연히 채권·채무 관계를 기록한 장부였다. 예를 들면 물표를 넣은 점토 주머니 또는 거래의 내용을 세긴 점토판을 보관하고 있다가 빚을 갚으면, 다시 말해 결제가 이루어지면 이를 채무자가 보는 앞에서 깨뜨리는 것이다. 수메르 문명에서 금화, 은화 등이 사용되지 않았지만 점토 주머니 또는 점토판이 거래를 위한 수단, 즉 화폐의 역할을 하였다. 화폐는 고대 문명에서도 신용에 기초한 사회적 약속이라는 것을 알 수 있다.

앞에서 이야기했듯이 근대 이후 유럽에서는 이러한 장부를 활용한 상거래, 고리대금업, 환전업 등이 가능했고 이는 은행의 시초가 되었다. 예를 들면 영국의 경우 17세기 이후 금을 보관해 주고 수수료를 받던 금세공업자들이 실제 보관하는 금의 총량보다 많은 금 보관증을 화폐처럼 유통하였다. 이후 금 보관증은 지폐로 진화하였다. 그리고 점차 현재와 같은 상업은행 중심의 신용화폐 시스템으로 발전하였다.

지급(결제) 시점의 유예는 화폐의 진화라는 차원에서 머물지 않는다. 이를 통해 경제적 의사결정과 활동을 현재에서 미래로 확장할 수 있다. 현재와 미래의 시점 간 교환을 통해 생산, 유통, 소비 등 경제활동이 현재에서 미래로 확장된다. 경제활동의 역동성은 그만큼 커지게 된다. 경제적 부가가치도 그에 비례하여 증가한다. 금융의 본질은 시점 간 교환을 가능케 함으로써 경제적 역동성을 높이고 동시에 더 많은 경제적 부가가치의 창출을 유도하는 데 있다.

시점 간 교환을 위해서는 결제 시점의 유예가 필요하다. 화폐를 매개로 한 금융의 역할이 제기되는 지점이다. 금융은 채권·채무 관계의 결제 시점을 미래로 유예하는 행위, 특히 화폐를 빌리고 미래 시점에 그 원리금을 지급(결제)하는 것이다. 금융을 활용하여 미래 시점의 생산과 소비를, 현재 시점의 생산과 소비로 환원할 수 있다. 욕망의 시간적 불일치를 극복할 수 있다.

금융은 시점 간 욕망의 불일치를 극복함으로써 경제가 성장하는데 중요한 기능을 한다. 현 화폐·통화시스템과 금융자본주의가 가능하게 된 것은 채권·채무 관계의 해소를 미래로 유예할 수 있는 화폐, 금융과 관련된 법과 제도가 정비되었기 때문이다. 미래 시점으로 채권·채무 관계의 결제를 유예할 수 없다면 금융은 존재의 의미가 없다. 금융이 없다면 화폐를 융통하고 그 화폐를 자본으로 삼아 이윤추구에 활용하는 자본주의도 존재할 수 없다. 이렇게 자본주의는 화폐와 금융의 진화, 발전과 그 맥을 같이 한다.

4 자본주의와 화폐

현대 자본주의는 산업혁명으로 형성된 산업자본주의를 넘어, 금융자본주의로 변화되었다고 해도 과언이 아닐 만큼 금융의 역할과 위상은 절대적이다. 금융은 화폐를 빌리고 빌려주는 행위, 즉 화폐를 융통하는 것을 의미한다. 금융이 원활히 작동해야만 자본주의도 지속적인 발전이 가능하다. 만약 은행을 포함한 금융시스템에 문제가 발생하면, 신용과 금융을 기초로 발전해 온 금융자본주의는 위기를 맞게 될 수밖에 없다.

과거의 금융위기뿐만 아니라 최근 2008년 글로벌 금융위기, 2011년 남유럽 재정위기, 2015년 중국 부채위기, 2020년 코로나 팬데믹 위기 등은 채권·채무 관계의 정상적인 창출, 유지, 해소가 경제 전체에서 어려워진 데서 비롯되었다. 이렇게 금융위기가 발생하면 이로 인한 여파는 실물 분야 등 경제 전체에 영향을 미치고 결국 경제위기로 확산한다. 미국, EU, 일본 등 선진 주요국 정부와 중앙은행이 왜 그렇게 금융시스템 안정을 위해 전력을 다하는지 이해할 수 있다. 금융시스템의 안정은 곧 채권·채무 관계의 정상화와 같은 의미이다. 그리고 그 중심에는 화폐가 있다. 우리나라도 여기서 예외는 아니다.

화폐를 빌리고 빌려주는 행위가 멈추면 자본주의도 멈추게 된다. 왜냐하면 자본주의는 자본의 확대재생산, 즉 자본의 끊임없는 자기 증식을 전제로 하기 때문이다. 자본의 자기 증식을 위해서는 화폐의 축적이 반드시 뒷받침되어야 한다. 이러한 이유로 금융을 통한 화폐 차입(대출)은 필수적이다. 사업가는 자기가 소유한 돈만으로 사업을 하는 경우는 거의 없다. 기업은 다양한 방식으로 화폐를 조달한다. 하지만 그 주된 방식은 은행을 통해, 금융을 통해 사업에 필요한 자본을 마련한다. 그것이 대출이든, 주식이든, 채권이든 그 본질은 같다.

대다수 기업은 은행 대출로 필요한 자금을 조달한다. 그 자금으로 생산 활동을 하고 이를 통해 자본의 확대재생산을 이루어 간다. 만약 기업과 은행 간 채권·채무 관계가 파괴되면 이를 기초로 한 금융시스템은 더 이상 작동하기 어렵다. 이를 금융위기라고도 할 수 있는데 금융위기가 발생하면 대출을 바탕으로 한 화폐의 흐름은 정지된다. 자본의 확대재생산도 멈추게 된다. 자본주의는 더 이상 작동을 멈추고 체제적 위기에 봉착하게 되는 것이다.

이렇듯 화폐는 일반적이고 보편적인 채권·채무 관계의 창출과 해소를 위한 지급수단이다. 또한 화폐는 그 결제 시점을 미래로 유예하는 대차거래를 가능케 하는 사회적 약속이다. 화폐는 금융을 통해 자본으로 축적, 전환되고 자본주의 유지와 확대재생산에 핵심적인 역할을 한다. 자본의 형성을 위해서는 충분한 규모의 화폐가 축적되어야 하기 때문이다.

5 화폐창조 메커니즘

이를 가능하게 한 것이 아래에서 논의할 현 화폐·통화시스템의 화폐창조 메커니즘이다. 현 화폐·통화시스템은 중앙은행의 최종대부자(lender of last resort) 역할과 상업은행의 예금을 전제로 하지 않는 무한한 대출 능력이라는 두 가지 특징을 갖는다. 이는 영국의 금세공업자가 보관된 금의 양을 초과하는 금 보관증을 발행했던 것과 유사하다. 만약 상업은행 화폐창조에 급격한 변화나 문제가 발생하면 이는 금융위기로 이어질 수 있다. 이 문제를 적절히 해결하지 못하면 자본주의는 체제 위기에 봉착할 수밖에 없다.

위기가 발생하면, 채권·채무 관계의 결제를 위해 사용되는 화폐, 즉 현금 수요는 급증한다. 현 금융자본주의에서 현금이야말로 채권·채무 관계 결제를 위한 가장 최종적이면서 불가역적인 수단이다. 다시 말해 진짜 화폐이다. 이를 본위화폐라고 한다. 현금이야말로 그 어떤 지급수단보다 우월한 진짜 화폐이다. 위기가 발생하면 현금에 대한 수요는 급증한다. 모두 현금 확보에 사활을 걸게 된다. 반대로 현금이 투입되어 다른 형태로 변화된 부동산, 주식, 채권, 코인 등 자산에 대한 수요는 급격히 줄어든다.

부동산 또는 금융자산은 현금화만 된다면 채권·채무 관계의 결제를 위해 사용될 수 있는 수단이기 때문에 파생 화폐 또는 준(準, quasi)화폐라고 할 수 있다. 현금과 같은 진짜 화폐에 대한 수요가 증가할수록 이런 파생 화폐, 준화폐와 같은 자산의 수요는 감소한다. 현금 가치는 상승하고 자산 가치는 하락한다. 이것이 급격하고 발작적으로 일어나는 현상이 거품(bubble)의 붕괴이다. 이처럼 다양한 지급수단 중 화폐, 그중에서도 현금이야말로 그 어떤 환경에서든, 특히 위기 상황에서는 절대 반지로 등극한다. 현금이야말로 모든 경제활동의 최종 목표이고 채권·채무 관계의 궁극적인 창출과 해소 수단이다.

현금은 중앙은행에서 발행하는 것이기 때문에 현금을 중앙은행화폐라고 명명할 수 있다. 화폐도 다 같은 화폐가 아니라는 의미이다. 현 화폐·통화시스템에서 화폐는 중앙은행이 창조하는 중앙은행화폐(현금)와 상업은행이 창조하는 상업은행화폐로 나눌 수 있다. 이중 중앙은행화폐만이 본위화폐로서 본원통화를 구성한다. 왜냐하면 상업은행화폐는 상업은행이 망하면 공중으로 사라질 수 있기 때문이다. 100% 화폐가 아니라는 의미이다. 하지만 중앙은행화폐는 그 나라가 지구상에서 사라지지 않는 한, 그 가치가 영구히 보장된다. 100% 화폐이다.

6 금본위제의 시대

이는 자본주의 발전과 그 궤를 같이한다. 영국에서 시작된 자본주의가 유럽을 넘어 세계로 확산하면서, 단순히 채권·채무 관계의 결제 수단이었던 화폐의 성격도 큰 변화를 맞이하였다. 자본주의는 화폐 그 자체가 모든 경제활동의 목적이 되는 체제이다. 자본주의에서 화폐는 이윤 창출을 위한 자본이 된다. 자본은 더 큰 규모의 자본으로 자기 증식한다. 이러한 자본주의의 작동 메커니즘이 유지되기 위해서는 화폐의 대규모 집중과 축적이 필요하다.

자본주의는 생산력 확대를 기초로 대량생산, 대량소비의 시대를 열었다. 이를 뒷받침하기 위해서는 화폐가 대규모로 동원, 집중, 축적되어야 했다. 화폐의 동원을 위해서는 경제 내 존재하는 화폐를 모아야 한다. 그것으로 부족하다면 새로운 화폐가 공급되어야 한다. 자본의 이익에 부합하는 방향으로 화폐를 동원하고 공급하기 위해서는 새로운 화폐·통화시스템, 은행제도가 필요했다.

이러한 필요와 노력의 과정에서 무한한 화폐의 동원과 공급(화폐 창조)이 가능한 상업은행이 출현하였다. 그리고 1694년 영란은행을 시작으로 이러한 상업은행의 기능을 뒷받침하는 중앙은행이 잇따라 탄생하였다. 중앙은행과 상업은행이라는 조금은 이상해 보이는 이중 은행제도가 형성된 것이다. 이중은행제도는 처음에는 여전히 금과 은이 본위화폐가 되는 방식이었다. 즉, 중앙은행이나 상업은행이 보유한 금 또는 은의 양을 기초로 화폐(은행권) 발행이 이루어졌다.

이 은행권은 그 명목가치에 해당하는 금과 은으로의 태환(교환)이 보장된다. 이를 태환 화폐(convertible money)라고 한다. 금, 은과 같은 귀금속은 생산량(채굴량)을 늘리는 데 한계가 있다. 따라서 태환 화폐의 발행도 그만큼 제약될 수밖에 없었다. 태환 화폐는 지폐이기는 했지만 그 발행량은 여전히 금의 보유량에 따라 제약을 받기 때문에 완전한 신용화폐라고는 할 수 없다. 태환 화폐(지폐)는 금화와 같은 금속화폐가 현재의 불태환 화폐로 넘어가는 중간, 과도기적 형태였다고 할 수 있다.

한 가지 짚고 넘어가야 하는 것은, 이 과정에서 화폐 발행권이 기존 왕이나 영주로부터 자본의 이해에 부응하는 상업은행, 그리고 그 상업은행을 뒷받침하는 중앙은행으로 이전되었다는 점이다. 중앙은행과 상업은행의 이중은행제도가 형성되면서 상업은행은 예금에 기초하지 않는 대출이 가능하게 되었다. 대출수요만 있다면 상업은행은 예금의 규모와 무관하게 대출이 가능하다. 이는 곧 현 화폐·통화 시스템의 특징인 무로부터의 화폐창조로 이어졌다. 상업은행 화폐창조는 대규모 자본의 동원과 축적을 전제로 하는 자본주의의 발전을 위해 필수적이다.

금, 은을 본위화폐로 하고 그 보유량에 기초하여 태환 화폐가 유통되는 방식은 18세기 이후 한계를 맞게 되었다. 산업혁명에 따른 생산력의 폭발적 증가, 세계시장의 급격한 확대라는 시대적 상황에 부응하기에 태환 화폐 발행만으로는 한계가 있을 수밖에 없었다. 화폐공급이 자본주의의 폭발적인 생산력과 생산성을 따라가지 못하게 되면 물가 하락, 즉 디플레이션의 가능성이 커지게 된다. 이는 지속적인 경제성장 다시 말해 끊임없는 자본의 축적이 요구되는 자본주의의 발전에 걸림돌이 되었다.

또한 경제 내 총공급(총생산)이 빠르게 증가하는 데 비해, 화폐의 부족으로 총수요(소비)가 이를 뒷받침하지 못하면 만성적인 수요부족과 경기 침체로 이어진다. 자본의 확대재생산은 어려워지게 된다. 이러한 문제를 타개하기 위해 상업은행 화폐창조는 더욱 장려되는 사회경제적 환경이 형성되었다. 하지만 통제되지 않는 상업은행 화폐창조는 결국 파국을 초래할 수밖에 없음을 깨닫게 된 것은 그리 오랜 시간이 걸리지 않았다.

7 금달러본위제의 시대

1929년 미국에서 시작되어 전 세계를 강타한 대공황이 그 대표적인 사건이다. 대공황은 1910년대 이후 계속된 미국의 경기 호황에 따른 투기적 수요와 과도한 신용창조에 따른 부채의 급증, 이로 인한 자산 거품의 생성으로 시작되었다. 이후 부채 부담과 유효수요의 부족 등으로 인해, 경기가 하강하면서 주가가 폭락하기 시작하였다.

이는 다시 급격한 자산 거품의 붕괴, 현금 수요 급증과 뱅크런, 은행 파산으로 인한 금융시스템 붕괴로 이어졌다. 그리고 이러한 금융시스템의 붕괴는 앞에서 이야기했듯이 채권·채무 관계의 창출, 유지, 해소에 큰 장애가 되었다. 그에 따른 막대한 경제적 손실을 초래했다. 절대 반지인 현금을 확보하기 위한 치열한 경쟁이 시작되었고 여기서 탈락한 가계와 기업은 나락으로 떨어졌다. 대규모 기업 파산, 대량 실업, 세계적인 실물경제 붕괴 등으로 이어졌다.

이처럼 대공황은 앞에서 소개한 상업은행 화폐창조 메커니즘과 무관하지 않다. 대공황은 태환 화폐 시스템임에도 불구하고 과도한 신용창조와 급격한 신용파괴, 그리고 적절한 통화정책의 부재 등이 겹치면서 일어난 사건이다. 만약 사전적으로는 상업은행 화폐창조가 과도하게 일어나지 않도록 통제되고 또 사후적으로는 위기 발생 시, 채권·채무 관계 유지를 위한 적절한 화폐공급이 이루어졌다면 파국적인 재앙은 피할 수 있었을 것이다.

자본주의가 이러한 시행착오를 겪는 와중에 중앙은행은 최종대부자로서의 위상이 높아졌다. 이제 자본주의의 지속가능한 발전을 위해서는 화폐·통화시스템이 새롭게 변화될 필요가 있었다. 화폐는 중앙은행이나 상업은행이 보유한 금, 은의 양에 제한받지 않고 발행되어야 할 때가 되었다. 금본위제의 최후가 다가오게 된 것이다. 드디어 국가가 국가의 신용만으로 화폐의 명목가치를 보장하는 불태환 화폐가 등장하였다. 불태환 화폐는 금, 은, 예금과 무관하게 무(無)에서 창조될 수 있다. 남은 것은 혹시 모를 상업은행의 무분별한 화폐창조를 중앙은행이 적절하게 통제하는 일이었다. 드디어 자본의 이익을 위하면서도 금으로부터 해방된 새로운 화폐·통화시스템이 완성되었다. 이것이 불태환 법정화폐를 사용하는 현 화폐·통화시스템이다.

이러한 화폐·통화시스템의 변화와 이중은행제도는 어느 날 갑자기 이루어진 것은 아니다. 영국을 시작으로 18세기 이후 여러 시행착오를 겪으면서 유럽 주요국과 미국, 일본 등의 순으로 확산하였다. 하지만 이는 국내적 차원에 국한되었다. 국제적 차원의 금 태환이 폐지되고 달러 중심의 국제금융 시스템이 시작된 것은 달러의 금 태환이 정지된 1971년 8월 15일 닉슨 선언 이후이다.

달러의 금 태환 의무가 정지됨으로써 달러는 금에서 해방되었고 더 나아가 금을 대신하여 세계 본위화폐의 역할을 하게 되었다. 이는 세계적인 차원에서 달러라는 신용화폐가 금이라는 최고의 상품화폐를 완전히 몰아낸 경제사적 측면에서 획기적인 사건이다. 경제사는 1971년 8월 15일을 기점으로 이전의 상품화폐 시대와 이후의 신용화폐 시대로 나뉜다고 할 수 있다.

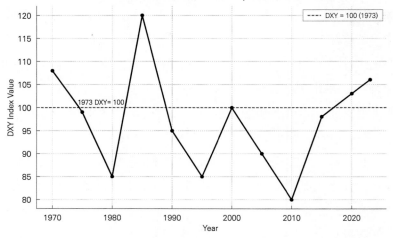

그림 3-1 달러 인덱스 추이(1970~2023)

이 그래프는 미국 달러 지수(DXY) 변동 추이를 보여준다. 달러 지수는 1973년 3월 달러 지수(100)를 기준으로 한다. 달러 지수는 미국 연준이 브레턴우즈 협정이 폐기된 직후인 1973년 3월 개발되었고 독일 마르크(이후 유로), 일본 엔, 영국 파운드, 캐나다 달러, 스웨덴 크로나 및 스위스 프랑 등 세계 6개 주요 통화 바스켓 대비 미국 달러 가치를 측정한다. 그래프에서 보듯이 이후 달러 가치는 1971년 이후 금과의 고정 가치에서 벗어나 변동하게 되었다.

8 달러본위제의 시대

이제 달러는 미국의 패권적 경제력을 힘입어 금과의 연결고리를 끊고 세계 경제의 확장과 발전에 부응하게 되었다. 이제 달러의 발행은 미국이 보유한 금이 아니라 중앙은행인 연준과 상업은행 화폐창조 메커니즘에 의존하게 되었다. 다른 국가의 화폐창조도 이와 연계되었다. 달러는 세계 본위화폐 역할을 하는 동시에 무역과 투자에 필요한 자금(유동성)의 원천이 되었다.

세계 경제는 연준의 통화정책과 이에 따른 미국 상업은행 화폐창조에 큰 영향을 받게 되었다. 왜냐하면 다른 개별국가 중앙은행의 통화정책과 상업은행 화폐창조도 연준의 통화정책에 적지 않은 영향을 받기 때문이다. 세계 경제 그리고 개별국가의 경제에 미치는 연준의 영향력은 막강하다. 연준은 최강권력(super duper ultra power)인 것이다. 연준 의장을 세계 경제 대통령이라고 하는 이유가 이에 있다.

달러는 미국이라는 한 나라의 법정화폐이다. 하지만 세계 본위화폐의 공급이 온전히 연준 통화정책과 미국 상업은행 화폐창조에 의존할 수밖에 없게 되었다. 이것이 현재 세계 경제와 금융시스템의 아킬레스건이다. 만약 연준이 기준금리 인하와 같은 완화적 통화정책을 시행하면 상업은행 화폐창조는 증가한다. 이는 세계 경제의 화폐공급 증가를 의미한다.

달러 유동성은 미국 국내뿐만 아니라 전 세계적으로도 증가하게 된다. 그리고 대부분 국가의 기준금리는 연준이 정한 기준금리와 동조된다. 따라서 미국의 기준금리 인하는 다른 국가의 기준금리 인하로 이어진다. 이에 따라 개별국가의 상업은행 화폐창조도 증가한다. 국내로 유입된 달러 유동성은 국내 화폐로 환전된다. 불태화정책(sterilization policy)이 시행되지 않는 경우 화폐창조는 가속화된다.[12]

---

12 불태화정책이란 해외 부문에서 외화의 유입으로 인해 본원통화가 증가하고 그 결과로 금리나 물가가 중앙은행이 목표한 바와 다르게 변동할 우려가 있는 경우 중앙은행이 공개시장 조작이나 지급준비율 조정 등을 통해 본원통화의 증가를 상쇄시키는 정책을 말한다. 따라서 불태화정책의 수단은 일반 통화정책과 같지만 그 목적이 해외 부문에서 비롯된 통화량 증가를 억제하기 위한 것이란 점에서 다르다. 불태화정책은 중앙은행 등의 외환시장개입과 연관되어 이루어지는 경우가 있다. 중앙은행이 환율 안정을 위해 외환시장에서 외환을 매입할 경우, 그 반대급부로 원화 대금이 거래 상대방에 지급되고 이에 따라 국내 통화량이 증가하게 되는데, 이 경우 중앙은행은 공개시장 조작 등을 통해 증가분을 회수(불태화)함으로써 통화량을 개입 전 수준으로 유지할 수 있다.

이렇게 미국 기준금리가 하락하면 세계 경제 전반적으로 금리는 하락하고 달러 유동성과 국내 유동성은 증가한다. 대출은 쉬워지고 경기는 활황으로 이어진다. 부동산, 주식, 채권, 코인 등 부동산, 금융자산에 대한 수요도 높아진다. 공급이 한정된 부동산, 금융상품의 가치가 급등하게 된다. 자산 거품이 발생하는 것이다. 예를 들면 2020년 이후 코로나 팬데믹으로 인한 경제위기 대응을 위해, 초저금리 정책과 양적완화가 시행되었다. 이는 급격한 중앙은행과 상업은행의 화폐창조를 불러왔다. 부동산, 주식, 코인 등 자산 가격은 폭등하였다. 하지만 2022년 초 이후 인플레이션이 발생하면서 고금리 정책으로 급격하게 전환되었다. 현재의 부동산가격 폭락 현상 등은 이전에 발생한 자산 거품의 후폭풍이라고 할 수 있다.

이처럼 저금리, 양적완화를 통한 중앙은행과 상업은행 화폐창조의 급격한 확대는 적지 않은 부작용을 남긴다. 상업은행 대출은 예금에 제약되지 않는다. 대출신청인의 담보나 신용도만 인정되면, 심지어 그렇지 않아도 얼마든지 대출이 가능하다. 현 화폐·통화시스템은 상업은행의 절제되지 않은 화폐창조와 이에 따른 폐해와 부작용에 상시 노출되어 있다. 2008년 글로벌 금융위기 직후 등장한 비트코인은 이와 무관치 않다.

9 화폐·통화시스템의 모순과 비트코인

글로벌 금융위기는 현 화폐·통화시스템의 모순이 폭발한 사건이다. 비트코인은 중앙은행과 상업은행이 독점하고 있는 현 화폐·통화시스템에 반기를 들고 그 대안으로 개발된 것이다. 다시 말해 비트코인은 현 이중은행제도의 부당함을 주장하며 그 대안화폐가 될 수 있음을 주장한다. 비트코인은 블록체인이라는 디지털 위조 방지 기술을 활용하여 화폐의 탈중앙화를 주장한다.

현재 대부분 법정화폐를 사용하고 있지만 예외는 있다. 특히 살인적인 인플레이션과 경제위기를 겪고 있는 엘살바도르 등 일부 국가는 비트코인을 공식적인 화폐로 인정하고 있다. 비트코인이 과연 기존의 화폐를 대체하고 새로운 화폐·통화시스템의 비밀병기가 될 수 있는지에 대한 논의가 분분하다. 하지만 현재로서는 비트코인이 앞에서 이야기한 화폐의 기능을 하기에는 충분치 않다.

특히 비트코인은 그 가치(가격)가 매우 불안정하다. 지급결제, 가치저장, 회계단위 세 가지 기능을 안정적으로 수행하기 어렵다. 무엇보다 지급결제 기능을 위해서는 화폐의 가치가 안정적이어야 한다. 하지만 비트코인은 그렇지 않다. 이는 비트코인이 실생활에서 화폐의 역할을 하는 데 분명한 한계가 있음을 보여준다.

그림 3-2　비트코인 가격 추이(2010~2024)

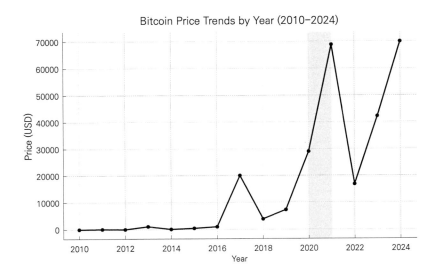

이 그래프는 2010년부터 2024년까지의 비트코인 가격 추이를 보여주고 있다. 비트코인 가격은 2010년대 중반 이후 빠르게 상승하였다. 특히 2020년 코로나 팬데믹 이후 급등락을 보이지만 수년간 급격하게 상승하였다. 비트코인 가격의 급등과 급락은 비트코인이 화폐(코인)가 아니라 투기적 자산임을 보여준다.

다만 비트코인은 가상공간에 존재하는 소위 가상자산(암호자산)으로 투자자산의 일종으로 인정되고 있을 뿐이다. 비트코인의 개발 목적과 달리 현재 비트코인을 투자하는 이유는 비트코인을 화폐로 사용하기 위해서가 아니다. 가장 큰 이유는 비트코인 투자를 통한 매매차익 또는 시세차익이다. 비트코인의 소유 목적은 비트코인 자체가 아니라 현금수익 실현이다. 이런 측면에서 비트코인은 주식, 채권 등 다른 금융상품, 자산과 크게 다르지 않다.

비트코인의 등장으로 현 신용화폐와 화폐·통화시스템을 대체하고자 하는 노력이 진행되고 있다. 하지만 아직 세상은 현금, 즉 중앙은행이 창조한 본위화폐와 상업은행이 창조한 상업은행화폐를 중심으로 돌아가고 있다. 국내 경제의 절대 반지는 중앙은행화폐인 현금이다. 세계 경제의 절대 반지는 연준이 발행하는 화폐인 달러이다. 이것은 미국이 패권을 상실하지 않는 한 앞으로도 변하지 않을 것이다.

앞의 논의를 태양계에 비유하면 달러는 태양, 나머지 화폐는 태양을 공전하는 행성이다. 부동산, 주식, 채권, 비트코인 등 기타 자산 또는 금융상품은 행성의 주위를 도는 위성이다. 최근 등장한 비트코인 등의 가상자산은 새롭게 형성된 위성이라고 할 수 있다. 이렇듯 개별국가의 법정화폐와 부동산, 주식, 채권, 비트코인 등 자산 가치의 운명은 전적으로 달러의 상승과 하락, 팽창과 수축에 달려있다고 할 수 있다.

Chapter 03

화폐의 역사적 이해: 금본위제

1 금본위제와 자유무역

제2장에서 살펴본 화폐의 역사적 변화와 관련하여 근대 이후의 화폐제도에 대해 19세기 금본위제와 20세기 달러본위제에 대해 구체적으로 살펴본다. 우선 이 장에서는 금본위제에 대해 논의하고 다음 제4장에서는 달러본위제에 대해 이야기한다. 금을 화폐의 본위로 삼았던 금본위제(gold standard system)는 19세기에서 20세기 초까지 한 세기 이상 영국을 중심으로 세계 주요 국가들이 채택한 화폐·통화시스템이었다.[13] 금본위제는 중앙은행이 보유한 금의 양에 화폐공

---

13 일화를 하나 소개하면 금본위제는 만유인력의 법칙으로 유명한 천재 물리학자인 아이작 뉴턴(Isaac Newton, 1642~1727)에 의해 제안되었다. 물리학자로만 유명한 뉴턴이 화폐와 관련해서도 역사적인 업적을 남겼다는 것은 상대적으로 잘 알려지지 않았다. 뉴턴의 영국 조폐국 재직 기간은 거의 30년으로 그의 인생 후반 경력의 대부분을 차지한다. 뉴턴은 1696년 조폐국 소장, 1699년 조폐국장으로 임명되었으며 1727년 사망할 때까지 그 직위를 유지하였다. 뉴턴은 조폐국 소장(1696~1699) 재임 시 파운드화(금화)의 재발행을 감독하고 위조자를 처벌하고 주화의 무결성을 보장하는 일을 담당하였다. 그 공헌을 인정받은 뉴턴은 조폐국장(1699~1727)으로 임명되었다. 뉴턴은 조폐국에서 근무하는 동안 화폐개혁을 단행하고 위조 방지 조치를 실행하였다. 그는 물리학자로서 뿐만 아니라 영국 경제 역사의 핵심 인물로서 그의 유산을 확고히 하였다. 예를 들면 뉴턴이 영국 국립 조폐창 책임자로 재직하던 시기, 영국은 중국산 차, 비단, 도자기 등 수입으로 대규모 은이 유출되어 은이 부족하였다. 이에 뉴턴은 1717년 금본위제를 주장하며 금과 은의 교환 비율을

급이 연동된다. 화폐는 정해진 비율로 금과의 태환이 보장된다. 금본위제는 화폐가치가 금과의 교환 비율로 고정되기 때문에 실물경제의 변동과는 무관하거나 독립된 화폐·통화시스템으로 여겨지기 쉽다.[14]

하지만 금본위제는 당시 정치, 경제적 상황과 긴밀하게 연결되어 있다. 우선 금본위제는 자유무역과 불가분의 관계가 있다. 금본위제는 국가 간 무역 불균형을 자동으로 교정케 하는 시스템으로 이해되었고 자연스럽게 자유무역의 문제점과 모순은 가려졌다. 또한 금본위제는 영국뿐만 아니라 대다수 유럽 국가들이 재정확보를 위한 대규모 자금의 공급처였던 채권보유자를 보호하는 조치였다. 금본위제는 기본적으로 화폐가치를 안정적으로 유지할 수 있는 제도였기 때문에 채권보유자의 자산 가치를 보장할 수 있었다.

먼저 금본위제와 자유무역의 관계에 대해 살펴보자. 금본위제와 자유무역의 관계는 바늘과 실처럼 떼려야 뗄 수 없는 관계이다. 당시

1:15로 정하고 금화의 유통을 장려하였다. 금화의 가치가 안정적으로 유지되면서 영국의 화폐제도는 신뢰를 얻게 되었고 이후 영국이 산업혁명을 통해 경제가 급성장하면서 안정적인 화폐제도로서 금본위제를 채택할 수 있는 토대가 마련될 수 있었다. 영국은 1821년 금본위제를 공식적으로 채택하였고 이후 금본위제는 유럽과 전 세계로 확산하였다. 어떻게 보면 근대적 의미의 화폐제도인 금본위제의 기초는 뉴턴이 만들었다고 해도 과언이 아니다.

14 금본위제는 금화금본위제(gold coin standard), 금지금본위제(gold bullion standard), 금환본위제(gold exchange standard) 등으로 나누어 볼 수 있다. 금화 금본위제는 금화 자체가 화폐로서 시장에 유통되는 제도이다. 금화의 주조가 가능하기에 금의 가치가 곧 화폐의 가치가 된다. 금본위제 중 가장 원시적인 형태다. 이는 제1차 세계대전 이전에 시행된 제도이다. 이와 달리 중앙은행에 금을 비축해 두고 금의 가치만큼 지폐로 된 화폐를 발행하여 시장에 유통하는 제도를 생각할 수 있는데 태환의 가능 여부에 따라 금지금본위제와 금환본위제로 나뉜다. 금지금본위제는 은행이 보유한 금괴만큼 화폐를 발행하는 제도이다. 지금(地金)은 밑바탕이 되는 금이란 뜻으로 금괴를 가리킨다. 금환본위제는 금본위제를 시행하는 국가(미국, 영국 등)의 화폐(달러, 파운드)를 각국 중앙은행이 보유함으로써 금 보유와 같은 효과를 내는 것이다. 금과 달러 간 태환만이 보장된 브레턴우즈 체제가 대표적인 사례이다.

세계 경제의 메커니즘을 이해하기 위해서는 금본위제와 자유무역을 연결해서 이해할 필요가 있다. 금본위제를 지탱할 수 있는 실물경제의 토대가 자유무역이다. 반대로 당시 영국이 주도한 자유무역은 금본위제를 통해 안정적으로 유지되고 발전할 수 있었다.

자유무역의 이론적 토대는 리카도가 제기한 비교우위론에 있다. 비교우위를 활용하여 각 국가가 무역하게 되면 무역에 참여하는 국가 모두 무역의 이익을 누릴 수 있다. 비교우위론은 많은 비판과 한계에도 불구하고 자유무역을 옹호하는 강력한 이론으로 활용되었다. 자유무역은 19세기 영국의 주도로, 20세기는 미국의 주도로 세계적으로 확대되고 발전하였다. 영국은 산업혁명 이후 제조업을 적극적으로 육성하면서 강력한 산업 경쟁력을 갖추기 시작하였다. 이에 더해 강력한 해군력을 바탕으로 해상 무역까지 제패할 수 있었다. 당시 영국은 세계 최대의 공장 역할을 하는 동시에 해상 무역을 통한 유통과 판매 네트워크까지 완전히 장악한 일종의 거대 독점 기업과 같은 존재였다.

이렇게 규모의 경제와 시장 독점력을 완벽하게 완성한 영국은 자연스럽게 자유무역과 시장 개방을 주장했다. 영국은 자유무역의 기치를 들고 유럽대륙은 물론이고 아메리카와 아프리카를 넘어 아시아 시장까지 찾아 나서게 되었다. 이런 영국의 행동에는 고전적 의미의 자유방임주의 경제학이라는 이론적 배경이 있었다. 그리고 유럽의 다른 주요국들과 미국, 일본 등도 자유무역을 받아들이게 되면서 영국은 시장을 세계로 넓힐 수 있게 되었다.

여기서 기억해야 하는 것은 영국이 주장한 자유무역의 토대에는 역시 영국의 주도로 구축된 금본위제가 있었다는 점이다. 영국은 자유무역의 이점을 극대화하기 위해 금본위제를 활용하였다. 자유무역과 금본위제는 사실상 '영국에 의한(by the England), 영국을 위한(for the England), 영국의(of the England)' 제도였다고 할 수 있다. 금본위제와 자유무역은 영국의 비호 아래 동전의 앞뒷면과 같이 맞물려져 작동하였다. 금본위제와 자유무역은 서로를 강화하는 상호 기제였다. 예를 들면 영국과 프랑스가 무역을 개시한다고 하자. 영국과 프랑스 모두 금본위제를 유지하고 있다. 금본위제인 두 국가가 무역하게 되면 무역수지 적자 혹은 흑자가 발생하기 마련이다. 무역수지 적자국은 수출보다 수입을 많이 한 것이고 이는 유입되는 금보다 유출되는 금이 많다는 것을 의미한다. 금본위제에서 금과 화폐는 연동되기 때문에 화폐가치 안정을 위해서는 국내 금이 줄어드는 만큼 통화량(화폐공급)을 줄여야 한다.

수출보다 수입이 많은 국가는 무역수지 적자가 발생하고 금의 유출로 인해 국내 금 보유량은 감소한다. 금본위제이므로 국내 통화량은 감소한다. 무역수지 적자국의 국내 통화량이 감소하면 이는 물가 하락으로 이어진다. 물가 하락으로 무역수지 적자국이 생산한 상품의 가격경쟁력은 향상된다. 이에 따라 다시 수출이 증가한다. 이후 앞에서 설명한 내용의 반대 상황이 전개되고 금 보유량은 증가한다. 따라서 국내 화폐량도 늘어난다. 국내 화폐량 증가에 따라 물가가 상승하면서 다시 반대 메커니즘이 작동하게 된다.

이러한 화폐량↑ → 물가↑ → 무역수지↓ → 화폐량↓ → 물가↓ → 무역수지↑ → 화폐량↑ → … 의 조정 과정을 통해 금이 국가 간에 유출, 유입되면서 자연스럽게 균형이 맞춰진다는 것이다. 앞에서 제기한 자유무역의 문제나 부작용은 금본위제하에서는 자동으로 해결된다. 여기서 굳이 국가가 개입할 여지가 없다. 자유무역이 국가 간 무역수지 불균형을 가져온다는 비판도 무력화된다. 결국 금본위제는 시장에 맡기면 무역수지 균형이 자동으로 달성되기 때문에 무역수지 적자국은 기다리면 된다. 정부가 무역수지 적자 문제를 해결하기 위해 나설 필요가 없는 것이다. 이렇게 금본위제는 자유무역이 안정적으로 유지되는 데 중요한 안전판 역할을 한다.

만약 무역수지 균형이 자동으로 달성되지 않는다면 무역수지 적자국은 금이 계속 유출되어 심대한 경제적 손해를 보게 될 것이다. 무역수지 적자국은 자유무역에 참여할 유인을 잃게 될 것이고 이는 자유무역의 붕괴를 가져오게 된다. 금본위제를 따르는 두 국가는 자유무역을 하면 무역수지는 단기적으로 불균형이 발생하더라도 금의 이동으로 시간이 지나면서 자연스럽게 균형이 회복된다는 전제하에 무역에 참여하는 것이다. 이러한 신뢰가 깨지면 금본위제와 자유무역 간의 상호적 보완, 강화 관계도 깨질 수밖에 없다.

금본위제와 자유무역은 이렇게 서로를 보장하고 강화하였다. 특히 19세기 영국은 자유무역이라는 무역시스템과 금본위제라는 화폐·통화시스템을 이용해서 세계시장을 석권하고 대영제국을 이룩할 수 있었다. 영국은 화폐가치 안정과 무역의 이익 극대화를 통해 국부를 축적하였다. 영국이 해가 지지 않는 나라로 불리게 된 원동력이다. 19세기 당시 금본위제는 일종의 국제질서, 국제규범과 같은 개념으로 자국의 화폐가치를 인위적으로 평가절하하지 않겠다는 국제적 약속이었다. 금본위제에 속한 국가는 이 약속을 충실히 이행하면서 무역과 국제금융을 발전시켰다. 이는 영국을 넘어 프랑스, 네덜란드, 독일, 스페인, 스웨덴, 미국, 일본, 그리고 식민지 지역 등 세계 전역으로 확산하였다.[15]

---

15 1867년 유럽통화회의(European Monetary Conference of 1867)에서 유럽의 주요 열강들은 자국 통화에 대한 금본위제를 도입하기로 약정하였다. 유럽통화회의는 유럽 여러 국가가 통화제도의 표준화를 논의하기 위해 개최한 국제회의이다. 이 회의는 통화 단위를 금본위제로 통일하고 서로 다른 국가들 사이의 환율을 표준화하려는 목적에서 열렸다. 19세기 중반, 산업혁명의 진전으로 유럽 각국 간의 무역이 활발해지면서 통화 간의 환율 문제와 환전수수료가 상업에 걸림돌이 되고 있었다. 이에 따라 금본위제와 같은 통화제도의 통

2 금본위제와 채권자 보호

다음으로 금본위제는 국가의 안정적인 자금 차입을 위해 채권자의 자산 가치를 보장해 주는 제도였다. 금본위제는 단순하게 말하면 화폐가치를 금의 양 또는 가치에 고정하는 것을 의미한다. 예를 들면 영국 화폐 1파운드는 금 1그램의 가치와 같고 언제든 금으로 교환할 수 있다. 금을 기준으로 화폐가치가 고정된다. 금본위제가 제대로 작동하기 위해서는 금의 양과 화폐의 양이 항상 같이 움직여야 한다. 금본위제에서 기존보다 많은 화폐를 발행하기 위해서는 화폐 증가분만큼 금 보유량도 늘어나야 한다. 금보다 화폐가 많아지거나 적어지면 화폐가치도 달라지기 때문에 금과의 교환가치가 고정되기 위해서는 금의 양과 화폐 발행은 연동되어야 한다.

이러한 측면에서 금본위제는 채권자를 보호하기 위한 최적화된 제도라고 할 수 있다. 채권자가 가장 우려하는 것은 인플레이션에 따른 화폐가치 하락이다. 금본위제는 인위적인 화폐가치 하락이 제약되기 때문에 그 어떤 화폐·통화제도보다 채권자 보호에 적합한 제도이다. 예를 들면 정부가 발행한 국채를 매입한 자산가, 부유층에게

일에 대한 논의가 필요하게 되었고 유럽통화회의 개최로 이어졌다. 회의에서는 여러 국가가 통화 단위를 금본위제로 통일하고 금의 순도와 무게에 기초한 공통된 금화를 도입하는 방안이 논의되었다. 특히 프랑스가 주도적으로 참여했으며 프랑스의 나폴레옹 금화를 모델로 한 금화 도입이 제안되었다. 이 금화는 20프랑, 25프랑, 10프랑과 같은 단위로 발행되어 각국에서 동일한 가치를 지니게 하자는 내용이었다. 유럽통화회의는 몇 가지 중요한 합의를 도출했지만 전체적으로 각국의 이익과 국익이 얽혀 있어 통화제도의 전면적인 표준화에는 실패하였다. 그러나 이 회의는 이후 국제 통화시스템의 기초를 마련하는 중요한 역할을 했다. 금본위제를 중심으로 한 통화제도의 중요성이 강조되었고 이로 인해 이후 국제 금본위제의 발전에 기여한 것으로 평가된다. 이후 1890년대 오스트리아-헝가리 제국의 금본위제 전환을 마지막으로 이는 현실화되었다. 미국은 화폐가치 안정을 위해 1879년 도입하였다. 일본의 경우 청일전쟁과 삼국간섭의 결과 획득한 막대한 보상금으로 1897년 금본위제를 실시하게 되었다.

유리하다. 왜냐하면 금본위제에서는 화폐 발행에 따른 화폐가치의 하락이 허용되지 않기 때문이다. 다시 말해 자산가들이 가장 우려하는 인플레이션으로 인한 자산 가치의 손실을 방지할 수 있다.

이는 당시 국제정치 상황을 보면 잘 이해할 수 있다. 18~19세기 영국을 비롯한 유럽 대다수 국가는 아메리카, 아시아, 아프리카 등 전 세계에서 식민지 쟁탈전을 벌이고 있었다. 당시 국가(왕실)의 대부분 재정은 전쟁 수행을 위해 소요되었다. 하지만 돈은 늘 부족했다. 국가가 전쟁을 수행하고 식민지에서 새로운 시장을 개척하기 위해서는 이에 필요한 재원(화폐)이 필요했다. 만성적인 재정 부족을 겪고 있었던 국가는 국채를 발행해서 그 재원을 빌릴 수밖에 없었다. 발행된 국채는 대부분 유명 금융 가문이나 귀족 등 부유층이나 자산가가 매입하였다. 예를 들면 로스차일드 가문은 나폴레옹 전쟁에서 영국의 승리에 베팅하고 영국 국채를 대량 매입하였다. 영국이 최종 승리하면서 로스차일드 가문은 막대한 수익을 챙겼다는 것은 잘 알려진 사실이다.

이렇게 정부가 발행한 채권(국채)을 자산가를 비롯한 부유층이 대량 매입하게 되면서 국가는 채권자를 보호해야 할 필요가 생기게 되었다. 자산 가치가 보장이 안 된다면 정부가 발행한 국채를 살 유인이 없어지기 때문이다. 금본위제는 화폐가치 안정을 통해 채권자 보호에 유리한 제도였다. 채권은 기본적으로 발행될 때 표시된 그 금액이 만기에 상환되는 구조이기 때문에 만기까지 화폐가치가 안정적으로 유지되는 것이 무엇보다 중요하다. 당시에는 전쟁이 빈번하게 일어났고 정치, 경제적으로 불안정했기 때문에 화폐가치의 유지 여부는 채권자에게는 중요한 사안이었다.

만약 채권 발행 이후 화폐가치가 떨어진다면 채권자는 손해를 보게 된다. 따라서 국채 발행을 통한 자금 마련은 어렵게 될 수밖에 없다. 당시 부유층과 금융 가문이 화폐가치 하락으로 손해를 보게 된다면 국가는 자금 차입이 어려워진다. 차입하더라도 훨씬 높은 수익률(이자)을 보장해야 한다. 이러한 이유로 당시 영국을 비롯한 유럽 대부분 국가는 금본위제를 지지하고 부유층과 금융 가문을 안심시켰다. 국가는 금본위제 유지를 통해 비교적 저리의 안정적인 금리로 국채를 발행하여 자금을 조달할 수 있었다.

이러한 재원 조달 방식은 현재 개념으로 보면 일종의 보험과도 같다. 화폐가치를 금의 가치에 일치시켜 국채를 매입한 채권자의 이익을 보장하면서 정부의 자금조달 비용도 낮출 수 있는 일종의 보험의 특성을 갖는다. 이처럼 19세기 당시는 국채를 현재와 같이 중앙은행에서 매입해 주는 것도 아니었고 부유층이나 로스차일드 같은 거대 금융 가문이 국채를 매입하고 자금을 융통하는 구조였다. 따라서 화폐가치의 안정적 유지에 유리한 금본위제는 채권자를 보호하면서 국가의 부족한 재정 문제를 해결하기 위한 필수조건이었다.

3 금본위제의 위기

이렇게 19세기 금본위제는 이러한 지배층의 시대적 필요에 부응하면서 한 세기 이상 지속될 수 있었다. 하지만 대영제국이라는 견고한 보루 앞에서 유지되던 금본위제는 20세기에 접어들면서 세계대전, 대공황, 러시아 혁명 등 세계사적 전환과 경제위기로 그 뿌리부터 흔들리게 되었다. 금본위제가 유지되기 위해서는 국가 간 신뢰가 필수적이기 때문이다. 특히 금본위제는 금 보유량과 화폐량의 증가 속도가 동조되어야 유지될 수 있다. 국가 간에 이러한 금과 화폐가치를 연동시킨다는 불문율의 신뢰가 무너지면 금본위제는 유지되기 어렵다.

전쟁 수행을 위해 국채를 발행하는 것은 가능하다. 하지만 이것만으로 부족해서 화폐를 금 보유량의 수준보다 많이 발행하면 금본위제에 대한 신뢰는 훼손된다. 신뢰가 무너지면 금본위제는 붕괴할 수밖에 없다. 금본위제 유지를 위해 전쟁 당사국은 화폐를 발행하는 속도만큼 금광을 개발하거나 식민지에서 금을 수탈해 올 수도 있다. 하지만 아무리 금광을 개발하고 식민지를 착취해도 금의 양이 화폐를 찍어내는 속도를 따라잡을 수 없다면 금본위제는 유지될 수 없다.

결론적으로 금본위제가 유지되기 위해서는 천문학적인 재정이 소요되는 전쟁이나 위기가 일어나지 않아야 한다. 하지만 역사는 그렇게 흘러가지 않았다. 20세기가 시작되고 얼마 지나지 않은 1914년 시작된 제1차 세계대전은 유럽 제국이 자국의 모든 가용 자원을 총동원하여 진행한 파국적인 전쟁이었다. 결국 유럽 국가들은 전비 마련을 위한 무분별한 화폐 발행 유혹을 떨쳐내지 못했고 금본위제와 자유무역의 붕괴와 파괴를 불러왔다. 제1차 세계대전 이후 인플레이션을 폐단을 잘 보여준 독일 바이마르공화국(1919~1933)의 초인플레이션 사례는 전비 마련과 이후 패전에 따른 배상금 마련을 위한 과도한 화폐 발행과 이에 따른 금본위제 붕괴에 기인한다고 알려져 있다.[16]

---

16 독일의 초인플레이션, 특히 1923년의 극심한 경제적 혼란은 제1차 세계대전의 여파와 그에 따른 국제적 압박에서 비롯된 현상이다. 독일은 1919년 체결된 베르사유 조약에 따라 전쟁의 책임을 인정하고 막대한 배상금을 연합국들에 지급해야 했다. 이 배상금은 금이나 외화로 지급해야 했는데, 독일의 경제는 이미 전쟁으로 피폐해진 상태였다. 독일 정부는 배상금을 지급하고 경제를 재건하기 위해 돈을 대량으로 발행하기 시작했다. 중앙은행은 금의 보유량에 비해 터무니없이 많은 마르크화를 발행했는데 이는 통화의 가치를 급속히 떨어뜨렸다. 1921년부터 시작된 인플레이션은 점점 가속화되었고 1923년에는 극단적인 수준의 초인플레이션으로 비화하였다. 이 시기의 인플레이션은 엄청나게 빠른 속도로 진행되었다. 1923년 초, 1달러당 4,200마르크였던 환율은 11월에는 1달러당 4조 2천억 마르크로 폭등했다. 일상적인 물품의 가격도 폭발적으로 상승했는데 빵 한 덩어리의 가격이

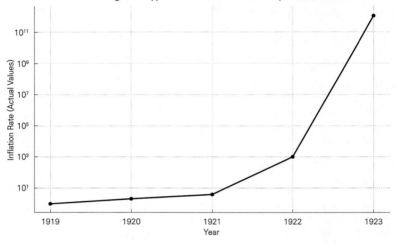

그림 3-3 독일 바이마르공화국 하이퍼인플레이션(1919~1923)

Inflation during the Hyperinflation in Weimar Republic (1919-1923)

이 그래프는 제1차 세계대전 직후 독일 바이마르공화국의 1919년부터 1923년까지의 초인플레이션 현상을 보여주고 있다. 인플레이션의 기하급수적인 증가는 1923년 극도의 초인플레이션으로 정점에 달하였다.

위의 내용을 정리하면 대영제국이 주도하는 자유무역은 화폐가

몇 시간 만에 두 배, 세 배로 뛰는 상황이 자주 발생했다. 이런 상황에서 독일 국민은 급여를 받는 즉시 물건을 사야 했고 돈의 가치가 빠르게 떨어져 장바구니에 돈을 가득 채워도 빵 한 덩어리를 사는 것도 어려워졌다. 이로 인해 사회 전반에 걸쳐 불안과 절망이 확산하였다. 사람들은 기존의 화폐를 신뢰하지 못하게 되었고 물물교환이 다시 성행하기 시작했다. 또한 중산층과 노동자 계층은 자신들의 저축이 무용지물이 되는 상황을 경험하면서 경제적 불안정과 불만이 고조되었다. 이는 독일 사회의 정치적 혼란을 더욱 심화시켰고 결국 나치당과 같은 극단적인 정치세력이 부상하는 토양을 제공했다. 이 끔찍한 상황은 1924년 도입된 렌텐마르크라는 새로운 화폐를 통해 일부 진정되었다. 렌텐마르크는 독일의 토지를 담보로 하여 발행되었고 이를 통해 통화가치의 안정을 찾을 수 있었다. 이와 더불어 미국 주도의 도스 플랜(Dawes Plan)이 도입되면서 독일 경제는 서서히 회복되기 시작했다. 그러나 초인플레이션의 여파는 독일 국민의 심리에 깊은 상처를 남겼고 이는 나중에 히틀러의 권력 장악에 기여한 요소 중 하나로 평가되고 있다.

치를 안정시킬 수 있는 금본위제가 뒷받침되었을 때 유지될 수 있었다. 달러본위제 자유무역이 전제될 때 강화될 수 있었다. 금본위제가 지속하기 위해서는 전쟁이나 경제위기와 같이 국가의 재정 악화와 과도한 통화 발행이 없는 것을 전제로 한다. 하지만 역사는 전혀 다르게 흘러갔음은 앞에서 설명하였다. 제1차 세계대전에 따른 금본위제 이탈과 독일의 초인플레이션이 그 예이다.

금본위제에서는 현대적 의미의 확장적 재정정책과 중앙은행의 최종대부자 역할은 기대할 수 없었다. 대신 재원확보를 위해 부유층과 거대 금융 가문에 의지할 수밖에 없었다. 자금이 필요한 정부와 자금을 빌려주는 부유층과 금융 가문의 이해관계가 일치하여 금본위제가 유지될 수 있었다. 금본위제는 채권자를 보호하기 위해 최적화된 제도였다. 하지만 앞에서 보았듯이 20세기 초 금본위제는 위기를 맞게 되었다. 이러한 상황에서 독점적 발권력을 가진 중앙은행제도가 성립된 것은 상업은행의 무분별한 화폐 발행과 화폐가치 하락을 방지하여 이들 채권자를 보호하려는 의도가 있었던 것으로 해석될 수 있다.

결국 20세기 초를 지나면서 금본위제는 폐지되었지만 대신 미국의 달러화가 세계 본위화폐의 역할을 하게 되었다. 달러는 과거 금본위제에서의 금의 역할을 대신하고 있다고 할 수 있다. 화폐 발행이 엄격하게 관리되었던 금본위제에서도 화폐가치를 유지하는 것은 쉽지 않은 일이었다. 달러가 금의 역할을 하더라도 달러 역시 불태환 법정화폐라는 점에서 한계가 있다. 현재의 불태환 법정화폐 중심의 화폐·통화시스템에서 화폐가치가 상시 불안정한 것은 어쩌면 당연한 일이다.

이러한 화폐가치의 불안정성은 상시적인 경제위기를 불러온다. 일단 경제위기가 발생하면 화폐가치의 불안정성이 더욱 커지고 그

위기의 규모와 진폭은 더욱 커진다. 이에 따라 경제위기는 경제 전반에 전면적인 영향을 미치는 요인으로 작동할 수밖에 없다. 결국 이러한 경제위기에 대응하기 위해서는 현재와 같이 최종대부자로서의 중앙은행 역할이 중요해지게 되고 중앙은행의 통화정책이 세계의 주목을 받을 수밖에 없게 되는 것이다.

이렇듯 금본위제와 자유무역, 금본위제와 채권자 보호 등의 역학관계와 변화 과정, 상호 간 작동 메커니즘을 이해하는 것은 과거와 현 화폐·통화시스템 그리고 화폐의 흐름을 이해하는 데 중요한 기초가 된다. 그리고 이러한 금본위제 이후의 달러본위제 하에서 왜 중앙은행의 역할이 커지게 되었는지 이해할 수 있을 것이다. 다음 절에서는 달러본위제에 대해 살펴본다.

Chapter 04

화폐의 역사적 이해: 달러본위제

1 달러본위제의 전개

현재 우리나라뿐 아니라 세계 모든 국가가 사용하고 있는 화폐는 국가가 화폐의 명목가치를 보증하지만 금과의 태환이 보장되지 않는 불태환 법정화폐이다. 금본위제가 폐지되고 불태환 법정화폐의 시대가 되면서 금은 더 이상 화폐가 아니다. 금은 다른 상품과 마찬가지로 시장에서 매매되는 상품의 하나일 뿐이다. 금본위제 폐지 이후 달러가 금의 역할을 하는 달러본위제로 변화하였다. 따라서 현 화폐·통화시스템의 본질을 파악하기 위해서는 달러본위제에 대한 이해가 필요하다.

금본위제 폐지 이후 달러가 그 중심 역할을 하게 되면서 중앙은행과 상업은행을 통한 화폐창조는 금에서 해방되어 그 제약이 없어지게 되었다. 금 보유량에 맞추어 화폐공급이 제한되는 문제는 완전히 사라졌다. 이는 화폐·통화시스템이 자본의 확대재생산에 최적화된 형태로 진화한 것이라고 할 수 있다. 하지만 이는 동시에 현 화폐·통화시스템이 자본의 이익에만 충실할 뿐 공공의 이익에 부합하지 않는 한계를 내포한다. 아래에서 이야기하겠지만 이는 자산 양극화의 주범이라고 할 수 있는 화폐창조이익은 억제되는 반면 현대판 시뇨리지가 극대화되는 문제를 초래한다.

금본위제에서 사용된 지폐는 금과의 교환이 보장된 태환 화폐이다. 태환 화폐는 금본위제가 폐지되는 20세기 초까지 사용되었다. 태환지폐에는 지폐의 명목 가액에 해당하는 금이나 은으로 교환을 보장한다는 문구가 인쇄되어 있다. 예를 들면 미국에서 발행된 태환 달러에는 'IN GOLD COIN PAYABLE TO THE BEARER ON DEMAND.'라는 문구가 인쇄되어 있다. 이는 지폐의 소유자는 언제든지 은행에서 동일 가액의 금으로 태환(교환)이 가능하다는 의미이다.

그림 3-4 100달러 태환지폐

위 사진은 1922년에 발행된 100달러 태환지폐 앞면이다. 100달러 지폐이지만 실제로 100달러 가치의 금으로 태환이 가능했다.

이처럼 태환 화폐는 금, 은으로 대표되는 금속화폐로의 교환을 보장하지만 화폐 자체로는 내재가치를 지니지 않는 신용화폐이다. 이렇게 태환 화폐는 상품화폐와 신용화폐의 성격을 모두 가지고 있다. 화폐는 고대 원시적 형태의 신용화폐 또는 상품화폐(금속화폐)에서 중세의 금속화폐로, 그리고 근대의 태환 화폐를 거쳐 최종적으로는 현재와 같은 불태환 화폐, 신용화폐로 변화해 왔다. 이렇게 볼 때 태환 화폐는 화폐가 내재가치를 갖는 상품화폐에서 신용화폐로 진화하는 중간단계 또는 연결고리 역할을 했다고 볼 수 있다.

상품화폐나 금속화폐는 그 자체로서 가치가 보장되기 때문에 국가가 법으로 그 가치를 보장할 필요가 없다. 같은 지폐라도 태환 화폐는 금의 교환을 국가가 보장하기 때문에 현재 사용되고 있는 불태환 화폐와는 그 성격이 다르다. 앞에서 보았듯이 금본위제와 태환 화폐의 시대는 제1차 세계대전과 1930년대 대공황의 혼란기를 지나면서 종말을 고하게 되었다. 전쟁과 대공황의 격변 속에 전쟁 재원 마련을 위한 과도한 화폐 증발, 독일의 초인플레이션, 그리고 대공황으로 인한 유동성 고갈 등, 극과 극의 상황이 연속해서 발생하였다. 화폐·통화시스템은 망가질 수밖에 없었다.

주식, 채권 등 자산 가치 급락, 뱅크런과 상업은행의 연쇄 파산, 대규모 기업 부도와 대량 실업 등 역사상 최대, 최악의 경제위기 속에서 금과 태환 화폐의 교환 비율을 유지하는 것은 사실상 불가능하였다. 국민 대중의 금본위제와 태환 화폐에 대한 신뢰는 붕괴하였다. 한 세기 이상 유지되었던 금본위제와 태환 화폐 중심의 화폐·통화시스템은 시효를 다하고 역사 속으로 사라졌다. 이제 세계 경제는 금본위제와 태환 화폐를 뒤로 하고 새로운 화폐·통화시스템을 모색하게 되었다고 할 수 있다.

영국은 1931년 공식적으로 금본위제를 폐지하였다. 영국에 이어 미국도 1933년 금본위제를 폐지하였다. 미국은 금본위제에 대한 미련이 남아서인지 금과 달러의 교환 비율을 1온스(1oz, 28.35g)당 35달러로 정하고 금 1온스의 35달러로의 교환은 허용하지만 그 반대인 35달러의 금 1온스로의 교환은 보장하지 않았다. 이렇게 대영제국의 패권하에 100년 가까이 전 세계적 화폐·통화시스템으로 유지되었던 금본위제는 사라졌다. 이제 달러와 같은 불태환 법정화폐 시대가 열리게 되었다.

그림 3-5 100달러 불태환지폐

위 사진은 2009년에 발행된 100달러 불태환지폐 앞면이다. 1933년 미국은 금본위제를 폐지하였고 금으로의 태환은 불가능하게 되었다. 이전 태환지폐에 인쇄되어 있던 'IN GOLD COIN PAYABLE TO THE BEARER ON DEMAND.' 문구는 삭제되었다.

기억해야 하는 것은 미국, 영국 등 국내 차원의 금본위제는 1930년대 폐지되었지만 국제적 차원의 금본위제는 그로부터 약 40년 후인 1970년대가 되어서야 폐지되었다는 점이다. 국내적으로 금본위제는 폐지되었지만 국가 간 결제 수단으로 여전히 금 또는 금의 가치에 고정된 달러가 사용되었다. 국가 간 거래를 위해서는 달러의 금 교환이 보장된다는 조건이 있어야 했다. 세계정부가 존재하지 않는 상황에서 국가 간 결제 수단으로 금 이외의 다른 결제 수단을 생각하기는 어려웠기 때문이다.

2 브레턴우즈 체제와 금달러본위제

영국을 시작으로 금본위제가 폐지되기 시작하면서 국제통화체제의 혼란과 불확실성이 커졌다. 제2차 세계대전이 연합국의 승리로 기울어가던 해인 1944년 7월, 미국 햄프셔주의 휴양 도시인 브레턴우즈에 미국, 영국 등 44개 연합국 대표가 모였다. 브레턴우즈회의에서 연합국은 전후 새로운 세계질서의 수립을 위한 국제무역 규범과 국제통화시스템에 대해 논의하였다. 핵심 의제 중 하나는 새로운 국제통화시스템 구축 문제였다. 이는 자연스럽게 기존 영국의 파운드화를 대체할 국제통화 또는 국제결제 수단을 무엇으로 할 것인지에 대한 논의로 이어졌다. 국내 차원의 금본위제가 폐지되면서 금이 본위화폐의 역할을 상실하게 되었기 때문이다. 이에 따라 새로운 국제통화, 국가 간 결제 수단에 대한 합의가 필요했다.

영국의 대표는 당시 세계적 석학이자 경제학자였던 케인스였다. 케인스는 새로운 세계통화인 방코르(bancor)의 창설을 주장했다. 방코르를 국제결제통화 다시 말해 세계 본위화폐로 설정하자고 제안한 것이다. 하지만 제2차 세계대전을 지나면서, 새로운 패권국가로 부상하고 있던 미국의 대표인 화이트(Harry Dexter White)의 주장은 달랐다. 그는 국제결제통화는 새로운 통화를 사용할 필요 없이 미국 달러가 되어야 한다고 주장하였다. 이는 미국의 패권적 영향력을 확장하기 위한 자연스러운 주장이었다.

약 3주간의 논의 끝에 케인스의 제안은 기각되고 화이트의 주장이 받아들여졌다. 이제 국제결제통화는 미국 달러화로 정해졌다. 달러가 세계의 본위화폐 역할을 하게 된 것이다. 국제무역과 투자에서 달러가 금의 역할과 위상을 대신하게 되었다. 다만 금과 달러의 교환 비율은 1933년 미국의 금본위제 폐지 당시 결정된 1온스당 35달러가 그대로 적용되었다. 달러와 다른 국가의 화폐 간 교환 비율, 즉 환율은 정부 간 합의로 결정되었다.

이제 달러만이 유일하게 국제적 차원에서 금과의 교환이 보장되는 국제 태환 화폐로 인정되었다. 이는 국내적으로는 35달러의 금 1온스 교환을 보장하지 않았지만 국제적으로는 그 교환을 보장하는 것이었다. 국내적으로는 금본위제가 폐지되었지만 국제적 차원에서는 금이 최종 본위화폐 역할을 하는 것이다. 이렇게 국제적 차원에서는 달러 가치가 금에 고정되고 이에 연동하여 환율이 결정되는 조건으로 금본위제는 그 명맥을 유지할 수 있었다. 이를 금달러본위제, 금환본위제(gold-dollar standard system)라고 한다.

이렇게 1944년 이후 국가 간 금과 달러의 태환을 기초로 하는 국제통화시스템을 브레턴우즈 체제라고 한다. 브레턴우즈 체제는 제2차 세계대전 이후 새로운 패권국으로 떠오른 미국 화폐인 달러에 대한 국제적 신뢰를 기초로 성립되었다. 미국이 실질적으로 세계정부의 역할을 하고 달러가 세계의 법정화폐, 본위화폐의 역할을 하게 되었다.

하지만 이것도 어디까지나 미국 패권에 대한 신뢰를 기초로 하는 것이다. 브레턴우즈 체제는 금과 달러의 교환 비율이 지켜지고 달러의 금 태환이 언제든 가능하다는 이 두 가지 믿음이 있어야 유지될 수 있는 시스템이다. 만약 이 믿음에 문제가 생긴다면 브레턴우즈 체제는 지속될 수 없다. 아니나 다를까 우려는 현실이 되었다. 미국은 패권을 유지하기 위해서라도 달러를 쓸 일이 너무 많아지게 된 것이다.

미국은 제2차 세계대전 이후 미소 냉전이 시작되면서 소련의 팽창을 막기 위해 유럽에 막대한 재정을 지원하였다. 당시 미국 국무장관이었던 조지 마샬(George C. Marshall)의 이름을 딴 마샬 플랜(Marshall Plan)이 대표적인 사례이다. 마샬 플랜은 유럽 재건 계획으로 이를 통해 독일(서독) 등에 천문학적인 재정이 투입되었다. 이뿐 아니라 미국은 한국전쟁(1950~1953), 베트남전쟁(1964~1973) 등 대규모 전쟁에 직접 개입하면서 원조와 전쟁 수행을 위한 막대한 전비를 지출하였다. 이에 더해 미국은 지속적인 무역수지 적자를 기록하였다. 달러는 계속 유출되었다. 이는 달러 공급 또는 달러 유동성의 증가를 의미한다. 반대로 금 태환 요구의 증가에 따라 미국의 금 보유량은 줄어들었다.

시간이 지날수록 미국이 보유하고 있는 금 보유량에 비해 달러 발행량이 너무 크다는 의심이 커지게 되었다. 보유한 금에 비해 과도하게 많은 달러를 발행하게 되면 결국 달러의 실질 가치는 하락한다. 금과 달러의 교환 비율에 대한 신뢰에 금이 가게 된다. 이러한 의심이 커지면서 스위스, 스페인, 프랑스 등이 발 빠르게 달러의 금 태환을 요구하였다. 대규모의 금이 인출되기 시작하였고 1960년대 후반부터 미국의 금 보유량은 급격히 줄어들게 되었다.

미국은 금의 유출을 더 이상 방치할 수 없었고 결국 달러의 금 태환 약속도 지켜질 수 없었다. 1971년 8월 15일 일요일 오전 미국 닉슨 대통령은 방송을 통해 금 태환을 정지한다고 발표하였다. 갑작스러운 금 태환 정지선언으로 30년 가까이 유지되어온 브레턴우즈 체제는 붕괴의 길로 들어서게 되었다. 달러에 대한 신뢰를 토대로 명맥을 유지하고 있던 국제 금본위제는 이제 시효를 다하고 역사 속으로 사라지게 되었다.

3 브레턴우즈 체제 붕괴와 달러본위제

닉슨 선언 이후 브레턴우즈 체제는 붕괴하였지만 아이러니하게도 금이 내어준 국제결제 통화, 세계 본위화폐의 자리를 달러가 온전히 차지하게 되었다. 내재가치가 없는 국가의 불태환 법정화폐가 실질적인 국제결제 수단으로 사용되는 시대가 되었다. 이에 대한 비판과 우려가 제기되었지만 현실적으로 달러 외에 다른 대안이 없었기 때문이다. 이제 이전처럼 금과 달러의 고정된 교환 비율을 기초로 안정적으로 유지되던 개별 화폐 간 교환 비율, 즉 환율도 더 이상 고정될 수 없게 되었다.

금의 굴레에서 해방된 달러는 이제 그 가치가 자유롭게 되었다. 아니 불안정하게 되었다고 하는 것이 더 정확할 것이다. 달러 가치가 불안정하니 환율이 불안정한 것은 당연지사가 되었다. 고정환율제도가 변동환율제도로 변화하였고 시간이 걸렸을 뿐 대부분 주요 국가는 변동환율제도로 전환하였다. 환율의 변동은 상품과 서비스 국제가격의 상시적 불안정성을 가져왔다. 이제 국제무역, 국제금융, 국제통화시스템 모두는 불안정성이 지배하는 세계가 되었다. 우리나라뿐만 아니라 세계가 겪고 있는 불안정의 문제는 여기서 기인하는 바가 크다. 물질적으로는 풍요롭게 됐지만 불안이 사라지지 않는 사회경제적 환경은 이것과 무관치 않다.

이제 금본위제, 금달러본위제, 금환본위제를 지나 달러본위제(dollar standard system)라 해도 틀린 말은 아니게 되었다. 미국 중앙은행인 연준이 발행하는 달러가 세계 본위화폐의 역할을 하게 되었다. 1971년 8월 15일 닉슨 선언으로 마지막으로 남아있던 국제적 차원의 금본위제, 태환 화폐 시대는 종식되었다. 이제 달러본위제, 불태환 법정화폐 시대로 진입하게 되었다. 그리고 이렇게 성립된 달러본위제, 불태환 법정화폐 시대가 현재까지 이어지고 있다.

이러한 화폐·통화시스템의 역사적 변천과 그 변화의 메커니즘을 이해하는 것은 다음부터 살펴볼 현 화폐·통화시스템에 대한 논의를 위해 중요하다. 이는 현 상업은행 중심의 화폐창조와, 여기서 발생하

는 현대판 시뇨리지의 문제점, 그리고 그 해결책에 대한 논의를 위해
서 우선 살펴보아야 할 주제이기도 하다. 다음 절에서는 중앙은행화
폐와 상업은행화폐를 중심으로 현 화폐·통화시스템의 특성과 문제
점을 논의한다.

중앙은행화폐와 상업은행화폐

1 화폐의 본질과 중앙은행화폐

앞에서 화폐를 물물교환의 수단으로 보는 화폐에 대한 일반론을 넘어 화폐의 본질은 채권·채무 관계의 창출과 해소 수단에 있음을 살펴보았다. 이를 통해 시공간을 초월하는 보편적 의미의 화폐의 본질에 대해 그리고 그 역사적 변화 과정을 통해 화폐라고 해도 다 같은 화폐가 아님을 이해할 수 있었다. 이 장에서는 현 화폐·통화시스템의 불태환 법정화폐에는 이질적인 성격을 갖는 두 개의 화폐가 공존하고 있음과 그 의미에 대해 살펴보고자 한다. 이는 앞에서 언급한 이중은행제도를 이해하는 데 필수적이다.

현금과 은행 예금은 내가 원할 때 언제든 쓸 수 있는 화폐(돈)이기 때문에 차이가 없는 것처럼 보인다. 하지만 엄밀히 따지면 현금과 예금은 같은 화폐인 것처럼 보여도 실상은 그렇지 않다. 이는 현 화폐·통화시스템이 중앙은행제도와 상업은행제도의 이중은행제도 형태로 성립되어 있기 때문이다. 결론부터 이야기하면 화폐는 중앙은행이 발행(창조)하는 중앙은행화폐와 상업은행이 발행(창조)하는 상업은행화폐로 구분된다. 중앙은행화폐의 대표가 현금이고 상업은행화폐의 대표가 예금이다.

둘은 같은 화폐인 것처럼 보이지만 그렇지 않다. 예를 들면 중앙은행화폐인 현금은 부도가 나지 않지만 상업은행화폐는 부도가 날 수 있다. 실제로 상업은행이 파산하면 예금은 원리금 합계 5천만 원까지만 지급이 보장된다. 그 이상의 예금(상업은행화폐)은 공중으로 사라진다. 진짜 화폐는 어떠한 상황에서도 가치가 보장되어야 하고 최종적이고 불가역적인 채권·채무 관계의 창출과 해소 수단이어야 한다. 이러한 측면에서 상업은행화폐는 진짜 화폐, 100% 화폐라고 보기에 부족하다. 예를 들면 1억 원의 예금이 있더라도 은행이 파산하면 이 중 5천만 원은 화폐로 인정되지만 나머지 5천만 원은 허공으로 없어지는 것이다. 반절만 진짜 화폐로 인정된다. 상업은행화폐는 진짜 화폐라고 확신할 수 없다.

이렇게 볼 때 현재 통용되는 불태환 법정화폐는 국가가 존속하는 한 없어지지 않는 진정화폐(authentic money) 또는 진짜 화폐와 상업은행이 망하면 없어질 수 있는 준화폐(quasi money) 또는 가짜 화폐로 구분할 수 있다. 진정화폐는 중앙은행이 발행한 현금(지폐와 동전), 상업은행 시재금(時在金, vault cash), 그리고 지급준비금(reserve)으로 구성된다. 여기서 시재금은 상업은행 금고 안에 있는 현금이다. 하지만 지급준비금은 상업은행이 중앙은행 당좌계좌에 예치한 예금으로 실물이 아닌 디지털화된 숫자로 존재한다.

지갑 안에 들어있는 5만 원짜리 지폐는 중앙은행이 발행한 진정화폐이다. 지급준비금은 상업은행의 지급 요구가 있으면 언제든지 중앙은행이 현금으로 지급할 수 있기 때문에 현금과 다름없다. 이렇게 현금, 지급준비금, 시재금이 진정화폐이다. 이를 본위화폐(本位貨幣, standard money), 통화량 개념으로는 본원통화(本源通貨, base money, high-powered money)라고 한다. 말뜻대로 기준, 근본, 뿌리, 원천이 되는 화폐, 통화라는 의미이다. 화폐·통화시스템의 기초, 토대가 되는 고성능을 가진 막강한 화폐, 통화라는 의미이다.

본원통화는 중앙은행이 발행한 현금의 형태로 시중 또는 상업은행 금고에 실물로 존재한다. 그리고 지급준비금의 경우 중앙은행의 당좌계좌에 디지털 파일로 저장된 숫자이지만 상업은행이 중앙은행에 지급을 요구하면 언제든 현금 지급이 보장된다. 이를 중앙은행화폐라고 한다. 중앙은행화폐는 국가에 의해 100% 지급이 보증된 화폐이다. 어떤 경우에도 가치가 없어지지 않는다.

따라서 중앙은행화폐는 채권·채무 관계의 최종적인 창출과 해소수단으로 100% 사용할 수 있다. 현 화폐·통화시스템에서는 국가가 존속하는 한 중앙은행이 발행한(창조한) 중앙은행화폐는 없어지지 않는다. 이는 중앙은행화폐가 금본위제에서 금의 역할을 하는 것과 같다. 현금은 금본위제로 환원하면 순도 99.999%인 금화와도 같은 것이다. 이런 의미에서 중앙은행화폐를 진정화폐, 진짜 화폐, 100% 화폐라고 해도 무방하다.

그러면 상업은행이 발행(창조)하는 준화폐, 가짜 화폐, 상업은행화폐는 어떻게 이해해야 할까? 가짜 화폐라고 하면 위·변조된 화폐를 가리키는 것 같아 혼선이 생길 수 있다. 아래에서는 가짜 화폐라는 용어보다는 상업은행화폐라는 용어를 사용하도록 한다. 현 화폐·통화시스템에서 상업은행은 최종대부자인 중앙은행의 발권 기능을 대신한다. 상업은행은 민간에 대한 대출을 통해 상업은행화폐를 창조한다. 상업은행의 대출은 상업은행화폐를 창조하는 과정이다. 시중통화량(유동성)은 예금통화의 총합이라고 할 수 있는데 예금통화의 원천이 바로 대출, 즉 상업은행의 화폐창조이기 때문이다.

2 상업은행화폐와 중앙은행화폐의 차이

여기서 기억해야 하는 것은 상업은행화폐도 중앙은행화폐와 같이 무에서 창조된다는 점이다. 중앙은행의 화폐창조 목적은 화폐·통화시스템의 안정과 유지, 다시 말해 최종대부자 기능과 관련되어 있다. 반면 상업은행 화폐창조 목적은 현대판 시뇨리지의 일부를 예대마진으로 획득하는 데에 있다. 중앙은행은 공적 이익(benefit)을, 상업은행은 사적 이익(profit)을 추구한다.

그렇더라도 중앙은행의 화폐창조는 상업은행 화폐창조가 원활히 이루어질 수 있도록 하는 데 그 주요한 목적이 있다. 금융안정을 위한 최종대부자 역할은 결국 상업은행제도의 안정적 유지를 목적으로 하는 것이다. 중앙은행이 (상업)은행의 은행이라고 이야기되지만 더 정확하게는 (상업)은행을 위한 은행이라고 해야 맞을 것이다. 주와 종이 바뀌는 것이다.

이는 상업은행화폐가 시중 통화량의 절대 비중(95% 내외)을 차지하고 있는 것을 보면 알 수 있다. 상업은행이 화폐창조의 주된 역할을 하고 중앙은행은 이를 보조하는 것이라고 해야 더 적합하다. 상업은행은 대출을 통해 상업은행화폐를 창조하지만 한 가지 예외가 있다. 달러의 원화 환전의 경우는 대출 없이도 상업은행화폐가 창조된다. 예를 들면 우리나라 A기업이 수출대금으로 달러를 받고 이를 거래 은행에서 원화로 환전하면 환전 즉시 A기업의 계좌에 환전금액에 해당하는 원화가 입금된다. 대출 없이 예금이 증가하는 것이다. 대출 없이 상업은행화폐가 창조된다. 대출을 통한 화폐창조는 부채를 수반한다.

하지만 앞의 경우는 부채 없이 창조된 화폐이다. 부채로부터 자유로운 화폐(debt-free money)이다. 이 책에서는 이를 자유화폐라고 규정한다. 부채로부터 자유로운 화폐인 자유화폐의 증가는 그만큼 부채 없는 경제활동 다시 말해 빚 부담 없이 화폐를 활용한 다양한 경제활동이 가능하다는 것을 의미한다. 국민의 경제활동과 삶이 빚 부담에서 벗어날 수 있다. 수출과 외국인직접투자가 국가 경제에 중요한 이유가 여기에 있다. 수출과 외국인직접투자는 달러를 획득해서 자유화폐를 창조할 수 있는 통로가 되기 때문이다.

이러한 자유화폐를 빼면 나머지 화폐(통화량)는 대출의 형식으로 창조된다. 나의 예금계좌에 들어있는 화폐는 누군가의 대출이 돌고 돌아 들어온 것이다. 예를 들면 A가 1억 원의 대출을 받으면 그 즉시 A의 예금계좌에 100,000,000이라는 숫자가 찍힌다(입금된다). 대출과 동시에 A는 1억 원의 예금을 갖게 된다. 이처럼 대출의 증가는 예금의 증가로 이어지고 이는 다시 통화량의 증가를 가져온다. 이것이 화폐창조의 과정이다.

만약 이 돈으로 아무것도 안 하고 계좌에 남겨 둔다면, 1억이라는 숫자는 그대로 남아있게 된다. 아무 이유 없이 1억 원을 대출받아 이자만 갚으면서 예금계좌에 두는 사람은 없다. A는 어떤 이유든 대출금을 쓰기 위해 1억 원을 대출받았을 것이다. 예를 들면 대출금 1억 원은 A의 사업 운영자금으로 자녀교육이나 주택 매입에 또는 주식, 펀드 등 금융자산에 투자될 수 있다. 아니면 창업을 위해 사용될 수도 있다.

대출을 통해 창조된 화폐(예금)는 다양한 경제활동의 과정에서 지출되기 마련이다. 그리고 이는 다시 다른 사람(기업) B, C, D, … 의 수입이 되고 그의 예금계좌에 입금된다. 이처럼 경제의 순환 과정을 거치면서 누군가의 대출은 다른 누군가의 예금이 된다. 이렇듯 대출은 결국 예금으로 종착한다. 이는 상업은행 화폐창조는 대출 없이는 발생하지 않음을 의미한다.

여기까지의 논의를 정리하면 예금은 대출에 기인한다. 상업은행화폐는 일반적으로 은행화폐, 예금화폐, 신용화폐로 불리기도 한다. 상업은행화폐는 대출을 통해 창조되고 대출은 다시 예금으로 전환된다. 현재와 같이 현금을 거의 쓰지 않는 상황에서 개인이 소유한 상업은행화폐는 대부분 상업은행 예금계좌의 숫자이다. 이것은 상업은행 중앙 서버에 전자적 방식으로 저장된 기록이다. 지폐나 동전과 같은 실물화폐가 아니다.

상업은행화폐는 중앙은행이 발행한 실물화폐도 아니고 중앙은행이 완전 지급을 보장하는 지급준비금도 아닌 대출을 통해 창조된 신용화폐이다. 다시 말해 상업은행화폐는 디지털화되어 가상공간에 존재하는 화폐이다. 상업은행화폐를 중앙은행이 창조하는 진정화폐와 비교하여 준화폐(가짜 화폐)라고 하는 이유가 여기에 있다. 만일 상업은행이 파산하면 가상공간에 저장되어 있던 상업은행화폐는 5천만원까지만 남겨지고 나머지는 공중으로 없어진다.

상업은행 계좌에 예치된 예금화폐는 100% 지급보장이 되는 진짜 화폐가 아니라는 이야기이다. 그 일부분만 보장된다. 이렇게 상업은행화폐는 평상시에는 진짜 화폐 같아 보이지만 이례적이고 위기의 상황에서는 언제든 그 가치가 변동될 수도 있고 심지어 소멸될 수도 있는 가짜 화폐이다.

일반적인 상황에서는 예금주는 상업은행에서 예금계좌에 있는 금액과 동일한 현금으로 교환할 수 있다. 하지만 거액의 예금을 현금으로 교환하는 경우는 별로 많지 않다. 언제든 예금을 현금으로 바꿀수 있다는 믿음이 있기 때문이다. 또한 대부분 거래가 신용카드나 온라인 결제(이체)로 이루어지는 상황에서 현금을 사용하는 것은 불편하기 때문이기도 하다.

이렇듯 대부분 예금주는 언제든 예금을 실물화폐(현금)로 교환할 수 있다고 믿기 때문에 예금을 굳이 현금으로 인출하지 않고 예금계좌에 남겨두게 된다. 예금계좌의 숫자가 곧 현금이라고 생각하는 것이다. 이러한 믿음의 기초에는 중앙은행이, 아니 더 정확하게는 중앙은행화폐가 있다. 중앙은행은 필요하면 언제든, 지급준비금에 해당하는 현금을 발행할 수 있다. 또한 상업은행은 시중의 현금 수요에 대응하기 위해 일정액의 현금인 시재금을 금고에 보관하고 있다. 이처럼 중앙은행화폐는 상업은행화폐(예금화폐)가 진짜 화폐처럼 보이게 해서 현재의 이중은행제도와 화폐·통화시스템이 원활히 작동하도록 하는 역할을 하는 것이다.

3 중앙은행화폐의 역할

이는 다음과 같은 사례를 통해 좀 더 명확해진다. 만약 상업은행에 문제가 생긴다면 어떻게 될까? 예를 들면 경제위기로 많은 기업과 개인이 부도를 내거나 파산하고 은행의 대출금을 갚지 못하는 상황을 생각해 보자. 대출 원리금이 상환되지 못하면 상업은행은 부실화된다. 상업은행도 이윤을 추구하는 기업이기 때문에 부실이 심해지면 자금난에 빠지게 된다. 예금주가 예금을 현금으로 인출할 수 없는 상황이 될 수 있다는 것이다.

이런 상황이 되면 예금주는 자신의 예금을 현금으로 바꿀 수 없을지도 모른다고 생각하게 된다. 이제 예금이 진짜 화폐가 아님을 알게 된다. 이러한 불안감이 광범위하게 퍼지게 되면 예금을 현금으로 바꾸고자 하는 예금인출 요구가 쇄도하게 된다. 이것이 뱅크런이다. 뱅크런이 발생하면 상업은행은 어쩔 수 없이 예금인출 요구에 응해야 한다. 상업은행은 지급준비금을 현금으로 바꾸고 자산을 매각해서라도 예금을 현금으로 돌려줘야 한다.

　이것조차 어렵게 되면 상업은행은 자금난이 심화하고 결국 파산할 수밖에 없다. 상업은행이 지급불능이 되거나 파산하면 예금계좌에 있는 상업은행화폐는 공중으로 사라지게 된다. 이런 상황에서는 진짜 화폐와 가짜 화폐의 정체가 극명하게 드러난다. 화폐가 다 같은 화폐가 아님을 깨닫는 순간이다.

　이러한 뱅크런과 상업은행의 파산, 상업은행화폐의 대량 소멸(신용파괴)은 급격한 유동성(통화량) 감소로 이어져 화폐·통화시스템 붕괴, 그리고 금융위기, 경제위기를 초래한다. 현금은 자취를 감추고 채권·채무 관계의 정상적인 창출, 유지, 해소는 불가능하게 된다. 국가 경제와 국민 다수의 삶은 벼랑 끝에 몰리게 된다. 이제 누군가가 나설 때가 되었다.

　그것은 중앙은행이다. 중앙은행이 창조한 진짜 화폐인 중앙은행화폐가 경제의 전면에 등장한다. 이는 급한 불을 끄는 것과 같다. 중앙은행을 소방공무원으로, 중앙은행화폐를 소화전의 물로 비유할 수 있다. 가짜 화폐가 아닌 진짜 화폐가 살포되어야만 무너진 채권·채무 관계가 다시 복원될 수 있다.

　이렇게 화폐·통화시스템과 채권·채무 관계가 붕괴하는 최악의 경우 중앙은행은 최종대부자로서 무대 위에 등장한다. 평상시에는 무대 장막 뒤에 숨어서 보이지 않던 진짜 화폐의 주인공이 등장하는 것이다. 최근 중앙은행은 뱅크런 뿐만 아니라 기업, 금융기관의 유동성 부족 등 위기의 전조가 나타나면 선제적으로 이에 대처하고 있다. 특히 2008년 글로벌 금융위기와 2020년 코로나 팬데믹 위기 대응 과정에서 이러한 중앙은행의 역할과 행보는 더욱 주목받고 있다.

　제로금리정책과 양적완화(Quantitative Easing, QE)가 그 대표적인 예이다. 금리 인하는 대출을 유도하여 상업은행화폐의 증가를 가져온다. 제로 수준의 금리 인하에도 불구하고 시중 유동성 문제를 해결하기 어렵다면 중앙은행이 직접 중앙은행화폐를 창조하는 단계로 가게 된다. 이것이 양적완화이다. 양적완화는 중앙은행이 국공채 등 자산을 직접 매입(인수)하여 상업은행의 지급준비금을 늘려주는 방식이다. 지급준비금의 증가는 상업은행의 대출 유인을 늘려 간접적으로 시중 유동성 증가를 가져온다.

제로금리정책과 양적완화는 2008년 글로벌 금융위기가 발생한 직후 유동성 공급을 위해 전격 시행되었다. 그리고 최근 2020년 코로나 팬데믹 이후 급격한 경제의 붕괴를 막기 위해 미국, EU, 일본 등 대부분의 선진국은 제로금리와 함께 천문학적인 규모의 양적완화를 시행하였다. 2008년의 양적완화는 중앙은행이 유통시장에서 국채를 매입하여 상업은행의 지급준비금을 늘려주는 간접 방식이었다.

4 코로나 팬데믹 이후의 양적완화

반면 2020년의 양적완화는 국채를 발행시장에서 직접 인수하여 정부의 국고 계좌의 잔고를 늘려주는 방식으로 2008년 양적완화와 차이가 존재한다. 전자는 민간의 대출을 통해, 후자는 정부의 재정지출을 통해 경제위기를 극복하고자 하는 것이었다. 그 효과는 전자에 비해 후자가 현저하게 컸다고 평가된다.

여기서 한 가지 짚고 갈 부분은 일본은 이전부터 이미 양적완화를 시행해 오고 있었다는 것이다. 일본은행은 1990년대 중반 자산 거품 붕괴 이후 자산 가치 방어와 경기부양을 위해 대량의 국채를 직접 인수하기 시작하였다. 2012년 말 취임한 아베 총리는 아베노믹스(Abenomics)라고 불리는 확장 재정·통화정책을 시행하였는데

이 과정에서 양적완화는 더욱 확대되었다.

　양적완화는 기준금리 조정과 같은 기존의 전통적 통화정책과 대비하여 비전통적(non-conventional) 통화정책이라고 부른다. 기준금리를 제로 수준까지 인하해도 유동성 공급 효과가 나타나지 않는 경우 중앙은행은 자산을 매입하는 방식으로 유동성을 공급하게 된다. 다시 말해 중앙은행이 상업은행의 화폐창조 기능을 대신해서 중앙은행화폐를 창조하여 상업은행 또는 정부에게 유동성을 공급하는 것이다.

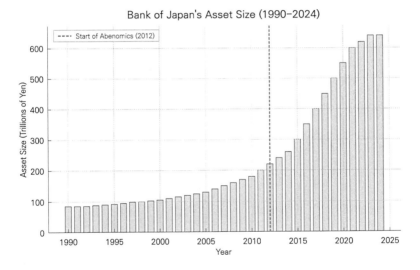

그림 3-6　일본은행 자산규모 추이(1990~2024)

이 그래프는 1990년부터 2024년까지 일본은행 자산규모를 보여주고 있다.
일본은행의 자산규모는 2000년대까지는 완만히 증가하다가 아베 총리가 취임
한 2012년 이후 빠르게 증가함을 알 수 있다.

　양적완화는 복잡하고 어렵게 보이지만 그 내용과 절차는 의외로 단순하다. 중앙은행은 금융위기에 따른 유동성 급감 즉 상업은행화

폐 축소에 대응하여 중앙은행화폐를 창조하여 중앙은행에 개설되어 있는 상업은행 당좌계좌 또는 정부 국고 계좌에 자금을 입금한다. 상업은행의 화폐창조가 어려운 상황이 되니 중앙은행이 대신 화폐를 창조하는 것이다. 이중은행제도의 무게 추가 상업은행에서 중앙은행으로 이동하게 된다.

양적완화의 방식은 국채 매입이나 상업은행 또는 정부 대출 등 다양하다. 양적완화의 결과 중앙은행화폐는 상업은행 당좌계좌, 정부 국고 계좌의 두 가지 루트를 거쳐 시중으로 공급된다. 일반적으로는 이러한 일련의 과정을 중앙은행이 "화폐를 찍어낸다."라고 표현한다. 이는 마치 중앙은행이 윤전기로 화폐를 프린트하여 만들어 내는 것처럼 들리는데 이는 오해의 여지가 있다. '찍어낸다'라는 말이 완전히 틀린 말은 아니지만 완전히 맞는 말도 아니다.

왜냐하면 중앙은행은 물리적으로 실존하는 실물화폐(지폐)를 찍어내는 것이 아니라 화폐의 명목가치에 해당하는 숫자를 디지털 데이터로 중앙 서버에 저장하는 것이기 때문이다. 다시 말해 양적완화는 중앙은행이 지폐를 인쇄해서 물리적으로 존재하는 상업은행 금고에 넣어주는 것이 아니다. 상업은행 당좌계좌에 해당하는 금액을 입력하고 저장하면 그 모든 과정이 끝나는 것이다.

단순한 키보드 작업으로 순식간에 상업은행 당좌계좌에는 천문학적인 중앙은행화폐가 지급준비금으로 입금(기록)된다. 이는 국고 계좌 입금의 경우에도 마찬가지이다. 이것이 양적완화의 실제 방식이다. 대부분 화폐는 지폐와 같은 물리적인 형태로 금고 내에 존재하는 것이 아니라 디지털화된 숫자로 중앙은행과 상업은행의 서버(가상공간)에 저장되어 있다.

양적완화를 통해 지급준비금이 증가하면 상업은행은 대출을 늘릴 여지가 커지게 된다. 이것은 상업은행화폐가 늘어나는 결과를 가져온다. 대출을 통한 상업은행 화폐창조는 시중 유동성의 증가를 가져온다. 유동성 증가는 부동산, 주식, 채권, 코인 등의 자산 가치 상승과 다양한 경제적 파급경로를 통해 경기회복과 경제성장에 도움을 주게 된다.

2008년 9월 시작된 글로벌 금융위기로 연준은 금융 안정화 조치로 국채와 MBS(부동산담보증권)를 대규모 매입하고 매입 대금으로 중앙은행화폐를 창조하여 상업은행에 공급하였다. 그리고 다시 10여 년이 지난 2020년 초 시작된 코로나 팬데믹 위기로 인해 중앙은행은 다시 전면에 나서게 되었다. 이 경우에는 2008년 글로벌 금융위기보다 더욱 급격한 경제위기로 치달을 가능성이 컸다.

전염병 확산을 막기 위해 전 세계적으로 이동 제한, 국경봉쇄와 같은 강력한 방역 조치가 시행되었다. 생산, 유통, 소비의 정상적인 경제활동이 중단되고 금융시스템 자체가 붕괴할 수 있는 위험이 증가하였다. 글로벌 금융위기는 금융 부문에서 시작되어 실물경제로 위기가 확산하였다. 이에 비해 코로나 팬데믹 위기는 실물경제에서 시작하여 금융 부문으로 확산하는 정반대 상황이었다.

자산 가치 폭락뿐만 아니라, 국가 경제 자체가 붕괴할 수 있는 위기감이 그 어느 때보다도 높아졌다. 전대미문의 위기 앞에 미국을 비롯한 대부분 선진국 정부는 위기 확산을 선제적으로 방어하기 위해 천문학적인 규모의 재정을 투입하였다. 정부의 재정지출 확대 외에는 경제를 지탱할 방법이 마땅히 없었기 때문이다.

이제 재정지출을 위한 재원을 어떻게 마련하느냐가 문제였다. 예상할 수 없었던 비상 상황에서 대규모 재정투입의 재원을 신속하게 마련하기 위해서는 증세와 같은 시간이 걸리는 방법을 쓸 수 없었다. 현실적인 방안은 국채 발행이나 중앙은행 대출로 필요한 재원을 마련하는 방안이었다. 국가부채 증가라는 부담과 비판에도 불구하고 발등에 떨어진 불을 끄기 위해서는 어쩔 수 없는 상황이었다.

긴급한 상황에서 연준 등 주요국 중앙은행은 정부가 발행한 국채를 직·간접적으로 인수하고 중앙은행화폐를 창조하여 정부 국고 계좌와 상업은행 당좌계좌에 공급하였다. 이 과정도 앞의 예와 같이 단순한 키보드 작업으로 완벽하게 처리된다. 국채 매입도 그 매입 대금의 입금도 실물 국채나 실물화폐로 이루어지지 않는다. 키보드 작업을 통해 중앙은행 서버에 거래 정보를 입력, 저장하면 된다. 수조 달러가 넘는 천문학적인 금액에 비해 중앙은행화폐창조 과정은 믿기 어려울 만큼 단순하고 간단한 과정이다.

2020년 코로나 팬데믹 대응을 위해 연준은 이러한 방식으로 정부 국고 계좌에 총 4조 달러의 중앙은행화폐를 입금하였다. 미국 연방정부는 이 재원으로 팬데믹 극복을 위한 다양한 재정지출을 할 수 있었다. 미국 정부는 일명 PPP(Paycheck Protection Program)라고 하는 급여 보장 프로그램에 1조 달러, 가구당 600달러 재난지원금 지원을 위해 3조 달러 등 총 4조 달러 규모의 재정을 지출하였다.

연준의 중앙은행화폐 창조와 이를 재원으로 한 적극적인 재정지출은 경제위기에서 국민의 삶과 기초 생산 단위가 유지되는 데 큰 힘이 되었다고 평가된다. 이는 미국이 위기를 극복하는 원동력이 되었다. 2008년 글로벌 금융위기 때의 양적완화는 상업은행 지급준비금을 늘려주는 방식이었다. 2020년 코로나 팬데믹 위기 때의 양적완화는 정부 국고 계좌에 중앙은행화폐를 직접 입금해 주는 방식이었다.

후자를 소위 '모두를 위한 양적완화'라고 한다. 양적완화도 상업은행의 지급준비금을 늘려주느냐 아니면 국고 계좌의 잔고를 늘려주느냐의 두 가지 방식이 존재한다. 두 가지 방식 중 후자의 모두를 위한 양적완화 방식은 국가주도 화폐창조(현대화폐이론)와 직접적으로 연결된다는 점에서 상업은행의 지급준비금을 늘려주는 방식보다 한 단계 더 진전된 정책이라고 평가할 수 있다.

이렇게 중앙은행화폐는 평소에는 장막 뒤에 숨어 있다가 위기가 발생하고 경제가 붕괴할 수 있는 백척간두의 상황에서 백기사가 되어 나타난다. 진짜 화폐가 등장한다. 물론 평소에도 중앙은행화폐, 진짜 화폐를 접할 수 있다. 바로 현금이다. 현금은 상업은행 예금계좌에 들어있는 상업은행화폐를 진짜 화폐로 보이게 해서 현 이중은행제도가 안정적으로 유지될 수 있도록 하는 장치이다.

이는 천상에 영원불멸의 본체인 이데아(진짜)가 있고 현실은 이데아의 그림자(가짜)라고 주장한 플라톤의 이데아론을 연상시킨다. 이데아론에 비유하면 중앙은행화폐는 이데아이고 상업은행화폐는 현실에서 보이는 이데아(중앙은행화폐)의 그림자이다. 그림자를 보면서 그것이 진짜인 것처럼 생각하고 안심하는 것이 현실의 삶이다. 이처럼 화폐라고 해서 다 같은 화폐가 아님을 이해하는 것은 이중은행제도의 특성을 갖는 현 화폐·통화시스템을 이해하는 첫걸음이다.

화폐를 중앙은행화폐와 상업은행화폐로 구분하는 이유와 내용을 이해하지 못한다면 현 화폐·통화시스템의 작동 메커니즘을 이해하기도 어려울 것이다. 이 경우 언제 다시 올지 모를 금융위기, 경제위기의 본질과 해결 방안을 몰라 그 위기의 수렁에서 헤어 나오기 어려울 것이다. 이는 개인도 기업도 국가도 마찬가지이다. 왜냐하면 화폐의 본질과 화폐·통화시스템의 작동 메커니즘을 이해하고 이를 위기 대응과 해법을 위해 활용할 수 있어야만 위기에서 벗어날 수 있고 더 나아가 지속 가능한 성장이 가능하기 때문이다.

중앙은행화폐와 상업은행화폐를 구분해야 하는 이유와 그 작동 원리와 상호관계를 알아가는 것은 화폐의 본질과 현 화폐·통화시스템의 작동 메커니즘을 이해하는 데 필수적이다. 이 체제 속에서 살아가는 개인, 기업, 국가로서는 현재의 금융자본주의와 화폐·통화시스템의 모순으로 발생하는 문제와 위기에 적절하게 대응해야만 생존할 수 있기 때문이다.

Chapter **06**

현대판 시뇨리지와 화폐창조이익

1 화폐창조 권한 독점과 현대판 시뇨리지

제5장의 중앙은행화폐와 상업은행화폐의 공통점과 차이점에 대한 이해를 통해 현 화폐·통화시스템의 문제와 모순을 해결하는 실마리를 찾는 데 도움이 됨을 알 수 있었다. 이 장에서는 '현대판 시뇨리지'와 '화폐창조이익'이라는 두 가지 상반되는 개념을 제시하고 이를 바탕으로 현 화폐·통화시스템이 공적 이익을 위해 최대한 활용될 수 있는 방안에 대해 논의하고자 한다.

앞에서 이야기했듯이 중앙은행을 제외하면 상업은행은 무로부터 화폐를 창조할 수 있는 권한을 가지고 있는 유일무이한 경제주체(기업)이다. 중앙은행은 본원통화($M0$)를 창조하지만 그 규모는 상업은행이 창조하는 통화량($M2$)의 3~5%에 불과하다. 예를 들면 2024년 9월 말 기준 $M0$(본원통화)는 272조 원, $M2$(광의통화)는 4,071조 원으로 한국은행이 창조한 화폐(본원통화 $M0$)는 상업은행이 창조한 화폐(광의통화 $M2$)의 6.7% 수준이다.

평균적으로 이 비율은 5% 이하이지만 기준금리 인상 등 긴축적 통화정책으로 인해 시중 통화량이 감소하거나 한국은행의 정책금융 지원 관련 본원통화 증가의 경우 동 비율은 상승할 수 있다. 이 비율의 역수 $\left(\dfrac{M_2}{M_0}\right)$를 통화승수라고 하는데 여기서는 15.0이 된다. 이는 한국은행이 발행한 본원통화의 15배의 통화가 시중에 유통되고 있음을 의미한다. 통화승수는 2008년 글로벌 금융위기 이후 점차 하락하였지만 최근 부동산 대출 등 가계부채가 빠르게 증가하면서 다시 반등하는 추세를 보이고 있다.

또한 화폐수량방정식(quantity equation of money)의 화폐유통속도를 통해 경제 내 통화량(M2)의 수준을 가늠할 수 있다. 화폐수량방정식은 통화주의의 원류로 평가받는 어빙 피셔(Irving Fisher, 1867~1947)가 제시한 것으로 아래와 같다.

$$M \times V = P \times Q$$

이 식에서 M(Money)은 통화량, V(Velocity)는 화폐유통속도, P(Price)는 물가, Q(Quantity)는 생산량을 의미한다. 화폐수량방정식을 통해 측정한 화폐유통속도는 지속적으로 하락해 온 것을 알 수 있다. 이는 그만큼 경제 내 통화량이 더 큰 폭으로 증가해 왔음을 의미한다. 그리고 이는 대출을 통한 상업은행의 화폐창조가 그만큼 증가해 왔음을 반증한다고 할 수 있다.

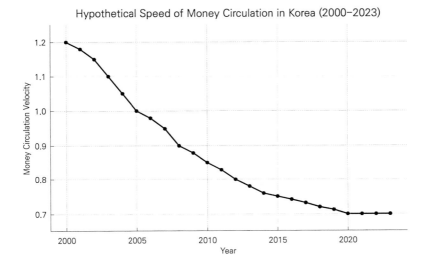

우리나라의 화폐유통속도(V) 추이(2000~2023)

Hypothetical Speed of Money Circulation in Korea (2000-2023)

이 그래프는 2000년부터 2023년까지 우리나라의 화폐유통속도(V) 추이를
대략적으로 보여주고 있다. 통화량의 증가에 따라 화폐유통속도는 2000년 1.2
이상이었으나 2023년 0.7로 절반 가까이 하락하였다. 이는 경제규모의 증가에
비해 화폐공급(창조)의 증가가 더 컸음을 의미한다.

상업은행은 다른 기업과 같이 이윤추구를 목표로 하는 영리기업
이다. 일반적으로 기업이 생산하는 상품의 가격은 생산비용과 적정
이윤의 합으로 결정된다. 생산비용과 적정이윤은 확정되어 있지 않
고 경기 사이클 또는 수요변화 등 시장 상황에 따라 변동된다. 따라
서 상품의 가격도 변동된다. 이에 비해 상업은행 화폐창조에 필요한
비용은 0에 가깝다. 상업은행이 만들어 내는 화폐 가격은 가격이 변
동되는 다른 상품과 달리 화폐의 명목 가액 그대로 결정된다. 예를
들면 5만 원짜리 지폐는 5만 원의 가치가 그대로 인정된다. 대신 상
업은행 화폐창조에 들어가는 비용은 인건비, 간접비 등을 제외하면

무시할 수 있을 만큼 작다.

상업은행은 비용이 거의 들지 않는 화폐를 창조해서 대출을 제공하며 그 대가인 대출이자로 이윤을 획득한다. 대출은 다시 예금으로 돌아오기 때문에 대출금리와 예금금리의 차이, 소위 예대마진이 상업은행의 주요 수익원이 되는 것이다. 이것이 현 화폐·통화시스템에서 상업은행이 획득하는 현대판 시뇨리지의 일부이다. 상업은행이 중세적 의미의 시뇨리지를 획득하는 것은 아니다. 왕과 영주가 발행한 주화는 순전히 그들의 자산이 되었다. 상업은행이 창조한 화폐는 자산인 동시에 부채가 된다는 데 차이가 있다.

상업은행은 독점적 화폐창조를 통한 대출이자로 이윤을 획득한다는 측면에서 시뇨리지를 누리는 것이다. 상업은행은 중세의 시뇨리지와는 달리 대출을 통해 변형된 형태의 시뇨리지를 획득한다. 하지만 상업은행이 화폐창조의 독점적 권한과 거의 0에 가까운 비용으로 예대마진을 획득한다는 측면에서 보았을 때 현대판 시뇨리지는 중세의 시뇨리지가 발생하는 메커니즘과 본질적으로 크게 다르지 않다. 시뇨리지의 본질은 화폐창조의 독점적 권한에 있기 때문이다.

이러한 현대판 시뇨리지는 상업은행만이 획득하는 것은 아니다. 금융접근권 측면에서 유리한 금융자본을 비롯한 대출자도 시뇨리지를 누릴 수 있다. 여기서 강조하고자 하는 것은 화폐창조와 이를 통한 시뇨리지를 상업은행뿐만 아닌, 일부 금융자본, 자산 계층이 독점하는 것이 문제가 된다는 점이다. 공공재적인 성격을 가진 화폐창조 권한을 상업은행과 금융자본이 독점하고 현대판 시뇨리지를 상업은행과 금융접근권의 수혜를 입는 일부 금융자본과 계층이 독점하는 것은 공정성, 효율성, 공공성 등의 측면에서 문제를 야기한다.

이렇게 볼 때 현대판 시뇨리지는 화폐창조 권한의 독점을 통해 얻게 되는 직간접적인 경제적 이익의 총체라고 할 수 있다. 따라서 현대판 시뇨리지는 화폐창조 권한을 가지고 있는 상업은행과 상업은행 대출에 대한 금융접근권을 활용할 수 있는 일부 계층이 대부분 획득한다. 금융자본주의가 고도화될수록, 금융자본의 투기적 수요는 높아진다. 이에 필요한 상업은행 대출수요, 화폐창조는 증가한다. 상업은행과 금융자본이 획득하는 시뇨리지도 증가한다. 금융시장의 이익과 손실의 양극화는 심화한다. 이는 부의 양극화로 이어질 수밖에 없다.

현 화폐·통화시스템에서 관행적으로 받아들여지고 당연한 것처럼 보이지만 문제의 심각성을 알게 되면 그냥 지나칠 수 없다. 화폐와 금융의 공공성 강화라는 사회적 요구가 높아질수록 화폐창조와 이와 관련된 현대판 시뇨리지 문제는 치열한 논쟁의 대상이 될 것이다. 왜냐하면 앞에서 보았듯이 시뇨리지는 방식과 주체만 바뀌었을 뿐 지금까지도 사라지지 않고 오히려 더욱 교묘하면서도 강력하게 작동하고 있기 때문이다.

2 생산적 이익과 화폐창조이익

이제 현대판 시뇨리지와 대별되는 개념인 화폐창조이익에 대해 살펴보도록 하자. 화폐창조이익은 상업은행 화폐창조(대출)를 활용하여 획득하는 생산적 이익의 총체를 의미한다. 따라서 화폐창조이익은 정상적인 경영활동 차원에서 본다면 예대마진을 얻는 상업은행뿐만 아니라 대출을 활용해서 경제적 이익을 획득하는 대출자도 그 수혜자가 된다.

대출이 투자, 생산, 유통, 소비 등 정상적이고 생산적인 경제활동을 위해 활용된다면, 이는 부가가치의 창출로 이어진다. 화폐창조는 사회 전체적으로 유익하다. 하지만 화폐창조가 생산적인 분야가 아닌 투기적 분야로 과도하게 집중되면 이는 오히려 사회에 해악을 끼친다. 따라서 화폐창조이익은 화폐창조를 통해 만들어진 중앙은행화폐 또는 상업은행화폐가 어디로 흘러가느냐에 따라 늘어날 수도 있고 줄어들 수도 있다.

경제적 이익은 화폐가 생산적 경제활동으로 이어져 발생하는 부가가치 등의 생산적 이익과 부동산, 금융상품의 자산에 대한 투기적 경제활동으로 이어져 발생하는 시세차익 등의 투기적 이익으로 나눌 수 있다. 화폐창조이익은 이중 전자인 생산적 이익이라고 할 수 있다. 반면 후자인 투기적 이익의 총체가 현대판 시뇨리지이다. 현 화폐·통화시스템의 문제는, 생산적 이익인 화폐창조이익보다 투기적 이익인 현대판 시뇨리지가 과도하게 커졌다는 데 있다.

투기적 이익은 금융자본, 자산 계층 등 국민 다수가 아닌 일부 계층에게 독점된다는 데 문제가 있다. 더 큰 문제는 위기가 발생하는 경우 자산 가치의 폭락으로 인한 투기적 이익 급감은 상업은행을 비롯한 금융시스템에 충격을 주고 화폐창조 메커니즘이 중단되어 생산적 분야의 경제활동도 마비되는 상황으로 비화할 수 있다는 데 있다. 따라서 남아있는 과제는 투기적 이익(현대판 시뇨리지)을 어떻게 생산적 이익으로 전환하느냐이다. 그 방안으로 제시되는 것이 국민 다수를 위한 화폐와 재정·통화정책으로의 전환을 주장하는 '현대화폐이론'과 '주권화폐이론'과 같은 '국가주도 화폐이론'이다.

현 화폐·통화시스템에서 상업은행은 가장 대표적이고 핵심적인 금융기관이다. 상업은행만이 화폐창조가 가능하다. 상업은행은 중앙은행과 부분지급준비금 제도로 연결되어 있다. 상업은행을 제1금융권이라고 부르는 이유이기도 하다. 금융기관은 자금의 효율적인 중개 기능을 통해 자금의 수요, 공급 간 불일치 문제를 해결하고 공공의 이익을 증진하는 데 그 목적이 있다. 이론적으로 화폐는 무한히 만들어 낼 수 있고 누구에게든 대출이 가능하다. 이러한 의미에서 화폐와 화폐창조는 공공재 특성을 갖는다. 상업은행을 공적 의미의 금융기관이라고 부르는 이유가 여기에 있다.

공공재(public goods)는 개인이 배타적으로 소유하는 사적재화(private goods)와 달리, 모든 사람이 공동으로 소유하고 이용할 수 있는 재화 또는 서비스이다. 공공재는 비경합성(non-rivalry)과 비배제성(non-excludability)의 두 가지 특성을 갖는다. 비경합성은 그 상품의 소비자가 늘더라도 다른 소비자의 혜택이 줄지 않음을 의미한다. 비배제성은 대가를 지불하지 않아도 소비를 배제할 수 없음을 의미한다.

이러한 공공재의 두 가지 특성에 비추어 보면 상업은행 화폐창조는 비용이 거의 들지 않고 무한히 가능하므로 비경합적이다. 다만 이는 원리금 상환을 조건으로 하므로 비배제성을 갖는다고 하기는 어렵다. 따라서 상업은행 화폐창조는 비경합성에서 공공재적 특성이 있다. 상업은행 화폐창조에 대한 국가(공공)의 관리, 감독이 필요한 이유이다. 화폐와 화폐창조가 공공재의 특성을 갖는다면 그 사용과 그에 따른 경제적 이익의 수혜라는 측면도 공공성이 반영되도록 하는 것이 당연하다.

3 상업은행 화폐창조의 폐해

상업은행화폐는 대출의 형식으로 다양한 경제활동에 투입된다. 화폐는 경제적 효용 또는 부가가치를 창조하는 생산적 분야에 투입되어 국민 다수와 공공의 이익에 부응하는 것이 바람직하다. 하지만 상업은행은 화폐가 어디에 투입되는지 크게 관심이 없다. 원리금 상환만 잘되면 그것만으로 족한 것이다. 대출은 그 목적과 용처가 무엇이든 대출자의 담보 또는 신용도에 의해 결정되는 것이 대다수이다. 담보가 많고 신용도가 높으면 대출 조건도 그만큼 좋아진다.

예를 들면 부동산 대출을 원하는 모든 사람이 대출받을 수 있는 것은 아니다. 신청인의 담보상태, 신용도 등에 따라 대출 여부가 결정된다. 안정적인 주거를 위한 대출은 국민 누구에게나 필요하다. 정작 주거에 필요한 자금은 공평하게 공정하게 주어지지 않는다. 상업은행의 이윤에 부합하느냐가 기준이 된다. 상업은행의 신용평가 기준은 다양하지만 대표적인 것이 대출신청인의 고용 안정성이다.

정규직, 비정규직이냐에 따라 대출 여부, 대출한도가 달라진다. 정규직은 비정규직에 비해 상대적으로 고소득과 안정적인 고용 유지가 가능하다. 따라서 신용도가 높고 그만큼 대출한도도 높다. 고가의 아파트 매입 등 자산투자가 가능하다. 반대로 비정규직은 그렇지 못하다. 출발점은 단순히 대출 가능 여부, 대출한도의 차이만 있지만 아파트 가격이 계속해서 상승한다면 정규직 노동자와 비정규직 노동자의 자산 격차는 갈수록 커질 수밖에 없다.

정규직이라 하더라도 대기업 직원이냐, 중소기업 직원이냐에 따라 대출 여부와 한도가 달라진다. 같은 논리로 자산 격차가 진행될 가능성이 크다. 결국 소득이나 사회적 신분에 따른 현대판 시뇨리지의 획득 여부가 자산(부)의 격차를 불러온다. 단순히 정규직, 대기업 직원이 비정규직, 중소기업 직원보다 소득이 높고 고용이 안정적이라는 차이를 넘어 시간이 지날수록 자산 격차, 부의 양극화는 빠르게 진행된다. 각도의 차이로 인한 거리는 처음에는 크게 차이가 없지만 출발점에서 멀어질수록 점점 더 벌어지는 것과 같은 원리이다.

상업은행 화폐창조에 접근할 수 있는 권리를 금융접근권이라고 한다. 금융접근권의 차이가 결국 자산 격차로 이어진다. 상업은행은 무한대로 화폐창조가 가능한 특권을 가졌으면서도 선별적, 차별적으로 대출을 시행한다. 이러한 선별적, 차별적 대출은 다시 금융접근권에 대한 선별과 차별을 가져온다. 고소득, 자산가 등 일부 계층은 대규모 대출과 자산 획득을 통해 현대판 시뇨리지를 누릴 수 있다. 현 금융자본주의의 극단적인 자산(부)의 양극화는 상업은행의 화폐창조 독점과 현대판 시뇨리지의 비대칭적, 불균형적 배분에 기인하는 부분이 크다.

이렇게 상업은행 화폐창조의 목적과 경제적 결과는 그 국가나 사회가 요구하는 공공의 이익에 부합하지 않을 수 있다. 예를 들면 상업은행을 통한 대출이 정작 국가나 사회가 필요한 분야나 생산적인 분야로 투입되지 않고 오히려 투기성이 강한 자산시장에 투입되는 경우가 적지 않다는 것은 주지의 사실이다. 자산 가치의 급격한 상승과 하락은 그 자체로 사행성이 강하다. 효율적인 자원 배분에도 부정적인 영향을 미친다.

이러한 상황의 반복은 화폐창조 메커니즘에 따른 상업은행화폐의 대규모 자산시장 유입, 부채 급증, 자산 거품 생성과 붕괴, 금융위기, 경제 붕괴와 같은 일련의 과정을 더욱 강화한다. 현재의 금융자본주의는 이에 따른 경제위기의 가능성 위에 떠다니고 있다고 해도 과언이 아니다. 예를 들면 2020년 코로나 팬데믹 대응을 위한 초저금리와 양적완화에 따라 대규모 화폐창조가 일어났고 유동성이 자산시장에 유입되었다.

이는 다시 부동산, 주식, 코인 등 자산 가치 폭등을 불러왔다. 폭등은 폭락을 불러온다. 상업은행의 과도한 화폐창조와 급격한 유동성 증가는 자산 가격 폭등과 빚투(빚을 내서 투자)를 불러왔다. 현대판 시뇨리지가 극대화되는 상황이 되었다. 일부 금융자본과 자산 계층은 큰 이익을 누리게 되었다. 그 이면에서는 자산 가치 폭등으로 인한 부의 양극화가 더욱 심화하였다.

특히 상업은행 화폐창조와 유동성 증가는 부동산 투기에 더욱 불을 붙였다. 상업은행으로부터 대규모 부동산 담보 대출이 가능했던 일부 자산가 계층과 부동산, 건설업자들은 이를 이용하였다. 대출을 활용한 레버리지 투자와 아파트, 오피스텔을 비롯한 부동산 매입 경쟁은 부동산가격 폭등을 가져왔다. 상업은행은 이에 편승하여 대규모 부동산 대출을 통해 유동성을 공급해 주었다. 이는 부동산시장 과열, 부동산가격 급등을 불러왔다. 아파트 가격이 더 올라가기 전에 영혼까지 끌어모아 아파트를 산다는 '영끌', '빚투'라는 신조어가 유행하게 된 것도 이때이다. 이는 상업은행의 통제되지 않은 화폐창조와 무관하지 않다.

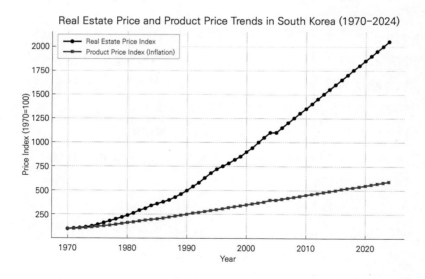

그림 3-8   우리나라 부동산 및 일반 상품 가격 추이(1970~2024)

이 그래프는 1970년을 기준연도(100)로 하여 1970년부터 2024년까지 우리나라의 부동산가격과 일반 물가의 추이를 대략적으로 보여주고 있다. 검은색 선은 부동산가격지수를 나타내고 회색 점선은 일반물가지수(인플레이션)를 나타낸다. 일반물가는 대략 7배 정도 상승하였지만 부동산가격은 20배 이상으로 일반물가에 비해 현저히 빠르게 상승하였음을 알 수 있다.

이러한 문제는 오늘만의 일도 아니고 우리나라만의 일도 아니다. 심지어 사회주의 국가인 중국도 상업은행 화폐창조와 현대판 시뇨리지의 비대칭적, 불균형적 배분은 심화하였다. 특히 효율과 이윤을 추구하며 모든 것이 숫자로 평가되는 금융자본주의의 속성상 독점적인 상업은행 화폐창조와 이에 따르는 현대판 시뇨리지의 비대칭적, 불균형적 배분은 불가피하다. 금융의 공공성을 획기적으로 강화하는 방향으로 현 화폐·통화시스템을 전면적으로 개혁하지 않는 한 이 문제를 해결하기는 어렵다.

다시 말해 현대판 시뇨리지는 상업은행 화폐창조, 즉 대출을 통해 발생하는 투기적 이익의 총체를 의미한다. 이는 중세의 시뇨리지와 본질적인 측면에서 다르지 않다. 이를 현대판 시뇨리지로 명명하는 이유이다. 현대판 시뇨리지는 대부분 상업은행과 상업은행이 창조한 상업은행화폐를 투자하여 투기적 이익을 얻는 일부 금융자본, 자산 계층에게 배분된다. 화폐창조를 통해 생산적 이익이 커지고 이러한 화폐창조이익이 공공의 목적과 국민 다수를 위해 활용될 수 있도록 화폐창조 메커니즘의 개혁이 필요하다.

Chapter **07**

국가주도 화폐이론

1 현대화폐이론

현대화폐이론(Modern Money Theory, MMT)과 주권화폐이론(Sovereign Money Theory, SMT)은 국가가 주도적으로 화폐를 창조하여 사회경제정책의 재원으로 활용하면 국가 경제와 국민의 삶에 긍정적인 영향을 줄 수 있음을 주장한다. 이러한 점에서 이 두 화폐이론을 국가주도 화폐이론(State-led Money Theory)으로 범주화할 수 있다. 우선 현대화폐이론은 케인스의 유효수요이론과 연결되어 있다. 이를 포스트 케인스주의라고 하는 이유이다.[17]

전통 케인스학파는 유효수요 부족으로 인한 경기 침체에 대응하기 위해 적자 재정을 통한 총수요 관리의 필요성을 주장한다. 현대화폐이론은 이를 넘어 상시적인 적자 재정이 가능하다는 입장이다. 적

---

17 현대화폐이론의 대표적인 인물로는 스테파니 켈튼(Stephanie Kelton), 랜달 레이(Randall Wray), 프레드 리(Fred Lee, 1949~2014) 등이 있다. 현대화폐이론은 이론에만 머무는 것이 아니라 정책 조언자로서 역할도 하고 있다. 예를 들면 스테파니 켈튼은 그 대표적인 인물이다. 켈튼 교수는 2016년과 2020년 대선 캠페인 기간, 급진적인 진보적 정책을 내세웠던 민주당 후보 버니 샌더스(Bernie Sanders)를 포함한 여러 정치인에게 조언을 해왔다. 특히 최근 민주당 바이든 정부의 사회간접자본 재건, 반도체, 이차전지 등 첨단산업 지원 등, 대규모의 적극적인 재정정책의 이론적 토대를 제공하고 있다.

자 재정에 필요한 재원은 국가 스스로 창조할 수 있다고 주장한다. 이는 케인스학파를 포함한 기존 주류경제학에서는 논의 대상이 되지 않을 만큼 급진적인 내용이다.

이러한 차원에서 현대화폐이론은 케인스의 이론을 추종하지만 그보다 더 높은 수준의 재정정책 필요성을 주장한다는 측면에서 포스트 케인스학파의 대표적인 화폐이론이라고 할 수 있다. 현대화폐이론은 정부 재정적자 또는 국가부채에 대한 전통적인 통념이나 믿음에 의문을 던지고 새로운 해석에 도전한다. 다시 말해 주권 국가는 주권적 권한을 이용하여 재정정책에 필요한 화폐를 창조(발행)할 수 있다. 국가는 가계(개인)나 기업처럼 예산의 제약을 받지 않기 때문이다.

현대화폐이론은 재정적자와 국가부채에 대한 우려가 의료, 교육, 인프라, 기후변화 대응 등과 같은 공공성이 강한 분야에 대한 국가의 투자를 방해해서는 안 된다고 주장한다. 특히 완전고용을 달성하기 위해서 정부는 적극적으로 재정을 집행해야 한다. 따라서 정부의 재정정책을 통해 현재의 사회경제적 문제를 해결할 수 있다. 이는 정부 능력의 문제가 아니라 의지의 문제일 뿐이라는 것이다.

현대화폐이론은 기존 주류경제학에 도전하고 있다는 측면에서 경제학 분야뿐만 아니라, 공공정책 분야에서 상당한 논쟁과 논의를 불러일으켰다. 현대화폐이론은 화폐와 화폐·통화시스템의 대안적 접근에 있어서도 인식의 지평을 넓히는 데 중요한 역할을 하고 있다. 하지만 신자유주의 중심의 주류경제학은 현대화폐이론을 이단적인 이론으로 평가절하하고 있음도 사실이다.

현대화폐이론이 제시하는 재정정책의 목표는 완전고용이다. 이는 현대화폐이론이 유효수요를 강조하는 케인스학파를 잇고 있기 때문이다. 중앙은행이 최종대부자가 되듯이 정부는 최종고용자(employer of last resort)가 되어야 한다. 정부는 일자리 보장 프로그램(job guarantee program)을 통해 완전고용을 달성해야 한다. 그리고 이에 필요한 재원을 위해 정부는 재정적자를 감수할 수 있어야 한다.

또한 정부의 증세나 국채 발행에 더해 중앙은행은 정부가 발행한 국채를 조건 없이 인수(매입)할 수 있다. 이는 중앙은행의 발권력을 동원하여 국가부채만큼의 화폐를 창조하는 것이다. 그래서 이를 부채의 화폐화(monetization of debt)라고 한다. 현대화폐이론에서 정부는 발권력이 없지만 사실상 화폐창조의 주체가 된다. 이러한 방식은 상업은행 대출을 통해 절대 비중의 화폐창조가 이루어지는 현 화폐·통화시스템과 배치된다. 이는 현대화폐이론이 주류경제학의 화폐이론과 상업은행 중심의 화폐·통화시스템의 대안이 될 수 있음도 보여주는 것이다.

현대화폐이론에서 화폐는 단순한 상품이나 실물경제의 베일이 아니라 국가의 창조물로 정의된다. 화폐는 희소한 자원이나 실물경제의 베일이 아니라 정부가 국가적 목표와 공공의 이익을 위해 창조하고 통제할 수 있는 일종의 공공재이다. 정부가 활용할 수 있는 정책 수단이자 자원이다. 이는 정부가 완전고용 등 공공의 목적을 위해 화폐를 창조하고 통제함으로써 경제에 긍정적 영향을 줄 수 있음을 전제로 한다. 정부는 증세 부담 없이 사회간접자본과 같은 공공재, 교육, 돌봄, 의료, 주거와 같은 사회서비스 제공을 위해 직간접적으로 중앙은행의 발권력을 동원할 수 있다는 것이다.

현대화폐이론은 인플레이션의 임계점을 잠재생산력 수준으로 설정하고 있다. 왜냐하면 잠재생산력 수준을 넘어서는 화폐창조는 과도한 인플레이션을 초래할 수 있기 때문이다. 실제 생산력이 잠재 생산력 수준을 넘어서면 인플레이션이 발생해 화폐가치가 불안정해질 수 있음을 인정한다. 국가의 화폐창조 또는 부채의 화폐화는 경제문제 해결을 위한 만병통치약이 아니라 적절하게 통제되고 관리되어야 한다. 신자유주의는 정부의 화폐창조 관리 능력을 불신한다. 특히 인플레이션 통제에 대한 명확한 기준이나 방안이 제시되지 않은 것도 현대화폐이론이 비판받는 주요 이유이기도 하다.

이렇듯 현대화폐이론에서 화폐에 대한 긍정적 인식과 적극적 역할의 부여는 신자유주의나 마르크스 경제학의 견해와 완전히 상반된다. 통화주의, 신자유주의에서 화폐는 실물경제의 베일일 뿐이고 경제활동의 종속 변수에 지나지 않는다. 하지만 현대화폐이론에 따르면 화폐는 경제활동을 추동하는 긍정성의 대상으로 제시된다. 화폐는 정부가 세입이나 차입 등을 통해 획득해야만 하는 유한하고 희소한 자원이 아니다.

2 현대화폐이론의 활용

화폐는 정부(국가)가 원하면 얼마든지 창조할 수 있는 공공재이다. 화폐는 정부가 정책목표를 달성하기 위해 창조할 수 있는 무한하면서 비용도 거의 들지 않는 자원이다. 기존 현대화폐이론은 주된 정책목표를 완전고용으로 설정하고 있지만 빈부격차 해소, 복지 지원, 사회간접자본 투자 등 공익을 위한 여타의 정책목표도 가능하다고 본다.

다행스럽게도 현대 문명의 기술적, 물리적, 제도적 발전에 따라 정부는 필요한 만큼 신속하면서도 거의 비용 없이 재원(화폐)을 창조할 수 있다. 현 화폐·통화시스템에서는 화폐창조가 금 보유량이 부족하다거나 부채가 많다는 이유로 제약받지 않는다. 현대화폐이론에 따르면 정부는 세수 또는 민간의 저축 수준과 관계없이 항상 자체적으로 재정지출에 필요한 자금을 조달할 수 있다.

　정부는 부채(적자)에 상응하는 화폐창조를 통해 경제 내 필요한 부분에 재정을 투입할 수 있다. 이는 정부가 사회간접자본이나 사회서비스 제공과 같은 공공의 목적에 필요한 재정을 제한 없이 투입할 수 있음을 의미한다. 앞에서도 언급했지만 화폐창조가 무조건 가능한 것은 아니다. 화폐창조로 인한 유동성 증가는 잠재 생산력 내에서 이루어져야 한다. 이는 인플레이션을 일으키지 않기 위함이다.

　통화의 팽창은 수요 견인 인플레이션을 불러올 가능성이 있다. 물론 인플레이션이 수요 요인으로만 발생하는 것은 아니다. 원자재, 에너지 가격 인상은 비용을 증가시켜 공급 인플레이션을 초래한다. 부채의 화폐화가 인플레이션을 일으킨다고 단정할 수 없다는 것이다. 이런 의미에서 인플레이션의 원인에 대한 정확한 분석과 데이터가 축적될 필요가 있다.

　앞의 내용을 종합하면 현대화폐이론에서 화폐는 조세나 차입을 통해서만 획득할 수 있는 것이 아니다. 정부가 필요한 만큼 만들어낼 수 있는 자원이다. 그 한계치는 국가의 잠재 생산력이다. 정부는 화폐창조를 통해 완전고용을 비롯한 사회간접인프라 투자, 사회서비스 확대, 산업 경쟁력 향상 등 다양한 정책목표 달성에 필요한 재원을 조달할 수 있다. 화폐에 대한 부정적 인식을 벗어나 그 긍정성이 발현되는 지점이다. 국가가 국가 자신을 담보삼아 화폐창조를 통해 사회간접인프라, 사회서비스 등 국민 다수가 필요로 하는 재화와 서비스를 공급할 수 있다.

　신자유주의의 정부 정책 무용론은 산적한 사회경제 현안에도 불구하고 정부는 개입하지 않는 것이 도와주는 것이라는 21세기판 무정부주의를 양산할 위험이 있다. 현대화폐이론은 기존 화폐에 대한 부정적 인식과 정부 정책 무용론을 거부하고 새로운 방식의 화폐·통화정책을 제시한다. 이는 기존 케인스학파가 제기하는 정부 정책의 방식과 범위를 넘어선다. 이러한 이유로 현대화폐이론을 포스트 케인스학파라고도 부른다.

현대화폐이론은 전통적인 재정정책과 관련하여 예산확보와 재정정책에 대해 기존과 다른 접근 방식을 제시한다. 현대화폐이론은 정부가 원하는 만큼 부채를 일으켜 이를 재원으로 지출할 수 있다고 주장한다. 정부지출은 가계나 기업의 경우처럼 들어오는 돈(세입)에 의해 제약받지 않아야 한다. 정부는 정책적 필요에 맞추어 예산을 짜고 세수로 부족하다면 국채 발행을 통해 재원을 마련할 수 있다. 정부 재정은 선(先)지출, 후(後)세입 방식으로 이해해야 한다.

이는 앞에서 언급한 것과 같이 과도한 인플레이션을 일으키지 않아야 한다는 것을 전제하지만 기존 주류경제학의 견해와 충돌한다. 정부지출은 단순히 국방, 치안과 같은 자유방임의 야경국가 차원을 넘어서 지속가능한 경제와 산업 경쟁력 강화를 위한 투자와 양극화, 불평등 문제를 해소하기 위한 재분배정책에 사용될 수 있다. 이는 복지의 수준과 영역을 제고하고 확대하며 기업의 투자에만 의존하던 산업 경쟁력 강화를 위해 국가의 역할을 요구하는 것이다.

이는 재정투입이 양극화, 불평등을 완화하고 미래 산업 경쟁력을 강화하기 위해 국가의 전략적 측면에서 집중적으로, 선별적으로 이루어질 수 있음을 의미한다. 미국에서 추진하고 있는 반도체, 이차전지, 친환경에너지 등 미래 고부가가치 성장산업에 대한 천문학적인 보조금 지급 등의 재정지원이 그 사례이다. 미국은 지금까지 산업정책이 부재한 나라로 여겨져 왔다.

특정 산업을 육성하기 위한 정책적 노력이나 계획이 존재하지 않는다. 투자와 생산은 시장 메커니즘에 의해 결정된다. 국가는 시장질서를 유지하는 심판, 조정자의 역할만 하면 족하다. 미국에 대한 이러한 관점은 최근 잇따른 산업정책(그것도 매우 강력한)의 등장으로 완전히 바뀌게 되었다. 미국은 21세기 산업정책을 선도하는 나라로 등장하였다.

예를 들면 미국은 반도체 산업 육성을 위해 소위 CHIPS법을 제정하고 390억 달러(약 50조 원) 상당의 보조금을 미국 내 반도체 기업에 직접 지원하고 있다. 이는 특정 산업을 육성하고 핵심 기술의 해외 유출을 엄격하게 제한해, 중국 등 경쟁국을 노골적으로 견제하는 것과도 연결된다. 첨단제조업 육성을 위한 미국의 산업정책은 하나로 연결돼 있던 글로벌 공급망에 적지 않은 변화를 초래하고 있다.

미국은 더 이상 '보이지 않는 손'이 아니라 '보이는 손'이 되어가고 있다. 전략적 판단에 따라 특정 산업의 육성을 위해 당근과 채찍을 사용하는 것을 꺼리지 않는 국가로 변화하고 있다. 미국의 전면적인 산업정책 전환에 따라 EU, 일본, 중국, 한국 등 주요 경쟁국도 국가적인 재정투입과 지원에 나서고 있다.

현대화폐이론에 따르면 정부는 완전고용을 달성하기 위해 부채의 화폐화 방식으로 재정지출을 시행할 수 있다. 정부가 일자리를 창출하고 공공성이 강한 사회서비스, 사회간접인프라, 기타 공공재에 투자하여 시장실패가 일어나는 분야에서 긍정적 역할을 할 수 있다. 그런데 부채의 화폐화를 위해서는 중앙은행 독립성은 인정되기 어렵다. 따라서 현대화폐이론은 발권력을 가지고 있는 중앙은행이 정부 정책에 조응하여야 하고 통화정책은 재정정책의 목표를 달성하고 지원하는 데 사용되어야 한다고 주장한다.

현대화폐이론은 신자유주의가 주장하는 '작은 정부론'과는 대척점에 있는 케인스학파의 '큰 정부론'보다 더 확대된 정부 역할을 강조한다. 케인스학파가 '큰 정부론'이라면 현대화폐이론은 '더 큰 정부론'이라고 할 수 있다. 지속가능한 경제성장과 부의 재분배를 위한 정부의 주도적인 역할의 필요성을 옹호한다.

현대화폐이론은 완전고용과 복지 확대를 위해 재정정책을 사용하는 데 중점을 두고 있고 이를 위해 중앙은행 발권력을 정부가 통제할 수 있어야 한다고 본다. 이러한 접근법은 인플레이션과 자국 통화의 평가절하로 이어진다는 비판을 받지만 현대화폐이론은 이러한 위험은 통화량에 대한 신중하고 탄력적인 관리를 통해 충분히 통제될 수 있다고 주장한다.

현대화폐이론에 따르면 중앙은행의 역할은 물가안정에 초점을 맞추는 것이 아니라 재정정책 목표를 달성하기 위해 발권력을 지원하는 것이다. 현대화폐이론은 중앙은행 독립성을 부인하고 대신 정부와 중앙은행 간 협력을 주장한다. 현대화폐이론에서 중앙은행은 전통적인 물가안정 목표를 넘어 완전고용, 사회서비스 확대 등 재정정책의 목표를 달성하기 위해 정부 정책에 조응하는 통화정책을 이행해야 한다. 중앙은행이 가진 발권력은 정부의 재정정책과 조화를 이루어야 한다.

재정정책 목표를 지원하기 위해 중앙은행은 부채의 화폐화를 위해 단순히 국채 매입만 하는 것이 아니라 정부 대출, 금리, 공개시장 조작 등과 같은 다양한 정책 수단을 활용할 수 있다. 현대화폐이론은 정부의 예산이 세입이나 차입금에 의해 제약받지 않고 중앙은행은 화폐창조를 통해 정부의 재정지출에 필요한 자금을 제공할 수 있다고 주장한다.

현대화폐이론에서는 정부와 중앙은행이 상호 협력함으로써 완전고용, 사회서비스 제공 등 복지 확대에 중점을 두게 된다. 이처럼 현대화폐이론은 정부가 재정적 필요에 따라 부채라는 형식을 빌려서 화폐를 제한 없이 창조할 수 있음을 주장한다. 이는 화폐가 국민의 복리와 국가 발전을 위해 활용될 수 있다는 긍정적 인식을 보여주고 있다.

　다음으로 주권화폐이론은 현대화폐이론과 함께 국가주도 화폐이론의 하나이면서 현대화폐이론보다 화폐의 긍정성을 더욱 확장한다. 주권화폐(sovereign money)라는 용어는 주권을 갖는 국가(정부)가 스스로 부채를 동반하지 않는 화폐(debt-free money)를 창조할 수 있다는 것을 의미한다. 현대적 의미의 국가(정부)는 국민주권과 민주주의를 표방하므로 국민이 주권을 행사하는 방식의 하나로서 주권화폐 도입이 가능하다. 실제 그러한 목소리가 커지고 있다.[18]

　현대화폐이론이 부채를 유지하는 방식으로 국가 주도의 화폐창조를 주장하는 반면, 주권화폐이론은 문제가 되는 경제위기와 불안정의 근본적 원인은 상환능력을 초과하는 부채의 지속적인 증가에 있다고 본다. 따라서 이러한 문제를 심화시키고 있는 현 상업은행 중

18　주권화폐이론은 미국 경제학자 제프 크로커(Geoff Crocker)의 『기본소득과 주권화폐』(Basic Income and Sovereign Money, 2020), 독일 사회학자 조셉 후버(Joseph Huber)의 『주권화폐, 준비금 은행제도를 넘어』(Sovereign Money, Beyond Reserve Banking, 2017), 프랑스 작가이자 사회운동가인 제라르 푸셰(Gérard Foucher)의 『화폐의 비밀: 화폐를 바꾸면 세상이 바뀐다』(Les Secrets de la Monnaie, 2013) 등을 중심으로 제기되었다. 주권화폐이론은 다른 화폐이론과는 달리 주권화폐 도입과 관련 정책의 시행을 주장하는 다양한 전문가 그룹, 시민운동 등과 연대, 결합한 형태로 전개되고 있는 특징이 있다. 예를 들면 스위스에서는 2018년 주권화폐 도입에 대해 국민투표가 부쳐졌다. 이 안건은 투표자의 4명 중 1명 정도인 24%의 찬성으로 부결되었다. 이러한 스위스 사례는 주권화폐가 실제로 도입될 수 있는 가능성을 보여주었다. 주권화폐 도입의 부결로 주권화폐 체제로의 이행 논쟁에서 급진적 이행이 아닌 점진적 이행으로의 주장이 힘을 얻고 있는 것으로 보인다. 주권화폐이론은 이론적, 학문적 측면에서 뿐만 아니라 화폐개혁과 통화정책의 공공성 강화를 주장하는 다양한 시민운동의 형태로도 발전하고 있다. 국제적으로는 미국과 유럽을 중심으로 주권화폐이론을 주장하는 국제화폐 개혁운동(International Movement for Monetary Reform, IMMR), 정의로운 화폐연대(Alliance for Just Money), 긍정 화폐(Positive Money) 등의 다양한 국제적 네트워크가 활발히 활동하고 있다. 우리나라에서도 '화폐민주주의연대'라는 민간단체가 주권화폐이론을 주장하며 활동하고 있다.

심의 화폐창조 메커니즘을 부정한다. 그 대신 화폐창조 권한을 국가(정부)에 귀속시킬 것을 주장한다. 국가(정부)는 화폐를 부채가 아닌 지분(equity)의 형태로 발행한다. 현대화폐이론은 현 화폐·통화시스템을 수용하는 데 비해 주권화폐이론은 현 화폐·통화시스템의 전면적인 개혁과 변화를 요구한다.

주권화폐이론도 현대화폐이론과 마찬가지로 화폐는 국가에 의해 만들어지고 통제되는 공공재로 정의된다. 화폐는 공공의 이익을 위해 창조되고 관리되어야 한다. 정부는 공공재인 화폐의 공급 주체로서 화폐를 창조하고 통제할 수 있는 권한이 있다. 정부는 이 권한을 사용하여 차입이나 세금에 의존하지 않고 스스로 화폐를 창조하여 재정지출을 위한 재원을 마련한다. 주권화폐는 부채가 아니기 때문에 현대화폐이론의 부채의 화폐화도 발생하지 않는다.

또한 주권화폐이론이 현대화폐이론과 다른 점은 현대화폐이론이 현재의 상업은행 대출을 통한 화폐창조 메커니즘을 인정하는 데 반해, 주권화폐이론은 상업은행 대출을 통한 화폐공급을 부정하는 데 있다. 상업은행은 무에서 화폐를 창조하지 말고 단순히 예금을 기반으로 자금의 수요와 공급을 연결해 주는 금융 중개 역할만 해야 한다. 이 경우 지금과 같은 상업은행의 신용창조 기능은 중단된다. 그 대신 정부가 발권력을 동원하여 직접 화폐를 창조한다.

주권화폐이론은 현재 상업은행 화폐창조를 통한 독점적 이익(현대판 시뇨리지)을 부정하고 이를 국민 전체로 환원할 것을 주장한다. 주권화폐이론은 중앙은행과 상업은행이 공적으로 주어진 발권력과 화폐창조를 활용해 현대판 시뇨리지를 획득하고 그 대부분이 사적으로 점유되기 때문에 공정하지 않다고 주장한다. 앞에서 보았듯이 중앙은행과 상업은행의 화폐창조는 궁극적으로 대출수요에 종속된다. 따라서 현대판 시뇨리지는 화폐창조 과정에 참여하는 경제주체인 대출자, 상업은행, 중앙은행에 분배된다.

현대판 시뇨리지를 둘러싸고 일부 대출자와 상업은행의 투기적이고 무분별한 화폐창조는 여러 부작용을 초래한다. 현대판 시뇨리지의 불균형적, 비대칭적 배분이 해소되지 않는 한 현재와 같은 금융 불안정과 경제적 불평등, 경제위기가 초래될 수밖에 없다. 주권화폐이론이 제시하는 대안적 화폐·통화시스템에서는 정부가 화폐공급(창조)에 대한 통제권을 갖고 사회 전체의 이익에 부합하도록 활용할 수 있다는 것이다.

이것이 가능하다면 현대판 시뇨리지를 배제하고 화폐창조이익이 공공의 이익에 부합하도록 배분할 수 있다. 무분별한 대출에 따른 자산 가격의 폭등, 폭락과 같은 금융위기의 가능성도 해소할 수 있다. 주권화폐이론에서 화폐가치는 화폐를 법정화폐로 사용하도록 강제하는 정부의 능력과 관련이 있다. 정부가 사회 전체에 이익이 되는 생산적인 경제활동에 자금을 지원하는 한 인플레이션을 일으키지 않고 화폐를 창조할 수 있다고 주장한다.

이처럼 주권화폐이론이 현대화폐이론뿐만 아니라 다른 화폐이론과 가장 큰 차이를 보이는 점은 화폐가 발행되고 제어되는 방식에 있다. 화폐는 상업은행이 아니라 국가가 창조해야 한다. 정부는 화폐를 창조하고 화폐공급을 통제할 배타적 권한을 가져야 한다. 이는 상업은행이 대출을 통해 화폐창조를 하는 현 화폐·통화시스템과 다르게 정부가 부채와 이자에서 자유로운 화폐를 창조할 수 있음을 의미한다. 주권화폐이론은 국가가 화폐를 창조하게 함으로써 금융위기, 불평등 등 현행 금융자본주의에서 발생하는 문제를 해결할 수 있다고 주장한다.

4 주권화폐이론의 활용

주권화폐이론에 따르면 정부의 화폐창조는 상업은행의 이익에 사용되지 않고 사회간접자본, 사회서비스 등 공공적 성격이 강한 분야에 집중된다. 화폐창조는 국민 다수의 사회적 필요와 공익에 부응하기 위한 것이다. 화폐는 상업은행, 자산가 등 소수가 독점적 자본력을 행사하고 자신의 이익을 위해 사용되는 것이 아니라 사회 전체의 이익을 위해 사용되어야 하는 공공재이다. 국가는 화폐를 창조함으로써 국민 다수의 필요와 공공선을 우선할 수 있다.

이처럼 주권화폐이론은 현 화폐·통화시스템에서 당연히 받아들여지고 있는 상업은행 화폐창조와 이에 따른 현대판 시뇨리지의 독점과 불공정한 배분에 대해 비판적이다. 이의 대안으로 화폐가 창조되고 관리되는 방식에 대해 근본적이고 혁신적인 변화를 제안한다. 이렇게 볼 때 주권화폐이론은 현대화폐이론이 제기하는 재정정책을 위한 화폐의 역할을 넘어 현 화폐·통화시스템의 급진적이고 전면적인 구조조정을 주장하는 화폐이론이라고 할 수 있다.

화폐창조 권한은 상업은행이 아닌 정부의 주권적 통제 아래 있어야 한다. 상업은행의 대출은 이전과 반대로 순전히 예금(저축)을 기초로 가능하다. 기존의 중앙은행과 상업은행의 연결고리인 부분지급준비금 제도는 폐지된다. 상업은행의 화폐창조 기능은 소멸하고 상업은행은 자금 수요와 공급을 연결하는 자금 중개 역할만 하게 된다.

재정정책 측면에서 주권화폐이론은 현대화폐이론과 같이 재정지출과 이를 위한 화폐창조에 대한 정부의 통제를 옹호한다. 더 나아가 주권화폐이론은 화폐창조의 권한은 정부에게 있고 직접 화폐를 창조할 수 있다고 주장한다. 정부가 재정지출을 위한 재원을 마련하기 위해 조세나 중앙은행으로부터의 차입에만 의존할 필요가 없다. 정부는 부채 상환에 대한 부담 없이 재정지출을 위한 자금조달을 위해 화폐를 창조할 수 있다.

다시 말해 국가가 기존 중앙은행이 독점했던 발권력을 일부 또는 전부 갖게 된다. 실제로 미국이나 영국 재무부는 주화의 발행 권한을 갖고 있다. 이는 주권화폐이론이 현실과 완전히 동떨어진 주장이 아니라는 것을 반증한다. 미국 오바마 정부(2009~2017)에서 연방정부의 부채한도 증액 문제 해결을 위해 재무부가 1조 달러짜리 동전을 발행하여 부채를 갚는 방안이 논의되었다는 사실은 주권화폐이론을 이해한다면 그리 놀랄 일은 아니다.[19]

주권화폐이론에 따르면 주권화폐 발행을 통해 경제적 역동성과 유연성을 제고하는 동시에, 상업은행 화폐창조로 인한 현대판 시뇨리지의 독점, 금융 불안정성, 자산 버블을 줄일 수 있다. 정부의 직접적인 화폐창조를 통해 기본소득 지급, 공공투자 강화, 민간 부채 감소 등의 효과를 얻을 수 있다. 이를 통해 국민 다수의 삶이 향상될 것으로 기대된다.

주권화폐이론은 중앙은행과 상업은행의 전면적인 역할 변화를 포함하여 현 화폐·통화시스템의 근본적인 변화를 제안한다. 주권화폐이론의 핵심 주장은 화폐창조가 국가의 주권적 권리라는 것이다. 이는 중앙은행의 역할이 단순히 금리 등을 통해 화폐공급을 조절하는 것이 아니라 정부를 대신하여 화폐를 발행해야 하는 당위성이 있음을 의미한다. 주권화폐이론에 따르면 중앙은행은 화폐공급이 정부 재정지출의 우선순위와 일치하도록 정부와 긴밀히 협력해야 한다.

주권화폐이론은 현 화폐·통화시스템의 전면적 혁신과 중앙은행

---

19 화폐의 발행 권한(발권력)을 중앙은행에 둘지 아니면 새로운 기구에 부여할지 그리고 그 권한을 정부가 독점할지 아니면 중앙은행과 분점할지 등에 대한 논의는 이 책의 범위를 벗어나므로 생략한다.

발권력의 국가 환수까지도 주장하고 있다는 측면에서 가장 급진적인 화폐이론이다. 주권화폐이론은 현대화폐이론이 그렇듯이 인플레이션 문제와 중앙은행의 독립성을 훼손한다고 비판받는다. 현재의 주류경제학에서 금과옥조처럼 여기는 자유경쟁시장 원리를 훼손하는 이단아적 발상으로 치부되는 것은 당연하다.

이러한 현실을 고려할 때 주권화폐이론이 받아들여지거나 시행되기에는 한계가 존재함을 부인할 수 없다. 하지만 화폐의 긍정적 기능에 대해 열린 시각을 제공함으로써 현 화폐·통화시스템의 문제점이 무엇인지를 뚜렷하게 제시하고 있다. 문제를 해결하기 위해서는 문제를 정확히 파악하는 것이 우선 과제이다. 주권화폐이론은 그 어떤 화폐이론보다 화폐의 긍정성을 인식의 끝단까지 확장하고 있다고 할 수 있다.

Chapter **08**

국가주도 화폐창조와
우리나라의 적용 가능성

1 우리나라와 현대판 시뇨리지

이 장에서는 앞에서 논의한 화폐의 본질과 역사적 변천을 바탕으로 최근 제기된 국가주도 화폐창조의 적용 가능성을 우리나라의 사례를 통해 살펴보고자 한다. 이는 신자유주의 경제시스템과 이중화폐제도의 현대판 시뇨리지의 부작용을 최소화하고 국민 다수의 행복과 복리에 기여하고 화폐창조이익을 극대화하는 새로운 경제시스템과 화폐·통화시스템을 모색하기 위함이다.

우리나라는 군사정권에서 문민정부로의 권력 이양, 여야 간 수평적 정권교체, 대통령 탄핵 등 굵직한 정치사적 변화를 겪어왔다. 군부 독재 시기 그토록 염원했던 대통령 단임제와 직선제를 쟁취하는 등 민주화의 진전을 이루었다. 경제적으로도 고도의 산업화가 진행되었고 7대 수출 대국에 진입하는 등 괄목할 만한 성과를 이루었다.

경제 규모는 10대 경제 대국으로 성장하였고 1인당 국민 소득도 1996년 1만 달러, 2006년 2만 달러, 그리고 2017년 3만 달러를 넘어서는 등 이미 선진국 수준에 진입했다는 평가가 다수이다. UNCTAD(유엔무역개발회의)는 2021년 대한민국의 지위를 개발도상국에서 선진국으로 변경하였다. 이는 세계가 우리나라를 명실상부한 선진국으로 인정한다는 것을 의미한다. 불과 60~70년 전만 해도 원조를 받던 나라가 반대로 원조를 제공하는 나라로 발전한 것은 세계에서 우리나라가 유일하다.

이러한 경제적 성과 이면에는 1997년 IMF 외환위기, 2008년 금융위기, 2020년 코로나 팬데믹 위기로 인한 상흔과 부작용이 있음을 부정할 수 없다. 특히 IMF 외환위기는 30년 가까이 지났지만 기성세대에게는 일종의 집단적 트라우마로 남아있다. 성장의 과실 뒤에는 OECD 국가 중 최고 수준의 자살률, 산업 재해 건수와 최저 수준의 출산율과 복지 지출 비율, 최악의 경제 불평등 지수 등 선진국이라고 하기에 무색할 정도로 많은 문제점이 놓여 있다.

최선의 지표와 최악의 지표가 함께 공존하는 이러한 우리나라의 경제발전 사례는 세계사적으로도 이례적이고 독특하다. 이는 일반적으로 선진국이 200년 이상 걸린 산업화를 반세기 여 만에 이룬 단기간 압축 성장의 결과를 잘 보여주는 사례이다. 눈부신 성과와 함께 그에 따른 부작용과 폐해가 선명하게 대조되어 나타나는 것이다.

이처럼 지난 한 세대 이상 우리나라는 급격한 발전과 후퇴, 변화를 겪어 왔다. 이러한 변화는 국내의 여러 정치, 사회, 경제적 요인으로 설명할 수 있지만 세계체제의 변화와도 밀접하게 연결되어 있음을 부정할 수 없다. 이 시기는 사회주의가 붕괴하고 미·소 냉전이 종식되면서 기존 미·소 양극 체제가 미국 중심의 일극 체제로 변화되는 시기와 맞물린다.

세계 경제와 금융질서는 미국이 전파하는 신자유주의를 중심으로 재편되었다. 국제화, 세계화, 자유무역, 시장 개방 등의 용어와 구호들이 요란하게 들려오는 시대가 도래하였다. 불행하지만 이 재편 과정은 결코 순탄하거나 평화롭지 않았다. 다수 국가와 국민이 많은 고통과 희생을 감수해야 했다.

우리나라도 예외는 아니었다. 1997년 IMF 외환위기는 우리에게 처절한 아픔을 가져다주었다. 이와 동시에 모든 사회경제 분야에 경쟁과 효율을 앞세우는 시장과 자본의 논리가 전면적으로 확산하게 되는 분기점이 되었다. 미국 중심의 신자유주의 논리가 지배 이데올로기로 고착되었다. 세계화라는 단어가 유행처럼 사용된 것도 이때부터이다. 신자유주의가 우리나라 국가 경제를 비롯한 사회 시스템 전반을 관통하게 되었다.

그동안 소위 보수와 진보, 여야 간 정권교체가 있었고 이에 따른 각 정부가 내세운 국가 운영 철학과 주요 정책은 그 결이 달랐던 것도 사실이다. 하지만 대북정책이나 한반도를 둘러싼 미·일/중·러 4강에 대한 외교정책 등에서 그 노선이 갈릴 뿐 실제 대부분 사회경제정책의 내용은 신자유주의 노선에서 크게 벗어나지 않았다. 이는 정부가 보수를 표방하든 진보를 표방하든 상관없이 대한민국은 지정학적 특성상 미국 패권의 세계체제, 신자유주의 중심의 세계사적 전환과 그 영향력에서 벗어나기 어려웠기 때문이다.

우리나라는 지정학적으로 이러한 미국 중심의 세계체제 속에서 그 갈등과 압력이 절정에 이르는 최전선에 위치한다. 우리 마음대로 감정대로 할 수 없는, 우리의 힘과 의지만으로는 극복하기 어려운 외부 환경이 존재하는 것이 현실이다. 잘 알다시피 이제 우리나라도 미국 패권의 세계체제를 뒷받침하는 중심 이데올로기인 신자유주의가 지배 이데올로기로 자리 잡게 되었다. 이로 인해 우리나라의 사회경제정책은 그 정부가 보수냐 진보냐 와는 상관없이 크게 다르지 않다고 해도 과언이 아니다. 시장과 자본의 논리가 최우선하였다. 정책도 그다지 큰 차별성을 보이지 못했다. 이는 우리나라 경제가 미국 패권의 세계체제에 순응함으로써 한 편에서는 성장의 혜택을 누리지만 그 이면에서는 신자유주의로 인한 문제와 부작용을 해결하지 못하는 한계가 있음을 보여준다.

2 화폐창조이익과 국가주도 화폐창조의 필요성

그렇다면 과연 미국 패권의 세계체제라는 대외적 환경과 제약을 수용하는 동시에 이로 인한 문제와 부작용을 극복할 방안은 없는 것일까? 이러한 문제의식에 기초하여 신자유주의 문제점을 해소할 수 있는 대안으로 국가주도 화폐창조의 필요성과 가능성을 살펴볼 수 있다. 미래의 화폐·통화정책은 현대판 시뇨리지를 억제하는 대신 화폐창조이익을 확대하는 방향으로 나아가야 한다.

이는 정부 정책의 목표는 사회적 약자, 경제적 취약계층을 우선하면서 궁극적으로는 국민 다수의 이익과 복리를 향해야 함을 전제한다. 이와 관련된 정책은 다양하게 고려될 수 있지만 특히 가계(개인)의 실질가처분소득 증대를 위한 노력이 필요하다. 일반적으로 실질가처분소득은 물가를 반영한 시장소득(개인의 경제적 활동을 통해 벌어들인 소득)에서 세금을 빼고 정부에서 제공하는 혜택을 더한 것이다. 이는 개인이 순전히 자신을 위한 소비나 저축으로 사용할 수 있는 실제 소득을 의미한다. 따라서 개인 또는 가계의 실제적인 삶의 질 수준은 실질가처분소득에 따라 결정된다.[20]

실질가처분소득 증가를 위해서 기본소득 등 직접적인 소득 지원도 고려할 수 있다. 하지만 기본소득 지급을 위해서는 천문학적인 재원이 필요하다. 시장가격과 시장소득에 국가가 직접적으로 개입하는 것은 저항과 부작용이 크다. 따라서 실질가처분소득 증가를 위해 고정비용(지출)을 줄여야 한다. 국가가 개인이 부담해야 하는 고정비용의 성격이 강한 간병, 교육, 교통, 보육, 의료, 주거, 통신 등의 소위 사회서비스(social service)의 비용을 줄여 주거나 지원해 준다면 실질

---

20 여기서는 실질가처분소득의 개념을 일상에 필요한 고정비용을 고려하여 고정비용의 부담이 줄수록 실질가처분소득이 증가하는 것으로 조정한다.

가처분소득은 그만큼 증가한다.

사회서비스의 확충과 이를 위한 재정의 집중적 투자, 투입은 국민 다수에게 이익이 된다. 특히 사회경제적 약자와 취약계층에 더 큰 혜택으로 돌아간다. 이것은 기존의 시혜적이고 단기적인 차원의 복지를 제공하는 차원에서 머무는 것이 아니다. 저성장, 저출산 고령화로 인해 생산인력이 줄고 경제적 역동성이 감소하고 있는 우리나라 경제에 활력을 불어넣는 역할을 할 수 있다.

국민 다수를 위한 보편적 복지에 필요한 재원 마련을 위해 증세, 국채 발행 등의 기존 방안에 그치지 않고 부채의 화폐화, 더 나아가 주권화폐의 발행 가능성을 모색할 필요가 있다. 부채의 화폐화는 일반적으로 국채를 중앙은행이 직접 인수(매입)하는 것을 의미한다. 주권화폐는 상업은행의 신용(화폐)창조 기능을 정지시키고 정부(중앙은행)가 경제에 필요한 화폐를 직접 발행(창조)하는 것을 의미한다.

특히 주권화폐는 국가의 생산력을 기초로 한 지분의 성격을 갖고 부채를 발생시키지 않는다는 점에서 현 화폐·통화시스템의 신용화폐와 근본적인 차이점이 있다. 다시 말해 주권화폐는 부채로부터 자유로운 화폐이다. 정부는 부채가 늘어난다는 이유로 적극적인 재정정책을 뒷받침할 재원 문제에 막혀 더 이상 앞으로 나아가지 못하고 있는 것이 사실이다. 이제 그 한계를 극복해야만 하는 시대가 되었다. 이를 위해서는 화폐인식의 대전환과 새로운 화폐·통화시스템의 구축이 필요하다.

미국, EU, 일본 등은 사실상 부채의 화폐화를 통해 코로나 팬데믹 극복을 위한 전 국민 대상 재난지원금을 지급했다. 특히 미국은 코로나 팬데믹 위기에 대응하기 위해 기존 재정정책에 더해 부채의 화폐화에 준하는 방식으로 전 국민 대상 보편적 재난지원금을 지급했다. 예를 들면 트럼프 행정부는 코로나 팬데믹으로 인한 기초 생산

단위의 붕괴를 막고 경기 침체에 대응하기 위해 2조 2천억 달러의 CARES 법을 제정하였다. 개인 평균 1,200달러의 현금(수표)이 즉시 지급되었다. 이를 위한 재원은 사실상 부채의 화폐화 방식으로 마련되었다.

또한 이들 선진국은 각종 사회 인프라 구축과 신성장산업 육성을 위한 지원에도 국채 발행과 이를 중앙은행이 인수하는(일반적으로는 유통시장에서 매입) 방식을 통해 부채의 화폐화를 간접적으로 활용해 왔다. 대부분 선진국의 국가부채 비율이 우리나라에 비해 높은 것은 단순히 복지 지출 규모가 커서가 아니라 이러한 다양한 국가적, 사회적 필요를 충족시키기 위한 국가의 역할에 충실했기 때문이다.

세상은 이미 이렇게 과감하고 적극적인 변화를 통해 위기 극복과 지속 가능한 성장을 위한 도전을 시도하고 있다. 특히 자본주의 첨병이라고 할 수 있는 미국도 부채의 화폐화 등 이전과는 전혀 다른 과감하고 혁신적인 화폐·통화시스템의 변화를 시도하고 있다. 우리나라도 전염병 대응의 일회적 차원을 넘어 진정한 복지국가 실현을 위해 기존 화폐·통화시스템의 대안 개발과 적용이 필요한 시점으로 보인다.

국가주도 화폐창조는 이러한 방안이 될 수 있을 것으로 기대한다. 앞에서도 보았지만 국가주도 화폐창조는 크게 중앙은행의 정부 대출 또는 국채의 직접 인수를 통해 화폐를 창조하는 현대화폐이론 방식, 그리고 정부가 발권력을 갖고 직접 화폐를 창조하는 주권화폐이론 방식으로 나눌 수 있다. 방식의 차이가 있지만 상업은행 화폐창조를 벗어나 국가가 주도적으로 화폐창조와 활용에 개입한다는 점에서 두 방식 모두 국가주도 화폐창조라고 할 수 있다.

국가주도 화폐창조에 주목하는 이유는 위기 대응과 복지국가의 실현, 그리고 지속적인 성장을 위한 방안이라는 차원뿐만 아니라 현 화폐·통화시스템의 모순과 한계를 극복할 수 있는 대안으로 보기 때문이다. 국가주도 화폐창조를 활용하여 화폐가 비생산적이고 투기적인 부문이 아닌 사회간접자본, 사회서비스, 신성장산업 등 실제 국민 다수의 이익과 복리에 기여하는 부문으로 투자, 투입되게 할 수 있다.

이를 통해 일부 자산가, 특정 계층에 불균형, 비대칭적으로 배분되고 있는 현대판 시뇨리지를 최소화하는 대신 가능한 많은 화폐창조이익이 국민 다수에게 공정하고 균등하게 돌아갈 수 있도록 해야 한다. 이것이 우리나라가 성장만능주의, 승자독식, 각자도생을 낳고 있는 신자유주의 경제시스템과 현 화폐·통화시스템을 극복하고 국익과 국민을 위해 화폐를 온전히 활용할 수 있는 방안이라고 할 수 있다.

PART

04

우리나라 경제의
역사적 이해

Chapter 01

우리나라의 신자유주의 수용

1 IMF 외환위기와 신자유주의 수용

우리나라가 신자유주의를 사회경제 전반에 전면적으로 수용하게 된 것은 1990년대 이후 불과 약 한 세대의 과정에 불과하다. 하지만 그에 따른 영향은 국가 경제 차원에서뿐만 아니라 국민 개개인의 일상과 관념까지도 미칠 정도로 심대하다. 물론 그 영향은 긍정적, 부정적 측면 모두 포함한다. 대표적인 예로 우리나라가 중진국 함정(middle-income trap)을 벗어나 선진국으로 도약할 수 있었던 것이 그 긍정적인 결과라고 할 수 있다.[1] 하지만 그 이면에는 사회경제 지표의 양극화가 심화하고 경쟁이 격화하면서 경제적 이해를 둘러싸고 첨예한 갈등이 지속되고 각자도생의 세상이 되어 버린 부정적 측면이 존재한다.

1　중진국 함정은 급속한 경제성장 이후 일정 수준의 소득을 달성한 국가가 고소득 국가로의 전환이 어려운 상황에 봉착한 것을 의미한다. 중진국 함정에 빠진 나라는 성장 둔화를 경험하고 저렴한 노동력의 저소득 국가와 첨단 기술, 혁신 및 높은 생산성의 고소득 국가 사이에서 정체하게 된다. 중진국 함정에서 성공적으로 벗어나기 위해서는 인적자본 투자, 기술개발, 제도 개혁 등 사회경제적 혁신이 필요하다. 현재 중진국 함정에서 탈출한 국가의 예로는 한국과 싱가포르를 들 수 있다. 반면 남아메리카와 동남아시아 일부 국가는 수십 년 동안 중진국 함정을 벗어나지 못하고 있는 실정이다.

우리나라는 미국 중심의 세계체제와 신자유주의 경제시스템의 최전선에 있다. 1990년대 냉전 체제 종식, WTO 출범 등 본격적으로 진행된 시장 개방과 세계화의 대세 속에서 소규모 개방경제(small open economy)인 우리나라가 이를 거스르는 것은 사실상 불가능했다.[2] 앞에서 보았듯이 IMF 외환위기는 우리나라가 신자유주의를 받아들이는 중요한 분기점이 되었다. 우리나라는 전혀 예상 못한 미증유의 위기 앞에 정치, 경제, 사회, 문화 등 모든 측면에서 전면적인 구조조정을 강요받았다. 이후 우리나라는 신자유주의 경제시스템으로 급격하게 전환하였다.

앞에서 보았지만 세계는 이미 1980년대부터 미국과 영국을 중심으로 신자유주의 경제시스템으로 변화하고 있었다. 신자유주의 경제시스템의 중요한 내용은 완전한 시장 개방을 통해 세계를 하나의 시장으로 만들어서 효율성을 극대화하는 것이었다. 세계를 평평한 운동장으로 만드는 것이다. 이것은 자본의 확대재생산을 위한 최적의 환경을 만드는 것과도 연결된다. 세상은 빠르게 변하고 있었지만 1990년대 중반까지 우리나라는 시장 개방을 최대한 지연하면서 개발도상국 지위를 이용하여 시장 개방에 적극적이지 않았다.

특히 외환시장, 자본시장 등 금융시장의 개방은 더디게 진행되었

2　소규모 개방경제는 경제 규모가 작아 국내 경제정책이 세계시장 가격, 금리 또는 소득에 영향을 주지 않는 경제를 의미한다. 경제학에서 소규모 개방경제는 가격 수용자이다. 예를 들면 미국 경제가 불황에 빠지면 세계 경제가 어려움을 겪을 가능성이 크다. 반면 우리나라와 같은 소규모 개방경제에서 경기 침체가 발생하더라도 세계 경제에 큰 영향을 미치지는 않는다는 것을 의미한다. 소규모 개방경제 이론은 거시 경제학 연구에서 가격 수용 경제를 모델링하는 데에 사용된다. 소규모 개방경제에 세계 경제 조건은 외생 변수이다. 하지만 우리나라 경제 규모가 세계 10위권, 무역 규모는 7, 8위권으로 커지면서 우리나라가 반드시 소규모 개방경제라고 단정하기는 어렵게 되었다. 예를 들면 반도체, 자동차, 이차전지 등 일부 품목의 경우 시장 지배력을 갖게 되었다. 따라서 소규모 개방경제라는 전제는 상황에 따라서 바뀔 수 있는 것이다.

다. 우리나라의 은행업 등 금융서비스 경쟁력은 시장개방을 감당할 만큼 높지 않았기 때문에 우리나라 정부는 금융시장 개방에 소극적이었다. 그리고 제조업 중심의 수출과 성장이 압도하는 상황에서 금융은 경제개발을 위한 수단으로 인식되었을 뿐 금융산업 등 서비스 산업에 대한 관심은 후순위로 밀렸고 그 가치도 저평가되었다. 금융시장 개방에 대한 필요성과 요구가 높아졌지만 이를 위한 정책은 그 요구에 부응할 정도의 속도로 빠르게 진행되지 않았다.

우리나라는 1997년에 들어서면서 대내외적인 악재가 겹치면서 외환보유고가 고갈되기 시작하였다. 결국 연말이 되면서 외환보유고가 60억 달러 수준(당시 2주 수입 결제 금액)으로 바닥을 보이면서 심각한 달러 부족 사태를 겪게 되었다. 가계나 기업이 결제할 돈이 없으면 부도가 나듯이 국가도 결제할 외환(달러)이 부족하면 국가부도의 사태로 몰릴 수 있다. 부도는 채권·채무 관계에서 채무이행을 위한 결제가 불가능함을 의미한다. 이러한 부도 사태가 경제 내에 광범위하게 일어나면 연쇄적인 채무 불이행으로 이어지고 채권·채무 관계가 손상된다. 자금(화폐)의 흐름이 멈추게 되면 생산 활동도 멈추게 된다. 경제가 붕괴하는 위기를 맞게 된다. 우리나라가 그 상황에 몰린 것이다.

대내적으로 광범위한 채무 불이행이 발생하면 중앙은행이 최종 대부자로 나서서 유동성을 공급하고 채무 불이행을 해소할 수 있다. 하지만 달러는 미국 연준만이 독점적 발행(창조)권한을 갖고 있다. 한국은행은 발행할 수 없다. 달러가 부족하면 달러 표시 채무 불이행은 한국은행이라 하더라도 막을 수 없는 것이다. 달러가 부족하면 미국에 손을 벌릴 수밖에는 없다. 외환보유고의 고갈을 방치한 것은 지금도 이해할 수 없는 정부의 정책 실패였다.

하지만 이 당시 그 누구도 우리나라와 같은 무역 대국이 달러 부족으로 부도가 날 것이라고는 상상하지 못했다. 소위 펀더멘탈이라고 하는 거시경제 지표는 지표상으로는 위기라고 할 만큼 나쁘지 않았기 때문에 더욱 그러했다. 방심한 사이 댐에는 심각한 균열이 가고 있었다. 외화 자금의 유·출입 동향을 면밀하게 살피고 달러 부족에 대비했다면 피할 수 있었던 위기라는 점에서 아쉬움이 남는 것은 어쩔 수 없다.

우리나라는 달러 고갈로 인한 국가부도 사태를 해결하기 위해 긴급하게 외부로부터 달러를 수혈받을 수밖에 없는 처지가 되었다. 우여곡절 끝에 우리나라는 1997년 12월 IMF로부터 긴급 구제금융을 받게 되었다.[3] 하지만 그에 대한 조건은 가혹했다. 구제금융 조건으로 우리나라는 자의 반, 타의 반으로 급격하고 전면적인 구조조정과 긴축정책, 규제 완화, 완전한 시장 개방을 강요받게 되었다. 이는 당장 필요한 달러 수급을 위해 외국 자본의 유입이 필요하다는 점에서도 거부하기 어려웠다.

---

3   1997년 12월 3일 우리나라 정부와 IMF가 합의한 지원 자금 규모는 모두 550억 달러로 결정되었다. IMF가 210억 달러, IBRD 세계은행이 100억 달러, ADB 아시아개발은행이 40억 달러 등 국제기구에서 350억 달러를 지원하는 데 합의했다. 사실상 우리나라는 IMF 관리 체제로 들어서게 되었다. 이러한 관계는 4년 가까이 지난 2001년 8월 우리나라가 IMF 구제금융 차입금 195억 달러 전액을 조기 상환함으로써 종료되었다.

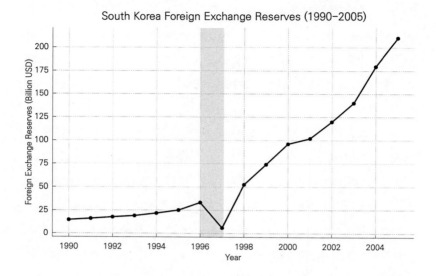

그림 4-1 IMF 외환위기 전후 우리나라 외환보유고 추이(1990~2005)

이 그래프는 1990년부터 2005년까지 우리나라의 외환보유고를 보여주고 있다. 1997년 IMF 위기 당시 외환보유고의 급격한 고갈이 두드러진다. 외환보유고의 부족이 IMF 외환위기의 직접적인 원인이다.

2 신자유주의 경제시스템의 전면화

우리나라는 IMF 외환위기를 전환점으로 전면적인 경제시스템의 변화를 맞이했다. 미국을 중심으로 세계 경제가 신자유주의 경제시스템으로 변화되고 있던 시대적 대세를 받아들일 수밖에 없었다. 예를 들면 이를 계기로 노동시장 유연화가 본격적으로 시작되었다. 기업의 인건비 감축과 경영 효율화를 명분 삼아 기존 정규직 고용 형태가 줄어들고 파견직, 임시직 등과 같은 비정규직, 보험설계사, 학습지 교사, 택배원, 퀵 서비스 기사, 대리운전 기사 등 특수고용직과 같은 다양한 고용 형태가 등장하기 시작하였다.

이러한 불안정 고용 형태를 프레카리아트(Precariat)라고 한다. 프레카리아트란 불안정한 고용·노동 상황에 있는 노동자 집단을 일컫는 말이다. 불안정한이란 뜻의 이탈리아어 Precàrio에 노동자 계급을 의미하는 프롤레타리아트(Proletariat)를 합성해 만든 용어로 알려져 있다. 직역하면 '불안정한 노동 계급'이란 뜻으로 직업이 불안정하고 저임금이며 사회보장제도에서 배제되는 경우가 많다.[4] 고용과 해고를 쉽게 하는 노동시장 유연화가 본격적으로 진행되기 시작된 것이다.[5] 이러한 노동시장 유연화는 노동을 효율적으로 배분하는 긍정적 역할도 있지만 다수의 노동자가 불안정한 고용구조와 열악한

---

[4] 프레카리아트는 신자유주의 흐름이 한창이던 2003년 이탈리아에서 처음 사용되었다. 이후 2006년 프랑스의 최초고용계약법 관련 시위를 통해 세계에 알려지게 되었다. 프레카리아트는 사용자가 노동자에 대한 법적 책임을 교묘히 피해갈 수 있다는 측면에서 자본주의가 낳은 또 다른 형태의 착취형태라고 할 수 있고 최근 중요한 사회적 이슈로 떠오르고 있다.

[5] 1997년 외환위기 이후 우리나라는 본격적으로 노동시장이 유연화되었다. 대표적인 노동시장 유연화 정책은 정리해고제, 파견근로제, 변형근로제가 있다. 정리해고제는 기업이 긴박한 경영상의 필요가 있다면 노동자를 해고할 수 있는 제도이다. 외환위기 이전에는 노동자의 중대한 잘못이나 기업의 부도, 구조조정 등 특별한 경우만 해고할 수 있었다. 파견근로제는 기업이 인력을 직접 정규직으로 고용하지 않고 인력업체(도급업체)에 고용된 노동자(파견노동자)를 파견받아 작업에 투입하는 제도이다. 파견노동자는 기업의 지시, 감독에 따라 일하지만 급여는 인력업체에서 받게 된다. 기업은 불필요한 인력관리가 필요 없고 해고하려면 파견업체에 사람을 바꾸어 달라고 하면 그만이다. 계약기간이 지나면 다른 인력업체로 바꿀 수도 있다. 파견근로제는 이후 많은 부작용과 문제를 드러내었다. 변형근로제는 노동시간 기준을 탄력적으로 운영할 수 있도록 한 제도이다. 근로기준법에는 하루 노동시간은 8시간, 1주에 40시간, 초과시간은 통상임금의 1.5배를 지급해야 한다. 하지만 변형근로제로 인해 노동시간 기준을 탄력적으로 운영할 수 있게 되어서 기준에만 맞으면(예를 들면 오늘 10시간, 내일 6시간, 합계 이틀 16시간) 하루 10시간을 일해도 초과수당을 안 주어도 되게 되었다. 이렇게 파견근로제, 변형근로제에 따라 고용되는 노동자를 비정규직이라고 일컫는다. 비정규직은 단시간 노동자, 파견노동자, 기간제 노동자의 3가지 유형이 있다. 단시간 노동자는 일종의 파트타임직이다. 파견근로자는 앞에서 보았듯이 인력업체에서 파견한 노동자이다. 기간제 노동자는 계약기간이 최대 2년까지만 가능하며 그 이후는 정규직으로 전환하든지 계약을 종료해야 한다. 정규직과 비정규직의 문제, 고용 불안정성의 문제는 신자유주의 경제시스템이 불러온 가장 큰 폐단 중의 하나라고 할 수 있다.

노동 조건으로 고통을 겪게 되는 부작용을 초래했다.

이러한 국내 노동시장 구조변화와 함께 외국인 노동자(이주노동자)가 유입되기 시작하였다. 임금체계도 연봉제에서 성과급제로 빠르게 바뀌었다. 이때부터 중국, 중앙아시아, 동남아시아 출신 이주노동자가 빠르게 증가하였다. 다문화 가정의 비율도 증가하였다. 이렇게 노동시장의 유연화는 국내 노동자의 노동 조건과 노동환경의 변화뿐만 아니라 이주노동자 유입도 가속화하였다. 이는 자원(노동) 이동의 자유화를 추구하는 신자유주의 경제철학과 연결되어 있음을 알 수 있다.

이러한 대대적인 노동시장의 변화뿐만 아니라 외환시장, 자본시장 등 금융시장 개방도 급진전되었다. 외환시장은 정부의 개입이 최소화되고 완전 자유변동환율제로 이행하였다.[6] 자본시장 규제가 완화되고 폭넓게 개방되면서 외국인 자본의 국내 유입이 자유롭게 되었다. 물론 국내 자본의 해외투자도 쉬워지게 되었다. 외국인의 국내 토지 매입의 제약이 없어지게 된 것도 IMF 외환위기를 겪으면서 바뀐 부분 중 하나이다. 이렇게 볼 때 IMF 외환위기 이후 우리나라의 토지, 노동, 자본의 생산요소시장은 대부분 개방되었다. 경쟁과 효율, 그리고 시장 개방과 정부 개입 최소화를 주장하는 신자유주의 경제이론과 경제시스템은 우리나라에 빠르게 확산, 강화되었다.

---

6 우리나라는 1980년대 초부터 관리변동환율제도(managed floating exchange rate system) 또는 시장평균환율제도(market average exchange rate system)를 시행하고 있었다. 이는 기본적으로 고정환율제였지만 중앙은행 등 외환 당국이 시장 상황에 따라 일정한 수준에서 환율의 변동 폭을 조정하는 형태였다. 1990년대 이후 우리나라가 세계 경제 통합이 가속화되고 자본의 유·출입 압력이 심화하면서 자본 흐름에 대한 제한이 완화되었다. 그리고 1997년 IMF 외환위기로 우리나라는 국제통화기금(IMF) 구제금융 조건의 하나로 완전 변동환율제도(free floating exchange rate system)를 채택하게 되었고 현재까지 유지되고 있다.

우리나라는 외환위기와 IMF 관리 체제라는 4년의 짧은 기간 동안 급격하고 전면적인 경제시스템의 변화를 경험하였다.[7] 1960년대, 1970년대 개발독재 시대의 경제시스템으로는 극복, 해결하기 어려운 경제위기를 맞게 되었다. 이제 새로운 경제철학과 경제정책이 요구되었고 그 대안으로 신자유주의 경제시스템을 수용하게 되었다. 이에 맞추어 기존 사회경제 제도도 본격적으로 변화의 물결을 타게 되었다. 주류 이데올로기도 신자유주의적 사고와 철학을 기반으로 바뀌게 되었다.

이렇게 1990년대가 끝날 무렵 우리나라는 경제위기를 겪으면서 개발독재와 수정자본주의 끝자락에서 떨어져 나오게 되었다. 우리나라 경제시스템은 새로운 신자유주의 경제시스템으로 변화되었고 그 변화의 와중에 새천년을 맞이하게 되었다. 21세기가 시작되는 2000년대 들어서서 우리나라의 경제는 이전과는 전혀 다른 토대 위에 서게 되었다. 경쟁과 효율을 최우선시하고 이윤을 최고의 가치로 두는 신자유주의 경제철학과 경제정책이 사회경제 전반에 확산하였다. 국가의 역할은 최소화되고 시장(자본)이 그 자리를 차지하게 되었다.

기업의 비용 절감과 효율성 추구를 위해 노동시장 유연화가 진행되었다. 이에 따라 기존 호봉제가 사라지고 능력에 따른 성과 중심 연봉제가 확산하였다. 평생직장 개념도 사라지게 되면서 이직도 잦아졌다. 평생직장이라는 통념이 유지되려면 입사한 직장이 계속 살아남아야 하는데 IMF 외환위기 때와 같이 어느 날 갑자기 사라질 수 있다는 불확실성이 커졌다. 이직과 구직에 따른 구인·구직 시장도 커지게 되었다. 이런 환경 변화에 맞춰서 잡코리아, 사람인 같은 취

---

7   우리나라는 2001년 8월 23일 한국은행이 IMF 구제금융 차입금 195억 달러 전액을 상환함으로써 예정보다 3년 빨리 IMF 관리 체제에서 벗어났다.

업 사이트들이 등장하게 되었다. 2006년 스마트 폰의 등장과 이를 활용한 앱(app) 활용이 가능해지면서 구인·구직 시장(일종의 노동시장)은 마치 일반 상품을 사고파는 시장과 크게 다를 바가 없게 되었다.

직장에서의 근속 기간이 아니라 개인의 능력과 성과가 중요해지는 사회가 되면서 취업준비생뿐만 아니라 일반인, 직장인도 자기 계발을 위한 열기가 높아졌다. 소위 스펙 쌓기 경쟁이 시작되었다. 예를 들면 취업이나 승진을 위해 영어 실력을 요구했고 이에 따라 토픽, 토플 등의 어학 시험이 인기를 끌기 시작했다. 심지어 토플은 미국 유학에 필요한 것인데도 취업과 승진을 위해 일정 점수 이상이 필요했다. 2000년대 초부터 많은 직장인이 새벽 수업 등 시간을 쪼개서 영어학원을 등록하고 영어(회화)와 같은 자기 계발이 유행하였다. 영어가 대세였지만 2000년대 이후 중국과의 교류가 활발해지면서 중국어 학원도 인기를 끌었다.

그리고 이러한 유행이 조기 교육에도 영향을 미치면서 영유아를 대상으로 한 영어유치원이 유행하기 시작하였다. 대학생의 경우에는 미국, 캐나다, 호주, 필리핀 등으로 어학연수를 위해 유학을 떠나는 프로그램도 시작되었다. 유학원은 실제 학위 취득을 위한 유학 관련 업무보다 단기 어학연수 관련 업무가 주요 업무가 될 정도였다. 사회적으로 개인 능력을 키우고 시간을 더 효율적으로 쓰기 위한 노력이 넘쳐났다. 소위 '아침형 인간', '새벽형 인간' 등의 말이 유행하였고 자기 계발 관련 서적인 불티나게 팔려나갔다.

이렇게 2000년대부터 신자유주의 경제시스템에 맞게 노동시장의 변화뿐만 아니라 개인의 삶의 양태도 변화하였다. 자신의 직무 능력, 다시 말해 몸값을 조금이라도 더 높게 평가받기 위해서 경쟁적으로 스펙을 쌓기 시작했다. 그리고 이러한 능력 중심, 성과 중심의 노동시장의 형태가 갖추어지는 것뿐만 아니라 각자도생의 시대에 맞게 자신의 부와 자산은 자신 스스로가 책임져야 한다는 관념이 확산하면서 재테크라는 말도 본격적으로 유행하기 시작하였다. 주식 투자 등 재테크 관련 서적도 이때부터 우후죽순 등장하였다.

1990년대까지는 2000년대 이후에 비해 상대적으로 높은 금리가 유지되던 시기였다. 시중 예금금리는 10% 수준으로 저축만으로도 적지 않은 수익을 낼 수 있었다. 2000년대 이후 세계적으로 저금리 시대로 접어들었고 돈을 불리기 위해서는 은행 예금 외에도 과거와는 다른 투자 전략이 필요하게 되었다. 유년, 청년, 중년, 노년에 따른 인생 주기별 투자 포트폴리오를 구성하고 투자자금 운영도 개인의 성향에 따라 주식 등 직접투자를 할 것인가, 펀드 등 간접투자를 할 것인가를 선택할 수 있게 되었다.

예를 들면 현재 대표적인 증권회사 중 하나인 미래에셋증권은 1999년 설립되었는데 그 설립 시기가 이 시기와 겹치는 것은 우연이 아닐 것이다. 이처럼 당시 국민 개개인은 자신의 직무 관련 경쟁력을 키우는 데 노력했지만 경제적으로도 안정과 성장을 위해서 여유 자금을 어떻게 모으고 투자할지를 고민하게 되었다. 개인의 자금을 모아 운용하는 다양한 펀드가 유행처럼 출시되었다. 그리고 이를 대리하는 펀드매니저가 유망한 직업으로 인정받기 시작하였다.

기업이 마주해야 하는 사회경제적 환경도 변화하였다. 앞에서 보았듯이 기업의 자금 융통의 역할을 하는 금융 환경이 급변하였다. IMF 외환위기 당시 부실기업이 아님에도 불구하고 자금줄이 막히면서 유동성 부족으로 순식간에 무너진 기업이 수없이 많았다. 특히 경제의 기본 토대라고 할 수 있는 영세 제조업, 서비스 자영업을 비롯한 기초 생산 단위의 붕괴는 경제위기의 전형이고 가장 고통스럽다. 이로 인한 경제적 피해는 막대했고 그 부작용은 상당히 클 수밖에 없었다. 이러한 부작용에 대응하기 위해 2000년대 이후 기술보증,

신용보증 등 중소기업을 위한 정부보증과 정책금융 수혜 범위가 확대되었다. 덕분에 중소기업 등도 기업을 운영하는데 유동성 관리 부분에서 위험 부담을 줄일 수 있게 되었다.

금융권도 변화하였다. 경제위기의 직격탄을 맞은 상업은행뿐만 아니라 증권회사 등 제2금융권의 변화는 더욱 컸다. 대표적인 것이 국내 금융시장이 개방되면서 2001년 이후 우리금융지주로부터 시작된 은행, 보험, 증권 등의 제반 금융업을 포괄하는 금융지주회사의 출범이었다.[8] 이전에는 은행, 보험, 증권업 등이 개별회사 형태로 나뉘어 있었지만 국내 금융사도 국제적인 투자회사와 같이 대형금융기업 체제를 갖춰서 수익성과 안정성을 꾀할 수 있게 되었다. 규모의 경제와 경쟁력을 갖추도록 금융지주회사 지배구조 아래 은행, 증권 보험 등의 자회사가 편입되었다. 이후 금융의 대형화를 바탕으로 다양한 금융상품이 등장하게 되었고 이를 통한 수익원이 다양해지게 되었다.

3 신자유주의 경제시스템과 변화

이렇게 IMF 외환위기 이후 우리나라 경제시스템은 신자유주의를 수용하면서 빠르게 변하였다. 앞에서 이야기했듯이 개인에 대한 평가는 연공 서열이 아닌 경쟁력과 성과에 따라 이루어지게 되었다. 개인은 살아남기 위해서 경쟁력을 키우기 위한 노력을 할 수밖에 없었다. 기업과 금융기관도 비용감축과 수익성을 최우선으로 하는 경영활동을 추구해 나가기 시작하였다.

---

8 현재 우리금융지주, 신한금융지주, 하나금융지주, KB금융지주, 한국스탠다드차타드금융지주, 산은금융지주, 씨티금융지주, 한국투자금융지주가 있다.

우리나라는 개인도 기업도 치열한 경쟁에서 살아남기 위해 끊임없는 구조조정을 요구받게 되었다. 물론 이러한 영향으로 사회 전반적으로 경제적 역동성이 향상되었고 효율성도 높아졌다. 이는 2000년대 이후 우리나라 경제가 역동적으로 변화, 발전하는 토대가 되었다. 하지만 우리나라는 정치, 사회, 경제 모든 분야에서 관용과 타협이 없는 무한경쟁으로 빠져들 수밖에 없게 되었다. 사회구성원 사이에 관용, 양심, 협력과 연대는 무력화되었고 모든 사안을 오직 법과 이윤의 잣대에 들이미는 법 지상주의, 이윤 지상주의 사회가 되었다. 우리 사회는 풍성했던 잎과 열매는 사라지고 앙상하고 삭막한 가지만 남은 나무의 모습과 다를 바가 없게 되었다.

한편 불행 중 다행이도 대외환경은 우리나라에 유리한 상황으로 전개되었다. 특히 그 중심에는 중국이 있다. 1980년대까지는 미국이 우리나라 경제발전의 지렛대가 되었다면 1990년대 이후에는 중국이 그 역할을 하게 되었다. 가장 저렴하고 풍부한 노동력이 있는 나라가 바로 옆에 있으니 그 어느 나라보다도 우리나라는 지정학적으로 이를 활용하여 경제적 이익을 획득하는 것이 유리하였다고 할 수 있다.

중국은 1990년대 이미 개혁개방 정책을 통해 시장 개방과 자유무역의 길로 들어서고 있었다. 특히 2001년 중국의 WTO 가입은 중국이 본격적으로 시장 중심의 자유무역 질서와 세계 경제에 통합되는 전환점이 되었다. 중국은 저렴한 인건비와 거대한 내수시장을 바탕으로 세계의 공장과 세계의 시장으로의 역할을 하기 시작하였다. 세계화의 시대를 맞이하여 중국 경제는 빠르게 성장하였고 세계에 저렴한 상품을 공급하기 시작하였다. 고성장, 저물가라는 세계 경제의 골디락스 시대가 도래하였다.

우리나라는 중국에 비해 상대적으로 높은 산업 기술력을 가지고 있었고 중국의 저임금을 활용한 가공수출이 주종을 이루었다. 다시 말해 우리나라 기업의 기술과 자본, 그리고 중국의 저렴한 노동력을 활용하여 중국에서 현지 생산한 제품을 미국, EU 등 제3국으로 수출하는 방식이다. 우리나라는 이러한 가공수출 방식을 통해 세계시장으로 수출을 크게 확대할 수 있었다. 이러한 경제적 성과가 2000년대 이후 우리나라가 중진국 함정을 벗어나 선진국 경제로 도약할 수 있게 된 중요한 원동력이 되었다.

우리나라는 IMF 외환위기를 거치면서 고통스러운 구조조정을 겪으면서 신자유주의 경제시스템을 수용하였다. 그리고 2000년대 이후 자유무역과 세계화의 신자유주의 대세를 활용하여 20년 이상 중국을 지렛대 삼아 중진국 함정을 벗어났다. 이러한 변화는 세계에서도 찾아보기 힘든 사례이다. 중국도 일정 부분 신자유주의 경제시스템을 수용하여 성공한 사례라고 할 수 있지만 우리나라와 같이 선진국으로 도약한 사례는 유일하다고 할 수 있다. 위기는 기회가 될 수 있고 위기를 어떻게 활용하느냐에 따라 그 결과가 달라질 수 있음을 알 수 있는 것이다.

이렇게 변화된 신자유주의 경제시스템 하에서 자유무역과 세계화의 조류를 타고 우리나라 경제는 한 단계 더 도약할 수 있었다. 명실상부한 수출 대국, 제조업 강국으로 선진국의 지위로 올라서게 되었다. 우리나라의 1인당 국민총소득(GNI)는 1994년 1만 달러를 넘어섰다.[9] 그리고 불과 약 10년 후인 2005년 2만 달러를 넘어섰다.

---

9 국민총소득 GNI(Gross National Income)는 한 나라의 국민이 특정 기간 받은 모든 소득의 총합을 나타내는 소득 지표이다. GNI는 국민총생산 GDP에 해외 소득을 더하고 해외 지급을 차감한 값으로 계산한다. GDP는 한 나라의 경제 규모를 파악하는 데 유용하지만 국민의 생활수준을 알아보는 데는 한계가 있다. 따라서 국민의 생활수준을 알아보기 위하여 도입한 개념이 1인당 GNI로 경상 GNI를 한 나라의 인구수로 나누어 구한다. 1인당 GNI는 국제 비교를 위하여 보통 미 달러화로 표시한다.

그리고 다시 약 10년 후인 2014년 처음으로 선진국 수준인 3만 달러를 돌파하였다. 이 시기가 선진국으로 진입하는 초입 단계라고 할 수 있다. 그리고 최근 2023년 기준 1인당 GNI는 약 3만 6천 달러를 기록하였다. 이러한 증가 추세라면 2026년이나 2027년경이면 1인당 GNI가 4만 달러에 이를 것으로 예상한다.

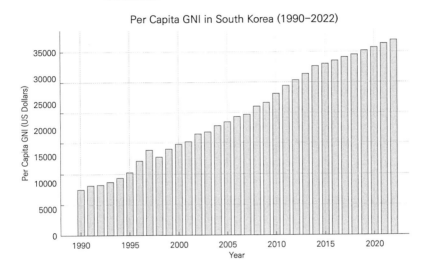

그림 4-2 우리나라 GNI 추이(1990~2022)

이 그래프는 1990년부터 2022년까지 한국의 1인당 GNI의 추이를 보여준다. 우리나라의 1인당 GNI는 1997년 IMF 외환위기의 영향으로 1998년 감소한 것을 제외하면 지속해서 증가해 왔음을 알 수 있다.

특히 인구가 5천만 명 이상이면서 1인당 GNI가 3만 달러를 넘는 소위 30-50 국가는 세계에서 일본(1992), 독일(1995), 미국(1997), 영국(2002), 프랑스(2004), 이탈리아(2004) 6개국뿐이다. 이들 국가는 소위 최상위 선진국 그룹인 G7이다. G7 중 하나인 캐나다는 인구가 약 4천만 명 수준이기 때문에 실제로 인구와 소득을 기준으로 한다면 캐나다를 제외하고 우리나라가 G7에 포함되어야 한다고 해도 과언이 아니다. 우리나라는 대내외 여러 가지 어려움에도 불구하고 신자유주의 경제시스템을 기초로 중국이라는 대외적 기회와 호재를 활용하여 한 단계 더 발전할 수 있었다고 할 수 있다.

앞에서 이야기했지만 IMF 외환위기 이후 기업은 비용 절감을 위해 정규직 대신 비정규직 등 아웃소싱을 늘리기 시작하였다. 인건비 절감과 경영 효율화를 통해 기업의 수익률도 개선되었다. 특히 제조업의 경우 정규직 비중을 줄일 수 있었던 것은 중국 저임금 노동력을 활용할 수 있었던 측면이 크다. 중국으로 반제품, 부품 등을 수입하고 가공, 조립 과정을 거쳐 완제품을 생산, 제3국에 수출함으로써 기존 국내 공정을 줄이고 인력도 감축할 수 있었다. 이렇게 중국을 활용한 효율적인 생산 확대는 자본의 이윤 증가에 유리했다. 중국을 활용한 자본의 확대재생산이 가속화하였다.

4 신자유주의 경제시스템의 위기

2000년대 이후 약 20여 년 이상 우리나라는 신자유주의적 경제시스템과 함께 중국이라는 또 하나의 대외적 조건을 활용하여 자유무역과 세계화의 수혜를 고스란히 누릴 수 있었다. 하지만 그 성장과 번영의 이면에는 고용 불안 증가, 소득과 부의 양극화, 무한경쟁 격화, 승자독식과 같은 신자유주의 경제시스템의 부작용도 커져만 갔다. 문제가 해결되지 않고 누적되면 언젠가 그 임계점에 이르게 된다. 특히 2008년 글로벌 금융위기가 그 전환점이 되었다고 할 수 있다. 2007년 미국의 서브프라임 위기로부터 시작된 글로벌 금융위기는 이후 미국뿐만 아니라 전 세계적인 경제위기로 확산하였다.

미국, 유럽, 일본 등 선진국뿐만 아니라 중국을 비롯한 개도국들도 충격을 받았다. 경제위기의 충격은 컸지만 나라마다 그 영향은 달랐다. 금융업의 비중이 크고 상호 연계성이 높았던 미국이나 유럽은 그 타격이 컸다. 개도국 중에서도 달러가 부족한 나라는 달러 유동성의 고갈로 사회경제적 위기 더 나아가 정치적 위기에 봉착했다. 하지만 제조업과 무역 등 실물 기반 경제구조가 견고했던 나라는 그 충격이 상대적으로 적었다. 예를 들면 금융위기로 인해 우리나라를 비롯하여 독일, 일본, 중국 등 제조업 기반의 나라들은 타격을 받기는 했지만 수출 확대를 통해 달러 부족 사태는 겪지 않았다. 우리나라의 경우는 이에 더해 IMF 외환위기 이후 위기에 대비한 중소기업 등 기업에 지원되는 정부보증, 금융지원의 체계가 잘 갖춰진 덕분에 그 위기의 강도는 크지 않았다.

그런데 여기서 한 가지 짚어 보아야 하는 것은 이렇게 위기를 극복한 것까지는 좋았는데 위기 대응을 위해 시행한 제로금리(초저금리)정책과 양적완화로 인해 미국을 비롯하여 전 세계적으로 부채 규모가 크게 늘었다는 것이다. 2008년 글로벌 금융위기 이후 세계는 본격적으로 초저금리 또는 제로금리 시대로 접어들었다. 낮은 금리 덕분에 부채의 증가에도 불구하고 경제는 그럭저럭 버틸 수 있었다. 우리나라의 경우에는 중국의 대규모 부양정책 등 중국 내수 확대에 따른 對 중국 수출이 지속하여 증가하였다. 이를 통해 우리나라는 경제위기를 큰 탈 없이 지나갈 수 있었다.

하지만 글로벌 금융위기를 큰 탈 없이 넘길 수 있었던 우리나라도 2010년대 중반에 접어들면서 문제가 발생하기 시작하였다. 2012년 시진핑 정권이 들어서면서 중국은 더 이상 기존 저임금 구조에 의지한 가공무역에 의존하지 않고 기술력과 자본력을 바탕으로 공격적으로 세계시장에 진출하기 시작하였다. 중국은 IT, 반도체, 전기·전자, 가전, 태양광 패널, 이차전지 등 자본·기술 집약적인 고부가가치 상품을 생산, 수출하기 시작하였다. 중국은 세계 수출시장에서 우리나라의 강력한 경쟁자로 등장하였다. 중국은 더 이상 우리나라를 위한 배후 공장이나 시장이 아니라 세계시장에서 경쟁하는 강력한 경쟁자로 변신하게 되었다.

중국의 도전과 함께 우리나라 경제의 대내적 취약점도 2010년대 들어서면서부터 드러나기 시작하였다. 저금리 기조의 지속 속에서 소위 좀비기업이 급증하는 대신 대규모 자금이 생산적인 분야가 아닌 현대판 시뇨리지(투기적 이익)의 획득이 다분한 부동산 등 비생산적 분야로 흘러 들어갔다. 저금리를 활용한 대출 급증과 유동성의 쏠림 현상으로 서울, 수도권 아파트 등을 중심으로 부동산가격이 급등하였다.

부동산 등 자산 가격의 급등과 이에 따른 노동소득과 자산소득 격차의 확대는 노동과 생산의 가치를 평가절하하였다. 이후 이러한 지대 추구의 사회적 풍조는 초저출산, 노동 가치 하락, 청년실업, 투기 광풍, 부동산가격 폭등, 가계부채 폭증 등 현재 우리나라가 마주하고 있는 대표적인 사회경제적 문제들로 이어지게 되었다. 그런데 아이러니하게도 이렇게 여러 문제가 발생한 중요한 원인과 앞에서 이야기한 신자유주의 경제시스템 하에서 경쟁과 효율이라는 장점은 동전의 앞뒷면과 같다는 것이다.

경쟁과 효율, 그리고 이윤 극대화를 위한 무한경쟁, 그리고 이를 뒷받침하는 신자유주의 경제철학과 경제정책이 한때는 긍정적으로 작동하였다. 하지만 이제는 그것이 너무 지나쳐 양극화, 승자독식 등과 같은 한계 그리고 그로 인한 여러 사회경제적 문제를 발생시키고 있다. 현대판 시뇨리지는 극대화되는 반면 화폐창조이익은 축소되는 형국이다. 이는 과유불급이고 지속가능하지도 않다. 21세기 새로운 대한민국은 그에 맞는 새로운 경제시스템, 그리고 그를 뒷받침할 경제철학과 경제정책에 대한 고민과 모색, 그리고 실천이 필요하다.

Chapter 02
우리나라 경제의 역사적 이해: 1960~1980년대

1 우리나라 산업화의 시작과 전개 과정

우리나라는 20세기를 통틀어 원조받는 나라에서 원조하는 나라로, 최빈국에서 선진국으로 발전한 유일한 나라이다. 이러한 눈부신 성장과 발전은 우연히 일어난 것은 아니다. 냉전 시대에는 미국과 일본을, 세계화 시대에는 중국을 활용할 수 있었던 대외적 조건은 우리의 의지와는 상관없이 주어진 것이라면 이러한 기회를 우리나라가 활용할 수 있었던 것은 우연한 것이 아니라 국민의 피와 땀의 성과라고 할 수 있다.

우리나라의 경제발전과 성장을 이해하기 위해서는 산업화의 과정을 살펴볼 필요가 있다. 산업화는 한국판 산업혁명이라고 할 수 있다. 산업화 과정을 통해 전근대적 요소가 혁파되고 전면적인 근대화가 진행되었다. 우리나라의 산업화와 경제개발은 권위주의적 정권이 주도적으로 이끌어가는 개발독재의 형식으로 이루어졌다. 우리나라의 산업화 과정은 정치, 경제, 사회적으로 명과 암이 뚜렷하다 보니 정치권의 정쟁거리가 되기도 했다.

우리나라의 산업화 과정에 대한 이해는 우리나라 경제의 역사적 흐름을 통찰하는 데 필수적이다. 이 장에서는 논쟁의 여지가 있는 정치적 측면의 명암은 논외로 하고 우리나라 산업화의 과정과 그 의미를 중심으로 살펴보고자 한다. 우선 산업화가 시작되고 본격화된 1960~1980년대 상황에 대해 살펴보도록 한다.

앞에서 이야기했지만 2008년 글로벌 금융위기가 발생한 이후 미국과 EU는 심각한 경기 침체를 겪었다. 특히 2010년 포르투갈, 이탈리아, 그리스, 스페인(PIGS) 등 남유럽 국가들을 중심으로 재정위기가 발생하는 등 전 세계적으로 경제위기 상황이 이어졌다. 이러한 선진국 진영의 경제위기에도 불구하고 우리나라는 큰 타격을 받지 않고 상대적으로 안정적인 성장세를 유지하였다. 특히 제조업 중 자동차, 화학, 정유 산업 등 이른바 '차화정' 산업과 조선업 등 중화학공업 분야는 높은 성장세를 이어갔다. 이들 제조업은 과거와 마찬가지로 이러한 세계적 경제위기에서 우리나라 경제의 버팀목 역할을 하였고 수출과 경제성장에 적지 않게 기여하였다. 앞에서도 이야기했지만 중국의 내수 부양정책으로 중국에 대한 수출은 여전히 지속되었다. 달러의 원활한 수급은 우리나라 경제가 위기를 이겨낼 수 있는 주춧돌 역할을 하였다.

그렇다면 여기서 불과 수십 년 전만 해도 기술도 자원도 자본도 없던 최빈국이었던 우리나라가 어떻게 이렇게 철강, 조선, 석유화학, 자동차 등 중화학공업 또는 소위 중후장대(重厚長大) 산업을 시작하고 성장시켜 왔는지 궁금해질 수밖에 없다. 대규모의 장치와 기계 그리고 설비가 필요한 중화학공업, 중후장대 산업은 곧 산업화의 상징이기 때문이다. 우리나라에서 중화학공업, 중후장대 산업은 소위 압축성장을 상징하는 것이기도 하고 과거, 현재 그리고 미래에도 우리나라 경제의 중요한 기둥 역할을 하면서 경제성장과 발전의 원동력이 될 것이다.

우리나라 현대 경제사를 이해하기 위해 우선 1960~1970년대 경제개발 과정에 대한 검토가 필요하다. 1945년 해방 후 불과 5년 후인 1950년 6월 25일 북한의 남침으로 시작된 한국전쟁은 3년 가까이 지속되었다. 한국전쟁은 남북한 모두에게 천문학적인 손해를 입혔다. 군인뿐만 아니라 민간인을 포함하여 약 4백만 명 이상의 사상자가 발생했다. 폭격과 전투로 산업시설과 제반 인프라가 광범위하게 파괴되었고 도시와 농경지가 황폐화되었다.

전쟁으로 인한 피해는 양측 모두에게 막대하였다. 1953년 7월 휴전 후 우리나라는 정말 아무것도 남지 않은 절대 빈국의 나락으로 떨어졌다. 희망이 전혀 보이지 않았다. 특히 일제가 남긴 대부분 주요 산업시설은 북한 지역에 있었고 기술이나 자본이 있는 것도 아니었다. 북한과 같이 석탄, 철광석 등 지하자원이 있는 것도 아니었다. 그나마 일제가 남긴 공장 등 생산시설과 인프라도 대부분 파괴되어 그야말로 절망적인 상황이었다.

우리나라는 지금도 마찬가지이지만 동아시아에서 북한, 중국, 소련이라는 공산 세력(대륙 세력)을 방어하는 최전선에 위치하였다. 한국전쟁 이후 미소 간 냉전 체제가 본격화되면서 미국에 있어서 우리나라의 지정학적 역할은 매우 중요했다. 미국이 UN군의 일원으로 한국전쟁에 참전한 것도 이러한 이유라고 할 수 있다. 이러한 지정학적 중요성과 혈맹이라는 특수한 관계 속에서 우리나라는 미국으로부터 대규모의 무상, 유상 원조를 받을 수 있었다. 당시 우리나라는 원조경제라고 해도 무색할 정도로 미국의 원조로 경제가 돌아가는 처지였다.

우리나라는 미국의 원조를 통해 밀가루, 설탕, 면방직 등 소위 삼백(三白)산업을 발전시킬 수 있었다.[10] 외국(미국)에서 밀, 원당, 원면

---

10 밀가루, 설탕, 면직 세 가지 모두 흰색이라는 의미에서 삼백산업이라고 한다. 미국과 한국

등 원자재를 수입해서 가공, 판매하는 제분, 제당, 섬유(면방직) 산업 같은 소비재 산업이 시작되었다. 이는 노동집약적 산업인 경공업의 기초가 마련되는 데 중요한 역할을 하였다. 또한 원조를 통한 국토 재건 사업도 진행되었다. 이 과정에서 건설을 위한 시멘트와 식량 증산을 위한 비료의 수요가 급증하였다. 이에 따라 시멘트, 비료 공장 같은 산업이 국가 기간산업으로 육성, 발전하게 되었다. 시멘트, 비료 공장 등 관련 시설이 건설되었다.

이처럼 1953년 휴전 이후 1950년대 우리나라 경제는 미국의 막대한 원조에 힘입어 빠른 속도로 회복과 재건사업에 집중할 수 있었다. 이는 초기 산업화의 기틀을 잡는 데로 이어질 수 있었다. 하지만 우리나라가 미국의 원조로 운영되는 의존적인 원조경제에서 벗어나지 못하였다고도 볼 수 있다. 이후 1960년대 들어서면서 원조경제를 벗어나 박정희 정권(1961~1979)의 정부 주도 경제개발 또는 개발독재(developmental dictatorship) 시대로 들어서게 되었다.

정부는 생산시설의 구축, 원료 조달, 그리고 독점적 판매 기회 제공과 같이 다양한 형태로 삼백산업을 지원하였고 이로 인해 삼백산업은 빠르게 성장하였다. 생산재 공업이 없던 한국에서 공장 시설의 대부분은 외국산으로 주로 원조 자금이나 정부가 보유한 달러로 도입되었다. 이러한 시설에 대한 지원은 삼백산업에 큰 이점을 제공하였다. 삼백산업은 정부와 미국으로부터 원료를 우선 배정받아 원가를 절감하고 이윤을 극대화할 수 있었다. 나아가 수입 관세 인상을 통해 삼백산업의 국내 시장 독점을 지원하였다. 이러한 조치로 삼백산업은 국제 시세보다 저렴하게 생산해서 비싸게 팔 수 있는 매력적인 산업이 되었다. 이렇게 삼백산업은 독과점적 구조에서 생산 규모를 확대할 수 있었고 이는 국내 수요를 모두 감당할 수 있을 정도로 많은 양이었다. 또한 큰 이윤을 남길 수 있다는 점과 시설이 크면 클수록 원조를 많이 받을 수 있는 배분 구조가 더해져서 삼백산업의 성장세는 1950년대 내내 지속되었다. 이후 미국의 무상원조가 유상원조로 바뀌고 삼백산업의 독과점적 구조가 흔들리면서 삼백산업은 쇠퇴하였다. 한국 정부는 미국의 원조 감소에 대비하고 다양한 방식으로 외화를 확보하기 위해 기존의 삼백산업 위주의 산업구조를 전환할 계획을 세운다. 이에 따라서 삼백산업은 이전과 같은 호황을 누리진 못하지만 해외 시장 개척을 적극적으로 추진하는 등의 변화를 계속해서 시도한다. 나아가 삼백산업의 기존 인프라가 1960년대 식품가공업, 화학섬유공업으로 확장되며 산업구조 고도화에 기여하였다.

2 개발독재 시대

개발독재라고 하면 독재(권위적) 권력이 주도해서 중앙집권적으로 한정된 사회경제적 자원을 특정 분야에 선별적으로 투입하고 국가의 보호와 지원하에 경제개발을 추진하는 것이라고 할 수 있다. 이는 자원의 배분을 시장에 맡기는 자유시장 경제시스템과 상충하는 것이다. 따라서 개발독재는 시장 메커니즘이 발달한 선진국보다는 한정된 사회경제적 자원을 경제개발을 위해 투입해야 하는 개발도상국의 사례에서 활용되었다.

물론 개발독재가 반드시 성공하는 것은 아니다. 오히려 특정 계층이나 집단을 위한 개발독재는 국가 경제의 지속적인 성장에 부정적인 영향을 미치게 된다. 하지만 개발독재의 경우 경제개발, 경제발전이라는 국가적 목표를 달성하기 위해 민주, 자유, 인권과 같은 민주국가의 보편적 가치는 우선순위에서 밀리게 된다. 박정희 정권의 개발독재 시대도 예외는 아니었다.

경제개발, 경제발전, 경제성장이라는 가치가 최우선되면서 민주, 인권, 자유의 가치는 부차화되었다. 지긋지긋한 가난, 소위 보릿고개를 극복하는 것이 국민적 염원이었던 개발독재 시기, 민주, 인권, 자유 등의 가치는 먹고살만해져야 가능하다는 그런 인식이 퍼져 있었다. 이러한 경제발전, 경제개발의 국민적 염원을 토대로 1960년대 비록 권위주의적 방식이었지만 정부 주도의 경제개발계획을 시작으로 우리나라는 본격적인 산업화의 길로 들어서게 되었다.

하지만 무상원조도 끊기면서 산업화를 위한 자본(달러)이 필요했다. 산업화는 곧 공장, 생산시설, 제반 인프라의 건설이 필요했다. 당시 이를 위한 대부분 원자재, 기계, 설비 등은 국내에서 조달할 수 없고 외국에서 수입해야 했다. 정부에게는 달러의 수급이 절대적으로 필요했다. 지금처럼 수출이나 외국인 투자를 통해 달러를 벌어들일 수도 없었다. 이제 방법은 하나뿐이었다. 정부가 국가의 신용을 담보 삼아 외국 정부로부터 달러를 빌려오는 것이다.

1950년대 우리나라 경제는 외국(미국)의 원조로 운영되는 원조경제(aid economy)의 시기였다면 1960년대부터는 외국(정부)으로부터 자금(달러)을 빌려서 운영되는 차관경제(government loan economy)의 시기였다고 할 수 있다. 차관은 정부가 다른 나라 정부로부터 달러를 차입하는 것을 의미한다. 차관의 본질은 정부 주도의 자본 이동이다. 지금은 시장의 논리에 따라 자본이 이동하지만 당시에는 우리나라 정부가 정부 간 협상을 통해 외국 자본을 빌려오는 것이다. 형식이 다를 뿐이다.

정부 입장에서 차관도 결국은 언젠가는 갚아야만 하는 부채이기 때문에 원리금 상환에 압박받을 수밖에 없다. 성공적인 투자와 경제 개발을 통해 원리금 상환 이상의 이익을 거둘 수 있어야 한다. 아니 그보다 더 중요한 것은 국민 삶의 뚜렷한 개선이 필요하다. 정부 입장에서 원리금 상환뿐만 아니라 차관을 활용하여 경제발전에 성공해야만 한다는 절박감이 있었다고 할 수 있다. 정부 차원의 경제개발을 위한 전 국민적, 전 국가적 총력전이 진행되고 이것이 수용될 수 있었던 것은 이런 시대적 소명과 절박함이 있었기 때문에 가능하였다.

원조경제를 겨우 벗어났지만 1960년대 자본과 기술 측면에서 일천한 수준이었던 우리나라 경제는 경공업 중심의 생산이 주축을 이루었다. 하지만 먹고살기 힘든 시절 마땅한 수출상품이 없고 원료, 원자재, 생산재 등을 충분히 수입할만한 여력도 없었다. 따라서 1960년 4·19혁명으로 집권한 장면 정부는 내수시장의 수요에 맞추기 위해 수입품을 국산품으로 대체하는 수입대체 성장전략(import substitution growth strategy)을 시행하였다.

이는 당시 식민지 통치를 벗어난 지 얼마 되지 않았던 대다수 개발도상국이 채택한 일반적인 성장전략이었다. 특히 당시에는 선진국은 수정자본주의가 대세였지만 산업화와 경제개발이 미진했던 개도국의 경우는 수정자본주의는 경제발전 단계상 맞지 않았다. 대신 선진국의 일방적 착취에서 벗어나야 한다는 종속이론(dependency theory)이 대세였다.[11] 이는 선진국과의 종속관계에서 벗어나기 위해서는 외국과의 무역보다는 내수시장에 중점을 둔 산업화 전략이 필요하다는 것이었다. 물론 우리나라의 수출이 아예 없었던 것은 아니지만 제조업 공산품보다는 농수산물, 광물 같은 지하자원이 주류를 이루었다. 이마저도 많은 양은 아니었다.

하지만 1961년 5·16 군사 쿠데타로 집권한 박정희 정권은 정권의 정당성 확보를 위해서라도 경제개발과 성장을 위한 작업에 착수하게 되었다. 이전의 경제개발 전략을 재검토하고 1962년부터 국가(정부)가 주도하는 계획경제 체제인 제1차 경제개발 5개년 계획(1962~1966)을 시작하게 되었다. 1962년에 시작된 경제개발 5개년 계획은 박정희 정권 이후인 전두환, 노태우, 김영삼 정부까지 이어져

---

11 종속이론은 저개발국의 경제 상태를 설명하기 위해서 각 나라의 특수한 역사적 상황이 고려되어야 하며 각 나라마다의 내부적인 장애요인에 대한 이해가 이루어져야 한다고 주장한다. 특히 프레비시, 바란, 프랑크 등 남미(라틴아메리카)의 경제학자들은 기존의 서구 중심의 경제이론이 남미 국가 등 개발도상국의 후진성을 설명하는 데 부적합하다고 보았고 적합한 새로운 이론 구축을 시도하였다. 이들은 농산물, 원자재 등 주로 1차 상품을 수출하고 선진국으로부터 제조업 공산품을 수입하는 개도국의 교역조건은 장기적으로 악화된다고 주장했다. 또한 선진국들은 후진국 내부의 엘리트와 함께 후진국에서의 자본주의 발전을 억압하여 선진국 자본의 잉여 착취를 용이하게 하려고 한다고 주장했다. 따라서 후진국 경제가 정체상태 또는 선진국의 종속 상태로부터 벗어나기 위한 유일한 방법은 정치적 혁명이라고 주장한다. 또한 여기서 비롯된 성장전략이 수입대체 성장전략이라고 할 수 있다. 우리나라에서도 종속이론은 비주류경제학계의 대표적인 이론으로 자리 잡았다. 외국 자본에 종속된 국내 매판자본을 타파하고 민족자본으로 변혁해야 한다고 주장하였다. 재벌해체, 재벌타파와 같은 주장도 따지고 보면 종속이론에 그 뿌리를 두고 있다.

1996년까지 지속되었다. 국가 주도의 계획경제 체제가 30여 년 넘게 이어진 것이다. 이러한 차원에서 보면 정부 주도, 정부 개입의 경제시스템이 자유시장과 세계화의 시장 중심의 신자유주의 경제시스템이 건곤일척의 충돌로 일어난 것이 IMF 외환위기라고 할 수 있다. 이 충돌은 정부 주도 계획경제 체제의 처절한 패배, 신자유주의 경제시스템의 완벽히 승리로 마무리되었다고 할 수 있다.

계획경제는 반(反)시장경제 체제이므로 사회주의나 공산주의 국가 등 반(反)자본주의 체제에서 시행하는 것으로 여기지만 반드시 그런 것이 아님을 알 수 있다. 우리나라의 경제개발계획의 핵심은 내수시장을 대상으로 하던 경공업 산업구조 또는 수입대체 성장전략에서 수출 중심으로 돌아가는 경공업, 이후에는 중화학 그리고 이를 넘어 고부가가치 첨단 산업구조로 바꾸는 것이었다. 그 중심은 수출주도형 성장전략으로 대체되는 과정이라고 할 수 있다.

개도국이 수출주도형 성장전략으로 궤도를 전환한 것은 위험한 도박과도 같은 것이었다. 만약 수출에 실패라도 한다면 오히려 국내에서 필요한 소비재 등의 수급도 어려워지는 이중고에 처할 가능성이 있기 때문이다. 또한 우리나라가 수출하기 위해서는 수출되는 상품을 외국인들이 사주어야 하고 그러기 위해서는 상품의 가격경쟁력, 품질경쟁력이 뒷받침되어야 했다.

이것이 가능하기 위해서는 국가적인 총력전으로 가야 했다. 수출만이 살길이기에 전 국민적 관심사가 되었다. 우리나라의 저임금은 가격경쟁력에 도움이 되었지만 임금 상승도 제한되어야 했다. 품질향상을 위해서는 부족했던 자본과 기술이 대규모로 투입되어야 했다. 정부는 외국에서 차관을 빌려 특정 기업에 할당하였고 이들 기업은 자본을 수출경쟁력 제고, 기술력 향상을 위해 투입하였다. 높은 교육열과 차관을 활용한 자본투입, 그리고 기업의 기술 향상을 위한 노력, 노동자의 임금 제한 등을 통해 우리나라 수출상품의 경쟁력이 향상되기 시작하였다.

정부의 지원을 통해 기업은 외국으로부터 생산설비와 기술을 들여와서 품질을 향상할 수 있었다. 정부는 수출할 수 있는 기업에 최우선으로 혜택을 주면서 기업이 세계시장으로 눈을 돌리도록 유도하였다. 국내의 작은 내수시장을 벗어나 세계시장에 진출해야 달러를 벌 수 있다. 세계시장에서 경쟁에 노출되고 그래야 경쟁에서 살아남기 위한 노력이 가능하다는 논리가 통하였다. 이는 수출을 통한 외화(달러) 획득이야말로 국부를 늘릴 수 있는 유일무이한 길임을 알았던 당시 경제정책 결정자들의 혜안이 있었기에 가능했다. 정책결정자들의 경제를 보는 관점과 의사결정이 미래 국가 경제의 향방에 얼마나 중요하고 큰 영향을 미치는지 알 수 있다.

3 수출주도 산업화 전략

이렇게 1960년대 이후 우리나라 수출은 섬유 제품을 중심으로 해서 합판, 가발, 화장품 같은 경공업 상품의 수출 비중이 급격히 증가하였다. 제1차 경제개발 5개년 계획이 끝나기 2년 정도 앞둔 1964년 목표로 하던 1억 달러 수출을 조기 달성하게 되었다. 수출 1억 달러를 돌파한 1964년 11월 30일을 기념하여 이날을 '수출의 날'로 지정하게 되었다. 이후 우리나라 무역 규모가 세계 9번째로 1조 달러를 달성한 2011년 12월 5일을 기념하기 위해 2012년부터는 수출의 날 대신 12월 5일을 '무역의 날'로 명칭을 바꾸어 기념하고 있다.

제1차 경제개발 5개년 계획이 성공적으로 마무리되고 1960년대 중후반부터 제2차 경제개발 5개년 계획에 돌입하게 되었다. 제1차 경제개발 계획의 경제적 성과에 자신감을 얻은 박정희 정권은 본격적인 산업화를 위해 기존 경공업 위주의 산업에서 부가가치가 높은 중화학공업 중심의 산업구조로 전환하기 시작하였다. 제1차 경제개발 시기에는 내수 중심에서 수출 중심 산업구조로의 전환이 핵심이었다면 1960년대 중후반에 시작된 제2차 경제개발 5개년 계획의 핵심은 중화학공업으로의 전환이었다.

당시 수출 규모가 빠르게 성장한 것은 맞지만 그렇다고 수출이 수입보다 많은 무역수지 흑자 상황은 아니었다. 사실 우리나라는 상당히 오랫동안 무역수지 적자를 기록하였다. 우리나라는 국내 소비에 필요한 일반 소비재, 원자재, 에너지뿐만 아니라 산업화에 필요한 생산재 대부분을 외국에서 수입해야 했다. 우리나라가 무역수지 적자를 기록하는 것이 이상한 일이 아니었다. 당시는 지금과 같이 수출을 통해 외화를 벌어들이고 무역수지 흑자를 기록하고 외환보유고를 쌓고 하는 그런 구조가 아니었다.

그렇다면 우리나라가 무역수지 흑자를 기록하기 시작한 때는 언제였을까? 만성적인 무역수지 적자를 극복하고 지속적인 무역수지 흑자를 기록하기 시작한 시기는 IMF 외환위기 이후였다. IMF 외환위기는 큰 고통을 안겨 주었지만 구조조정과 신자유주의 경제시스템으로의 전환, 그리고 중국의 세계 경제로의 통합이 이루어지면서 무역수지는 흑자를 기록하기 시작하였다. 결과적으로 보면 우리나라는 IMF 외환위기를 새로운 경제성장의 기회로 활용한 것이다.

1960년대 당시 우리나라는 사실 외환위기에 버금갈 정도로 외환보유고는 바닥이었고 늘 달러가 부족했다. 달러를 조달하기 위해 달러를 벌 수 있는 일이라면 무엇이든 할 수 있다는 상황이었다. 외국에서 빌려온 차관이나 일본과의 한일 협정 체결로 받은 자금이 우리나라 중화학공업을 위한 토대를 마련하는 데 투입되었다.[12] 이때부터 정부가 본격적으로 중화학공업을 육성하기 시작하였다. 대표적인 산업으로 철강, 자동차, 기계, 석유화학, 조선, 그리고 전기·전자도 포함되는데 이는 대부분 산업화의 기반이 되는 산업들이다.

우리나라 중화학공업과 관련 기업의 역사는 1960년대 후반 제2차 경제개발 5개년 계획이 시행되던 때부터 시작되는 경우가 많은데 이러한 경제사적 배경이 있다고 할 수 있다. 예를 들면 자동차 산업의 대표기업인 현대자동차 울산공장은 1968년 준공되었다. 철강 산업의 대표기업인 포항제철(POSCO)은 1971년 준공되었다. 또한 조선 산업의 대표기업인 현대중공업은 1973년 준공되었다. 중화학공업에 대한 지원정책도 시행되었다. 세금혜택이나 보조금 등 금전적 인센티브 같은 것으로 기업이 이 분야로 진출하게 유인하였다.

이렇게 중화학공업이 성장할 수 있었던 배경에는 국가(정부)의 강력한 보호와 지원, 그리고 이를 뒷배로 한 대규모 자본의 투입, 투자가 있었음을 알 수 있다. 또한 이들 산업과 기업이 성장할 수 있도록 동종 수입품에 대해서 관세를 부과하는 등 무역 장벽을 통해 중화학공업이 경쟁력을 확보할 수 있도록 시간을 벌어 주었다. 이뿐만 아니라 이러한 중화학공업은 대규모 생산시설뿐만 아니라 산업을 뒷받

---

12 한일 협정의 공식적인 이름은 한일기본조약이다. 한일 협정을 위한 협상은 전후 미국의 동북아시아 평화 체제의 구도 속에서 시작되었다. 미국은 공산권 봉쇄정책을 수립하고자 1951년 일본과 조약을 체결하였고 그 연장선상에서 한일회담을 추진하였다. 1951년부터 제7차에 걸친 회담을 진행한 끝에 1965년 6월 기본조약과 4개 협정이 조인되었다. 협정의 주요 내용은 외교·영사 관계 개설, 유일한 합법정부임을 인정, 통상관계에 관한 조약 체결을 위해 교섭을 시작한다는 것 등이었다. '청구권 경제협력에 관한 협정'에서 일본이 3억 달러의 무상자금과 2억 달러의 장기저리 정부 차관 및 3억 달러 이상의 상업차관을 공여하기로 합의하였다. 일본으로부터 받은 자금은 우리나라 산업화를 위해 투입되었다. 당시 한일 협정에 대한 반대가 극심하였는데 한일 협정은 우리나라 경제발전을 위해 적시에 대규모 자금이 투입될 수 있었던 계기가 되었다는 점은 부정할 수 없다.

침할 수 있는 도로, 철도, 항만, 공항 같은 사회간접자본(SOC)이 제대로 갖춰져야지만 제대로 작동할 수 있다. 정부는 이를 위한 사회간접자본 확충을 적극적으로 지원하였다.

사회간접자본의 대표적인 것이 서울과 부산을 연결하는 국토의 대동맥 경부고속도로의 준공이다. 경부고속도로는 1968년 2월 기공하여 1970년 7월 완공되었다. 많은 반대와 희박한 성공 가능성을 무릅쓰고 추진한 경부고속도로의 완공은 지금도 박정희 정권의 치적으로 평가받는다. 경부고속도로의 완공으로 물류가 획기적으로 개선되었다. 서울과 부산이 1일 생활권역이 됨으로써 경제적 혁신이 일어나는 물적 토대가 마련되었다. 부산뿐만 아니라 경부고속도로를 중심으로 공단과 물류단지가 세워지게 되었다.

이렇게 대규모 자본의 투입을 통해 우리나라는 1960년대 후반 이후 중화학공업 발전의 기틀을 잡았다. 그리고 이를 바탕으로 1970년대 이후 본격적인 성장기, 확장기로 들어서게 되었다. 경부고속도로에 이어 여러 고속도로가 개통되어 물류가 원활하게 됨에 따라 공단으로 입지가 적합한 여러 지역에 공단이 조성되었다. 울산 공업단지, 여수 화학단지, 창원기계 산업단지, 구미 전자산업단지 등 중화학공업 관련 산업단지가 조성되고 발전하기 시작하였다. 울산, 거제 등 연안을 중심으로는 대규모 조선소도 건설되었다.

이들 공단을 중심으로 인근 지역으로 유관 산업과 기업들이 생겨났고 동반 성장하기 시작했다. 특히 정부는 중화학공업 자체에 대한 지원뿐만 아니라 필요한 기술 인력을 양성, 바로 투입할 수 있는 인적자원 양성에도 노력을 기울였다. 당시에는 체계적인 직업교육이라는 게 따로 없었고 직장에 들어가서 기술과 업무가 암묵지(暗默知) 등을 통해 도제식으로 전수되다 보니 여러 문제가 발생하였다.[13] 이러한 관행은 전문 인력의 양성과 이를 통한 산업 경쟁력 확보에도 걸림돌이 되었다.

정부는 체계적인 직업교육을 위해 공업고등학교, 상업고등학교 등과 같은 실업계 학교를 설립하였다. 체계적인 직업교육을 통해 기술 인력이 산업계로 바로 투입될 수 있도록 지원하였다. 이렇게 배출된 인력들이 우리나라 산업 기술 발전의 주역으로 활동하게 되었다. 이러한 물적, 인적자원의 투입을 통해 중화학공업은 우리나라의 대표산업으로 자리 잡게 되었고 제조업 기반의 산업화를 완성할 수 있었다. 이후 1980년대 들어서 서비스산업의 발전 등 산업구조의 고도화, 반도체 등 전기·전자 제품 등 고부가가치 상품 개발, 3저(低) 시대의 이점을 살려 명실상부한 수출 대국으로 부상할 수 있었다.[14] 이제 대한민국은 수출로 먹고사는, 무역 대국의 반열에 오르게 된 것이다.

1980년대 중반 이후는 저금리, 저유가, 저달러의 소위 3저 호황의 시기로 우리나라 경제가 한 단계 성장할 수 있었다. 1985년 엔고를 이끈 플라자 합의(Plaza Accord) 이후 급격한 엔고로 세계시장에서 우리나라 상품이 가격경쟁력에서 유리한 상황이었다.[15] 이렇게

---

13 암묵지는 학습과 경험을 통하여 개인에게 체화(體化)되어 있지만 말이나 글 등의 형식을 갖추어 표현할 수 없는 지식을 의미한다.

14 3저(低)는 세 가지가 낮아 경제 호황을 누린 시기를 의미한다. 전두환 정부 임기 후반인 1986년부터 노태우 정부 임기 초인 1989년까지 나타난 세계 경제의 흐름으로 저금리, 저유가, 저달러를 뜻한다. 우리나라 기업에 저금리와 저유가는 생산 비용 측면에서 유리하였고 저달러는 일본 엔화의 가치가 고평가되는 것으로 세계시장에서 일본과 경쟁하고 있었던 우리나라는 가격경쟁력을 확보할 수 있었다. 우리나라 경제는 이러한 대외적 변수의 호재로 인해 호황을 누렸다. 이러한 의미로 3저 호황이라고도 한다.

15 1985년 9월 22일에 미국, 영국, 프랑스, 독일(서독), 일본 재무장관들이 뉴욕 플라자 호텔에서 진행한 환율 조정 합의이다. 미국이 인위적으로 달러의 가치를 하락시키기 위해 다른 나라 화폐들(특히 일본 엔화)의 가치를 올리도록 한 것(평가절상)이 합의의 골자다. 플라자

한국전쟁 후 1950년대 원조경제에서 1960년대 내수 중심 경공업 산업구조로, 그리고 1970~1980년대를 거치면서 수출 중심 중화학공업 중심으로 산업구조가 변화되었다. 산업화 다시 말해 한국판 산업혁명이 진행된 것이다. 이는 한강의 기적이라고 명명되듯이 최빈국이 선진국으로 도약한 세계적으로도 유례가 없는 경제성장과 발전을 이룬 사례로 평가받고 있다.

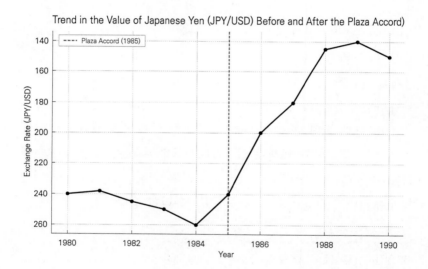

그림 4-3 **플라자합의 전후의 일본 엔화 환율 추이(1980~1990)**

이 그래프는 1985년 플라자합의 전후인 1980년부터 1989년까지 미국 달러 대비 일본 엔화의 환율 추세를 보여주고 있다. 플라자 합의 이후 일본 엔화 환율은 달러당 240엔 수준에서 불과 5년 후인 1989년 140엔 수준으로 급격하게 절상되었다. 이는 우리나라 수출상품의 가격경쟁력 향상과 수출 증대로 이어졌다.

합의는 이후 엔화의 급격한 절상으로 일본의 잃어버린 20년의 계기가 되었다고 평가된다. 또한 미국은 당시 경쟁적 패권국가로 부상하던 일본을 성공적으로 저지했다는 평가를 받는다.

4 개발독재를 넘어 시장주도 경제로

하지만 모든 것에는 명과 암이 있듯이 이러한 눈부신 경제적 성과의 이면에는 여러 가지 문제점이 누적되었다. 앞에서도 이야기했지만 이러한 문제들이 임계점을 넘어 해결하기 어렵게 되었을 때 새로운 경제시스템으로의 전환이 일어난다. 우리나라의 경우 선진국과 같이 수정자본주의 경제시스템이 아닌 개발독재와 수정자본주의가 혼재된 경제시스템으로 볼 수 있다. 이러한 경제시스템이 IMF 외환위기 이후 신자유주의 경제시스템으로 전환되었다. 여기서는 신자유주의 경제시스템 이전의 우리나라 경제시스템을 개발독재 수정자본주의 경제시스템으로 개념화한다.

이 시기 늘 문제가 되었던 것은 기업의 생산성 문제였다. 세계시장에서 살아남고 자본의 확대재생산을 위해서는 생산성 향상이 필요하다. 임금 인상을 제한하더라도 경쟁력 확보를 위해서는 늘 생산성 문제가 제기될 수밖에 없을 것이다. 1970년대 중화학공업이 자리를 잡고 규모도 늘어났지만 이것 자체로 기업의 경쟁력이 확보되었다고 하기에는 어려웠다. 성장하는 규모에 맞게끔 생산성이 따라와야 하는데, 그것이 쉽지 않았다. 이 문제는 중복투자, 과잉투자 문제로 연결이 되는데 1970년대 오일쇼크를 겪으면서 급격한 비용 상승으로 인해 우리나라 중화학공업이 타격을 받는 원인이 되었다.

그리고 국가가 특정 기업에 자원을 몰아주다 보니 재벌 등 대기업 위주의 성장도 문제가 되기 시작하였다. 중화학공업 특성상 거대시설과 장치가 필요했다. 따라서 이를 위한 대규모 자본이 투입될 수밖에 없다. 이로 인해 필연적으로 중화학공업 분야가 재벌 등 대기업 위주로 재편되고 독과점 구조로 변화되는 상황으로 가게 된다. 이는 우리나라의 특수한 상황이 반영된 것이고 성과도 있었지만 이로 인한 대기업과 중소기업 간의 격차와 양극화의 문제가 싹트기 시작하였다.

대기업은 대기업 자체로 존립하는 것이 아니라 다수의 하청기업과의 협업을 통해 완성품을 생산한다. 우리나라 대기업과 중소기업의 관계를 주종 관계, 갑을 관계로 설정하는 경우가 많다. 이는 대기업이 중소기업을 별개의 기업으로 보는 것이 아니라 대기업 자신의 일개 하위 부서나 공장의 하나로 보는 행태와 관례에 따른 것이라고도 할 수 있다. 이러한 특성은 우리나라의 이 당시 경제개발 과정에서 대기업 중심의 산업정책과 지원이 이루어진 것과 무관하지 않다.

자동차 산업이 성장한다는 말은 완성차 업체만 성장한다는 것이 아니라 하위 개별 부품을 공급하는 업체까지 동반 성장을 한다는 의미이다. 하지만 경제적 이윤은 주로 대기업에 집중되었다. 대기업은 하청기업을 관리, 통솔하고 하청기업이 살아남을 정도로만 이익의 분배를 허용하였다. 이러한 이익 배분의 관행과 구조가 고착화되었다. 그 결과로 대기업과 중소기업 간 양극화가 심화하였다. 산업 전체적으로도 중화학공업과 대기업에 이익이 집중된 경제성장을 한 것이라고 할 수 있다.

결국 이런 문제들은 오일쇼크 기간 중화학 산업이 큰 타격을 받는 원인이 되었다. 이후 대기업과 중소기업의 관계와 대기업과 중소기업의 상생을 위한 정책적 지원 등을 통해 1980년 중반 이후에 들어서는 중화학 산업의 체질을 개선할 수 있게 되었다. 또한 1970년대 오일쇼크로 중화학공업이 엄청난 타격을 입을 때 반대로 오일머니를 벌어들인 중동국가들의 건설 수요 급증으로 중동 붐이 일어났다. 우리나라 건설기업들이 중동 지역으로 진출하여 외화를 획득하는 기회가 마련된 것이다. 국내 경제와 산업이 어려움을 겪고 있었지만 이것을 보완해 줄 수 있는 외화벌이가 생긴 것이다. 달러를 벌 수 있다면 무슨 일이든 할 마음의 준비가 되어 있던 우리나라에는 큰 행운이 아닐 수 없었다.

앞에서 대략 한국전쟁 이후, 특히 1960년대부터 1980년대까지의 파란만장했던 우리나라 산업화의 발전사에 대해 간략히 살펴보았다. 우리나라는 이 시기 국가적 총력전에 준하는 자본과 노동의 투입, 수출주도형 성장전략 시행 등의 대내적 요인, 그리고 냉전 시대 공산 진영과의 대결에서 최전선에 있는 우리나라에 대한 미국의 원조와 지원, 한일 협정 조인을 통한 자금 확보와 활용, 그리고 베트남 전쟁, 중동 건설 특수 등과 같은 외화 획득의 대외적 요인들이 서로 연결되면서 정말 기적 같은 성장과 발전을 이루었다.

하지만 이와 동시에 우리나라가 이후에 어려움을 겪게 되는 많은 문제점도 이때 잉태되었다. 세상은 항상 명과 암을 같이 하면서 변화한다. 선과 악의 구도로 보기보다는 잘한 것과 못한 것, 앞으로 개선해야 할 것 등에 대한 고민으로 이런 문제들을 살펴보아야 할 것이다. 이념적 잣대로 선과 악을 구분하는 것이 아니라 국가의 미래를 위해 무엇을 선택하느냐의 고민이 우선되어야 하는 것이다. 세상은 그렇게 점진적으로 발전하는 것이기 때문이다.

Chapter 03

우리나라 경제의 역사적 이해:
1990~2020년대

1 IMF 외환위기와 신자유주의 경제시스템의 확산

제2장에서 보았듯이 우리나라 경제는 1945년 해방 이후 1950년 한국전쟁과 1960년 4·19혁명, 1961년 5·16쿠데타 등 정치경제적 우여곡절을 겪으면서 미국의 원조로 지탱되는 원조경제의 성격을 벗어나지 못했다. 우리나라 경제는 박정희 정권이 주도한 경제개발계획에 따라 1960년대 이후 1980년대까지 급격히 성장하였다. 이러한 성과로 1986년 아시안게임, 1988년 올림픽을 유치하기도 하였다.

이후에도 세계적인 3저 현상에 힘입어 우리나라 경제는 전체적으로는 큰 문제 없이 잘 돌아가고 있는 것처럼 보였다. 경제의 펀더멘탈은 양호하다는 평가가 대부분이었다.[16] 하지만 1990년대 들어서 우리나라 경제시스템의 한계와 모순이 드러나게 되었다. 비용 대비 효율성은 떨어졌다. 고용 및 임금 구조도 연공 서열 중심의 인사시스템이 대부분이었기 때문에 비효율성이 높았다.

예를 들면 IMF 위기 이전에는 평생직장 개념이 일반적이었다. 한

---

16 국가의 경제 상태를 가늠할 수 있는 기초 경제 여건을 말한다. 경제성장률과 경상수지, 실업률, 물가상승률, 외환보유고, 종합재정수지 등의 거시경제지표를 종합해 평가한다.

직장에 입사하면 오랫동안 그 회사에서 근무하고 또 그것이 당연한 고용구조였다. 효율보다는 관행이 우선되었고 고착된 사내 악습이나 비효율적인 경영방식 등도 개선되기가 쉽지 않았다. 1990년 초까지 외형적으로는 고도성장을 하고 있었지만 효율성 향상과 경쟁력 강화 등 기업의 체질 개선을 위한 노력보다는 기업의 규모 위주의 외형적 성장을 추구하던 시기였다. 하지만 이렇게 내적 체질 개선이 없는 외형적 성장은 지속가능하지 않다.

고도성장에 도취 되어 기업은 무분별하게 부채를 늘리고 외형 확장에 몰입했다. 특히 기업과 금융기관이 생산성 향상보다는 대규모 달러를 빌려 수익을 추구하다 보니 대외부채가 급격히 늘어났다. 수출이나 외국인직접투자 등을 통한 달러의 수급이 안정적이면 큰 문제는 안 되었겠지만 불행하게도 당시 우리나라는 지속적인 무역수지 적자를 기록하고 있었다. 달러 수급에 문제가 생긴 것이다. 이것이 아킬레스건이었다.

이러한 모순과 문제가 그 경제시스템 자체적으로 해결이 안 될 때 경제위기가 발생하고 위기 해결을 위한 구조조정 과정에서 새로운 경제시스템이 등장한다는 것을 앞에서 이야기하였다. 우리나라도 예외는 아니었다. 그 경제위기가 바로 앞에서 이야기한 IMF 외환위기라고 할 수 있다. 그 위기를 해결하기 위한 구조조정 과정에서 우리나라는 신자유주의 경제시스템과 이를 뒷받침하는 경제철학과 경제정책을 본격적으로 수용하게 되었다.

우리나라는 대기업, 수출 중심의 산업구조 속에서 누적돼 오던 비효율성을 자체적으로 해결하지 못하고 외환위기를 맞게 되었다. 이를 계기로 외부의 힘에 의한 타율적 방식으로 노동시장, 자본시장, 외환시장 등 모든 시장을 전면적으로 완전히 개방하게 되었다. 국가가 부도에 처한 상황에서 그 누구도 이에 반기를 들 수 없었다.

시장 개방과 국제자본시장으로의 통합을 통해 우리나라 경제시스템은 효율과 경쟁 그리고 이윤을 최우선 하는 신자유주의 경제시스템으로 변화하게 되었다. 자유무역과 세계화의 조류 속에 시장 개방을 위해 2000년대 이후 칠레를 시작으로 미국, EU, 중국, 아세안 등 세계 주요 국가 및 지역과의 FTA 체결로 이어졌다. 외환 제도도 완전한 자유변동환율제도로 전환되었다. 주식시장, 채권시장 등 자본시장도 실질적으로 완전히 개방되었다.

이러한 대외적 변화와 함께 대내적 변화와 개혁도 빠르게 진행되었다. IMF 외환위기 이후 연봉제가 도입되고 능력과 성과 위주로 노동시장과 임금체계가 재편되었다. 평생직장 개념도 사라지게 되었다. 더 높은 급여와 조건을 찾아 이직이 잦아졌고 개인들은 노동시장에서 더 좋은 평가를 받기 위해서 직무 경쟁력을 갖추어야만 했다. 이전과 같이 회사를 위해서 주어진 일을 성실히, 열심히 하면 큰 문제가 없는 시절은 지나게 되었다.

이와 함께 내가 다니는 회사가 내일 당장 어떻게 될지 그 미래를 아무도 알 수 없다는 불안이 내재화되었다. 불안정과 불안이 사회 전반에 퍼지게 되었다. 개인은 회사가 고용을 보장하더라도 대외적 위기와 대내적 경쟁에 노출되었고 이제 회사를 위해서 전념하는 것이 아니라 개인의 경쟁력 향상을 위해 노력해야 했다. 2000년대 이후 입사를 위해서는 TOEIC 등 외국어 성적과 자격증이 필수가 되었다. 입사 이후에도 경력에 도움이 될 수 있는 업무 중심으로 자신의 몸값(경쟁력)을 키우는 것이 유행하였다.

신자유주의 경제시스템으로의 변화는 개인 재테크에도 적지 않은 변화를 가져왔다. 금리가 높았던 과거에는 은행 예금이나 적금 등 저축에 의존해도 되었지만 저금리 시대로 접어들면서 고수익을 좇는 투자 방식과 기법이 확산하였다. 자산투자, 자산 포트폴리오 등 자산 축적 개념이 자리 잡게 되었다. 저축 외에 주식, 펀드, 보험, 연금 등 과거와 달리 자신의 소득과 부를 체계적으로 투자, 운영하는 모습으로 바뀌게 되었다.

기업 경영방식과 환경도 크게 변화하였다. 잘 알려진 부분이 비정규직, 파견직, 임시직 등 고용 형태가 다양해졌고 이에 따라 기업은 비용 절감과 효율화를 위해 아웃소싱을 늘리게 되었다는 점이다. 노동시장 유연화가 진행되면서 비용 절감 등으로 인해 효율성이 향상되었다. 이외에 자본시장이 개방되면서 저리의 외국 자본이 유입되었고 이에 따라 기업의 자금조달 측면에서 유리해지게 되었다.

IMF 외환위기로 대기업뿐만 아니라 중소기업은 더 큰 어려움을 겪을 수밖에 없었다. 많은 중소기업이 예상하지 못한 갑작스러운 유동성 고갈로 인해 도산한 경우가 많았다. 이러한 상황의 재발을 방지하기 위해 기술보증, 신용보증 제도를 통해 자금 여력이 낮은 중소기업도 정부보증과 정책금융을 받을 수 있게 되었다. 중소기업은 자금조달 측면에서 예상치 못한 자금조달 리스크를 줄일 수 있었고 기업을 안정적으로 운영할 수 있는 환경이 마련되었다.

금융권도 많은 변화를 맞이했다. 상업은행을 비롯한 금융사들은 규모의 경제를 위해 합종연횡을 통해 대형화를 추진하였다. 상업은행, 증권, 보험 등이 그룹 형태로 통합되어 안정성과 수익성을 도모할 수 있는 지주회사 형태로 변화하였다. 현재 주요 은행인 우리, 국민, 신한, 하나, NH 등은 모두 금융지주회사의 형태를 갖추고 있는데 이는 이때로부터 기인하는 것이다.

2 신자유주의 경제시스템의 명과 암

이처럼 우리나라는 1990년대 후반부터 신자유주의 경제시스템으로 급격하게 변화하기 시작하였다. 2000년대 들어서서는 개인, 기업 등의 경제주체가 금융시장, 노동시장, 자산시장의 바뀐 경제시스템에 맞게 효율과 수익성을 극대화하는 방향으로 적응해 나갔다고 할 수 있다. 이러한 과정에서 1990년대 중반까지 해결되지 못했던 비효율성도 어느 정도 해결되었다.

우리나라의 이러한 구조조정 과정은 효율성을 바탕으로 하는 자본주의가 비효율을 자체적으로 구조조정하지 않으면 타율적이고 급진적으로 이루어질 수 있음을 알게 한 뼈아픈 사례였다. 하지만 양지가 있으면 음지가 있는 법, 위기와 구조조정은 고통스러웠지만 이를 통해 신자유주의 경제시스템으로 갈아탄 우리나라 경제는 이후 20여 년 이상 다시 성장할 수 있는 토대와 모멘텀을 마련할 수 있게 되었다.

물론 신자유주의 경제시스템도 여러 문제를 안고 있었다. 신자유주의의 효율성은 비용 절감을 전제로 하는 것이고 이는 노동시장 유연화, 주주가치 극대화, 승자독식, 양극화로 이어질 수밖에 없다. 효율성은 향상되고 이에 따른 성장, 자본의 확대재생산은 다시 이어졌지만 사회경제의 모든 분야에서 양극화 현상은 심화하였다. 이런 양극화 현상을 적절히 해결하지 못하면 다시 경제시스템상의 위기를 가져오게 될 것이다.

예를 들면 기업이 비용 절감을 위해 정규직 대신 비정규직으로 고용행태를 바꾸고 기존 국내 수요처 대신 외국에 외주를 주고 반제품 형태로 더 싸게 들여오고 국내 공정을 줄인 만큼 국내 인력도 줄인다고 하자. 이는 단기적인 수익과 효율성의 측면에서만 본다면 분명 합리적인 의사결정일 것이다. 하지만 이러한 기업의 합리적 의사결정과 경영형태는 국내적으로는 고용 불안과 구매력 축소를 가져와 장기적으로는 거시경제 전체에 부정적인 영향을 줄 수밖에 없다. 이는 다시 자본의 확대재생산에 부담을 주는 부메랑으로 돌아온다.

3 신자유주의 경제시스템의 모순과 경제위기

이러한 개인과 기업의 합리적 의사결정이 경제 전체로는 매우 파국적인 결과를 불러올 수 있다는 점을 잘 알려준 것이 2008년 글로벌 금융위기이다. 미국은 2000년대 저금리와 풍부한 유동성을 바탕으로 부동산 등 자산 가격이 급등했다. 개인이나 기업은 하루라도 빨리 이에 투자하는 것이 합리적인 의사결정이었다. 저소득층에게조차 무담보 신용대출로 주택을 구입할 수 있도록 한 서브프라임 모기지 대출은 이러한 과정에서 그 규모를 키웠다. 하지만 이는 부동산 거품을 키웠고 부동산담보대출을 바탕으로 만들어진 파생금융상품 가치가 폭락하면서 연쇄적인 자산 가치 폭락과 금융위기가 시작되었다.

앞에서 보았듯이 이후 전례에 없던 제로금리, 양적완화 등 비전통적 통화정책이 시행되었다. 지지부진하지만 신자유주의 경제시스템은 그 명맥을 유지할 수 있었다. 세계적인 금융위기로 미국이나 유럽은 큰 경제위기에 봉착했다. 이에 비해 제조업 중심의 우리나라 경제는 그 타격이 덜했다. 중소기업에 대한 정부보증과 금융지원이 체계가 갖춰져 있던 덕분에 많은 기업이 글로벌 금융위기에 대응할 수 있었다. 금융기관들도 IMF 외환위기 이후 건전성 강화를 위한 노력을 해왔기 때문에 대규모 부실에 노출되지 않을 수 있었다. 외환위기의 학습효과가 나름 긍정적인 역할을 한 것으로 보인다.

예를 들면 2008년 금융위기 때는 정부의 특별보증이 진행되었고 신규 대출과 각종 지원책이 시행되었다. 이렇게 정부가 발 빠르게 지원하다 보니 글로벌 금융위기 여파로 기업 실적이 곤두박질치는데도 불구하고 부도 기업이 크게 늘지 않았다. 하지만 부작용이 없었던 것은 아니다. 기업은 금융위기를 넘기기 위해 정책금융 지원을 받았지만 이는 엄연한 부채로 남았다. 기업의 부채가 크게 늘어난 것이다. 이렇게 부채가 늘어났는데 이후 부채 상환보다는 이것에 대한 보증 연장, 대출 만기 연장 등으로 계속 부채를 연장하였다.

최근 코로나 팬데믹 대응을 위해 자영업자에 대한 대출 만기를 연장하거나 이자를 유예해 주는 등 부채를 계속 연장하는 것과 비슷한 조치이다. 특히 수출제조업 같은 경우는 제조업 특성상 고용도 많고 수출액도 경제지표에 영향을 주는 만큼 이러한 기업을 정리하기는 사실상 어려웠다. 그런데 이러한 부채의 연장은 시간만 연장할 뿐 만일 기업이 영업활동으로 이자도 못 내는 상황이 된다면 이 또한 문제를 초래한다. 잠재 부실기업을 시장 논리에 따라 구조조정도 못하고 그대로 생존할 수 있게 도와주는 것이고 이는 자원의 효율적 배분을 저해할 수 있다.

이러다 보니 글로벌 금융위기가 어느 정도 정리된 2010년대 중반 정도부터 우리나라의 한계기업(소위 좀비기업) 문제가 본격적으로 부각하게 되었다. 정부 차원에서도 분명히 산업의 구조조정 차원에서 정리해야 할 문제였지만 실업 증가와 관련 이해당사자들의 반발로 이어지게 되다 보니 역대 정부는 대부분 한계기업 문제에 손을 대지 못하였다. 금융권도 한계기업이 늘어나는 데 역할을 했다. 사실 이것도 2000년대 이후 노동시장 변화와 관계가 적지 않은데 기업뿐만 아니라 금융권도 능력 위주, 성과 위주의 고용 환경에 있었다.

금융권 임원진의 경우 성과에 따라 급여와 승진 여부가 결정되었다. 성과에 따른 재계약제가 도입되다 보니 임원들이 재계약에 성공하려면 장기적인 성과보다는 단기적인 성과에 집착할 수밖에 없다. 이런 입장에서 돈을 빌려준 기업이 부실하다고 손절하게 되면 그에 따른 손실은 불가피할 수밖에 없다. 재계약으로 임원 자리를 지켜야 하는 이들이 일부러 제 발등을 찍는 짓을 스스로 할 리가 만무하다.

금융권은 부실기업이라도 사업 성과보다 토지 같은 담보가치를 높게 평가해 주면서 기업에 대출 만기를 연장해 주는 등 부채를 연장하는 식으로 한계기업 증가에 일조했다고 할 수 있다. 이렇게 영업이익으로 대출이자도 못 내는 한계기업은 2010년대 중반부터 급증하였다. 이런 기업은 자원의 효율적 배분에 악영향을 미치는데 예를 들면 이자도 못 내게 된 기업이 과연 R&D나 미래를 위한 투자를 얼마나 할 수 있으며 직원들에 대한 대우나 근로환경을 개선할 수 있을지 의문이다. 2010년대 후반으로 갈수록 좀비기업은 늘고 중소기업에서 이런 기업들이 많이 등장하다 보니 청년들 사이에서 이런 회사에서 일해 본 경험들이 늘고 이야기가 공유되면서 ○소기업이라는 중소기업을 비하하는 신조어까지 등장하였다.

이런 이미지가 광범위하게 번지다 보니 중소기업 기피 현상은 더해가고 건전한 중소기업까지 피해를 보게 되었다. 시장 논리로는 사라져야 할 기업들이 빚으로 억지로 살아있다 보니 산업의 구조조정이 제대로 안 되고 선진국이라는 타이틀을 가진 경제 규모에 비해서 열악한 일자리들이 많아지게 되었다. 돈도 안 되고 경력에도 도움이 안 되는 이런 일자리와 고학력 구직자들이 원하는 일자리 사이에 크게 미스매치가 발생하는 것이다. 기업의 빚을 빚으로 돌려막으면서 경쟁력을 잃은 기업과 산업이 연명한 결과가 일자리의 질 저하와 산업구조 개혁의 실패로 돌아왔다고 할 수 있다.

자산시장의 과잉도 현 신자유주의 경제시스템이 한계에 다다른 이유 중 하나이다. 2010년대 중반부터 세계적으로 공급과잉 문제가 드러나고 본격적으로 소비도 감소하고 경기 둔화세가 강해지고 있었다. 반면 금리는 제로금리 정책이 유지되는 등 낮은 수준을 유지하고 있었다. 저금리를 활용한 자금은 자산시장으로 대거 유입되었다. 2008년 글로벌 금융위기 이후부터 2015년까지 아파트 가격은 상대적으로 안정세를 유지했다. 당시 청년 등 무주택자들은 내 집 마련이

쉬운 일은 아니지만 열심히 일해서 저축하면 가능하다는 희망이 있었고 그런 계획을 세울 수 있었다.

그런데 2017년부터 종합부동산세 인상 등 세제를 강화하는 대신 저금리 기조가 계속되고 대출 조건 등 금융을 완화해 주면서부터 아파트 가격이 급등하기 시작하였다. 부동산 투기를 세금을 올려서 억제하면 될 것이라는 정책적 판단은 오류로 드러났다. 세제가 아닌 금융을 통제했어야 했음이 드러났다. 아파트 투기를 부도덕한 행태로 비난하고 투기업자를 악마시해서 그들을 세금으로 규제하려는 정책은 결국 실패하였다. 어떤 특정 집단을 공격하는 것은 실패하기 쉽고 결국 부동산가격은 적절한 공급의 지속과 실수요자 중심의 금융지원으로 통제해야 함을 알 수 있는 대목이다.

서울 아파트 중위 가격 기준으로 2015년 4억 8천만 원이었지만 2017년에는 6억 원이 되고 2018년에는 7억 원이 되었다. 그리고 2019년에는 8억 4천만 원까지 올라갔다. 불과 4~5년 만에 아파트 가격이 2배가 된 것이다. 그때부터는 대출받아도 내 집 장만이 어려워지게 되었고 청년 세대는 내 집 마련을 아예 포기하고 미래에 대한 희망을 거두기 시작하였다. 아파트 가격이 급등하기 시작한 2017년 정도부터 유행하기 시작한 용어가 소소하지만 확실한 행복이라는 말을 줄인 소확행, 그리고 미래를 걱정하지 말고 현재의 행복을 위해서 소비하라는 의미의 욜로(YOLO, You Live Only Once)였다. 자력으로 내 집 장만이 어려워지다 보니 집 사기 위해 힘들게 살지 말고 현재를 행복하게 보낸다는 소비행태가 유행처럼 번져나갔다.

여기에 더해 이미지 기반 SNS인 인스타그램은 이러한 소비행태에 불을 붙였다. 우리나라에서는 2017년 이후 인스타그램 가입자가 폭증했는데 이는 SNS를 통해 자신의 소확행, YOLO를 넘어 과시성 소비와 무관하지 않아 보인다. 글로벌 금융위기 이후 2010년대 말까지 부채는 증가했지만 효율적인 산업 구조조정을 이루지 못하였다. 청년층을 중심으로 구인자와 구직자의 요구 간에 적지 않은 미스매치가 발생하였다.

아파트 가격이 단기간에 급등하면서 청년 등 무주택자들이 주택 구매를 포기하고 결혼, 출산 등 기본적인 인생 설계를 할 수 없게 되어 버렸다. 2020년대 이후 출산율의 급격한 하락은 불을 보듯 뻔한 예정된 일이 되었다. 그리고 여기에 불에 기름을 더한 상황이 발생하는데 바로 2020년 초부터 시작된 코로나 팬데믹이었다.

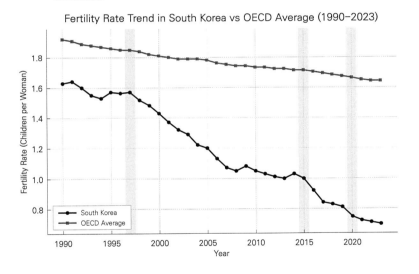

그림 4-4 우리나라와 OECD 평균 합계출산율 추이(1990~2023)

이 그래프는 우리나라와 OECD 평균 합계출산율의 추이를 보여주고 있다. 합계출산율은 여성이 평생 낳은 평균 자녀 수를 의미한다. 우리나라의 합계출산율은 2024년 0.6명으로 OECD뿐만 아니라 전 세계적으로도 가장 낮은 수준이다. 특히 1997년 IMF 외환위기, 2015년 부동산가격 급등, 2020년 코로나 팬데믹을 기점으로 합계출산율이 계단식으로 하락함을 알 수 있다. 이는 우리나라의 가장 심각한 사회경제적 문제라고 할 수 있다.

전 세계적으로 코로나 팬데믹으로 인한 국경봉쇄와 공급망 마비로 인해 경제가 붕괴할 위험에 처하게 되었다. 이를 막기 위해 선진국을 비롯하여 대부분 국가에서 금리 인하, 재난지원금 지급, 대출 확대 등을 통해 유동성이 그 이전과는 비교하지 못할 정도로 대규모로 공급되었다. 우리나라의 경우도 예외는 아니어서 이제 이전의 좀비기업에 더해 좀비 자영업자까지 양산하게 되었다. 개인, 가계, 자영업자의 부채는 코로나 팬데믹 이전과는 비교 불가능한 수준으로 증가하였다.

급등한 아파트 가격과 자산 가격은 대다수 국민을 영끌, 빚투 등 빚쟁이 투기꾼으로 만들어 버렸다. 그리고 이들의 부채가 부실로 터질까 봐 원리금을 탕감해 주고 만기를 연장하는 그런 조치가 반복되었다. 심지어 빚 갚는 사람이 바보라는 인식까지 생기게 되었다. 청년들은 계속해서 급등하는 집값을 보면서 희망을 잃었다. 소득도 줄고 고용도 불안하다. 이러한 시대적 환경을 반영하듯이 최근에는 YOLO가 아닌 그 반대인 꼭 필요한 것만 구매하고 불필요한 소비를 철저히 줄이는 YONO(You Only Need One)가 유행이다.[17]

불과 30년 전 IMF 외환위기를 겪고 경제시스템이 바뀌었던 시기 경쟁력을 키우기 위해서 자기 계발을 위해 노력하고 재테크를 한다면서 건전한 자산 포트폴리오를 구축하던 것이 일반적이었다. 하지만 지금은 이런 노력이 무색해지는 경우가 많아졌다. 신자유주의 경

---

17 요노(YONO)는 2022년 이후 고물가, 고금리, 고환율의 3고 상황에서 경제적 압박을 받는 2030 세대가 주도하는 새로운 트렌드이다. 요노족은 경제적 불확실성 속에서 절약과 효율을 중요시하는데 이는 최근의 경제적 상황과 밀접하게 연결되어 있다. 요노의 등장은 단순한 소비 패턴의 변화가 아닌 것으로 보인다. 이는 경제적 여건의 변화, 즉 청년층의 일자리와 소득이 악화한 데서 기인한 것으로 보인다. 2030 세대의 평균 소득 증가율이 물가상승률보다 낮아지면서 실질적인 소비 여력이 줄어들고 있다. 이와 같은 경제적 압박이 요노가 등장한 배경으로 볼 수 있다.

제시스템은 비용을 절감하고 효율을 최우선시하기 위해서 등장하였다. 하지만 효율이 단지 돈만 벌면 최고라는 것으로 왜곡되기 시작하면서 신자유주의 경제시스템은 투기 자본이 판치는 카지노 자본주의, 정글 자본주의로 변질되었다. 이제 신자유주의 경제시스템의 자체적 구조조정이냐 아니면 이에 실패하고 새로운 경제시스템으로의 전환이냐의 갈림길에 서 있는 국면이다. 어느 길로 갈 것이냐는 그 누가 결정하는 것이 아니라 우리 모두의 몫으로 남겨진 것이다.

앞에서 보았듯이 우리나라의 경제발전과 산업화 과정은 세계체제의 변화에서 독립적일 수 없고 밀접하게 연동되어 있다. 세계적으로 자본주의가 자유방임 경제시스템에서 수정자본주의로 변화되고 또 수정자본주의가 신자유주의 경제시스템으로 변화하는 과정이 우리나라에도 큰 영향을 주었다는 것을 볼 수 있다. 우리나라는 1960~1980년대 개발독재 기간이 수정자본주의 경제시스템과 중복, 혼재되어 있었던 특성이 있다는 점이 선진국과는 다른 점이다.

1930년대 대공황은 예외일 수 있지만 1970년대 스태그플레이션, 2008년 글로벌 금융위기에 따른 경제시스템의 변화는 시기적으로 차이가 있었을 뿐 우리나라도 예외는 아니었음을 알 수 있다. 20세기 이후 이런 경제시스템들은 드러난 문제를 해결하지 못해서 위기를 맞고 수명이 채 반세기를 넘기지 못했다. 이런 식으로 말하면 너무 거대한 변화라서 현실감이 없을 수도 있지만 지난 반세기 우리나라 경제의 발전사와 변화 추이를 반추해 본다면 조금은 실감할 수 있을 것이다.

그리고 경제시스템의 변화는 세계체제에만 일어나는 것이 아니라 그 변화가 결국 우리나라에도 그대로 반영되어 나타난다는 것을 기억해야 한다. 우리나라는 세계 경제와 밀접하게 연결되어 있고 그래야만 살아남을 수 있기 때문이다. 물론 그로 인해 경제시스템의 변화에 따른 피해와 부작용도 크고 그에 비례해 얻을 수 있는 혜택과 이익도 큰 두 가지 양면성이 존재한다는 것을 잊지 말아야 한다. 따라서 국가적 차원에서 세계 경제시스템의 변화 과정에서 이에 따른 피해와 부작용을 최소화하고 위기를 기회로 바꾸기 위한 노력이 필요한 것이다.

Chapter 04

우리나라 경제의 역사적 이해: 2020년대 이후

1 현대판 시뇨리지의 폐해

앞에서 보았듯이 우리나라 경제는 1960년대 이후 IMF 외환위기 직전인 1996년까지 5개년 경제개발계획이 지속해서 추진되었고 급속한 산업화와 무역의 성장을 통해 눈부신 발전과 성장을 이루었다.[18] 하지만 이에 따르는 부작용도 생겨났다. 양극화와 사회경제적

---

18 경제개발 5개년 계획은 1962년부터 1996년까지 35년간 우리나라가 경제성장을 촉진하고 산업구조를 고도화하기 위해 수립한 일련의 국가의 경제계획 및 산업정책이다. 이는 주로 산업화, 인프라 구축, 수출 촉진, 경제 자립을 목표로 하였고 우리나라 경제발전의 중요한 토대가 되었다. 경제개발 5개년 계획은 정권의 교체나 정치적 변화와는 무관하게 1996년까지 지속되었고 이는 우리나라 경제가 빠르게 성장할 수 있는 물적, 제도적 토대를 마련해 주었다. 총 7차에 걸쳐 진행된 경제개발 5개년 계획(마지막 6차, 7차는 경제사회발전 5개년 계획)의 목표와 성과를 요약하면 다음과 같다. 우선 제1차 경제개발 5개년 계획(1962~1966)의 목적은 경제자립과 산업화의 기초를 다지는 것이었다. 경제성장을 위해 제조업을 중심으로 한 산업화를 추진하고 사회간접자본(SOC) 확충과 함께 농업에서 공업으로의 산업구조 전환이 이루어졌다. 이는 주요 산업의 성장과 기초적인 인프라 구축에 기여했다. 특히 철강, 화학, 전자 등 주요 기간산업이 빠르게 성장하였다. 제2차 경제개발 5개년 계획(1967~1971)의 목적은 수출 주도형 경제성장과 경제 자립이었다. 수출 확대를 통해 경제성장을 지속하고 중화학공업 육성에 초점을 맞추었다. 경공업 중심의 산업구조에서 벗어나 중화학공업 중심의 산업구조로 발전시키고자 하였다. 제3차 경제개발 5개년 계획(1972~1976)의 목적은 중화학공업 발전과 기술 개발이었다. 본격적으로 중화학공업을 발전시키고 기초 산업을 강화하기 위해 대규모 투자가 이루어졌다. 제철소, 석유화학, 조

선, 기계, 전자산업 등에 대규모 투자와 집중적인 육성이 이루어졌다. 이에 따라 중화학공업이 급속히 발전하였고 세계시장에서 경쟁력을 갖춘 우리나라 기업이 등장하게 되었다. 제4차 경제개발 5개년 계획(1977~1981)의 목적은 중화학공업의 성장을 지속하고 국제 경쟁력을 강화하는 것이었다. 중화학공업의 성과를 바탕으로 산업의 고도화를 추진하였다. 또한 수출 산업의 다변화와 경제구조의 고도화 및 현대화를 위한 노력이 지속되었다. 우리나라 수출 산업이 한 단계 발전하고 경제구조가 고도화, 다양화되었다. 제5차 경제개발 5개년 계획(1982~1986)의 목적은 산업구조 고도화와 경제 안정화였다. 기존 중화학공업을 고도화하고 정보통신 등 첨단산업 육성에도 초점을 맞추었다. 또한 경제성장을 지속하면서 물가안정과 고용창출을 목표로 하였다. 우리나라는 고도성장을 지속하며 경제 안정화와 함께 첨단기술 산업으로의 전환을 시작하게 되었다. 제6차 경제사회발전 5개년 계획(1987~1991)의 목적은 산업구조의 고도화와 경제 안정화였다. 경제성장분만 아니라 사회적 안정, 국제경쟁력 강화, 첨단산업 육성 등 보다 폭넓은 분야를 포함한 경제 사회 전반의 발전을 도모하였다. 전통 제조업 중심의 경제에서 벗어나 첨단 산업(전기전자, 반도체, 정보통신 등) 육성에 집중하였다. 기존 중화학공업을 강화하는 한편 기술 혁신을 통한 고부가가치 산업으로의 전환을 가속화하였다. 또한 경제성장을 지속하면서 물가안정과 무역수지 개선을 위해 노력하였다. 기존의 수출 주도형 경제성장 전략을 지속하며 수출시장 다변화에 주력하였다. 특히 선진국 시장과의 경쟁에서 우위를 점하기 위해 첨단기술과 연구개발(R&D) 투자를 확대하였다. 사회간접자본(SOC) 확충을 위한 대규모 투자가 이루어졌다. 도로, 항만, 철도 등 국가의 사회간접자본 확충이 경제 발전의 기반이 되었으며 지역 간 균형 발전에도 기여하였다. 이와 함께 사회복지에 대한 관심이 커졌으며 고용 창출과 함께 국민 생활수준의 향상을 도모하였다. 교육, 의료, 복지 분야의 지원을 강화하여 사회적 안정을 추구하였고 경제의 글로벌화에 맞춰 금융 시스템을 개선하고 기업의 효율성을 높이기 위한 정책들이 추진되었다. 경제 전반의 자유화와 시장 개방을 점진적으로 시행하여 국제 경제 환경 변화에 대응하였다. 제6차 경제사회개발 계획 기간 우리나라는 고도 경제성장을 지속하며 첨단산업의 경쟁력을 크게 강화하였다. 이 시기에 반도체, 전기전자, 자동차 산업이 급성장했고 이는 이후 한국 경제를 견인하는 주요 산업이 되었다. 물가안정과 무역수지 개선이 이루어졌으며 이를 통해 경제 전반의 안정성을 확보할 수 있었다. 하지만 대외 의존도가 높은 경제구조의 취약성은 여전히 과제로 남았다. 특히 1990년대 초 글로벌 경제 환경의 변화와 외환시장의 불안정성은 큰 도전이 되었고 이러한 문제는 1997년 IMF 외환위기로 이어졌다. 마지막 경제개발 5개년 계획은 제7차 경제사회발전 5개년 계획(1992~1996)이다. 1960년대부터 시작된 경제개발 5개년 계획의 마지막으로 그 이전과는 달리 단순한 경제성장분만 아니라 사회적 발전과 균형 성장을 중점적으로 다루었다. 제7차 경제사회발전 5개년 계획의 목표는 지속가능한 경제성장과 국민 생활수준의 향상이었다. 기존의 중화학 공업에서 벗어나 첨단산업, 특히 정보통신(IT), 전자, 반도체 등 고부가가치 산업에 초점을 맞추었다. 그리고 정보화 사회로의 전환을 위해 정보통신 인프라를 확충하고 정보산업 육성을 위한 제도적 기반을 마련하였다. 수출시장 다변화와 무역 자유화 불안정성의 심화이다. 21세기에 들어서고도 사반세기가 지난 2024년 현재 이러한 부분을 돌아볼 때가 된 것은 아닐지 질문해 본다. 앞만 보고 달리던 우리나라 경제도 한번은 숨을 고르고 뒤도 돌아보고 어떤 방향으로 달려갈지도 생각해 볼 때가 된 것 같다. 우리나라가 이룬 20세기 후반기의 변화와 발전, 그리고 실패와 위기는 미국 중심의 세계체제의 특성이 가장 극대화되어 표출된 사례였다.

우리나라가 이룬 산업화와 경제성장은 그 이익과 수혜이고 반대로 IMF 외환위기로 인한 피해, 부의 양극화와 사회적 불평등, 경제적 불안정성 증폭, 부채 문제 등은 그 폐해라고 할 수 있다. 1950년대 이후 1980년대까지 냉전 시대 미국의 지원과 미국 시장으로의 수출이 우리나라의 자금줄이 되었다. 그리고 냉전 체제가 붕괴한 1990년대 이후 자유무역과 세계화, 신자유주의, 금융자본주의에 따르는 이익과 수혜를 활용할 수 있었다. 이때는 미국뿐만 아니라 중국이 우리나라의 주요한 돈줄이 되었다. 하지만 이와 동시에 우리나라는 IMF 외환위기 등 세계체제의 변화에 따른 피해와 폐해를 극단적으로 경험하였다.

최근의 예로는 코로나 팬데믹이 발생한 2020년 이후 아파트 가격 급등, 가계부채 급증, 세계 최저 출산율, 소득과 부의 양극화 심화

를 추진하였다. WTO 중심의 글로벌 무역규범에 맞춘 개방적인 경제체제로의 전환이 이루어졌다. 수출시장은 더욱 다변화되었고 세계 경제에서 중요한 역할을 수행하게 되었다. 사회간접자본 확충과 정보통신 인프라의 구축이 이루어졌고 이는 이후 정보화 사회로의 성공적 전환을 가능하게 하였다. 하지만 이 계획의 종료 직후인 1997년 외환위기가 발생하면서 우리나라 경제는 큰 충격을 받았다. 이는 우리나라 경제의 구조적 문제와 지나친 외채 의존 등의 한계가 드러났기 때문이었다. 외환위기를 계기로 우리나라는 다시 한번 대대적인 경제구조 개혁과 금융개혁을 진행하게 되었다. 경제개발 5개년 계획 종료 이후로 기존의 전통적인 5개년 계획 방식보다는 중장기 발전전략이나 산업정책으로 전환되었다. 5개년 계획은 우리나라의 빠른 경제성장과 산업 발전에 중요한 역할을 했지만 글로벌화와 정보화 사회로의 전환에 따라 새로운 경제정책, 산업정책이 필요하게 되었다.

등을 들 수 있다. 미국 연준은 코로나 팬데믹이 발생한 직후 팬데믹으로 인한 경제위기를 선제적으로 방어하기 위해 기준금리를 제로수준으로 인하하였다. 동시에 2008년 글로벌 금융위기보다 대규모의 양적완화와 확장적 재정정책을 시행하였다. 세계 경제는 이러한 추세로 흘러갔고 한국은행도 금리 인하와 유동성 완화에 나서게 되었다.

하지만 이는 경제를 위기로부터 막아내는 원래 목적보다 오히려 부동산, 주식, 코인 등 자산시장의 거품을 초래하였다. 이제 2023년 이후 코로나 팬데믹이 종식되면서 다시 반대로 가파른 금리 인상, 유동성 축소로 인해 자산 가치는 언제든 급락할 위험에 처하게 되었다. 자산시장 붕괴가 연착륙이 아닌 경착륙으로 종결될 경우, 부의 양극화를 더욱 심화시키는 요인으로 작동할 것으로 예상된다.

우리나라도 신자유주의 경제시스템의 현대판 시뇨리지와 화폐창조이익의 비대칭적, 불균형적 사용과 분배 등의 모순에서 자유롭지 못하다. 여기에서 벗어나 노동, 생산, 고용 등과 같은 생산을 중심으로 하는 경제 본연의 가치로 다시 돌아갈 필요가 있다. 현대판 시뇨리지를 최소화하고 생산을 중심으로 하는 화폐창조이익이 국민 다수에게 돌아갈 수 있도록 재정정책, 통화정책의 재수립이 필요하다. 이는 애덤 스미스가 제시한 생산주의(productionism)로의 회귀를 의미하는 것이기도 하다. 제조업 중심, 생산 중심의 대한민국으로 더욱 발전할 필요가 있다.

2 화폐창조이익의 활용

다행히도 우리나라는 제조업 기반이 견고하다. 제조업 중심의 발전이 여전히 가능하고 또 그래야 한다. 세계 경제는 자본과 노동이 국경 밖으로 나가는 오프쇼어링(off-shoring)에서 다시 국경 안으로 돌아오는 리쇼어링(re-shoring)으로 회귀하고 있다. 이는 국내 고용과 생산을 위해서는 국내 경제 기반 제조업의 존재와 그 경쟁력이 그만큼 중요해졌기 때문이다. 다시 말해 전 세계적으로 신자유주의의 금융주의(financialism)에서 애덤 스미스가 제기한 생산주의(productionism)로의 회귀가 일어나고 있다고 할 수 있다.

또한 이제 기업이 금전적 효율성과 이윤의 극대화만을 추구하는 것은 어렵게 되었고 더 이상 유효하지 않다. CRS(Corporate Social Responsibility, 기업의 사회적 책임)[19]이나 ESG(Environment, Social, Governance, 환경, 사회, 지배구조)[20]에서 보듯이 기업에 대한 사회적 요구가 많아지고 있다. 시장 만능주의에서 다시 사회, 국가의 역할과 개입이 중요해지기 시작했다는 의미이다. 이제는 기업도 사회구성원의 하나로서 기업과 기업 활동과 관련된 이해당사자와 공동체의 이익을 위해서도 그 역할을 충실히 해야 함을 의미한다.

---

19 기업이 지속해서 존속하기 위한 이윤추구 활동 이외에 법령과 윤리를 준수하고 기업의 이해관계자 요구에 적절히 대응함으로써 사회에 긍정적 영향을 미치는 책임 있는 활동, 즉 기업의 사회적 책임을 말한다. 오늘날에는 기업의 성장과 발전이 해당 기업이 소속된 사회나 국가의 경제발전과 경제사회의 구조를 규정할 수 있을 만큼 기업이 대규모화되고 있다. 따라서 기업의 활동은 사회적으로 큰 영향을 미치게 되었으며 이로 인해 기업의 사회적 위치가 커지고 그만큼 기업에 대해 요구하는 사회적 책임도 커지게 되었다.

20 ESG란 기업의 비재무적 요소인 환경(Environment), 사회(Social), 지배구조(Governance)를 뜻하는 말이다. 투자 의사 결정 시 사회책임투자의 관점에서 기업의 재무적 요소들과 함께 고려한다. 사회책임투자란 사회적, 윤리적 가치를 반영하는 기업에 투자하는 방식이다. 기업의 ESG 성과를 활용한 투자 방식은 투자자들의 장기적 수익을 추구하는 동시에 기업 행동이 사회에 이익이 되도록 영향을 줄 수 있다. 지속적인 발전을 위한 기업과 투자자의 사회적 책임이 중요해지면서 대부분 금융기관이 ESG 평가 정보를 활용하고 있다. 2000년 영국을 시작으로 스웨덴, 독일, 캐나다, 벨기에, 프랑스 등 여러 나라에서 연기금을 중심으로 ESG 정보 공시 의무 제도를 도입하였다. UN도 2006년 출범한 유엔책임투자원칙(UNPRI)을 통해 ESG 이슈를 고려한 사회책임투자를 장려하고 있다.

생산주의 부활은 우리나라에는 기회이자 위기이다. 우리나라 제조업은 소비재, 생산재, 고부가가치 IT 상품까지 생산할 수 있는 능력을 갖고 있다. 하지만 지난 신자유주의 경제시스템 하에서 이러한 다양한 스펙트럼의 생산 능력이 약화하였다. 따라서 제조업은 오프쇼어링과 아웃소싱을 활용하여 저렴한 인건비에 의존하던 가격 의존형 구조에 탈피해야 한다. 이제 세계는 반세계화, 탈세계화, 블록화가 강화되고 있고 이에 따른 공급망의 재편과 변화가 빠르게 진행될 것이다. 결국 우리나라 제조업이 새롭게 도약하기 위해서는 이전처럼 단순히 비용 절감과 가격경쟁력 확보에서 벗어나 기술력, 브랜드 가치의 향상을 통한 경쟁력 제고가 필요하다. 무역으로 먹고사는 우리나라로서는 탈세계화, 블록화, 리쇼어링 현상은 반가운 일만은 아니다. 비용 절감으로 모든 것을 해결하던 과거로 돌아가는 것은 이제 어렵게 되었다.

특히 코로나 팬데믹을 거치면서 안전과 안보와 같은 비금전적 가치가 부각하였고 그와 관련된 상품의 생산 능력이 중요하게 되었다. 대표적인 사례가 마스크, 손 소독제 등이다. 우리나라가 폭증하는 수요에 맞춰 빠른 시간에 마스크를 생산하고 미국이나 유럽으로 수출까지 할 수 있었던 것은 우리나라 제조업의 생산 능력과 대응 탄력성을 보여준 사례라고 할 수 있다. 안전과 안보가 중요한 가치가 되면서 다양한 층위와 분야의 제조업을 유지, 발전시킬 필요가 증대하고 있다.

이처럼 한 세대 이상 위세를 누리던 신자유주의 이데올로기는 그 설득력과 해결 능력을 잃어가고 있다. 신자유주의 경제시스템이 이전처럼 종횡무진 작동하는 데 제동이 걸렸다고 할 수 있다. 하지만 이전에도 그랬듯이 자본주의는 새로운 경제시스템을 통해 또 다른 모습으로 변신하고 살아남았다. 이번에도 신자유주의 경제시스템의 위기는 자본주의의 역동성을 보여주는 기회가 될 수도 있다. 자본주의 모순을 극복하고자 하는 국가(사회) → 시장(자본) → 국가(사회) → 시장(자본) → 국가(사회) ··· 라는 순환적인 교체와 변화가 자본주의가 지난 250여 년 동안 건재할 수 있었던 중요한 원인이라고 할 수 있다.

이렇게 볼 때 지금은 그 주도권이 시장(자본)에서 다시 국가(사회)로 넘어오는 전환기가 아닐까 예상해 볼 수 있다. 코로나 팬데믹 이후 상황을 보듯이 시장의 위세는 위축되고 국가의 위상과 역할은 커졌다. 시장도 여전히 중요하지만 국가가 자본주의의 지속 가능한 발전을 주도하는 역할을 하게 되었다. 미국, EU 등 선진국 정부의 경제노선과 정책의 변화를 보면 이러한 점을 확인할 수 있다.

앞에서 보았듯이 코로나 팬데믹 이후 미국, EU의 경우 정부가 직접 전면에 나서서 친환경에너지 산업이나 전략산업인 반도체나 이차전지 등의 미래 성장산업, 그리고 노후화된 사회간접인프라의 재건에 대규모의 재정을 투입하고 지원하는 것을 볼 수 있다. 선진국도 미래와 경쟁력을 확보하기 위해 국가가 나서서 선제적으로 대규모의 투자를 진행하는 것이다. 대공황 이후 수정자본주의의 시작을 알린 뉴딜의 부활이라고도 할 수 있다. 이러한 측면에서 볼 때 앞으로 산업정책과 복지정책 측면에서 국가의 역할은 더욱 중요해질 것으로 보인다.

3 우리나라의 과제

그렇다면 우리나라는 어떨까? 앞에서 보았듯이 우리나라는 1990년대 냉전 종식에 이은 국제화, 세계화의 물결 속에서 신자유주의 경제시스템이 자리 잡게 되었다. 특히 1997년 IMF 외환위기 이후 본격적으로 신자유주의를 기반으로 하는 정책과 제도가 도입되었다. 이후 20여 년이 지난 지금까지 신자유주의 경제시스템은 사회 전반에 천착하였다. 신자유주의는 정부 개입 최소화를 주장한다. 정부 개입 축소 또는 작은 정부라는 것은 결국 재정지출을 제약하게 된다.

신자유주의는 법인세 인하 등 감세와 재정 효율화를 명분으로 건전재정, 균형재정 심지어 흑자재정을 요구한다. 감세를 통해 기업이 투자를 늘리면 생산과 고용이 증가하고 이는 경제에 도움이 된다고 주장한다. 소위 낙수효과(trickle down effect)라는 것이다. 하지만 이미 알려진 바와 같이 낙수효과는 명확히 입증된 바 없고 오히려 기업의 투자나 고용은 감세와는 별 상관이 없다는 것이 다수 연구의 결과이다.

또한 국가부채가 증가하면 국가의 신용도가 떨어지고 나라 경제에 부정적인 영향을 준다고 주장한다. 하지만 우리나라 국가 부채비율은 다른 선진국에 비해 상당히 낮은 수준이고 선진국들은 이미 재정을 활용한 국가적 과제와 관련된 분야에 대한 과감하고 대대적인 투자를 통해 미래의 국가경쟁력을 확보하고 있다. 우리나라는 재정건전성을 고수해야 한다는 도그마에 걸려 국가의 미래 경쟁력을 위한 재정투입의 적기를 놓치고 있지 않은지 우려된다. 세계체제의 격변 속에서 신자유주의의 틀을 과감하게 깨고 나올 필요가 있다.

소규모 개방경제의 성격이 강한 우리나라는 세계 경제의 독립변수가 아닌 종속 변수이다. 우리나라가 세계 경제에 영향을 미치는 부분보다는 세계 경제 환경이나 국제정치 상황의 영향을 받는다. 예를 들면 전쟁 등 지정학적 리스크가 커지면 외국인 투자가 급격하게 감소하고 유출(달러가 현금화되는 과정)된다. 이로 인해 외화유동성의 수급이 불안해지고 환율이 급등락할 수 있다. 이러한 상황이 장기화하면 국가 신뢰도가 하락하고 우리나라 경제는 상당한 불확실성과 위기를 맞게 된다. 우리나라가 늘 대외환경의 변화에 민감할 수밖에 없는 이유이다.

정부는 이런 상황을 시장에만 맡겨 놓으면 되는 것일까? 당연히 아니다. 정부는 불안정성을 완화하기 위한 정책적 노력을 다해야 한다. 예를 들면 환율 안정 관련해서 생각해 보면 외환보유고가 충분하다면 큰 문제는 없을 것이다. 그리고 미국과의 통화스와프도 추진할 수 있다. 우리가 필요할 때 언제든 미국의 달러를 빌려올 수 있으므로 통화스와프는 단기적으로 확실하고 효과적인 방안이다. 이렇게 필요할 때 언제든 세계 본위화폐인 달러를 가져올 수 있다면 외화유동성 문제로 인한 여러 가지 불확실성과 위기 상황을 해결할 수 있다. 이는 미국과의 합의가 필요하므로 여기에만 의존할 수 없다. 우리나라가 수출과 외국인직접투자를 통한 달러 획득을 위해 국가적 차원의 노력을 기울여야 하는 이유이다. 시장과 기업에만 맡겨 놓으면 다 잘될 것이라고 국가의 역할을 다하지 않는 것은 국가의 직무 유기나 마찬가지이다.

우리나라는 그동안 경제는 미국과 중국(1990년대 이후)을 양대 축으로 두고 자유무역을 추구하는 동시에, 안보는 미국과의 군사동맹을 활용하는 것을 국가의 존립과 발전을 위한 핵심 전략으로 유지해 왔다. 우리나라의 정치, 경제, 외교, 국방 등의 대부분 시스템이 이러한 경제와 안보, 두 개의 축을 중심으로 만들어져 왔다고 해도 과언이 아니다. 만약 이 두 개의 축이 흔들리거나 문제가 생기면 우리나라의 존립과 발전에도 변화가 필요해진다.

다행히 지금까지는 이 두 개의 축이 부침은 있었지만 우리나라에 유리하게 작동해 왔다고 할 수 있다. 미국과 중국의 등에 올라타 여기까지 달려왔다고 해도 과언은 아니다. 하지만 다가올 미래에도 과연 이 두 개의 축이 과거에 그랬듯이 우리나라에 호의적으로 작동할 수 있을까? 최근 국제질서에는 큰 지각변동이 발생하고 있다. 미국의 패권이 도전받고 있고 코로나 팬데믹 이후 지정학적(geo-political), 지경학적(geo-economical) 위기는 더욱 증폭되어 국제적 공조와 협력의 흐름이 약화하고 각자도생의 흐름이 강화되고 있다. 미국과 중국 중 하나를 선택하라는 요구가 강제될 여지가 커지고 있다고 할 수 있다.

그렇다면 우리나라는 기존의 두 개의 축을 최대한 유지해야 할 것인가? 아니면 불확실성이 커지고 있는 상황에서 다른 나라들이 그러하듯 각자도생의 길로 가야 할 것인가? 미국과 중국 중 양자택일 해야만 하는가? 기존 대외전략의 수정이 요구되고 있다. 결론을 내리기 전 일단 우리나라에 주어진 제약조건을 면밀하게 살펴볼 필요가 있다. 우리나라는 외부 세계와 교류 및 협력을 해야 발전하고 생존할 수 있는 나라이다. 따라서 우리나라가 미국을 중심으로 한 자유무역 체제에서 이탈하는 것은 상상하기 어렵다.

미·중 갈등이 격화되고 미국의 중국 고립화 정책이 강화되면 중국과의 경제적 협력 관계가 중요한 우리나라에는 유리하지 않다. 하지만 그렇다고 미국을 버리고 중국을 선택할 수는 없다. 우리나라가 선택할 수 있는 길은 미국과의 대중 정책에 대한 협력과 연대는 호응하면서도 중국과의 경제적 협력 관계는 최대한 유지하는 길을 모색하는 수밖에 없다. 외줄 타기와 같은 일이니 대략 난감이다. 하지만 이것이 부정할 수 없는 우리나라의 지정학적, 지경학적 운명이다.

2010년대 후반 트럼프가 띄운 반세계화의 흐름은 2020년대 들어서 코로나 팬데믹이 발생하면서 더욱 강화되고 있다. 지구촌이라는 용어가 유행하였듯이 세계를 하나로 묶고 경제적 자원이 국경을 넘어 자유롭게 이동할 수 있었던 세계화의 시대는 저물고 있다. 미국과 중국을 중심으로 블록화가 강화되고 가치동맹, 자유주의동맹이라는 새로운 기준이 세워지고 있다.

글로벌 가치사슬(Global Value Chain, GVC)이 로컬(지역) 가치사슬(Local Value Chain, LVC)로 전환되고 있다. 이에 따라 기존의 국제 분업 질서가 빠른 속도로 재편되고 있다. 가까운 미래에 미국이냐, 중국이냐를 선택해야만 하는 곤혹스러운 시기가 다가올 가능성이 크다. 1990년대 이후 안미경중(安美經中, 안보는 미국, 경제는 중국)이라는 전략이 편하고 이득이 되는 전략이었지만 이 전략의 유효기간이 빠른 속도로 다가오고 있는 것으로 보인다.

하지만 이럴수록 냉철하고 유연한 자세로 국제정세의 변화에 대응할 필요가 있다. 모든 판단의 근거와 정책의 수립은 국익에 근거해야 한다. 국익은 보수 정부냐 진보 정부냐에 의해 그 기준이 결정되는 것이 아니라 국민의 삶에 미치는 영향을 기준으로 해야 한다. 세계사적 변화 앞에서 국가의 생존과 발전, 그리고 국민의 행복과 복리를 위해 새로운 전략과 활로를 모색해야 할 때가 다가오고 있다.

Chapter **05**

우리나라 경제의 역사적 이해: 대응과 전망

1 우리나라 경제의 도약을 위한 국가의 필요성

제4장에서는 최근 우리나라 경제가 당면한 대내외적 문제를 중심으로 설명하였다. 이 장에서는 이에 대한 대응의 구체적 실천 방안에 대해 살펴보고 우리나라 경제를 전망해 본다. 우선 우리나라는 명실상부한 수출 강국으로서 기존의 주요 수출산업이자 기간산업인 철강, 조선, 자동차, 반도체, 석유화학 산업을 더욱 육성, 발전시켜야 한다. 또한 기후변화 대응을 위한 친환경에너지 사용, 탄소중립 등과 같은 국제적 차원의 합의와 규범에 선도적으로 대응해야 한다.

이를 위해서는 기업의 힘만으로는 부족하다. 대외 불확실성과 투자 리스크가 커지는 상황에서 기업은 미래를 위한 투자에 보수적이다. 이러한 리스크를 상쇄하기 위해서는 국가 차원의 투자와 지원이 필요하다. K-Pop, K-Drama, K-Culture, K-Beauty, K-국방, K-방역 등의 우리나라 산업의 전방위적이고 비약적인 발전은 자유무역과 세계화의 대세 속에서 가능했다. 하지만 향후 이러한 성장이 지속되기 위해서는 국가의 지원과 협력이 뒷받침되어야 한다.

산업정책뿐만 아니라 복지정책에서도 국가의 역할은 중요해질 것이다. 코로나 팬데믹, 자연재해, 그리고 전쟁과 같은 예상할 수 없는(우리가 손을 쓸 수 없는) 위기가 발생하고 경제적 어려움이 올 수 있다. 예를 들면 중동 지역의 분쟁으로 인해 국제유가가 급등하고 비용의 증가로 인한 인플레이션이 발생할 수 있다. 2008년 글로벌 금융위기와 같은 세계적 경제위기가 발생해서 경기 침체가 발생하고 실업자가 급증할 수도 있다. 코로나 팬데믹과 같은 아무도 예상하지 못한 그런 세계적 감염병이 발생하고 국경 폐쇄, 공급망 붕괴 등이 다시 반복될 수도 있다.

이런 경제위기나 인플레이션, 실업 등이 증가하게 되면 서민을 비롯한 국민 다수가 고통과 피해를 겪게 된다. 하지만 그 고통과 피해의 노출 정도와 강도는 모든 사람에게 같지 않다. 서민, 저소득층, 사회경제적 약자는 경제위기로 인한 고통이 더 클 수밖에 없다. 예를 들면 인플레이션이 발생하면 고소득층의 엥겔지수는 큰 변화가 없지만 저소득층의 엥겔지수는 급등한다.[21] 이는 소득에서 차지하는 식료품 지출이 증가한다는 의미이다. 식료품 이외 필요한 다른 지출을 하기 어려워진다는 것이다. 저소득층의 삶의 질은 더욱 떨어질 수밖에 없다.

---

21 엥겔지수(Engel's coefficient)는 가계의 총 지출액 중에서 식료품비가 차지하는 비율을 의미한다. 일반적으로 식료품은 소득의 높고 낮음에 관계없이 반드시 얼마만큼 소비해야 하며 동시에 어느 수준 이상은 소비할 필요가 없는 재화이다. 그러므로 저소득 가계라도 반드시 일정한 금액의 식료품비 지출은 부담하여야 하고 소득이 증가하더라도 식료품비는 크게 증가하지 않는다. 따라서 식료품비가 가계의 총 지출액에서 차지하는 비율은 소득 수준이 높아짐에 따라 점차 감소하는 경향이 있다. 1857년 독일의 통계학자 엥겔(Ernst Engel)이 가계지출을 조사한 결과 이러한 경향을 확인하였고 그의 이름을 따서 이러한 경향을 엥겔의 법칙이라고 한다. 그리고 식료품비가 가계 총 지출액에서 차지하는 비중을 엥겔지수라고 한다.

2 국가의 역할

　따라서 정부는 경제위기의 해소를 위해 노력해야 한다. 이와 함께 현실화할 수 있는 위기를 상정하고 그 피해와 고통이 가장 큰 위치와 처지에 있는 사회경제적 약자부터 돌보고 지원해야 한다. 이 책은 정의(Justice)는 여러 가지로 해석될 수 있지만 존 롤스(John Rawls, 1921~2002)의 저서 『정의론』(A Theory of Justice, 1971)에서 제시한 '최소 수혜자에 대한 최우선, 최대한의 배려'(최소·최대원칙)를 제안하고자 한다.[22] 이는 사회공동체(국가)에 대해 가장 어려운 사회경제적 약자에 대한 우선적 지원을 요구하는 것이라고 할 수 있다.

　정부가 경제위기는 어쩔 수 없고 시장원리에 맡겨야 한다고 손을 놓고 있다면 정부는 존재할 가치가 없다. 비가 오면 우산이 없는 사람에게 우산을, 눈이 오면 외투와 장갑이 없는 사람에게 장갑과 외투를 줄 수 있어야 한다. 비가 오니까 눈이 오니까 집에만 있으라고 할 수 없다. 집에만 있으면 생계를 이어갈 수 없다. 비가와도 눈이 와도 사고나 부상의 염려 없이 집에서 나올 수 있도록 지원해야 하는 것이다. 이들은 대부분 우리나라 경제의 가장 기초적이고 열악한 생산단위(자영업자, 영세중소업체, 비정규직 노동자, 특수고용 노동자 등)를 이루고 있다.

　코로나 팬데믹 당시 경험했듯이 이들이 무너지면 우리나라 경제의 기초 생산 단위가 붕괴하는 것이다. 사회가 유지될 수 있도록 하는 기초적인 안전, 보건, 물류 등의 사회서비스가 마비될 수 있다. 이는 대한민국 경제의 기초를 흔들게 될 것이다. 날씨 예보만 잘한다고

22　존 롤스가 주창한 이론으로 그는 차등의 원칙을 '공정한 기회균등의 원칙'과 '최소·최대 원칙'으로 나누어 설명한다. 이는 최소 수혜자에게 최대 혜택을 주어야 한다는 의미로, 사회적 약자에게 더 많은 기회를 주어야 한다는 것이다. 한마디로 사회적 약자를 위한 정의론이다.

정부가 아니다. 날씨가 어떻든 우리나라의 모든 사람이 덥지 않고 춥지 않고 비에 젖지 않고 눈에 맞지 않도록 하는 것이 바로 정부의 역할이다. 예를 들면 급격한 인플레이션이 발생하는 경우 인플레이션 자체를 막을 수 없다면 우선 이들이 인플레이션으로 인해 겪을 고통을 줄이기 위한 다양한 정책적 지원을 할 수 있어야 한다. 이는 선택이 아니라 의무이고 당위이다.

국가가 부강해진다는 것은 단순히 경제 규모나 국방력의 크기로 평가할 수 없다. 국민 모두의 삶의 질이 향상되고 보다 인간적인 삶을 누릴 수 있어야 함을 의미한다. 국가가 아무리 부강해지고 국력이 신장되어도 그 혜택이 일부 계층이나 특정 그룹에만 돌아간다면 그것은 진정한 의미의 잘사는 나라라고 할 수 없다. 국가가 부강해지는 것과 함께 국민 다수가 그 혜택을 누리기 위해서는 비대칭으로, 불균등하게 쏠려 있는 사회경제적 자원을 국가적, 사회적 차원에서 조정하고 조율해야 한다. 조세, 소득재분배, 법과 제도의 정비, 사회간접 인프라 구축, 사회서비스 강화 등의 다양한 분야에서 정부의 역할과 지원이 필요하다고 할 수 있다.

인간적인 삶이란 출산, 육아, 교육, 주거, 의료, 돌봄 등 사회서비스, 그리고 기본적인 문화, 여가생활을 어렵지 않게 누릴 수 있는 수준의 삶이다. 국가는 이를 위해 관련 인적, 물적, 제도적 인프라를 확대, 제공해야 한다. 21세기 국가의 존재 이유는 여기에 있다. 20세기 후반의 야경국가의 역할을 넘어서야 한다. 앞에서 이야기한 CSR, ESG와 같은 기업(자본)의 사회화뿐만 아니라 더 높은 수준으로 국가 정책의 사회화가 필요하다. 우리나라가 앞으로 나아가야 할 방향은 국가의 정책과 자본의 사회성을 강화하는 것이라고 요약할 수 있다.

미국 경제가 망했다, 유럽 경제가 망했다, 일본 경제가 망했다, 중국 경제가 망했다 등의 말을 자주 들을 수 있다. 한 나라에서 경제위기가 발생했거나 극심한 경제적 어려움이 생긴 상황을 조금은 과장된 말로 표현할 때 주로 하는 말이다. 경제는 국민 삶과 국가 존립의 물질적 토대가 되니 경제위기가 발생하고 경제가 어려워지면 국가의 존립에도 문제가 발생할 수 있다. 이러한 의미에서 망한다는 용어를 쓰는 것이 당연할 수 있을 것 같다.

하지만 과장된 표현이라는 것으로 만족하기는 아쉽다. 그럼 정말 '경제가 망했다'라는 것은 무엇을 의미할까? 단순히 경제위기, 경제적 어려움을 의미하는 것일까? '망했다'의 경제적 의미는 채권·채무 관계의 급격한 창출과 소멸, 망실 또는 혼란을 이야기하는 것이다. 경제적 활동은 채권·채무 관계를 발생시킨다. 채권·채무 관계가 채권자와 채무자 사이에서 정상적으로 창출, 유지, 해소된다면 큰 문제는 없다.

그런데 만약 채권·채무 관계가 어떤 이유로 급격하게 변화된다면 국가 경제, 더 나아가 세계 경제는 큰 혼란에 빠지고 그 위기는 증폭된다. 예를 들면 채권·채무 관계를 획정하고 장부가 조작되거나 삭제된다면 어떻게 될까? 세상은 대혼란 가운데 빠질 것이다. 이러한 상황을 방지하기 위해 채권·채무 관계를 기록한 장부는 정부, 금융기관의 중앙 서버에 디지털화되어 이중, 삼중으로 보관(저장)된다. 해킹으로부터 디지털 정보를 보호하기 위한 사이버 보완의 강화가 국가적 핵심과제가 되는 것은 어쩌면 당연한 일이다.

비트코인을 가능하게 했던 블록체인 기술도 기존 중앙 집중 방식이 아닌 원장 분산 방식을 통해 정보를 안전하게 보호할 수 있다는 발상의 전환을 통해 개발되었다. 그만큼 채권·채무 관계의 보안이 중요하다는 점을 보여주고 있다. 블록체인 기술에 기초한 탈중앙화와 보안성의 확보로 비트코인을 비롯한 암호자산, 중앙은행 디지털화폐(Central Bank Digital Currency, CBDC)의 개발이 가능하게 되었다.

이렇듯 채권·채무 관계를 기록한 장부는 국가의 질서가 유지되는데 필수적이다. 따지고 보면 경제위기의 본질도 채권·채무 관계에서 채권의 행사는 급증하는 반면, 채무의 이행이 어려워지는 데 있다고 할 수 있다. 즉 채권·채무 관계에서 채권의 행사는 급증하는 반면 채무 불이행은 급감하는 경우이다. 여기서 채무 불이행은 채권·채무 관계가 해소되는 궁극적 결제 수단이 바로 현금(중앙은행화폐)의 부족으로 인한 것이다. 따라서 경제위기 발생 시 개인이나 기업은 현금을 확보하는 것이 사활을 건 문제가 된다. 현금이 절대 반지가 된다. 정부나 중앙은행은 '경제가 망하지 않도록' 유동성(현금)을 공급하게 된다. 중앙은행에 최종대부자의 역할이 주어진 것도 이런 이유라고 할 수 있다.

결국 '경제가 망했다'의 의미는 채권·채무를 정상적으로 해소할 진짜 돈, 즉 현금이 자취를 감추고 투자, 생산, 소비 등 경제활동이 멈추게 되었다는 의미이다. 그만큼 화폐와 금융이 중요하고 중앙은행과 금융 당국의 역할과 책임이 막중하다. 경제 내에 유동성이 부족해지면 문제는 심각해진다. 화폐경제의 정점에 있는 신자유주의 경제시스템에서는 화폐가 돌아야 경제가 생존한다. 신자유주의 경제시스템에서 화폐와 경제는 불가분의 관계가 되었다.

화폐순환이 멈추면 기초 생산 단위부터 생산 활동을 멈추게 된다. 자본주의 경제시스템에서 생산이 멈춘다는 것은 곧 체제 자체에 심각한 문제가 발생했음을 의미한다. 말 그대로 경제는 아랫단부터 붕괴한다. 경제가 망하는 것이다. 따라서 원활한 화폐순환은 자본주의 경제시스템의 유지와 발전에 필수적이다. 하지만 신자유주의 경제시스템은 자산시장의 거품과 붕괴의 사이클을 막지 못할뿐더러 그 거품과 붕괴의 규모도 감당하지 못할 정도로 커지고 있다. 현대판 시뇨리지 획득을 위한 무분별한 화폐창조는 아이러니하게도 화폐·통화시스템에 심각한 문제를 일으켜 경제의 붕괴를 초래한다.

현 화폐·통화시스템의 문제점은 신자유주의 경제시스템의 모순과 밀접하게 연결되어 있다. 이에 대한 해결과 대안이 앞으로 다가올 21세기 대한민국 경제가 한 단계 더 높은 수준으로 고도화될 수 있는 길이 될 것이다. 우리나라가 선진국에 진입하고 경제는 성장한다는데 대다수 국민은 늘 돈이 부족하다고 느낀다. 왜 열심히 일해도 돈이 부족할까? 주변에서 비트코인, 로또, 부동산에 투자해서 일확천금했다는 이야기를 심심치 않게 듣는다. 유튜브 등 SNS에서는 소위 파이어족이라는 사람이 나와서 자기가 어떻게 투자해서 돈을 벌 수 있었는지 무용담처럼 이야기한다. 벼락 거지가 된 심정이다.

앞에서 이야기했듯이 상업은행화폐 팽창과 자산시장으로의 유입은 자산 가치(가격) 상승을 가져온다. 우리나라의 경우 대출을 통한 자금(화폐)의 부동산으로의 쏠림 현상으로 아파트 등 주택 가격 급등하였다. 이는 주거비, 임대료의 상승으로 이어지고 다시 생활비와 상품 생산가격에 전가된다. 노동 소득 증가는 상대적으로 경직적이고 자신의 소득만큼 빠르게 증가하지 않는다. 자산 가격의 증가는 일부 자산 계층에게는 유리하지만 대다수 국민의 삶의 질은 그만큼 빠르게 향상되지 않는다. 현 화폐·통화시스템은 자산 가격의 상승에 따라 빠르게 부가 축적되는 소수 자산 계층이나 이에 편승하는 일부 고소득층에게 유리한 구조이다.

자산 계층은 축적된 부와 고소득을 활용하여 고가, 고품질의 소비가 가능하다. 자녀교육을 위해 일반 공교육이 아닌 고비용 사교육을 활용할 수 있다. 사교육을 받은 자녀는 공교육에 비해 유리한 스펙을 만들어 갈 수 있는 조건을 갖게 된다. 양질의 교육과 다양한 스펙을 쌓은 부유층 자녀들은 부모 세대의 부와 직업을 손쉽게 물려받을 수 있다. 이들이 기득권층, 엘리트층으로 다시 자리 잡게 되고 이것이 신자유주의 경제시스템에서 새로운 신분사회가 형성되는 메커니즘이다. 이는 개인의 능력에 따라 성과와 신분이 결정된다는 능력주의로 정당화된다.

능력주의(meritocracy)는 얼핏 보면 공정하고 당연한 것처럼 보이지만 능력이라는 것도 결국 부의 크기에 따라 결정되는 부분이 크다.[23] 그렇게 본다면 어떤 개인이 가진 능력도 공정하다고만 할 수 없다. 그 능력은 이미 기울어진 운동장에서 만들어진 것이기 때문이다. 우리나라 경우도 조선의 사농공상의 신분제가 폐지된 지 이미 한 세기도 훨씬 지났지만 또 다른 부와 능력에 따른 신분제가 작동, 강화되고 있다는 우려가 크다. 이는 소수의 특권 엘리트층이 자신들의 이익을 위해 작동되는 과두제(寡頭制, oligarchy)로 연결된다.[24] 우리나

---

[23] 능력주의(能力主義, meritocracy)는 부(富)나 권력과 같은 희소한 자원을 분배할 때 사람의 재능, 노력 및 성취도를 평가하는 기준을 마련하고 그러한 외부적인 평가 기준에 따라 차등적으로 대우하는 것을 긍정하는 정치철학이다. 능력주의는 실적주의라고 할 수 있는데 실적에 따른 보상을 전제로 하기 때문이다. 메리토크라시(meritocracy)라는 용어는 우수한 성적 또는 우수한 성적에 대한 보답을 뜻하는 merit과 그에 의한 지배를 뜻하는 cracy가 합쳐진 것으로 영국의 사회학자 마이클 영(Michael Dunlop Young)이 처음 사용하였다. 그의 소설 『능력주의』(The Rise of Meritocracy, 1870~2033)를 통해서 교육이 실적주의 사회로 연결되는 심각한 문제점을 고발하기 위해 처음 제기했다고 알려져 있다. 이 책은 능력과 실력에 따라 사회적 지위를 차지하는 것이 공정하다고 보이는 소위 실적주의 사회라 하더라도 기득권 세습의 문제로부터 자유로울 수 없는 점을 풍자하고 있다. 지적 능력, 교육 성취, 기타 개인의 성취에 의해서 지위가 결정되는 사회가 어떻게 그들의 돈과 지위를 자식에게 물려주고 사회의 통합을 망칠 수 있는지에 대한 위험성을 경고하고 있다. 실력과 능력이 있는 사람을 엘리트라고 하므로 이를 엘리트주의라고도 한다.

[24] 과두제(寡頭制, oligarchy)는 자산, 군사력, 정치적 영향력 등을 지닌 소수의 사회구성원에게 권력이 집중된 정부의 형태이다. 과두제는 일반적으로 지배계층 중에서 경제적으로 우월한 자들이 권력을 독점하면서 성립된다. 그리고 이들의 자녀 등 후계자들이 권력을 계승하는 형식으로 유지된다. 이들의 권력은 주로 경제적인 능력을 통해 사회에 영향력을 행사하는 방향으로 행진된다. 일부 이론가들은 겉으로 드러나는 형태가 무엇이든 간에(심지어 민주적 조직이라 해도) 모든 정부 형태는 궁극적으로 과두정일 수밖에 없다고 주장한다. 하지만 과두제는 보이지 않는 신분제 사회로 변질될 수 있다는 점과 사회의 역동성에 부정

라의 정치체제의 형식은 민주주의이지만 실제로는 기획재정부, 검찰 등이 지배하는 과두제로 운영되고 있다는 비판과 우려가 있는 것이 사실이다.

소수 부유층의 부(자산)의 대물림, 신분의 대물림이 전면적으로 확대되고 고착화한다면 우리나라에서 다수 서민의 신분 상승의 소망은 이루어지기 힘들어질 것이다. 이러한 부의 대물림과 신분제적 능력주의를 억제할 필요가 있다. 사회경제적 자원이 일부 특수계층에게 집중되지 않고 국민 전체의 후생과 복리를 위해 활용될 수 있어야 한다. 21세기 대한민국에서는 이를 위한 국가의 역할이 필요하다.

3 사회서비스 확충

예를 들면 우리 국민의 삶을 어렵게 하는 여러 가지 이유 중 하나는 교육, 주거 등에 비용이 많이 들어간다는 것이다. 가처분소득을 감소시키는 교육비, 교통비, 의료비, 주거비, 통신비 등의 비용은 사회서비스, 공공서비스의 특성이 강한 분야이다. 교육, 교통, 의료, 주거, 통신 등은 시장의 논리에만 맡기기에는 그 공공재적 특성이 큰 서비스이다. 따라서 저렴하고 높은 수준의 사회서비스 제공을 위해서는 시장의 실패를 최소화하고 공공성을 확대하기 위한 국가의 개입이 필요하다. 이는 사회서비스 분야에 대한 재정투입을 요구한다.

특히 이러한 사회서비스는 규모의 경제를 활용하는 공동구매를 통해 개인이 지출하는 비용을 줄일 수 있다. 가격이 저렴하더라도 서비스의 질은 보장되어야 한다. 국민 개인이 사회서비스 소비를 위해

적 영향을 미친다. 예를 들면 금융자본주의에서는 독점적인 금융자본에 의해서 국가권력이 영향을 받을 수 있다. 이것을 금융과두지배(金融寡頭支配)라고 한다.

지출하는 고정비용이 줄게 되면 서민과 청년과 같은 경제적 약자의 삶에 적지 않은 도움이 될 수 있다. 이는 기초 생산 단위의 강화에도 도움이 될 것이다. 사회서비스 분야에 대한 국가의 투자와 지원이 필요한 이유이다.

사회서비스의 강화는 개인에게 조건 없이 나누어 주는 보편적 기본소득(universal basic income)과는 다르다.[25] 기본소득은 세금을 걷어서 모든 국민에게 정기적으로 일정 금액을 지급함으로써 최소한의 소득을 유지할 수 있게 하는 것이다. 기본소득이 제기된 것은 고용 없는 경제성장이 가능한 4차 산업혁명 시대에 노동 소득이 감소하고 실업이 상시화할 수 있기 때문이다. 따라서 국가가 소득 감소와 실업에 대비해서 국민에게 최소한의 소득을 보장해 주어야 한다는 것이다.

하지만 기본소득을 주장하는 근거에는 문제가 있다. 우선 4차 산업혁명이 고용 없는 투자, 고용 없는 경제성장을 가져오므로 실업의 증가는 필연적이라는 전제조건이 과연 사실인가라는 점이다. 4차 산업혁명은 정보통신기술의 발전에 기초한 6G 통신 기술, 빅 데이터, 인공지능 등을 도입하여 생산 과정이 자동화, 모듈화되는 스마트 공장의 전면적인 도입을 전제로 한다. 스마트 공장의 도입은 일부 제한된 분야에서 이루어지고 있지만 이것이 과연 전 산업과 기업에 전면

---

25 보편적 기본소득(universal basic income)은 재산이나 소득의 많고 적음, 노동 여부나 노동 의사와 상관없이 개별적으로 모든 사회구성원에게 균등하게 지급되는 소득을 의미한다. 기본소득은 토머스 모어의 소설 『유토피아』에서 처음 등장하였다. 1970년대 유럽에서 논의가 시작되어 노동 소위 문제가 부각하기 시작한 2000년대에 들어 논의가 급속히 확산하였다. 기본소득은 일반적으로 진보 진영의 주장이라고 여기지만 보수 진영에서도 기본소득을 주장하고 있다. 보수 진영의 기본소득은 기존 사회복지정책을 대체하는 것으로 보고 있으므로 진보 진영에서 주장하는 기본소득과는 그 이론적 근거와 성격이 다르다고 할 수 있다.

적으로 도입될 수 있는지에 대해서는 의문이 여지가 있다. 설령 4차 산업혁명의 도래가 정말 전 산업과 기업에 전면적으로 이루어지더라도 관련된 새로운 일자리가 창출될 수 있다. 4차 산업혁명과 실업은 일대일의 관계라고 단정하기는 어렵다.

18세기 산업혁명 이후 자본주의 경제는 생산성 향상을 위한 많은 혁신과 발전을 이루어 왔다. 그 시기마다 새로운 기술과 혁신이 기존 일자리를 줄이고 대량 실업을 양산할 것이라는 우려와 주장도 적지 않았다. 하지만 자본주의 역사는 혁신과 생산성 향상이 실업을 증가시킨다는 가정이 맞지 않음을 보여주고 있다. 농업 분야의 일자리는 제조업 분야의 일자리로, 제조업 분야의 일자리는 다시 서비스 분야의 일자리로, 그리고 각 산업 내의 일자리도 새로운 분야로 유입될 수 있었다. 4차 산업혁명이 과연 이전과 다르게 고용 없는 기술 혁신이 될지 확신할 수 없다.

만약 4차 산업혁명으로 시장에서 필요로 하는 일자리가 줄어 실업이 증가한다 해도 해결방안이 없는 것은 아니다. 우리 사회가 필요로 하는 사회서비스 수요를 충족시킬 수 있는 다양한 사회서비스 관련 일자리를 창출함으로써 실업문제를 해소해 갈 수 있다. 경제의 고도화에 따라 국민이 요구하는 사회서비스도 다양해지고 있다. 이러한 다양한 수요를 고려한다면 일자리가 없어서가 문제가 아니라 일할 수 있는 사람이 없어서 문제가 되는 상황이 될 수 있다.

우리나라는 저출산 고령화 사회로 급격하게 진행되고 있다. 이는 이미 정해진 미래이다. 저출산 고령화에 따른 인구구조 변화는 그에 따르는 사회서비스의 확대도 요구하고 있다. 한 사람 한 사람이 중요해지고 맞춤형 사회서비스의 개발과 확대가 필요하다. 다양하고 수준 높은 문화생활뿐만 아니라 개인이 자아실현과 행복을 추구하면서 일생을 살아가는 데 필요한 결혼, 출산, 보육, 교육, 취업, 주거,

건강, 보건, 요양, 간병, 의료 등 소위 사회서비스에 대한 수요는 빠르게 증가하고 있다. 이러한 사회서비스는 저출산 고령화의 인구구조 변화에 따라 그 필요가 더욱 증가한다. 4차 산업혁명의 여부와 상관없이 그 수요에 맞는 질 높은 사회서비스가 제공되어야 한다.

사회서비스의 공급은 시장 논리에만 맡기면 원활히 공급되기 어렵다는 점에서 국가의 역할이 중요하다. 국가가 재정을 투입하여 이러한 사회서비스를 제공하는 대기업의 역할을 하면 적절한 사회서비스의 공급뿐만 아니라 사(私) 부문에서 발생한 실업을 공공부문에서 흡수, 해소하는 데 큰 도움이 될 것이다. 국가가 민간과의 협력을 통해 다양하고 수준 높은 사회서비스를 제공한다면 국민의 전반적인 삶의 질도 향상될 것이다.

여기서 이런 질문이 나올 수 있다. 국가가 사회서비스를 제공하기 위해서는 이에 필요한 재원이 필요한데 이를 어떻게 마련할 것인가라는 질문이다. 좋은 질문이다. 재원 마련을 위해 우선 증세를 고려할 수 있다. 우리나라 정부부채 비율은 50% 수준으로 주요 선진국에 비해 현저히 낮은 수준이다. 신자유주의 시대의 작은 정부, 재정건전성 도그마를 벗어나 국가의 책임과 역할을 강화할 필요가 있다. 국내총생산 대비 정부부채 비율은 50% 수준으로 상당히 낮은 수준이지만 가계와 기업의 부채인 민간부채 비율은 220%로 선진국 중 가장 높다. 국가가 져야 할 부채를 민간이 떠안은 형국이다.

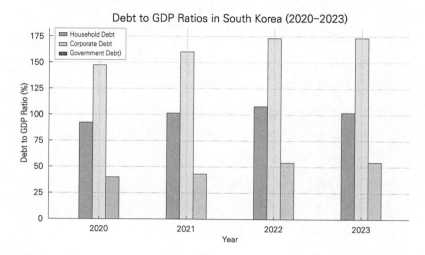

그림 4-5 우리나라의 가계, 기업, 정부부채 비율 추이(2020~2023)

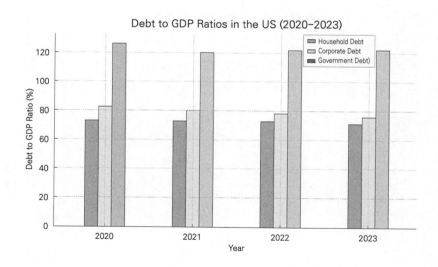

그림 4-6 미국의 가계, 기업, 정부부채 비율 추이(2020~2023)

그림 4-7 EU의 가계, 기업, 정부부채 비율 추이(2020~2023)

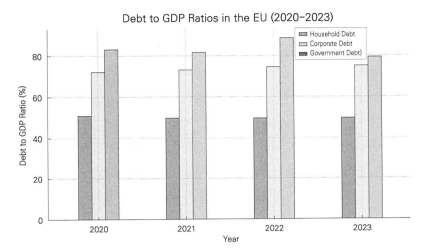

그림 4-8 일본의 가계, 기업, 정부부채 비율 추이(2020~2023)

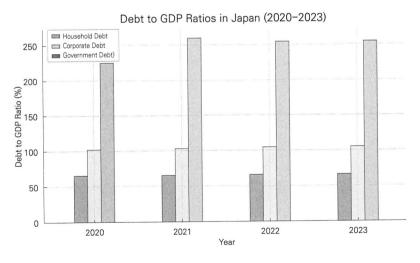

위 네 개의 그래프는 각각 최근 우리나라, 미국, EU, 일본의 GDP 대비 가계
부채, 기업부채, 정부부채 비중을 나타낸 것이다. 국가별로 차이는 있지만 우리나

라의 경우 미국, EU, 일본에 비해 정부부채는 낮은 대신 가계부채가 현저히 높은 것을 알 수 있다. 이는 정부의 재정을 통한 역할이 미진했음을 보여주는 것이고 대신 이를 민간 특히 가계가 부담했음을 알 수 있다.

이렇게 정부부채 비율이 낮고 민간부채 비율이 현저히 높은 것은 OECD 선진국 중 우리나라가 유일하다. 경제성장, 복지, 미래 산업에 대한 투자뿐만 아니라 사회서비스 제공을 위한 재원은 세수가 아니면 정부의 부채로 충당되기 마련이다. 국가가 작은 정부, 재정건전성을 운운하면서 세금은 줄이고 부채를 활용하지 않으니 그 부담은 고스란히 개인과 가계로 전가되는 것은 당연한 일이다. 사교육이 팽창하고 간병 살인, 간병 파산이 일어나는 이유이다.

국가의 직접 제공 또는 민간을 활용한 공동구매를 통해 저렴하고 질 높은 사회서비스 제공이 없다면 개인은 자기 부담으로 시장에서 이러한 사회서비스를 구매할 수밖에 없다. 사회서비스를 시장에 맡기면 사회서비스의 질은 개인 소득 수준에 따라 결정되고 저소득층은 필요한 서비스를 제공받기 어렵게 된다. 교육비(특히 사교육비 및 대학 등록금), 의료비, 주거비 등 지출할 곳은 많고 그 비용도 만만치 않기 때문이다.

예를 들면 가계의 지출 중 자녀의 사교육비나 대학 등록금, 아파트담보대출 원리금 상환 등에 들어가는 비중이 작지 않다. 비용 마련을 위해 부업을 하고 빚을 낼 수밖에 없다. 가계부채가 급증할 수밖에 없는 구조이다. 민간부채 중에서도 기업보다 가계부채가 심각한 수준이다. 사회서비스의 제공과 미래 성장산업과 사회간접자본 투자를 위한 재원은 세수를 통해서도 가능하지만 조세저항 때문에 부족할 수 있다.

4 사회서비스 확충을 위한 재원 조달 방안

증세와 함께 국채 발행도 고려할 수 있다. 국채 발행은 일반적으로 유통시장을 통해 이루어진다. 하지만 유통시장이 아닌 발행시장에서 한국은행이 직접 인수하는 방법도 고려할 수 있다. 중앙은행의 국채 직접 인수는 일반적인 방법이 아니라고 비판받을 수 있다. 하지만 이는 불가능하지 않다. 실제 미국은 2020년 코로나 팬데믹으로 인한 전대미문의 비상 상황에서 이 방식을 활용하였다.[26] 이 방식을 미국만이 또는 비상 상황에서만 사용하라는 법은 없다.

정부가 발행한 국채를 발행시장에서 중앙은행이 직접 인수하게 되면 정부로서는 유통시장보다 유리한 금리와 만기로 재원을 충당할 수 있다는 이점이 있다. 예를 들면 유통시장에서 국채를 소화하기 위해서 지급해야 하는 금리가 3%라고 하자. 중앙은행이 직접 인수하면 정부와 중앙은행의 협상에 따라 시장금리보다 낮은 2% 또는 1% 수준에서 국채 발행 및 인수가 가능하다.

이론적으로는 중앙은행이 무이자(제로금리)로 국채를 인수할 수도 있다. 왜냐하면 중앙은행은 영리 기관이 아니기 때문에 무이자로 국채를 인수하지 못할 이유가 없다. 만기도 최장기간(예를 들면 30년)으로 할 수 있고 만기 도래 시 재정 여건에 따라 연장도 가능하다. 이러한 점에서 중앙은행의 국채 인수는 사회적 합의만 이루어진다면 결코 불가능한 방법이 아니다.

중앙은행의 독립성을 훼손한다는 비판이 있지만 중앙은행은

---

26 연준이 발행시장에서 직접 국채를 인수하는 것은 법으로 금지되어 있다. 하지만 연준은 시중 금융기관이 유통시장에서 매입한 국채를 대량 재인수하여 이러한 법적 제한을 우회하는 방식으로 국채를 인수하였다. 미국 정부는 이러한 방식으로 필요한 재원을 마련하였다. 현대화폐이론에서 주장하는 부채의 화폐화가 일부 현실화하였다.

정부와의 협상력 강화를 통해 오히려 현재의 물가안정, 금융안정의 역할을 넘어 새로운 영역으로 중앙은행의 역할을 확대할 방안일 수 있다. 이러한 중앙은행의 국채 직접 인수를 부채의 화폐화(monetization of government debt)라고 한다. 최근 주목받고 있는 현대화폐이론에서 주장하는 내용이다. 현대화폐이론은 상업은행 등 시중 금융기관의 국채 매입을 화폐대출이익(현대판 시뇨리지)을 독점한다는 차원에서 비판적이다. 국채 발행이 필요한 경우 상업은행이 아닌 중앙은행이 직접 인수할 것을 주장한다.

이러한 현대화폐이론의 주장은 시장 메커니즘을 최고선으로 간주하는 주류 경제학계, 특히 정부 개입 최소화를 주장하는 신자유주의 경제학에서 받아들여지기 어려운 주장이다. 하지만 아이러니하게 현대화폐이론에서 주장하는 부채의 화폐화가 간접적인 방식이지만 신자유주의 경제학의 메카인 미국에서 일어났다는 것을 아는 사람은 많지 않다. 판도라의 상자가 열린 것이다.

2020년 코로나 팬데믹이 발생하고 유동성이 급격하게 고갈되면서 유례없는 금융위기의 가능성이 커졌다. 미국은 국경 폐쇄 및 이동 제한 등으로 인한 경제위기에 대응하기 위해 신속하게 모든 가계에 800달러를 지원하였다. 비상 상황에서 빠르게 재원을 마련하기 위해서 연준이 2조 달러의 국채를 인수하게 되었다. 이것이 미국 최초의 부채의 화폐화를 통한 재정지출이라고 할 수 있다. 획기적인 경제사적 사건이 아닐 수 없다. 이러한 정책의 성공 여부에 대해서는 아직 갑론을박이 있다.

예를 들면 화폐의 부채화가 인플레이션을 초래했다는 비판이 있다. 하지만 2022년 이후 발생한 인플레이션의 원인은 한 가지만으로 설명할 수 없다. 코로나 확산을 막기 위한 이동 제한, 도시 및 국경봉쇄 등의 여파로 물류대란이 일어났고 이로 인한 공급망의 마비로 공급부족에 따른 인플레이션이 발생했다. 리오프닝 후에도 한 번 일자리를 떠난 노동 인력의 복귀가 탄력적으로 일어나지 않아 서비스 가격도 상승하였다. 설상가상 2022년 초 러시아-우크라이나 전쟁이 발발하여 석유, 천연가스, 곡물, 원자재 등의 가격이 급등하면서 인플레이션이 가속화되었다.

이와 같이 2022년 이후 진행된 인플레이션은 수요 확대가 아닌 공급망의 문제로 인한 공급부족의 문제, 전쟁과 같은 지정학적 리스크의 확대와 에너지, 곡물, 원자재 가격 급등과 같은 비용 상승에 따른 것이라고 보아야 한다. 단순히 가계에 대한 재정지원이 수요를 자극하여 인플레이션을 유발했다고 주장하는 것은 '까마귀 날자 배 떨어졌다'라는 속담처럼 배가 떨어진 것이 까마귀 때문이라고 주장하는 것과 같다. 배가 떨어지는 것은 배가 익었거나 바람이 불었기 때문이지 까마귀 때문이 아닌 것과 같다.

가계에 대한 지원이 미국 국민이 코로나 위기를 극복하는 데 큰 역할을 했다는 점에서는 의문의 여지가 없다. 미국의 부채의 화폐화에 대한 의미를 면밀하게 검토하여 우리나라의 상황에 맞게 적용할 수 있을 것이다. 이렇게 보았을 때 국민적 요구가 상당하고 미래의 국가경쟁력을 확보하기 위한 투자의 재원은 증세, 국채 발행, 부채의 화폐화 등 다양한 방법으로 가능하다. 부채의 화폐화는 미국만이 가능한 것이라고 그냥 넘어갈 것이 아니라 그 가능성과 효용성을 면밀하게 살펴서 우리나라의 적용 가능성을 모색할 필요가 있다.

이것이 전제되고 국민적 합의만 있다면 한국판 모두를 위한 양적 완화(Quantitative Easing for the People)는 불가능하지 않다.[27] 현재

---

27 모두를 위한 양적완화는 정부의 재정지출을 위해 중앙은행이 국채인수 또는 대출의 형식으로 국고 계좌에 직접 입금하고 이를 정부가 국민을 위해 사용하는 것을 의미한다. 대표적인 사례로 코로나 팬데믹 대응을 위한 미국 정부의 재정지출 사업을 들 수 있다. 2020년

의 선진국이 선진국으로 발전할 수 있었던 것은 자본의 역할만이 아니다. 국가의 대규모 투자와 지원이 미래 성장잠재력을 확충하였고 국민 삶의 질을 향상하는 데 중요한 역할을 했기 때문이다. 현재 선진국 국민이 누리고 있는 높은 삶의 질은 과거 국가의 대규모 투자와 지원을 통한 사회·제도적, 경제·산업적 차원의 사회서비스, 사회간접자본이 견고하게 구축되었기 때문이다.[28]

경제위기 대응에 있어서 정부의 재원을 활용한 대처는 정부부채 증가를 가져올 수 있다. 하지만 국가가 위기를 극복하고 국민의 삶을 지키기 위해 재정을 활용하는 것은 당연한 일이다. 선진국의 적극적인 재정 활용은 국가의 위기를 정부가 나서서 해결하지 않으면 그 피해는 국민 다수에게 돌아가고 오히려 경제적 역동성과 성장잠재력을 훼손할 수 있다는 암묵적인 합의가 있기 때문이다.

코로나 팬데믹 대응을 위해 연준은 국고 계좌에 총 4조 달러를 입금하였다(사실상 화폐창조). 미국 정부는 이 재원으로 팬데믹 극복을 위한 다양한 재정지출을 할 수 있었다. 미국 정부는 PPP(Paycheck Protection Program)라고 하는 급여 보장 프로그램에 1조 달러, 가구당 600달러 재난지원금 지원을 위해 3조 달러 등 총 4조 달러 규모의 재정을 지출하였다. 연준의 화폐창조와 이를 재원으로 한 적극적인 재정지출은 경제위기에서, 국민의 삶과 기초 생산 단위가 유지되는 데 큰 힘이 되었다고 평가된다. 이는 미국이 위기를 극복하는 원동력이 되었다. 2008년 글로벌 금융위기 때의 양적완화는 상업은행 지급준비금을 늘려주는 방식이었다. 반면 2020년 코로나 팬데믹 위기 때의 양적완화는 정부 국고 계좌에 화폐를 직접 입금해 주는 방식이었다. 후자를 소위 '모두를 위한 양적완화'라고 한다. 양적완화도 상업은행의 지급준비금을 늘려주느냐, 아니면 국고 계좌의 잔고를 늘려주느냐의 두 가지 방식이 존재한다. 두 가지 방식 중 후자인 모두를 위한 양적완화 방식은 제3부 화폐의 역사적 이해에서 논의한 국가주도 화폐창조(현대화폐이론)와 직접적으로 연결된다는 점에서 상업은행의 지급준비금을 늘려주는 방식보다 한 단계 더 진전된 정책이라고 평가할 수 있다.

28 세월이 지나 선진국이 과거 건설한 사회간접자본의 노후화 또는 부족 상태가 심각한 것이 사실이다. 현재 미국, EU, 일본 등은 이 문제가 국가적 차원의 문제임을 인지하고 다시 대규모의 인프라 개선, 재건사업을 개시하고 있는 것으로 보인다. 그 중심에는 친환경에너지 산업이 있다. 우리나라는 선진국의 사회간접자본 재건사업을 십분 활용할 필요가 있다.

5 선진국의 사례 활용

선진국의 이러한 모습은 근대 국민국가 형성 이후 오랜 시행착오 속에서 국가의 존재 이유와 역할에 대한 사회적 합의가 이루어졌기 때문이다. 특히 20세기 초 두 번의 세계대전과 대공황, 그리고 이 파괴적 위기를 극복하는 과정에서 국민의 삶을 지키기 위한 국가의 역할이 얼마나 중요함을 알았기 때문이다. 선진국은 각자도생은 결국 모두의 공멸임을 경험적으로 알았고 협력과 연대만이 위기를 극복할 수 있는 길임을 알았던 것이다.

이러한 사회적 합의와 경험이 정부의 적극적 역할과 재정정책으로 연결된 것이다. 19세기 이후 오랫동안 자유방임적 사고와 철학이 강력한 지배적 이데올로기로 자리했던 미국도 20세기 초 대공황 시기 이러한 과거의 방법으로는 위기를 해결할 수 없음을 경험했다. 대공황의 위기 가운데 집권한 루스벨트 대통령이 국가의 강력한 개입과 재정투입을 핵심으로 한 뉴딜정책으로 대공황을 극복했다는 것은 잘 알려진 사실이다.

이렇게 선진국은 국가의 적극적 개입과 재정투입을 통한 국가적 투자, 위기 극복, 국민 삶의 질을 향상하기 위한 사회서비스의 제도적 구축 등을 이루어 왔다. 선진국 국민은 이러한 국가투자의 수혜를 누리고 있다. 이런 나라의 국민에게 미국이 패권국가냐, 중국이나 러시아가 패권국가냐 하는 논쟁은 큰 의미가 없다. 이미 충분한 자아실현과 행복 추구를 위한 사회경제적 기반이 형성되어 있으므로 그 국민의 삶의 질은 우리보다 훨씬 높다. 한참 성장하는 시기의 청소년이 나이 든 노인보다 힘이 세고 더 활기차지만 인생의 경륜과 경험에서는 노인에 못 미치는 것과 같다.

선진국은 재정을 흥청망청 써서 정부부채가 많아졌고 경제도 성인병에 걸린 것처럼 여러 가지 문제가 생겼다고 아무렇지 않게 주장하는 것은 선진국이 어떻게 지금과 같은 선진국이 되었는지에 대한 역사적 사실과 교훈을 무시하는 것이다. 우리나라는 이러한 과오를 범하지 않기 위해서 선진국이 왜, 어떻게 현재와 같은 선진국이 될 수 있었는지에 대한 깊은 고찰과 직관이 필요하다.

우리나라가 선진국에 진입했다고 하더라도 아직은 선도자가 아닌 추격자의 위치에 있다는 것을 잊지 말아야 한다. 우리나라는 코로나 팬데믹을 극복하는 과정에서 방역 선진국으로서 위상을 높였고 이제는 K-Pop, K-Drama를 위시한 문화 선진국으로 발돋움하고 있다. 앞으로도 우리나라가 명실상부한 선진강국으로 발전하기 위해서 국가적 역량이 집중되어야 한다. 그렇지 않다면 언제든 선진강국에서 멀어질 수 있다. 국가 역량의 집중은 개인이나 기업에 맡겨둘 수 있는 것이 아니라 국가의 적극적인 투자와 지원이 우선되어야 한다.

우리나라가 명실상부한 선진국 지위로 올라서기 위해서는 국민 삶의 질을 높이고 미래 성장 동력을 확보하기 위한 국가적 차원의 투자와 지원이 필요하다. 이에 필요한 재원은 증세, 일반적인 국채 발행 그리고 중앙은행의 국채 인수라는 부채의 화폐화도 과감하게 도입할 수 있어야 한다. 더구나 이는 현행 한국은행법상으로도 충분히 가능하다.[29] 능력이 아니라 의지의 문제일 뿐이다. 국가가 재정이 부족하다고 손을 놓고 미래세대를 위해 아무것도 하지 않는 것은 직무 유기이다.

---

29 한국은행법 제75.2조(대정부 여신 등)에서는 "① 한국은행은 정부에 대하여 당좌대출 또는 그 밖의 형식의 여신을 할 수 있으며 정부로부터 국채를 직접 인수할 수 있다. ② 제1항에 따른 여신과 직접 인수한 국채의 총액은 금융기관과 일반에 대하여 정부가 부담하는 모든 채무를 합하여 국회가 의결한 기채(起債) 한도를 초과할 수 없다. ③ 제1항에 따른 여신에 대한 이율이나 그 밖의 조건은 금융통화위원회가 정한다."라고 규정하고 있다. 이는 한국은행이 발행시장(1차 시장)에서 국채 매입자로 직접 인수하는 방식이다. 이 경우 정부가 한국은행과의 협의를 거쳐 신속하게 대규모의 국채 발행이 가능하다.

박정희 정권은 정치적으로는 독재 정권이었지만 국가 차원의 대대적인 투자와 지원이 우리나라 산업과 경제발전에 큰 역할을 했음은 부인할 수 없다. 현재와 같은 불안정성의 시대에는 국가가 전면에서 나서서 적극적인 투자와 미래 성장산업을 선도하는 역할을 해야 한다. 우리에게는 새로운 시대를 열기 위한 '제2의 박정희', '제2의 한강의 기적'이 필요한 것이다. 앞에서 보았듯이 세계적으로도 자본주의는 다시 한번 변화의 기로 위에 서 있다. 우리나라도 신자유주의 경제시스템을 넘어서는 새로운 경제철학과 경제정책의 모색과 실천이 필요한 시점이다.

맺음말

이제 이 책을 마무리할 순서가 되었다. 앞에서 경제, 무역, 화폐의 역사적 이해라는 제목으로 근대 이후의 변화상을 개괄하였다. 특히 1930년대 대공황 이후 수정자본주의 경제시스템과 1980년대 이후 신자유주의 경제시스템을 중심으로 세계 경제, 무역, 화폐가 어떻게 상호 긴밀하게 연결되어 작동하고 있는지를 살펴보았다. 앞에서 보았듯이 세계 경제는 자유무역과 세계화, 그리고 이를 뒷받침하는 중앙은행과 상업은행의 이중은행제도와 대출에 근거한 무제한적인 화폐창조를 통해 상호 상승효과(시너지)를 일으키면서 빠르게 성장해왔다. 하지만 그 이면에는 노동 소외, 소득과 자산의 양극화 그리고 이에 따른 대내적, 대외적 불만과 갈등이 높아져 왔음도 살펴보았다.

또한 이를 우리나라 경제에 적용하여 우리나라의 지난 반세기 기간 산업화와 경제발전의 과정 그리고 앞으로 지속가능한 성장을 위해 나아가야 할 방향에 대해 살펴보았다. 앞에서 보았듯이 우리나라는 IMF 외환위기로 신자유주의 경제시스템의 수용을 강제 받았고 그 구조조정 과정에서 큰 고통을 감수해야 했다. 하지만 그것이 전화위복이 되어 경제의 효율성을 높이고 자유무역과 중국이라는 기회를 활용하여 중진국 함정을 벗어나 선진국으로 진입할 수 있었다. 하지만 세계 다른 나라와 마찬가지로 그에 따르는 노동 소외, 부의 양극화 등의 문제를 피할 수 없었다. 오히려 그 정도는 더 심해 보인다.[1] 현재 우리가 직면하고 있는 심각한 저출산, 가계부채 문제 등은 그 일각일 뿐이다.

이러한 문제들은 현재의 신자유주의 경제시스템의 자체적 개혁과 노력으로 해결될 수 있을지 의심스럽다. 왜냐하면 이러한 문제들이 경쟁과 효율을 그 본질로 하는 신자유주의 경제시스템의 결과이기 때문이다. 신자유주의 경제시스템이 환골탈태 하지 않는 한 만족할 만한 해결은 어려울 것으로 보인다. 그렇다면 신자유주의 경제시스템을 대체하는 새로운 경제시스템을 수용함으로써 이러한 문제들을 해결할 수 있지 않을까? 이는 더 어려운 과제이다. 신자유주의가 이룬 경제적 번영과 성과는 지속하면서 이 문제를 해결해야 하기 때문이다. 새로운 경제시스템의 모색과 수용은 앞으로 계속 고민하고 관찰해야 하는 과제가 될 것이다.

하지만 그것이 무엇이 됐든 이러한 변화는 미국, EU 등 선진강대국에서 시작될 것이다. 우리나라는 이를 좇아가되 우리 실정에 맞게 잘 적용하면 될 일이다. 세계체제가 미국, EU를 중심으로 돌아가는 한 이는 어쩔 수 없는 냉엄한 현실이다. 수출로 먹고사는 우리나라 경제에서 가장 중요한 것은 세계 본위화폐인 달러이다. 그것이 신자유주의가 되든 신케인스주의가 되든 상관없다. 달러 획득의 중요성을 다시 한번 강조하면서 책을 마무리하고자 한다.

21세기는 국민의 행복과 복리가 최우선이 되는 국민국가 시대이

---

1   예를 들면 OECD 38개 국가 중 최고 수준의 자살률, 산업 재해 건수와 최저 수준의 출산율과 복지 지출 비율, 최악의 경제 불평등 지수 등 선진국이라고 하기에 무색할 정도로 많은 문제점을 가지고 있다. 최선의 지표와 최악의 지표가 함께 공존하는 우리나라의 경제발전 사례는 세계사적으로도 이례적이고 특이하다. 이는 일반적으로 선진국이 200년 이상 걸린 산업화를 반세기 여 만에 이룬 단기간 압축 성장의 결과를 잘 보여주는 사례이다. 눈부신 성과와 함께 그에 따른 부작용과 폐해가 선명하게 대조되어 나타나는 것이라고 해석할 수 있다.

고 앞으로도 그렇게 전진해 갈 것이다. 국민국가의 시대에서 국가의 목적은 대내적으로는 국민 개개인 모두가 행복하고 인간적인 삶을 살 수 있는 물질적, 제도적 토대를 제공하는 것이고 대외적으로는 다른 나라와의 경쟁에서 국익을 극대화하는 것일 것이다. 물론 그 국익도 국민의 행복과 복리를 위한 것이어야 한다. 수출로 먹고사는 우리나라는 대내적 목표와 대외적 목표를 분리하기 어렵다. 따라서 대외적 차원에서 발생하는 국익을 대내적 차원에서 국민의 행복과 복리 향상으로 연결해야 한다.

이를 위해서는 우선 대외 부문에서 달러를 가능한 최대한 많이 벌어오는 것이 전제되어야 한다. 달러야말로 세계의 기축통화이면서 세계에 대한 청구권(채권)이다. 달러 획득에 우리나라의 명운을 걸어야 한다. 물건을 사고파는 상품시장이든 돈을 융통하는 자본시장이든 세계시장에서 달러를 많이 벌어오면 벌어올수록 국익은 커진다. 세계시장에서 달러를 벌어오면 그것은 원화로 환전되어 국내 경제에 투입되고 외환보유고로 축적된다. 달러의 환전은 그만큼 원화가 많아진다는 것이다. 이는 다시 말해 국민이 사용할 수 있는 화폐의 총량이 증가함을 의미한다. 외환보유고의 증가는 위기에 대응할 수 있는 능력과 국부의 증가를 의미한다.

통화량이 증가하면 물가는 상승한다는 것은 일반적으로 알려진 통념일 뿐이다. 통화량과 물가의 정(+)의 관계는 물리학 법칙처럼 모든 경우에 일률적으로 적용되는 것은 아니다. 생산량의 증가 없이 통화량만 늘어나면 물가는 상승한다. 하지만 우리나라가 외국에 수출하여 달러를 벌어들이고 그에 상응하여 통화량이 늘어나는 것은 생산량(생산성) 증가와 동반하기 때문에 물가상승 압력은 줄어들게 된다. 다시 말해 우리나라의 수출을 통해 달러를 많이 획득할수록 국익(국부)과 통화량은 증가하지만 물가는 안정적이며 이상적인 상황이 될 수 있다. 이런 측면만 보아도 우리나라 경제에서 왜 수출이 중요한지 이해할 수 있다.

그렇다면 우리가 해야 할 일은 세계시장에서 달러를 많이 획득할 수 있는 방법을 찾는 것이다. 그 대표적인 방법이 앞에서도 이야기한 수출 증대이다. 세계시장의 거래는 대부분 달러로 이루어지기 때문에 우리나라가 생산한 상품과 서비스가 세계시장에서 많이 팔리면 팔릴수록 더 많은 달러를 획득할 수 있다. 달러는 국내에서 다시 원화로 환전되고 가계와 기업의 다양한 경제활동에 쓰이게 된다. 이러한 경제활동의 결과와 성과가 축적되어 국부와 국력의 원천이 된다.

또한 원화로 환전된 달러는 시중은행의 외환 계좌에 예치되는데 그 일부를 한국은행 등 외환 당국이 매입하여 외환보유고로 활용하게 된다. 시중은행 및 한국은행에 예치된 달러는 우리가 필요한 에너지, 원자재, 상품, 서비스 등의 경제적 자원을 외국에서 사 올 수 있는 구매력이 된다. 달러를 많이 확보하면 할수록 그만큼 구매력은 증대되고 국민의 삶의 질은 향상될 수 있다.

16~17세기 대항해 시대 유럽에서 금, 은과 같은 귀금속의 많고 적음이 국가의 부를 결정한다고 본 중상주의가 유행했던 것은 이러한 이유와 맥락이 닿아 있다. 당시 무역 거래는 금, 은으로 이루어졌기 때문에 금, 은과 같은 귀금속(금속화폐)을 많이 획득하기 위해서는 그만큼 수출은 늘리는 대신 수입을 줄여야 했다. 이는 국가 간 경쟁적인 보호무역으로 이어지게 되고 결국 경쟁국간 충돌은 당연한 결과가 되었다. 이러한 흐름은 17~18세기 유럽 내에서의 수많은 전쟁, 그리고 20세기 양차 세계대전까지 그 흐름이 이어졌다.

애덤 스미스는 그의 저서 『국부론』에서 봉건주의의 잔재인 중상주의를 비판하고 국가의 부는 귀금속의 많고 적음이 아니라 생산력(생산성)에 의해 결정된다고 보았다. 그리고 생산력(생산성)을 향상할 수 있는 핵심적인 요인이 개인의 이기심(self-interest)에 의해 작동하는 사회적 분업임을 주장하였다. 이러한 개인의 자발적 의사결정과 행위가 집합적으로 모여 시장이 된다. 이것을 가능케 하는 것이 보이지 않는 손이다. 이러한 애덤 스미스의 경제관은 자유시장 경제, 자본주의의 본질을 간파한 것으로 그를 경제학의 아버지로 부르는 이유가 여기에 있다.

현재는 미국 달러화가 세계의 본위화폐이지만 당시 유럽에서는 금과 은이 본위화폐의 역할을 하였다. 중세 봉건제하에서는 국가(왕 또는 영주)가 주화를 발행하였다. 주화의 명목가치가 그대로 인정되기 위해서는 주화에 포함된 금 또는 은의 함량이 주화의 명목가치만큼 보장되어야 한다. 만약 금, 은의 함량이 작아지면 주화의 명목가치와 실질 가치 또는 소재 가치에 차이가 발생하고 화폐가치는 유지될 수 없다.

그리고 금과 은은 생산량을 늘리는 데는 한계가 있었기 때문에 늘어나는 화폐수요에 대응하기가 어려웠다. 금보다 상대적으로 생산량이 많고 기능 면에서도 활용도가 높았던 은(화)도 금과 함께 세계 본위화폐의 역할을 하였다. 따라서 시대별로, 국가나 지역별로 금본위제, 은본위제, 금·은 복본위제 등의 귀금속 중심의 다양한 본위화폐 제도가 시행되었다.

앞에서도 이야기했지만 중상주의는 귀금속인 금과 특히 은을 누가 많이 확보하느냐가 결국 그 나라의 국부를 결정한다고 보았다. 금과 은이 많으면 많을수록 왕실이나 귀족이 필요로 하는 사치재를 매입할 수 있었다. 무엇보다도 왕실 간 전쟁을 수행하기 위해서는 용병을 고용해야 했고 용병의 급료를 위해 금과 은의 확보가 필요했다. 중상주의에서 말하는 국부는 왕과 귀족 등의 특정 소수 계층과 집단을 위한 것이었다. 애덤 스미스가 중상주의를 비판했던 이유이기도 하다.

중상주의 시대 유럽대륙의 서쪽 끝자락에 위치하여 지중해 무역에서 소외되어 별 볼 일이 없었던 포르투갈과 스페인은 지리적 약점을 만회하기 위해 새로운 항로를 개척하게 된다. 당시 유럽의 부와 물자는 이탈리아를 중심으로 한 지중해 교역을 통해 이루어졌기 때문에 교역의 중심부에서 가장 멀리 떨어져 있었던 포르투갈과 스페인은 낙후된 지역이었다. 포르투갈은 1488년 항해사 바르돌로뮤 디아스(Bartolomeu Dias, 1450~1500)가 아프리카 최남단 희망봉을 발견하고 1497년 바스쿠 다가마가 희망봉을 돌아 인도로 향하는 해로를 개척하였다. 이후 포르투갈은 인도를 넘어 동남아시아 지역으로 진출하여 식민지를 개척하였다. 지금은 동남아시아라고 부르지만 당시는 인도의 동쪽이라고 해서 동인도(East India)라고 불렀다. 이 지역의 식민지 개척을 위한 사업을 했던 회사를 동인도 회사(East India Company)라고 부른 이유이다.

포르투갈에 자극받은 스페인은 1492년 크리스토퍼 콜럼버스(Christopher Columbus, 1451~1506)가 대서양을 건너 아메리카 대륙을 발견하였다. 포르투갈은 아프리카를 돌아 동쪽으로 진출하였지만 스페인은 반대 방향인 대서양을 건너 서쪽으로 진출한 것이다. 이후 스페인은 신대륙으로 진출하여 식민지를 개척하였다. 이렇게 유럽에서도 가장 낙후되어 있던 포르투갈과 스페인은 당시로서는 무모해 보일 수 있었던 새로운 항로 개척에 성공하였다.

포르투갈과 스페인은 향신료와 같은 값비싼 환금성 작물과 금, 은과 같은 귀금속을 다량 확보할 수 있게 됨으로써 일순간에 유럽의 패권국가로 올라서게 된다. 물론 단순한 교역을 넘어 유럽 제국의 식민지 경영을 통해 더 많은 물자와 부가 유럽으로 이전되는 역사가 시작되었다.

포르투갈과 스페인의 성공은 다른 유럽 국가들에게 충격이었다.

당연히 다른 유럽 국가들도 경쟁적으로 아시아와 신대륙으로 진출하게 되는데 이 과정에서 유럽 국가 간의 식민지 쟁탈전이 시작된다. 공교롭게도 이러한 유럽 국가 간의 갈등과 경쟁은 1517년 마르틴 루터(Martin Luther, 1483~1546)로부터 시작된 종교개혁 운동으로 촉발된 구교와 신교와의 종교전쟁과 맞물려지면서 이후 유럽 내에서 수많은 전쟁이 벌어지게 되는 역사적 배경이 되었다.

대략 17세기 중엽까지도 유럽은 프로테스탄트 신교와 가톨릭 구교 간의 종교전쟁이 지속되었고 정치적으로는 신성로마제국이 해체되는 혼란스러운 과정 가운데 있었다. 근대적 의미의 국민국가 체제가 아직 확립되지 않은 상황이었다. 유럽 사회는 농노제와 같은 중세 봉건적 잔재가 남아있는 분권화되고 분절화된 사회였다. 전쟁도 지금과 같은 국가 對 국가가 아닌 주로 왕실 對 왕실과의 전쟁의 성격이 강했다. 국민국가 형성 이전에는 용병을 얼마나 많이 고용하느냐가 왕실 간 전쟁의 승패를 결정짓는 중요한 요인이 되었다.

그런데 전쟁을 수행하기 위해 신분과 상관없이 국민을 총동원하는 국가 총력전의 전쟁 형태가 등장하였다. 19세기 초 프랑스 전쟁 영웅 나폴레옹이 전쟁을 주도하였다. 나폴레옹이 뛰어난 지도자이기도 했지만 시민혁명 이후 국가 총력전의 형태로 전쟁에 임하는 프랑스 국민군대를 대적할 수 있는 나라는 당시 유럽에서는 없었다. 나폴레옹은 전 유럽을 석권하였고 시민혁명과 국민국가의 가치와 이념이 전파되었다. 용병이 필요 없어지면서 이제 국부를 금과 은으로 보지 않고 국가의 전쟁 수행 능력, 다시 말해 국가의 생산력을 그 기준으로 보게 되었다. 이는 산업혁명을 통한 생산력의 증대와도 밀접하게 연결되었다.

19세기 중엽 이후 단순히 금과 은의 양을 넘어 국가의 생산력 확대를 위해 전 유럽이 경쟁하게 되었다. 단순히 용병의 고용과 왕과 귀족의 사치를 위해 필요했던 금과 은을 위한 중상주의는 생산력 확대와 그의 결과로서 획득되는 금과 은, 그리고 당시 세계 본위화폐였던 영국 파운드화를 획득하고자 하는 새로운 중상주의로 변화하였다. 영국은 대영제국 건설 이후 자유무역을 주창하였지만 이는 중상주의를 완전히 대체한 것은 아니었다. 유럽 제(諸)국은 중상주의에 기초하여 국가의 생산력 증대를 위해 아시아, 아프리카, 아메리카로의 진출과 식민지 경영에 매진했다. 그리고 이는 서구 열강의 제국주의 시대로 이어지게 되었다.

제국주의는 군사적, 경제적으로 다른 나라와 지역을 정복하여 더 크고 강한 국가를 건설하려고 하는 침략주의 성향 또는 이념을 의미한다. 이처럼 금과 은 그 자체, 19세기 중엽 이후 생산력에 기초한 금, 은, 영국 파운드화의 획득, 그리고 20세기 중엽 이후 미국 달러화로 이어지는 본위화폐의 확보는 과거나 지금이나 국익의 확보에 매우 중요한 요소로 할 수 있다. 21세기에 들어서면서 달러화를 향한 신중상주의가 등장할 수 있는 정치, 경제 환경이 조성되고 있으므로 이에 맞춘 새로운 중상주의적 전략이 필요하다.

근대 이전에는 금, 은 등 귀금속(鑄貨)이 화폐 역할을 했다. 금, 은은 그 자체로 상품성이 있는 가치재였기 때문에 이를 상품화폐라고 한다. 하지만 현재는 달러, 원화와 같은 현금 또는 예금계좌에 있는 디지털화된 숫자가 화폐 역할을 하고 있다. 현금이나 디지털 숫자는 내재적 가치가 전혀 없지만 국가가 법률로 정해서 화폐로 유통하도록 강제하기 때문에 이를 법정화폐라고 한다. 대부분 국가는 그 나라 고유의 법정화폐를 가지고 있다. 하지만 그중에서도 특히 미국의 법정화폐인 달러는 세계의 무역, 투자, 결재 등이 안정적으로 작동될 수 있도록 하는 세계 본위화폐의 역할을 하고 있다. 즉 현대에는 달러가 중상주의 시대의 금, 은의 역할을 하고 있다.

개별국가 차원에서 달러 확보는 중상주의 시대 금, 은 확보가 그러했듯이 냉혹한 국제질서 속에서 경제의 안정과 성장, 국민의 행복과 복리를 위해 최우선으로 담보되어야 하는 과제가 되었다. 따라서 수출을 통한 달러 확보는 국익과 경제성장을 위한 필수 불가결하다. 이제 남은 문제는 어떻게 하면 수출을 많이 할 수 있는가이다.

한마디로 말해서 달러가 핵심이다. 특히 우리나라처럼 천연자원이 부족하고 경제활동에 필요한 대부분의 에너지, 원자재를 수입해야 하는 나라는 달러의 안정적 확보에 국가의 존망이 걸릴 정도로 절대적으로 중요하다. 우리나라가 1997년 IMF 외환위기를 겪게 된 것은 외환보유고의 고갈, 다시 말해 달러가 부족했기 때문이다. 그런데 수출을 위해서는 세계시장에서 상품 경쟁력을 확보해야 한다. 대부분 나라는 수출을 위해 노력하기 때문에 그 경쟁은 치열할 수밖에 없다. 기업이 세계시장에서 지속적인 상품 경쟁력을 확보하기 위해서는 단기적인 비용의 감축만으로는 어렵다.

연구개발을 위한 투자 확대, 기술 혁신을 통한 생산성의 향상, 첨단 고부가가치 상품의 개발이 필요한 이유이다. 또한 이것은 개별 기업의 노력만으로는 한계가 있다. 국가가 이에 대한 지원과 필요한 사회 인프라를 지원해야 한다. 앞에서 이야기했듯이 나폴레옹이 유럽을 석권할 수 있었던 가장 중요한 이유는 국가의 자산을 총동원했기 때문이었다. 새로운 중상주의 시대에 이 전략은 유효하고 어쩌면 더욱 필요한 것일 수도 있다.

20세기 우리나라가 한국전쟁의 폐허를 딛고 최빈국에서 중진국, 선진국으로 진입할 수 있었던 이유는 국가와 기업의 세계시장 개척과 수출경쟁력 확보를 위한 총력전을 방불케 하는 각고의 노력이 있었기 때문이다. 국가는 수출입국(輸出立國)의 표어로 대표되는 수출주도 성장전략을 통해 수출기업을 최대한 지원했다. 이를 힘입어 삼성,

대우, 포항제철, 현대, LG 등 우리나라 기업이 세계적인 기업으로 성장할 수 있었다.

21세기에 들어서도 여전히 반도체, 전기 전자, 자동차, 석유화학, 조선, 철강, IT 등은 경제와 산업의 중추를 이루는 기간산업이다. 이런 주요 기간산업에서 세계적인 기술과 수출기업을 가진 나라는 우리나라 외에 미국, 독일, 일본 정도를 생각해 볼 수 있을 정도로 많지 않다. 예를 들면 삼성전자, SK하이닉스가 생산하고 있는 반도체를 들 수 있다. 이들 기업은 메모리 분야에서 그 어떤 기업도 넘볼 수 없는 세계적인 기술경쟁력과 대규모 생산 규모를 활용한 규모의 경제를 통해 품질과 가격경쟁력을 확보하였다. 비메모리 반도체 분야에서 절대강자가 되었다.

반도체 수출을 통해 벌어들이는 외환 규모가 총수출 금액의 20% 이상을 차지할 정도라고 하니 우리나라 경제의 큰 버팀목의 역할을 하고 있다고 해도 과언이 아닐 것이다. 삼성전자나 SK하이닉스뿐만 아니라 자동차(현대, 기아), 이차전지(LG에너지솔루션), 철강(POSCO, 현대제철), 조선(현대중공업) 분야 등에서도 세계적인 수출기업이 성장해 가고 있다. 정말 다행스러운 일이라 생각한다. 하지만 치열한 세계시장의 경쟁에서 이러한 우리나라 기업의 성공이 지속되기 위해서 국가의 전폭적인 지원과 협력이 요구되고 있다. 20세기에 우리나라는 수출을 통해 성공한 대표적 사례이다. 20세기의 성공을 21세기의 성공으로 이어가야 한다.

상품 수출이 외화 획득에 가장 좋은 방법이지만 그것만이 유일한 것은 아니다. 다른 하나의 방법은 국제금융시장에서 투자를 통한 외화 확보도 가능하다. 하지만 자산시장의 급격한 변동성을 고려해 볼 때 투자 손실 등 위험 요소도 감수해야 한다. 경제 불안정성과 위기 가능성이 클수록 손실 가능성도 커지기 때문이다. 신중한 접근이 필요하다고 볼 수 있다. 예를 들면 대표적인 국부펀드 운용기관인 국민연금, 한국투자공사 등도 외국 주식, 채권 등 위험자산에 대한 투자의 경우 최대한 보수적으로 포트폴리오를 구성하는 것도 이와 같은 이유 때문이다.

기업 활동을 위한 직접투자인 외국인직접투자(FDI)를 유치하는 것도 하나의 방안이다. 언제든 유출 가능성이 있는 외국인간접투자 또는 포트폴리오 투자는 외환시장의 불안정성을 불러올 수 있다. 하지만 해외기업이 우리나라에 생산 활동, 기업 활동을 위해 투자하는 직접투자는 안정적이고 지속적인 외화의 유입으로 이어진다. 지속가능한 달러 확보에 도움이 되는 것이다. 투자가 늘어나면 일자리가 창출되고 세수가 늘어나니 여러 가지 긍정적인 경제적 효과가 있다. 지방자치단체를 비롯하여 우리나라 정부가 외국인직접투자 유치를 위해 다양한 인센티브를 제공하고 규제를 완화, 철폐하는 등 여러 노력을 기울이는 이유이기도 하다.

정리하면 세계 경제의 작동원리는 본위화폐의 획득을 중심으로 이루어진다는 것을 알 수 있다. 현재 신자유주의 경제시스템의 본위화폐는 달러이다. 본위화폐인 달러의 획득 여부에 따라 국가의 구매력, 국부, 삶의 질 등이 결정된다. 그리고 달러의 획득을 위해서는 상품경쟁력을 확보하고 세계시장에서 우위에 있어야만 한다. 특히 우리나라와 같이 자원이 부족하고 무역에 의존하는 나라는 달러의 획득에 국가의 흥망성쇠가 달려 있다고 해도 과언이 아니다.

우리나라가 지금처럼 선진국의 대열에 들어선 것은 총력전에 준하는 전 국가적, 전 국민적 차원의 노력이 있었기 때문이다. 상품 경쟁력 향상을 통해 수출을 늘리고 본위화폐인 달러 획득이 가능했기 때문이다. 세계 경제의 작동원리 중심에는 달러가 있고 이 달러를 중심으로 세계 경제 질서가 만들어지고 작동한다는 점을 기억해야 한다.

냉엄한 국제사회에서 살아남고 동시에 국민 행복과 복리의 향상을 위해서는 수출과 투자유치를 통해 달러를 획득해야 한다. 또한 대내적으로는 생산성 향상을 위해 지속적인 구조조정을 통해 경제적 역동성과 효율성을 높여야 한다. 국가는 개인과 기업이 자기의 능력과 자질을 최대한 발휘할 수 있도록 지원을 강화하고 사회적 약자를 위한 정교하면서 튼튼한 사회 안전망을 구축해야 한다. 실패해도 다시 도전하는 기회의 나라가 되어야 한다.

강조하자면 지난 한 세대 동안 신자유주의 경제시스템 하에서 과도하게 팽창하여 그 임계점에 이른 지대 추구의 금융주의(financialism)를 억제해야 한다. 현대판 시뇨리지를 최소화하고 화폐창조이익을 극대화할 필요가 있다. 경제와 화폐시스템이 국민의 복리와 행복, 국가의 지속적인 성장을 위해 활용되어야 한다. 그 대안으로 신케인스주의에 입각한 생산주의(productionism), 세계 본위화폐인 달러 획득을 위한 신중상주의(new-mercantilism), 그리고 화폐창조이익을 극대화하기 위한 국가주도 화폐창조(state-led money creation)를 활용하는 것이 필요하다.

이것이 앞으로 펼쳐질 대한민국 제7공화국의 토대가 되고 우리나라가 세계 경제, 무역, 화폐의 변화와 위기에 대응하고 선진강국으로 발전할 수 있는 길이 될 것이라 감히 자신한다.

참고문헌

제1부. 경제의 역사적 이해

〈국문 자료〉

강성호. 2011. 『세계 경제의 역사: 경제발전과 인간 진보』. 경문사.

김인호. 2014. 『자본주의의 역사: 경제 변화와 사회 변혁의 상호작용』. 박영사.

배리 아이켄그린. 이진희 역. 2011. 『1929년 세계 경제 대공황: 경제 붕괴』. 휴머니타스.

사카이야 다이치. 김석기 역. 1993. 『21세기 경제 예측』. 김영사.

사카이야 다이치. 김성훈 역. 1996. 『지식 경제 시대의 도래』. 김영사.

송병락. 1998. 『세계 경제의 동향과 전망』. 서울경제연구소.

애덤 스미스. 박광호 역. 2004. 『국부론』. 동서문화사.

앵거스 매디슨. 서병훈 역. 2007. 『세계 경제: 천년의 관점』. 책과 함께.

에릭 홉스봄. 김동택 역. 2013. 『혁명의 시대: 1789-1848』. 한길사.

이근. 2016. 『경제사 입문』. 교보문고.

이근식. 2018. 『경제사: 경제사상의 흐름과 발전』. 나남출판.

이준구. 2010. 『경제학 입문: 경제 사고의 틀』. 서울대학교출판부.

양동휴. 2015. 『화폐와 금융의 역사 연구』. 도서출판 해남.

장하준. 2003. 『국가는 왜 실패하는가: 경제적 불평등의 뿌리와 세계화의 함정』. 부키.

장하준. 2010. 『나쁜 사마리아인들: 가난한 나라들의 경제성장을 가로막는 세계 경제의 거짓말』. 부키.

조지프 스티글리츠. 김진원 역. 2010. 『불평등의 대가』. 열린책들.

최병선. 2008. 『세계화와 한국 경제: 과거, 현재, 미래』. 나남출판.

칼 폴라니. 홍기빈 역. 2009. 『거대한 전환』. 길.

크리스 하먼. 김종일 역. 2002. 『자본주의의 인민사』. 책갈피.

토마스 쿤. 김명자·홍성욱 역. 2013. 『과학혁명의 구조』. 까치글방.

폴 크루그먼. 박세연 역. 2013. 『경제의 본질: 위기와 기회』. 청림출판.

프리드리히 A. 하이에크. 김이석 역. 2024. 『노예의 길』. 자유기업원.

한홍열. 2009. 『세계 경제의 역사』. 서울대학교출판부.

헨리 키신저. 이광일 역. 2014. 『세계 질서』. 민음사.

〈영문 자료〉

Arrighi, Giovanni. 1994. *The Long Twentieth Century: Money, Power, and the Origins of Our Times*. Verso Books.

Buzan, Barry & Lawson, George. 2015. *The Global Transformation: History, Modernity and the Making of International Relations*. Cambridge University Press.

Clark, Gregory. 2007. *A Farewell to Alms: A Brief Economic History of the World*. Princeton University Press.

Clough, B. Shepard. 1987. *Economic History of Europe: From Feudalism to Industrialization*. Allen & Unwin.

Diamond, Jared. 1997. *Guns, Germs, and Steel: The Fates of Human Societies*. Norton & Company.

Ferguson, Niall. 2003. *Empire: How Britain Made the Modern World*. Penguin Books.

Graeber, David. 2011. *Debt: The First 5,000 Years*. Melville House Publishing.

Gordon, J. Robert. 2016. *The Rise and Fall of American Growth: The U.S. Standard of Living Since the Civil War*. Princeton University Press.

Harreld, J. Donald. 2016. *An Economic History of the World since 1400*. The Great Courses.

Heller, Henry. 2010. *The Birth of Capitalism: A 21st Century Perspective*. Pluto Press.

James, Harold. 2001. *The End of Globalization: Lessons from the Great Depression*. Harvard University Press.

Maddison, Angus. 2001. *The World Economy: A Millennial Perspective*. OECD.

Marks, B. Roberts. 2015. *The Origins of the Modern World: A Global and Ecological Narrative from the Fifteenth to the Twenty-First Century*. Rowman & Littlefield.

Mathias, Peter. 1969. *The First Industrial Nation: The Economic History of Britain 1700-1914*. Routledge.

McNeill, H. William. 1976. *Plagues and Peoples*. Anchor Books.

Mokyr, Joel. 1990. *The Lever of Riches: Technological Creativity and Economic Progress*. Oxford University Press.

O'Rourke, H. Kevin. & Williamson, G. Jeffrey. 1999. *Globalization and History: The Evolution of a Nineteenth-Century Atlantic Economy*. MIT Press.

Piketty, Thomas. 2013. *Capital in the Twenty-First Century*. Harvard University Press.

Pomeranz, Kenneth. 2000. *The Great Divergence: China, Europe, and the Making of the Modern World Economy*. Princeton University Press.

Poon, Jessie & Rigby, L. David. 2017. *International Trade: the Basics*. Routledge.

제2부. 무역의 역사적 이해

〈국문 자료〉

강명구. 2015. 『세계 무역의 역사: 교류와 갈등의 궤적』. 청아출판사.

강인수 외. 2018. 『국제통상론』. 박영사.

김대순. 1998. 『국제경제법론』. 삼영사.

김대중. 2014. 『세계무역과 동아시아: 근대 이전 무역의 시작과 확장』. 연세대학교 출판부.

김성준. 1996. 『WTO 법의 형성과 전망 1-5』. 삼성출판사.

김승호. 2007. 『WTO 통상분쟁 판례해설 I, II』. 법영사.

김용일. 1995. 『WTO 세계무역기구협정 해설』. 한국무역경제.

김진우. 2010. 『무역의 탄생: 대항해 시대와 동서양의 교류』. 역사비평사.

김철중. 2009. 『근대 무역의 발전과 제국주의의 영향』. 한길사.

김형재·박종훈. 1999. 『GATT와 WTO 세계로의 여행』. 법률출판사.

나희량. 2018. 『쉽게 읽는 무역과 WTO 이야기』. 두남.

_____. 2022. 『WTO 무역분쟁의 이해: 분쟁해결제도를 중심으로』. 두남.

노택환. 2004. 『국제통상의 이해』. 박영사.

노택환. 2008. 『국제통상정책론』. 박영사.

노택환. 2016. 『신국제통상의 이해』. 박영사.

대외경제정책연구원. 1994. 『WTO 출범과 신교역질서』.

박노형. 1996. 『WTO 체제의 분쟁해결제도』. 박영사.

_____. 1995. 『GATT의 분쟁해결사례연구』. 박영사.

박덕영. 2003. "WTO 분쟁해결제도에 관한 소고". 연세법학연구: 10⑴. 연세
        법학회.

박민수. 2015. 『세계 무역 질서의 역사적 변화와 그 영향』. 고려대학교출판부.

박웅용(편). 2011. 『영한대역 WTO 협정』. 법문사.

박정욱. 2019. 『트럼프 시대, WTO에 던지는 5가지 질문』. 박영사.

박형래. 2010. 『국제통상분쟁사례』. 청람

박형래. 2019. 『국제통상환경론』. 청람.

서강대 경제사 연구회. 2016. 『세계 경제와 무역의 역사: 16세기부터 21세기
        까지』. 서강대학교 출판부.

서민교. 2006. 『국제경제기구의 이해』. 삼영사.

서정두. 1996. 『국제통상법』. 삼영사.

서현재. 1996. 『국제경제법』. 율곡출판사.

안덕근·김민정. 2018. 『국제통상체제와 무역기술장벽』. 박영사.

여택동 외. 2003. 『국세통상과 WTO』. 율곡출판사.

여택동 외. 2014. 『WTO 체제하의 국제통상론』. 두남.

열린통상법모임. 2006. 『통상분쟁속의 한국: WTO 한국분쟁사례 분석』. 학영사.

유승민. 2005. 『유럽의 상업혁명과 세계 무역의 변화』. 학지사.

이기환. 2018. 『국제통상환경』. 탑북스.

이동훈. 2009. 『대항해 시대와 세계 경제』. 나남출판.

이상균. 2012. 『동서양의 상업과 무역의 역사: 16세기에서 19세기까지』. 나남
        출판.

이상직. 2019. 『국제통상의 기초와 이해』. 유원북스.

이신규. 2018. 『국제통상론』. 두남.

이장희(편). 1996. 『국제통상과 WTO 법』. 도서출판 아사연.

이재영. 2020. 『국제통상론』. 우용출판사.

이태희 외. 2023. 『국제통상의 이해』. 이프레스.

이현준. 2007. 『세계 경제사: 무역과 금융의 역사적 발전』. 지식산업사.

일본국제경제법학회(편). 박덕영 외 공역. 2014. 『국제경제법의 쟁점: 통상·투자·경쟁』. 박영사.

임재경. 2011. 『식민지 무역과 근대 자본주의의 형성』. 돌베개.

장재훈. 2006. 『대항해 시대 이후의 유럽과 동아시아 무역』. 서울대학교 출판부.

전순신(편). 2011. 『WTO법 강의』. 동아대학교 출판부.

정윤호. 2014. 『세계 무역 질서의 형성과 발전』. 경문사.

정인섭. 2012. 『생활속의 국제법 읽기』. 일조각.

정찬모. 2012. 『국제경제법요론: 글로벌경제의 법적 기초』. 한국학술정보.

조영정. 1996. 『국제통상법의 이해』. 무역경영사.

최낙복. 2012. 『국제통상개론』. 두남.

최병선. 2012. 『근대 무역과 자본주의의 발전』. 나남출판.

최원엽. 2020. 『WTO의 규범과 현실: 제네바에서 본 다자무역체제의 현주소』. 책마루.

최영준. 2008. 『동서양 무역의 역사: 대항해 시대 이후의 세계 경제』. 학연사.

프레드 P. 혹버그. 최지희 역. 2020. 『무역의 힘』. 어크로스.

한국국제경제법학회. 2018. 『신국제경제법』. 박영사.

헬프만. 이성규·황해두 역. 2013. 『글로벌 무역의 이해』. 시그마프레스.

홍길석. 2017. 『세계 경제사와 무역의 역사: 교류와 경쟁의 시대』. 지식산업사.

〈영문 자료〉

Bernstein, J. William. 2008. *A Splendid Exchange: How Trade Shaped the World*. Grove Press.

Boxer, R. Charles. 1969. *The Portuguese Seaborne Empire, 1415-1825*. Hutchinson.

Braudel, Fernand. 1984. *Civilization and Capitalism: 15th-18th Century, Vol. III: The Perspective of the World*. Harper & Row.

Chaudhuri, K. N. 1985. *Trade and Civilisation in the Indian Ocean: An Economic History from the Rise of Islam to 1750*. Cambridge University Press.

Curtin, Philip. 1990. *The Rise and Fall of the Plantation Complex: Essays in Atlantic History*. Cambridge University Press.

Davis, Ralph. 1973. *The Rise of the Atlantic Economies*. Cornell University Press.

Eichengreen, Barry. 1996. *Globalizing Capital: A History of the International Monetary System*. Princeton University Press.

Elliott, H. John. 2006. *Empires of the Atlantic World: Britain and Spain in America, 1492-1830*. Yale University Press.

Elsig, Manfred, Hoekman, Bernald & Pauwelyn, Joost. 2017. *Assessing the World Trade Organization: Fit for Purpose?*. Cambridge.

Folsom, H. Ralph. 2014. *Principles of International Trade Law*. West Academic.

Hoekman, M. Bernard & Mavroidis, C. Petros. 2016. *The World Trade Organization: Law, economics, and politics*. Routledge.

Israel, Jonathan. 1989. *Dutch Primacy in World Trade, 1585-1740*. Oxford University Press.

Jones, Eric. 1981. *The European Miracle: Environments, Economies and Geopolitics in the History of Europe and Asia*. Cambridge University Press.

O'Rourke, H. Kevin. & Williamson, G. Jeffrey. 1999. *Globalization and History: The Evolution of a Nineteenth-Century Atlantic Economy*. MIT Press.

Ormrod, David. 2003. The Rise of Commercial Empires: *England and the Netherlands in the Age of Mercantilism, 1650-1770*. Cambridge University Press.

_____. 2010. *The Limits of Globalization in the Early Modern World*. The Economic History Review.

Parry, J. H. 1966. *The Spanish Seaborne Empire*. Alfred A. Knopf.

Pomeranz, Kenneth. 2000. *The Great Divergence: China, Europe, and the Making of the Modern World Economy*. Princeton University Press.

Pomernaz, Kenneth & Topik, Steven. 2013 *The World That Trade Created: Society, Culture, and the World Economy, 1400 to the present*. Routledge.

Poon, Jessie & Rigby, L. David. 2017. *International Trade: the Basics*. Routledge.

Steensgaard, Niels. 1973. *The Asian Trade Revolution of the Seventeenth Century: The East India Companies and the Decline of the Caravan Trade*. University of Chicago Press.

Subrahmanyam, Sanjay. 1993. *The Portuguese Empire in Asia, 1500-1700: A Political and Economic History*. Longman.

Tilly, Charles. 1992. *Coercion, Capital, and European States, AD 990-1990*. Wiley-Blackwell.

Trebilcock, J. Michael. 2015. *Advanced Introduction to International Trade Law*. Elgar.

Van den Bossche, Peter & Zdouc, Werner. 2017. *The Law and Policy of the World Trade Organization: Text, Cases and Materials.* Cambridge.

Van den Bossche, Peter & Prévost, Deniese. 2016. *Essentials of WTO Law.* Cambridge.

Van der Wee, Herman. 1990. *The Low Countries in the Early Modern World.* Cambridge University Press.

Wallerstein, Immanuel. 1974. *The Modern World-System, Vol. I: Capitalist Agriculture and the Origins of the European World-Economy in the Sixteenth Century.* Academic Press.

WTO. 1995. *The WTO Dispute Settlement Procedures - A Collection of the Legal Texts.*

_____. 1995. *Guide to GATT Law and Practice Vol. I. II.*

_____. 1995. *Regionalism and the World Trading System.*

_____. 1995. *The Result of the Uruguay Round of Multilateral Trade Negotiation - the Legal text.*

_____. 1995. *International Trade - Trends and Statistics.*

_____. 1996-2023. *Annual Report.*

_____. 2017. *A Handbook on the WTO Dispute Settlement System.* Cambridge.

_____. 2017. *The WTO Agreements: The Marrakesh Agreement Establishing the World Trade Organization and its Annexes.* Cambridge.

제3부. 화폐의 역사적 이해

〈국문 자료〉

강명구. 2015. 『세계 무역의 역사: 교류와 갈등의 궤적』. 청아출판사.

강병익 외. 2023. "2022 민주연구원 불평등 보고서: 현황과 쟁점". 민주연구원.

강희원. 2021. "화폐제도와 국민주권: 화폐에 있어 국민주권의 실현을 위해서". 법철학연구. 24권 3호. 63-130. 한국법철학회.

김대중. 2014. 『세계무역과 동아시아: 근대 이전 무역의 시작과 확장』. 연세대학교 출판부.

김동기. 2023. 『달러의 힘』. 해냄.

김을식 외. 2021. "경기도형 보편적 기본서비스 도입방안 연구". 정책연구 2021-85. 경기연구원. 경기도형 보편적 기본서비스.

김종철. 2015. "자본주의 화폐(money)의 본질과 기원에 대한 정치학적 설명". 국제정치논총. 55권 3호. 157-191. 한국국제정치학회.

김진우. 2010. 『무역의 탄생: 대항해 시대와 동서양의 교류』. 역사비평사.

김철중. 2009. 『근대 무역의 발전과 제국주의의 영향』. 한길사.

나원준 외. 2021. 『MMT 논쟁』. 진인진.

나원준a. 2021. "경제번영을 이끄는 재정의 역할". 지속 가능한 공정경제. 146-163. 시공사.

나원준b. 2020. "비전통적 통화정책과 현대화폐이론(MMT)". 사회경제평론. 33권 1호. 1-44. 한국사회경제학회.

나원준c. 2019. "현대화폐이론(MMT)의 의의와 내재적 비판". 경제발전연구. 25권 3호. 91-127. 한국경제발전학회.

남보라·박주희·전혼잎. 2021. 『중간착취의 지옥도: 합법적인 착복의 세계와 떼인 돈이 흐르는 곳』. 글항아리.

낸시 폴브레. 윤자영 역. 2007. 『보이지 않는 가슴, 돌봄 경제학』. 또하나의문화.

데이비드 그레이버. 정명진 역. 2021. 『부채, 첫 5,000년의 역사: 인류학자가
　　고쳐 쓴 경제의 역사』. 부글북스.

렌덜 레이. 홍기빈 역. 2015. 『균형재정론은 틀렸다』. 책담.

론 폴. 서병한 역. 2019. 『우리는 왜 매번 경제위기를 겪어야 하는가? 중앙은
　　행에 대한 불편한 진실』. 바른북스.

루트비히 폰 미제스. 김이석 역. 2011. 『화폐와 신용의 이론(상), (하)』. 한국경
　　제연구원.

마이클 로버츠. 김하영 역. 2021. 『팬데믹 이후 세계 경제』. 책갈피.

마요옌보. 홍민경 역. 2021. 『돈의 탄생: 돈의 기원부터 비트코인까지 5,000
　　년 화폐의 역사』. 현대지성.

마크 라부아. 김정훈 역. 2016. 『포스트 케인스학파 경제학 입문 대안적 경제
　　이론』. 후마니타스.

머리 로스버드. 전용덕 역. 2012. 『정부는 우리 화폐에 무슨 일을 해왔는가?』.
　　지식을만드는지식.

밀튼 프리드먼. 김병주 역. 2009. 『화폐경제학』. 한국경제신문.

벤 버냉키. 김동규 역. 2023. 『벤 버냉키의 21세기 통화정책』. 상상스퀘어.

빌 토튼. 김종철 역. 2013. 『100% 돈이 세상을 살린다』. 녹색평론사.

새로운사회를여는연구원. 2009. 『신자유주의 이후의 한국경제』. 시대의창.

서강대 경제사 연구회. 2016. 『세계 경제와 무역의 역사: 16세기부터 21세기
　　까지』. 서강대학교 출판부.

서정희. 2017. "기본소득과 사회서비스의 관계 설정에 관한 연구". 비판사회
　　정책. 57권. 7-45.

스테파니 켈튼. 이가영 역. 2021. 『적자의 본질: 재정 적자를 이해하는 새로운
　　패러다임』. 비즈니스맵.

신상준. 2021. 『중앙은행과 화폐의 헌법적 문제』. 박영사.

신희영. 2020. "현대화폐이론에 대한 좌파 케인스주의-마르크스주의적 비판

과 제언". 사회경제평론. 통권 제61호. 45-79.

안나쿠트, 앤드루 퍼시. 김은경 역. 2021. 『기본소득을 넘어 보편적 기본서비
스로』. 클라우드나인.

안재욱. 2022. 『화폐와 통화정책』. 박영사.

에스와르 프라사드. 이영래 역. 2023. 『화폐의 미래』. 김영사.

이노우에 도모히로. 송주명·강남훈·안현효 역. 2020. 『기본소득의 경제학:
알기 쉬운 현대화폐이론(MMT) 논쟁』. 진인진.

이마무라 히토시. 이성혁·이혜진 역. 2010. 『화폐 인문학: 괴테에서 데리다까
지』. 자음과모음.

이안 고프. 김연명 역. 1990. 『복지국가의 정치경제학』. 한울아카데미.

이한. 2021. 『중간착취자의 나라: 비정규 노동으로 본 민주공화국의 두 미
래』. 미지북스.

전용복. 2020. 『나라가 빚을 져야 국민이 산다』. 진인진.

정필모. 2015. 『달러의 역설』. 21세기북스.

제라르 푸셰. 서익진·김준강 역. 2021. 『화폐의 비밀: 화폐를 바꾸면 세상이
바뀐다』. 도서출판 길.

제프 크로커. 유승경 역. 2021. 『기본소득과 주권화폐: 경제위기와 긴축정책
의 대안』. 미래를소유한사람들.

조너선 윌리엄스존. 이인철 역. 1998. 『돈의 세계사』. 까치글방.

조복현. 2020. "현대화폐이론(MMT)과 재정·통화정책". 사회경제평론. 33권
2호. 227-277. 한국사회경제학회.

조셉 후버. 유승경 역. 2023. 『주권화폐, 준비금 은행제도를 넘어서』. 진인진.

존 메이너드 케인스. 이주명 역. 2010. 『고용, 이자, 화폐의 일반이론』. 필맥.

질비오 게젤. 질비오게젤연구모임 역. 2021. 『자유토지와 자유화폐로 만드는
자연스러운 경제질서』. 출판사 클.

차현진. 2021. 『금융 오디세이』. 메디치.

크리스토퍼 래너드. 김승진 역. 2023. 『돈을 찍어내는 제왕, 연준』. 세종.

클라우디아 골딘. 김승진 역. 2023. 『커리어 그리고 가정 평등을 향한 여성들의 기나긴 여정』. 생각의힘.

포브스, 스티브. 2022. 『화폐의 추락 : 우리가 놓친 인플레이션의 시그널』. 알에이치코리아.

펠릭스 파틴. 한상연 역. 2019. 『돈: 사회와 경제를 움직인 화폐의 역사』. 문학동네.

홍춘욱. 2019. 『50대 사건으로 보는 돈의 역사』. ROKMEDIA.

헨리 손턴. 박상수 역. 2014. 『신용화폐론』. 아카넷.

〈영문 자료〉

Birch, David. 2017. *Before Babylon, Beyond Bitcoin: From Money We Understand to Money That Understands Us*. London Publishing Partnership.

Coote, Anna & Percy, Andrew. 2019. *Universal Basic Services: Theory and practice-A literature review*. London: Institute for Global Prosperity.

Davies, Glyn. 2002. *A History of Money: From Ancient Times to the Present Day*. University of Wales Press.

Eichengreen, Barry. 1996. *Globalizing Capital: A History of the International Monetary System*. Princeton University Press.

Ferguson, Niall. 2008. - The Ascent of Money: A Financial History of the World. Penguin Books.

Friedman, Milton. 1992. *Money Mischief: Episodes in Monetary History*. Houghton Mifflin.

Galbraith, J. Kenneth . 1975. *Money: Whence It Came, Where It*

Went. Houghton Mifflin.

Glahn, Richard. 1996. *Fountain of Fortune: Money and Monetary Policy in China, 1000-1700*. University of California Press.

Gleeson-White, Jane. 2012. *Double Entry: How the Merchants of Venice Created Modern Finance.* Norton & Company.

Goodhart, Charles. 1998. *The Evolution of Central Banks*. MIT Press.

Gough, Ian & Coote, Anna. 2021. "Universal basic services and sustainable consumption". *Sustainability Science, Practice and Policy.* 17(1). 32-46.

Graeber, David. 2011. *Debt: The First 5,000 Years*. Melville House.

Harl, W. Kenneth. 1970. *Coinage and Money in the Western Roman Empire*. Spink & Son Ltd.

Hayek, Friedrich. 1976. *The Denationalization of Money*. Institute of Economic Affairs

Helleiner, Eric. 2003. *The Making of National Money: Territorial Currencies in Historical Perspective*. Cornell University Press.

Ingham, Geoffrey. 2004. *The Nature of Money*. Polity Press.

Knapp, F. Georg. 1924. *The State Theory of Money*. London: Macmillan & Co.

Martin, Felix. 2014. *Money: The Unauthorized Biography - From Coinage to Cryptocurrencies*. Alfred A. Knopf.

Michener, Ronald. 1987. *Money in the American Colonies*. Economic History Society.

Mitchell-Innes, Alfred. 1914. "The Credit Theory of Money". *The Banking Law Journal*. 31. 151-168.

_____. 1913. "What is Money?". *The Banking Law*

Journal. 30. 377-408.

Murphy, E. Antoin. 1997. *John Law Economic Theorist and Policy-Maker*. London: Oxford University Press.

Sheard, Paul. 2023. *The Power of Money How Governments and Banks Create Money and Help Us All Prosper.* Matt Holt.

Shell, Marc. 1993. *Money, Language, and Thought: Literary and Philosophical Economies from the Medieval to the Modern Era*. Johns Hopkins University Press.

Temin, Peter. 1989. *The Roman Market Economy*. Princeton University Press.

Weatherford, Jack. 1997. *The History of Money: From Sandstone to Cyberspace*. Crown Business.

Wennerlind, Carl. 2011. *Casualties of Credit: The English Financial Revolution, 1620-1720*. Harvard University Press.

White, H. Lawrence. 1999. *The Theory of Monetary Institutions*. Cambridge University Press.

Wray, L. Randall. 2014. "From the State Theory of Money to Modern Money Theory: An Alternative to Economic Orthodoxy". *Working Paper* No. 792. Levy Economics Institute of Bard College.

제4부. 우리나라 경제의 역사적 이해

〈국문 자료〉

강명섭. 2010. 『한국의 산업 발전과 경제 성과』. 서울대학교출판문화원.
김기홍. 2007. 『박정희 시대의 경제개발』. 역사비평사.

김인호. 2010. 『한국 경제발전의 기적과 그 그림자』. 박영사.

김종인. 2011. 『한국 경제 기적의 역사』. 삼성경제연구소.

박태준. 2007. 『한국 경제위기와 발전 전략』. 동아일보사.

송병락. 2004. 『한국 경제의 현대사: 성장과 도전의 반세기』. 비봉출판사.

오석태. 2008. 『한국 경제성장의 비밀: 한국 경제 50년을 말하다』. 지식산업사.

윤종원. 2011. 『한국 경제의 미래와 도전』. 열린책들.

이승호. 2010. 『한국 경제의 도약과 위기: 1960-2010』. 푸른길.

이영섭. 2013. 『한국 경제의 글로벌화와 경제위기』. 나남출판.

이영훈. 2005. 『한국 경제사: 1960년대 이후의 경제성장과 변화』. 교보문고.

이정우. 2014. 『한국 경제, 무엇이 문제인가』. 한길사.

이창우. 2012. 『한국 경제: 성장과 위기의 역사』. 미래의창.

정세현. 2015. 『대한민국의 경제 변화와 성장』. 비봉출판사.

정운찬. 2012. 『대한민국 경제성장의 발자취』. 중앙경제평론사.

조성욱. 2016. 『재벌과 한국 경제』. 고려대학교출판부.

한승주. 2009. 『한국의 경제개발과 산업화의 발자취』. 민음사.

홍병두. 2010. 『한국 경제의 구조 변화와 발전 전략』. 나남출판.

〈영문 자료〉

Amsden, H. Alice. 1989. *Asia's Next Giant: South Korea and Late Industrialization*. Oxford University Press.

Chang, Ha-Joon. 1994. *The Political Economy of Industrial Policy*. St. Martin's Press.

Chun, Bong-Geun. 1998. *The Korean Economic Crisis of 1997-1999: Causes, Policy Response, and Lessons*. KIEP.

Haggard, Stephan. 1990. *Pathways from the Periphery: The Politics of Growth in the Newly Industrializing Countries*. Cornell

University Press.

Haggard, Stephan & Moon, Chung-In. 1991. *Institutions and Economic Policy: Theory and a Korean Case Study*. World Politics.

Jang, Deok-Hyun. 2006. *Korea's Economic Development and Structural Adjustment in the Post-Crisis Era*. KDI.

Jones, P. Leroy & Sakong, Il. 1980. *Government, Business, and Entrepreneurship in Economic Development: The Korean Case*. Harvard University Press.

Kim, Byung-Kook & Vogel, F. Ezra. 2011. *The Park Chung Hee Era: The Transformation of South Korea*. Harvard University Press.

Kim, Eun-Mee. 1997. *Big Business, Strong State: Collusion and Conflict in South Korean Development, 1960-1990*. SUNY Press.

Kim, Hyung-A. 2004. *Korea's Development Under Park Chung Hee: Rapid Industrialization, 1961-79*. Routledge.

Kim, Kwang-Suk & Kim, Joon-Kyung. 1997. *Korea's Development Experience: Lessons from a Positive, Yet Somber, Story*. KDI.

Kohli, Atul. 1999. *Where Do High Growth Political Economies Come From? The Japanese Lineage of Korea's "Developmental State"*. World Development.

Krueger, O. Anne. 1979. *The Developmental Role of the Foreign Sector and Aid*. Harvard University Press.

Lee, Young-Iob. 2004. *The Korean Economy: The Search for a New Growth Model*. Oxford University Press.

Lie, John. 1998. *Han Unbound: The Political Economy of South Korea*.

Stanford University Press.

Lim, Hyun-Chin. 2010. *Globalization, Democratization and Multilateralism: The Korean Experience*. KDI.

Mason, S. Edward, *et al*. 1980. *The Economic and Social Modernization of the Republic of Korea*. Harvard University Press.

Rodrik, Dani. 1995. *Getting Interventions Right: How South Korea and Taiwan Grew Rich*. Economic Policy.

Shin, Jang-Sup & Chang, Ha-Joon. 2005. *Restructuring Korea Inc*. Routledge.

Woo, Jung-en. 1991. *Race to the Swift: State and Finance in Korean Industrialization*. Columbia University Press.

경제, 무역, 화폐의 역사적 이해

초판발행	2025년 2월 28일
지은이	나희량
펴낸이	안종만·안상준
편 집	배근하·김용순
기획/마케팅	박부하
표지디자인	BEN STORY
제 작	고철민·김원표
펴낸곳	(주)**박영사**
	서울특별시 금천구 가산디지털2로 53, 210호(가산동, 한라시그마밸리)
	등록 1959. 3. 11. 제300-1959-1호(倫)
전 화	02)733-6771
f a x	02)736-4818
e-mail	pys@pybook.co.kr
homepage	www.pybook.co.kr
ISBN	979-11-303-2221-6 93320

정 가	26,000원